O senso prático

COLEÇÃO SOCIOLOGIA
Coordenador: Brasilio Sallum Jr. – Universidade de São Paulo

Comissão editorial:
Gabriel Cohn – Universidade de São Paulo
Irlys Barreira – Universidade Federal do Ceará
José Ricardo Ramalho – Universidade Federal do Rio de Janeiro
Marcelo Ridenti – Universidade Estadual de Campinas
Otávio Dulci – Universidade Federal de Minas Gerais

Dados Internacionais de Catalogação na Publicação (CIP)
(Câmara Brasileira do Livro, SP, Brasil)

Bourdieu, Pierre
  O senso prático / Pierre Bourdieu ; tradução de
Maria Ferreira ; revisão da tradução, Odaci Luiz
Coradini. 3. ed. – Petrópolis, RJ : Vozes, 2013. –
(Coleção Sociologia)
  Título original : Le sens pratique

  1ª reimpressão, 2018.

  ISBN 978-85-326-3928-8
  1. Etnofilosofia I. Título. II. Série.

09-09781   CDD-303.372

Índices para catálogo sistemático:
1. Senso prático : Sociologia   303.372

Pierre Bourdieu

O senso prático

Tradução: Maria Ferreira
Revisão da tradução: Odaci Luiz Coradini

Petrópolis

© 1980 by Les Éditions de Minuit

Título original em francês: *Le sens pratique*

Direitos de publicação em língua portuguesa – Brasil:
2009, Editora Vozes Ltda.
Rua Frei Luís, 100
25689-900 Petrópolis, RJ
www.vozes.com.br
Brasil

Todos os direitos reservados. Nenhuma parte desta obra poderá ser reproduzida ou transmitida por qualquer forma e/ou quaisquer meios (eletrônico ou mecânico, incluindo fotocópia e gravação) ou arquivada em qualquer sistema ou banco de dados sem permissão escrita da editora.

CONSELHO EDITORIAL

Diretor
Gilberto Gonçalves Garcia

Editores
Aline dos Santos Carneiro
Edrian Josué Pasini
Marilac Loraine Oleniki
Welder Lancieri Marchini

Conselheiros
Francisco Morás
Ludovico Garmus
Teobaldo Heidemann
Volney J. Berkenbrock

Secretário executivo
João Batista Kreuch

Editoração: Maria da Conceição B. de Sousa
Diagramação: AG.SR Desenv. Gráfico
Capa: Juliana Teresa Hannickel

ISBN 978-85-326-3928-8 (Brasil)
ISBN 2-7073-0298-8 (França)

Editado conforme o novo acordo ortográfico.

Este livro foi composto e impresso pela Editora Vozes Ltda.

Sumário

Apresentação da coleção, 7
Prefácio, 9
Livro 1 Crítica da razão teórica, 41
    Prólogo, 43
    1 Objetivar a objetivação, 50
    2 A antropologia imaginária do subjetivismo, 70
    3 Estruturas, *habitus*, práticas, 86
    4 A crença e o corpo, 108
    5 A lógica da prática, 133
    6 A ação do tempo, 164
    7 O capital simbólico, 187
    8 Os modos de dominação, 203
    9 A objetividade do subjetivo, 226
Livro 2 Lógicas práticas, 239
    Prólogo, 241
    1 A terra e as estratégias matrimoniais, 244
    2 Os usos sociais do parentesco, 266
    3 O demônio da analogia, 329
Anexo A casa ou o mundo invertido, 437
Bibliografia, 457
Índice remissivo, 463

Apresentação da coleção

Brasilio Sallum Jr.

A **Coleção Sociologia** ambiciona reunir contribuições importantes desta disciplina para a análise da sociedade moderna. Nascida no século XIX, a sociologia expandiu-se rapidamente sob o impulso de intelectuais de grande estatura – considerados hoje clássicos da disciplina –, formulou técnicas próprias de investigação e fertilizou o desenvolvimento de tradições teóricas que orientam o investigador de maneiras distintas para o mundo empírico. Não há o que lamentar o fato de a sociologia não ter um *corpus* teórico único e acabado. E, menos ainda, há que esperar que este seja construído no futuro. É da própria natureza da disciplina – de fato, uma de suas características mais estimulantes intelectualmente – renovar conceitos, focos de investigação e conhecimentos produzidos. Este é um dos ensinamentos mais duradouros de Max Weber: a sociologia e as outras disciplinas que estudam a sociedade estão condenadas à eterna juventude, a renovar permanentemente seus conceitos à luz de novos problemas suscitados pela marcha incessante da história. No período histórico atual este ensinamento é mais verdadeiro do que nunca, pois as sociedades nacionais, que foram os alicerces da construção da disciplina, estão passando por processos de inclusão, de intensidade variável, em uma sociedade mundial em formação. Os sociólogos têm respondido com vigor aos desafios desta mudança histórica, ajustando o foco da disciplina em suas várias especialidades.

A **Coleção Sociologia** pretende oferecer aos leitores de língua portuguesa um conjunto de obras que espelhe o tanto quanto possível o desenvolvimento teórico e metodológico da disciplina. A coleção conta com a orientação de comissão editorial, composta por profissionais relevantes da disciplina, para selecionar os livros a serem nela publicados.

A par de editar seus autores clássicos, a **Coleção Sociologia** abrirá espaço para obras representativas de suas várias correntes teóricas e de suas especialidades, voltadas para o estudo de esferas específicas da vida social. Deverá também suprir as necessidades de ensino da Sociologia para um público mais amplo, inclusive por meio de manuais didáticos. Por último – mas não menos importante –, a **Coleção Sociologia** almeja oferecer ao público trabalhos sociológicos sobre a sociedade brasileira. Deseja, deste modo, contribuir para que ela possa adensar a reflexão científica sobre suas próprias características e problemas. Tem a esperança de que, com isso, possa ajudar a impulsioná-la no rumo do desenvolvimento e da democratização.

Prefácio

Quais afinidades particulares lhe pareciam existir entre a lua e a mulher?

Sua antiguidade que precedeu a sucessão das gerações telúricas e lhes sobreviveu: sua predominância noturna; sua dependência de satélite; sua reflexão luminar; sua constância durante todas as suas fases, levantando-se e deitando-se em horas fixas, crescente e minguante; a invariabilidade obrigada de seu aspecto; sua resposta indeterminada às questões não afirmativas; sua potência sobre o fluxo e o refluxo; seu poder de tornar apaixonado, de mortificar, de revestir de beleza, de tornar louco, de empurrar para o mal e de ajudá-lo; a calma impenetrável de seu rosto; o horror sagrado de sua vizinhança solitária, dominadora, implacável e resplandecente; seus presságios de tempestade e de bonança; a excitação de sua radiação, de seu andar e de sua presença; a advertência de suas crateras, seus mares rochosos, seu silêncio; seu esplendor quando está visível; sua atração quando está invisível.

JOYCE, J. *Ulisses.*

O progresso do conhecimento, no caso da ciência social, supõe um progresso do conhecimento das condições do conhecimento; por isso exige obstinados retornos aos mesmos objetos (no caso, os do Esboço de uma Teoria da Prática e, em um segundo momento os de A distinção.), que representam outras ocasiões de objetivar de forma mais completa a relação objetiva e subjetiva com o objeto. E se é preciso tentar reconstruir retrospectivamente suas etapas, é porque este trabalho, que se exerce em primeiro lugar sobre aquele que o realiza e que alguns escritores tentaram inscrever na própria obra em andamento, work in progress, como dizia Joyce, tende a eliminar seus próprios vestígios. Ora, o essencial daquilo que tento comunicar aqui, e que não tem nada de pessoal, correria o risco de perder seu sentido e sua eficácia se, ao deixá-lo se dissociar da prática de onde partiu e à qual deveria retornar, fos-

se-lhe permitido existir essa existência irreal e neutralizada das "teses" teóricas ou dos discursos epistemológicos.

Não é fácil evocar os efeitos sociais produzidos, no campo intelectual francês, pela publicação da obra de Claude Lévi-Strauss e pelas mediações concretas por meio das quais se impôs, a toda uma geração, uma nova maneira de conceber a atividade intelectual que se opunha de maneira realmente dialética à figura do intelectual "total", decididamente voltado para a política, que Jean-Paul Sartre encarnava. Essa confrontação exemplar sem dúvida muito contribuiu para encorajar, em muitos daqueles que se orientaram nesse momento para as ciências sociais, a ambição de reconciliar as intenções teóricas e as intenções práticas, a vocação científica e a vocação ética, ou política, muitas vezes reduzidas, com uma maneira mais humilde e mais responsável de realizar sua tarefa de pesquisadores, espécie de atividade militante, tão distante da ciência pura quanto da profecia exemplar.

Trabalhar, na Argélia em luta por sua independência, em uma análise científica da sociedade argelina, era tentar compreender e fazer compreender os fundamentos e os objetivos reais dessa luta, objetivos que, e isso estava claro, eram socialmente diferenciados, e até mesmo antagônicos, para além da unidade estrategicamente necessária, e tentar assim não, evidentemente, orientar o seu curso, mas tornar previsíveis, portanto mais difíceis, os prováveis desvios. É por isso que não posso negar, nem mesmo em suas ingenuidades, escritos que, embora me tenham parecido realizar então a reconciliação almejada entre a intenção prática e a intenção científica, muito devem ao contexto emocional no qual foram escritos[1]*, e menos ainda as antecipações ou, mais exatamente, as advertências pelas quais se concluíam os dois estudos empíricos sobre a sociedade argelina,* Travail et travailleurs en Algérie *e* Le Déracinement, *ainda que esses estudos tenham servido então (sobretudo o segundo) para justificar alguns dos desvios prováveis que antecipadamente se esforçavam em prevenir.*

Se não é preciso dizer que, em semelhante contexto, no qual o problema do racismo se colocava a todo o momento como uma questão de vida ou de morte, um livro como Race et histoire *não era uma simples*

---

1. Cf. BOURDIEU, P. "Révolution dans la révolution". *Esprit*, n. 1, jan./1961, p. 27-40. • "De la guerre révolutionnaire à la révolution". In: *Algérie de demain*. Paris: PUF, 1962, p. 5-13.

tomada de posição intelectual contra o evolucionismo, é mais difícil comunicar o choque, indissoluvelmente intelectual e emocional, que podia suscitar o fato de ver analisar como uma linguagem, que tem em si mesma sua razão e sua razão de ser, as mitologias dos índios da América. Isso, principalmente quando se acabava de ler, ao acaso da pesquisa, esta ou aquela entre as incontáveis coletâneas de fatos rituais, muitas vezes registrados sem ordem nem método e destinados a aparecer como algo totalmente sem pé nem cabeça, que abarrotam as bibliotecas e as bibliografias consagradas à África do Norte. A minúcia e a paciência respeitosas com as quais Claude Lévi-Strauss, em seu seminário do Collège de France, decompunha e recompunha as sequências dessas narrativas, à primeira vista desprovidas de sentido, não podiam deixar de aparecer como uma realização exemplar de uma espécie de humanismo científico. Se eu arrisco essa expressão não obstante tudo o que ela pode ter de derrisória, é porque ela me parece expressar com bastante exatidão essa espécie de entusiasmo metacientífico pela ciência com o qual empreendi o estudo do ritual cabila, objeto que primeiramente havia excluído de minhas pesquisas, em nome da ideia que hoje leva alguns, sobretudo nos países antes colonizados, a considerar a etnologia como uma espécie de essencialismo imobilista, atento aos aspectos da prática melhor concebidos para reforçar as representações racistas. E, de fato, a quase totalidade dos trabalhos parcial ou totalmente consagrada ao ritual que estava disponível quando preparava minha Sociologie de l'Algérie me pareciam culpáveis, pelo menos em sua intenção objetiva e em seus efeitos sociais, de uma forma particularmente escandalosa de etnocentrismo, aquela que consiste em entregar, sem outra justificação que um vago evolucionismo frazeriano, feito sob medida para justificar a ordem colonial, práticas destinadas a ser percebidas como injustificáveis. Foi por isso que então me orientei para outras direções, indicadas por alguns trabalhos exemplares: os de Jacques Berque, cujo Les structures sociales du Haut Atlas *é modelo, particularmente precioso nesse terreno, de metodologia materialista, e os excelentes artigos, "Qu'est-ce qu'une tribu nord-africaine?" e "Cent vingt-cinq ans de sociologie maghrébine"*[2] *forneceram-me incontáveis pontos de*

---

2. BERQUE, J. Les structures sociales du Haut Atlas. Paris: PUF, 1995. • "Qu'est-ce qu'une tribu nord-africaine?" Hommage à Lucien Febvre. Paris: [s.e.], 1954. • "Cent vingt-cinq ans de sociologie maghrébine". Annales, 1956.

partida e inestimáveis pontos de referência; os de André Nouschi, cujos estudos de história agrária me levaram a buscar na história da política colonial e em particular nas grandes leis fundiárias o princípio das transformações que a economia e a sociedade camponesas conheceram, e isso mesmo nas regiões aparentemente menos diretamente tocadas pela colonização[3]*; os de Émile Dermenghem e Charles-André Julien que, afinal, em diferentes domínios, orientaram meus olhares de iniciante.*

Jamais poderia ter chegado ao estudo das tradições rituais se a mesma intenção de "reabilitação", que primeiramente me levara a excluir o ritual do universo dos objetos legítimos, e a suspeitar de todos os trabalhos que lhe davam um lugar, não me tivesse impulsionado, a partir de 1958, a tentar arrancá-lo da falsa solicitude primitivista e a forçar, até em suas últimas trincheiras, o desprezo racista que, pela vergonha de si que consegue impor às suas próprias vítimas, contribui a lhes impedir o conhecimento e o reconhecimento de sua própria tradição. De fato, por maior que possa ser o efeito de licitação e de incitação que pode produzir, mais inconsciente do que conscientemente, o fato de que um problema ou um método venha a se constituir como altamente legítimo no campo científico, ele não poderia fazer esquecer completamente a incongruência, até mesmo a absurdidade de uma pesquisa sobre as práticas rituais conduzida nas circunstâncias trágicas da guerra: revivi recentemente sua evidência ao reencontrar fotografias de jarras de cimento, decoradas com serpentes, e destinadas a receber o grão para a semeadura, que havia feito por volta dos anos 60 durante uma pesquisa realizada na região de Collo, e que deviam sua boa qualidade, ainda que tenham sido feitas sem flash, ao fato de que o teto da casa à qual estavam incorporados esses "móveis" imóveis (pois eram de "cimento") tinha sido destruído quando seus habitantes foram expulsos pelo exército francês. Não era necessário, portanto, uma lucidez epistemológica particular ou uma vigilância ética ou política especial para se questionar sobre os determinantes profundos de uma libido sciendi tão evidentemente "fora de lugar". Essa inquietação inevitável encontrava alguma tranquilidade no interesse que os informantes sempre demonstravam por essa pesquisa quando ela também se tornava sua, ou seja, um esforço para se reapropriar de um sentido ao mesmo tempo "próprio e

---

3. NOUSCHI, A. *Enquête sur le niveau de vie des populations rurales constantinoises de la conquête jusqu'en 1919* — Essai d'histoire économique et sociale. Paris: PUF, 1961. • *La naissance du nationalisme algérien, 1914-1954.* Paris: De Minuit, 1962.

outro". Ocorre que é, sem dúvida, o sentimento da "gratuidade" da pesquisa puramente etnográfica que me levou a realizar, no âmbito do Institut de Statistiques d'Alger, com Alain Darbel, Jean-Paul Rivet, Claude Seibel e todo um grupo de estudantes argelinos, as duas pesquisas que deveriam servir de base às duas obras consagradas à análise da estrutura social da sociedade colonizada e de suas transformações, Travail et travailleurs en Algérie e Le Déracinement, assim como a diferentes artigos mais etnográficos, nos quais tentava analisar as atitudes temporais que estão na base das condutas econômicas pré-capitalistas.

As glosas filosóficas que por um momento envolveram o estruturalismo esqueceram e fizeram esquecer o que sem dúvida representava sua novidade essencial: introduzir nas ciências sociais o método estrutural ou, mais simplesmente, o modo de pensamento relacional que, rompendo com o modo de pensamento substancialista, leva a caracterizar todo elemento pelas relações que o unem aos outros em um sistema, e das quais ele tira seu sentido e sua função. O que é difícil, mas também raro, não é ter o que se chamam "ideias pessoais", mas contribuir ainda que pouco a produzir e a impor esses modos de pensamento impessoais que permitem às mais diversas pessoas produzir pensamentos até então impensáveis. Quando se conhece a dificuldade e a lentidão com as quais o modo de pensamento relacional (ou estrutural) se impôs no caso da própria matemática e da física, e os obstáculos específicos que se opõem, no caso das ciências sociais, à sua ação, pode-se medir a conquista que representa o fato de ter estendido aos sistemas simbólicos "naturais": língua, mito, religião, arte, a aplicação desse modo de pensamento. O que supunha entre outras coisas que, como o observa Cassirer, se consiga superar praticamente a distinção estabelecida por Leibniz e por todo o racionalismo clássico, entre as verdades de razão e as verdades de fato para tratar os fatos históricos como sistemas de relações inteligíveis, e isso em uma prática científica, e não somente no discurso, como se fazia desde Hegel[4].

---

4. Minha única contribuição ao discurso sobre o estruturalismo (cuja superabundância e estilo, muito contribuíram, sem dúvida, a me desencorajar a declarar de modo mais intenso minha dívida) nasceu de um esforço para explicitar – e, dessa maneira, melhor dominar – a lógica desse modo de pensamento relacional e transformacional, os obstáculos específicos com os quais se choca no caso das ciências sociais e, principalmente, para precisar as condições com as quais ele pode ser estendido, para além dos sistemas culturais, às próprias *relações sociais*, ou seja, à sociologia (cf. BOURDIEU, P. "Struturalism and theory of sociological knowledge". *Social Research*, XXXV, 4, inverno/1969, p. 681-706).

Com efeito, o que protege, tanto quanto a aparência da absurdidade ou da incoerência, os mitos ou os ritos contra a interpretação relacional é o fato de que às vezes eles oferecem a aparência do sentido às leituras parciais e seletivas que esperam o sentido de cada elemento de uma revelação especial mais do que de uma relação sistemática com todos os elementos da mesma classe. É dessa maneira que a mitologia comparada que, mais atenta ao vocabulário do mito ou do rito do que à sua sintaxe, identifica o deciframento a uma tradução palavra por palavra; em definitivo trabalha apenas para produzir uma espécie de imenso dicionário de todos os símbolos de todas as tradições possíveis, constituídos em essências suscetíveis de serem definidas em si mesmas e para si mesmas, independentemente do sistema, e oferece assim uma imagem concreta dessas bibliotecas sonhadas por Borges que conteriam "tudo o que é possível exprimir em todas as línguas"[5]. Tomar o atalho que conduz diretamente cada significante ao significado correspondente, economiza o longo desvio pelo sistema completo dos significantes no interior do qual se define o valor relacional de cada um deles (que não tem nada a ver com um "sentido" intuitivamente apreendido), significa se dedicar a um discurso aproximativo que, no melhor dos casos, se depara com as mais perceptíveis significações (por exemplo, a correspondência entre o cultivo e o ato sexual) armando-se com uma espécie de intuição antropológica de tipo junguiano, defendida por uma cultura comparativa de inspiração frazeriana que extrai

---

5. O índice do *Traité d'histoire des religions* de Mircea Eliade, publicado em 1953, dá uma ideia bastante justa da temática que orientou a maior parte das recolecções de ritos realizadas na Argélia (por exemplo, a lua, a mulher e a serpente; as pedras sagradas; a terra; a mulher e a fecundidade; sacrifício e regeneração; os mortos e as sementes; divindades agrárias e funerárias etc.) A mesma inspiração temática se encontra nos trabalhos da escola de Cambridge, como, por exemplo: CORNFORD, F.M. *From Religion to Philosophy* – A Study in the Origins of Western Speculation. Nova York/Evanston: Harper Torchbooks/Harper and Row, 1957 [1. ed., 1914]. • GASTER, T.H. *Thespis, Ritual, Myth and Drama in the Ancient Near East*. Nova Iorque: Anchor Books/Doubleday and Company, 1961). • HARRISON, J. *Themis* – A Study of the Social Origins of Greek Religion. Londres: Merlin Press, 1963 [1. ed. 1912].

do universo dos sistemas míticos e das religiões universais temas descontextualizados[6].

Assim isolados, esses temas não mais opõem qualquer resistência às recontextualizações que inevitavelmente os intérpretes inspirados as fazem sofrer quando, ao pregar o "renovamento espiritual" pelo retorno às fontes comuns das grandes tradições, buscam na história das religiões ou na etnologia das civilizações arcaicas o fundamento de uma religiosidade erudita e de uma ciência edificante, obtidas por uma respiritualização da ciência desespiritualizada. É um outro mérito de Claude Lévi-Strauss ter fornecido os meios de levar até o fim a ruptura, instaurada por Durkheim e Mauss, com o emprego do modo de pensamento mitológico na ciência das mitologias, tomando resolutamente como objeto esse modo de pensamento em vez de fazê-lo funcionar, como sempre o fizeram os mitólogos indígenas, para resolver mitologicamente os problemas mitológicos. Como bem se pode observar quando as mitologias estudadas põem em jogo questões sociais, e em particular no caso das religiões ditas universais, essa ruptura científica é inseparável de uma ruptura social com as leituras equivocadas dos mitólogos "filomitos" que, por uma espécie de duplo jogo consciente ou inconsciente, transformam a ciência comparada dos mitos em uma busca das invariantes das grandes Tradições, dedicando-se assim a cumular os benefícios da lucidez científica e os benefícios da fidelidade religiosa. Sem falar daqueles que jogam com a ambiguidade inevitável de um discurso erudito tomando da experiência religiosa as palavras empregadas para descrever essa experiência a fim de produzir as aparências da participação simpática e da proximidade entusiasta e encontrar na exaltação dos mistérios primitivos o pretexto para um culto regressivo e irracionalista do original.

Significa dizer que basta apenas invocar a situação colonial e as disposições que ela favorece para explicar o que era a etnologia dos paí-

---

6. Jean-Pierre Vernant indica também que a ruptura com as interpretações de tipo frazeriana (que veem, por exemplo, em Adonis uma encarnação do "espírito da vegetação") e a recusa de um "comparatismo de cada sistema de cultura" são a condição de uma leitura adequada dos ciclos de lendas gregas e de um deciframento justo dos elementos míticos, definidos por sua posição relativa no interior de um sistema particular (cf. VERNANT, J.P. Introduction. In: DÉTIENNE, M. *Les jardins d'Adonis*. Paris: Gallimard, 1972, p. III-V).

ses magrebinos por volta dos anos 60 e muito especialmente no domínio das tradições rituais. Aqueles que hoje gostam de se constituir em juízes e de se comprazer, como se diz, ao distribuir a reprovação e o elogio entre os sociólogos e os etnólogos do passado colonial realizariam um trabalho mais útil caso se esforçassem em compreender o que faz com que os mais lúcidos e os mais bem intencionados, entre aqueles a quem condenam, não pudessem compreender algumas das coisas que se tornaram evidentes para os menos lúcidos e às vezes para os mais mal intencionados: no impensável de uma época, existe tudo o que não se pode pensar por falta de disposições éticas ou políticas que inclinem a levá-lo em conta e em consideração, mas também o que não se pode pensar por falta de instrumentos de pensamento como problemáticas, conceitos, métodos, técnicas (o que explica que os bons sentimentos façam muitas vezes a má sociologia)[7].

Ocorre que se estava na presença de uma massa de recolecções das quais se pode simplesmente dizer que são tanto mais imperfeitas em sua qualidade técnica e repletas de graves lacunas, quanto mais seus autores são completamente desprovidos de formação específica, e privados, portanto, tanto de métodos de registros quanto de hipóteses capazes de orientar a observação e a interrogação (embora muitas vezes aconteça que os amadores – ou, pelo menos, os profissionais de uma outra disciplina, como os linguistas – forneçam materiais rigorosamente registrados que não estão amputados de tudo o que as expectativas constitutivas de uma problemática "erudita" levam a considerar como insignificante). É por essa razão que, com base em recolecções imperfeitas e incompletas de calendários agrários, de rituais de casamento ou de contos, em grande parte coletados e interpretados com uma lógica vagamente frazeriana, destacavam-se algumas fontes de grande qualidade. Citarei o Fichier de documents berbère (particularmente os excelentes trabalhos dos R.P. Dallet – Le verbe kabyle – e Genevois – sobre a casa, a tecedura e muitos outros objetos –, de Yamina At-S. e Sr Louis de Vincennes – sobre o casa-

---

7. Cf. BOURDIEU, P. "Les conditions sociales de la production sociologique: sociologie coloniale et décolonisation de la sociologie". In: "Le mal de voir". Cahiers JUSSIEU, 2, 10/18, 1976, p. 416-427. Paris. As condições de uma verdadeira ciência da etnologia e da sociologia colonial serão preenchidas quando for possível colocar em relação a análise do conteúdo das obras e as características sociais dos produtores (como, por exemplo, estabelecem os trabalhos de Victor Karady) e em particular sua posição no campo de produção (e especialmente no subcampo colonial).

mento e a virada do ano) sem o qual a maior parte dos trabalhos publicados desde a guerra não teria sido ou não teria sido o que é; os textos berberes publicados pelos linguistas (e em particular os trabalhos de E. Laoust e de A. Picard) e algumas monografias como as de Germaine Chantréaux, estudo capital, publicado a partir de 1941 na Revue Africaine sobre a tecedura em Aït Hichem, que me levou a me interessar tanto por Aït Hichem quanto pelo ritual; as de Slimane Rahmani sobre as populações do Cap Aokas e em particular seus estudos sobre o tiro ao alvo, sobre o mês de maio, sobre os ritos relativos à vaca e ao leite; as do R.P. Devulder (cuja calorosa hospitalidade me proporcionou um dos lugares de refúgio que me era necessário para conduzir minhas pesquisas) sobre as pinturas murais e as práticas mágicas entre os Ouadhias.

Além dessas contribuições etnográficas apareceram, depois que comecei a trabalhar sobre o ritual, três tentativas de interpretação etnológica que merecem uma menção especial. O artigo de Paulette Galand-Pernet, publicado em 1958, sobre "os dias da velha", se esforça em extrair a significação de uma tradição particular, há muito tempo atestada e em um espaço cultural muito vasto, mediante um recenseamento e uma análise "dumeziliana" das variantes que pretendem estabelecer os traços invariantes (período de transição, feiura e crueldade, turbilhão, rocha, forças malignas etc.): é notável que essa forma de comparatismo metódica que recoloca o traço cultural considerado no universo das variantes geográficas, atinja interpretações muito próximas daquelas às quais se chega ao substituí-lo no sistema cultural no qual ele funciona[8]. Entre as inúmeras publicações cujo objeto foi o ciclo do ano agrário nas populações de língua berbere e, mais precisamente, a oposição entre os cultivos e as ceifas, os dois livros de Jean Servier, Les portes de l'année, publicado em 1962, e L'homme et l'invisible, em 1964[9], distinguem-se pelo fato de que se esforçam em mostrar, apoiando-se em um riquíssimo material etnográfico, que todos os gestos da vida cotidiana se conformam ao símbolo de cada estação, instaurando uma correspondência entre o simbolismo dos ritos agrários e o simbolismo dos ritos de passagem. Mas a interpretação proposta deve sem dúvida seus limites ao fato de que procura no simbolismo universal do ciclo da morte e da ressurreição, mais do que na própria lógica das práticas e dos

---

8. GALAND-PERNET, P. "La vieille et les jours d'emprunt au Maroc". Hesperis, 1958, 1º e 2º trimestre, p. 29-94.
9. SERVIER, J. Les portes de l'année – Rites et symboles. Paris: Laffont, 1962. • L'homme et l'invisible. Paris: Laffont, 1964.

objetos rituais apreendidos em suas relações mútuas, o princípio das correspondências percebidas entre os diferentes domínios da prática. Ainda que os contos, que na maior parte das vezes são variações relativamente livres sobre temas fundamentais da tradição, introduzam menos diretamente nos esquemas profundos do habitus do que as próprias práticas rituais ou, na ordem do discurso, os enigmas, os ditados ou os provérbios, *o livro de Camille Lacoste sobre* Le conte kabyle, *publicado em 1970*[10], *reúne informações etnográficas interessantes, em particular sobre o mundo feminino, e tem o mérito de romper com as facilidades do comparatismo uma vez que procura a chave de um discurso histórico nesse próprio discurso. Mas não basta para reconhecer o fato de que a linguagem mítico-ritual não pode jamais ser apreendida fora de uma língua determinada para ir além de um dicionário dos traços fundamentais de uma cultura particular, contribuição que é por si mesma extremamente preciosa (como basta para atestá-lo o índice do* Conte kabyle).

Pode-se observar muito bem como os signos míticos, mais "motivados" em sua aparência sensível e em suas ressonâncias psicológicas, expõem-se a todas as formas de intuicionismo que tentam extrair diretamente a significação (em oposição ao valor) dos traços culturais tomados isoladamente ou fundidos na unidade sentida de uma visão global; e isso ainda mais que a compreensão que se diz intuitiva é o produto inevitável do aprendizado por familiarização que está implícito em todo trabalho aprofundado de pesquisa e de análise. Mas não se observa tão bem que não se tem que escolher entre a evocação do conjunto dos traços intuitivamente domináveis e a compilação indefinida de elementos esparsos ou a análise (aparentemente) impecável de alguma região bem delimitada e inexpugnável, que não se poderia realmente explicar senão reinserindo-a na rede completa das relações constitutivas do sistema. Apreender os elementos do corpus como temas suscetíveis de ser interpretados em estado isolado ou na escala de conjuntos parciais significa esquecer que, segundo a fórmula de Saussure, "arbitrário e diferencial são duas qualidades correlativas"[11]; *que cada um desses traços significa somente o que os outros não significam e que, em si mesmo (parcialmente) indeterminado, só recebe sua determinação completa de sua re-*

---

10. LACOSTE, C. Le conte Kabyle – Étude ethnologique. Paris: Maspero, 1970. • Bibliographie ethnographique de la Grande Kabylie. Paris: Mouton, 1962.
11. SAUSSURE, F. de. Cours de linguistique générale. Paris: Payot, 1960, parte 2, cap. 4, 3, p. 163 [Curso de linguística geral. São Paulo: Cultrix, 1997].

lação com o conjunto dos outros traços, ou seja, como diferença em um sistema de diferenças. Assim, por exemplo, se em um traço como o cruzamento, lugar perigoso, frequentado pelos espíritos, e muitas vezes marcado por um monte de pedras, como os lugares onde o sangue foi derramado, a intuição armada do etnólogo vê imediatamente o ponto onde se cruzam, misturam-se, juntam-se duas direções opostas, o Leste, masculino, seco, e o Oeste, feminino úmido, é evidentemente porque ela o associa implicitamente a todos os lugares ou atos de cruzamento, como o lugar onde se cruzam os fios da tecedura e a montagem, perigosa, do tear, ou como a água da têmpera e a têmpera do ferro, ou ainda como o cultivo e o ato sexual. Mas, de fato, a relação desse traço com a fecundidade, ou, mais exatamente, com a fertilidade masculina, atestada por alguns ritos[12] não pode ser realmente compreendida senão pela reconstrução do conjunto das diferenças que, pouco a pouco, a determinam: assim, em oposição à forqueadura que, como diz um informante,

---

12. "Quando uma moça é atingida pela *djennaba* – uma maldição que impede seu casamento e a deixa solitária perto do fogão –, é o ferreiro que lhe oferece da água tomada na *Lbilu*, a cuba usada para a têmpera, para que ela faça suas abluções nua, antes do nascer do sol, na fonte de um mercado, em uma encruzilhada ou na praça do vilarejo. Essa água tem como efeito a propriedade de tornar fecundos os instrumentos de ferro aquecidos no fogo." Jean Servier que relata esse ritual (SERVIER, J. *Les portes de l'année...* Op. cit, p. 246), oferece-o sem outro comentário, como um exemplo do papel do ferreiro em alguns ritos de fecundidade (papel que ele explica ao invocar os recursos da mitologia comparada – com o tema do roubo do fogo, relacionado ao roubo da semente no terreiro como é praticado entre os Bambara, no qual simbolizaria a morte seguida da ressurreição – e também o papel do ferreiro na fabricação da relha e na inauguração dos cultivos). Um rito muito semelhante é relatado por R.P. Devulder: para libertar uma moça de *elbru* (o não cultivado, a virgindade forçada), a *qibla* ("parteira") coloca um pote cheio de água sobre uma árvore durante a noite toda, depois lava com essa água a moça colocada em pé sobre uma travessa na qual se coloca um *pedaço de ferro*. Em seguida, ela acende a *lamparina*, símbolo do homem, depois vai despejar a água no mercado, "por onde os homens passam e no lugar onde os açougueiros degolam os animais" (DEVULDER, M. "Peintures murales et pratiques magiques dans la tribu des Ouadhias". *Revue Africaine*, t. XCV, 1951, p. 35-38). Esses diferentes ritos aparecem como uma variante do rito praticado às vésperas do casamento e no qual a *qibla* lava a moça, que é colocada em pé sobre uma grande travessa, entre duas lamparinas acesas, antes de lhe aplicar a hena. Esse ritual é designado, nas fórmulas mágicas que o acompanham, como destinado a retirar a *tucherka*, literalmente a associação, isto é, o infortúnio e todas as formas de inaptidão para a procriação. "Para evitar a leitura e o trabalho de edição, adotou-se aqui a transcrição mais comum e mais econômica – cujo princípio foi descrito detalhadamente em BOURDIEU, P. & SAYAD, A. *Le déracinement*. Paris: De Minuit, 1964, p. 181-185.

"é o lugar onde os caminhos se dividem, se separam" (anidha itsamfaraqen ibardhan), *ou seja, um lugar vazio (à maneira de* thigejdith, *a forqueta central da casa que asalas, a viga principal, deve vir preencher), ele se encontra constituído como um lugar "onde os caminhos se juntam"* (anidha itsamyagaran ibardhan), *ou seja, como pleno; em oposição à casa, ou seja, ao pleno feminino* (laâmara) *e aos campos ou à floresta, como vazio masculino* (lakhla), *ele se encontra definido como o pleno masculino etc. Para explicar completamente o mais ínfimo rito, para arrancá-lo completamente da absurdidade de uma sequência imotivada de atos e de símbolos imotivados, seria preciso recolocar assim cada um dos atos e dos símbolos que ele engaja no sistema das diferenças que mais diretamente o determinam e, pouco a pouco, no sistema mítico-ritual em sua totalidade; e também, simultaneamente, no interior da sequência sintagmática que o define em sua singularidade e que, como intersecção de todos os conjuntos de diferenças (cruzamento, aurora, água de têmpera etc.), limita o arbitrário de seus próprios elementos. É dessa maneira que se pode descrever o progresso de toda pesquisa estrutural com as mesmas palavras que Duhem emprega para descrever o progresso da ciência física, "quadro sinótico ao qual contínuos retoques oferecem cada vez mais amplitude e unidade [...], enquanto que cada detalhe do conjunto recortado e isolado do todo perde toda significação e não representa mais nada"*[13].

A frase de Duhem evoca claramente os inúmeros retoques, todos ínfimos, que conduzem dos primeiros esboços, ao desenhar as grandes linhas do sistema, ao quadro provisoriamente final que encerra muito mais fatos em uma rede muito mais estreita de relações. Por não saber evocar, como somente um diário da pesquisa conseguiria fazê-lo, todos os pequenos progressos sucessivos, os inúmeros achados, destinados a escapar aos olhares menos avisados, as múltiplas reestruturações que a cada vez acarretam uma redefinição do sentido dos fatos já integrados ao modelo, contentar-me-ei em reproduzir uma dessas sinopses antecipadas que, proposta a partir de 1959 no colóquio de etnologia mediterrânea de Burg Wartenstein, poderia ainda servir, mediante algumas correções, como "resumo" da análise final, se a característica dessa espécie de análise não fosse precisamente não suportar ser resumida: "O

---

13. DUHEM, P. *La théorie physique*: son objet, sa structure. 2. ed. Paris: M. Rivière, 1914, p. 311.

outono e o inverno se opõem à primavera e ao verão como o úmido se opõe ao seco, o baixo ao alto, o frio ao calor, a esquerda à direita, o oeste e o norte ao leste e ao sul, a noite ao dia. O princípio de organização da sucessão temporal é o mesmo que determina a divisão dos trabalhos entre os sexos, a distinção entre a alimentação úmida da estação úmida e a alimentação seca da estação seca, as alternâncias da vida social, festas, ritos, jogos, trabalhos, a organização do espaço. É o mesmo princípio que funda alguns traços estruturais do grupo, como a oposição entre as "ligas" (s'uff), que determina a organização interna do espaço da casa e a oposição fundamental do sistema de valores (nif, pundonor e h'urma, honra). Dessa maneira, à oposição entre a estação úmida, associada à fecundidade e à germinação, e a estação seca, associada à morte da natureza cultivada, correspondem a oposição entre o cultivo e a tecedura, associados ao ato sexual, por um lado, e a ceifa, associada à morte, por outro lado, e a oposição entre o arado que dá a vida e a foice que a destrói. Todas essas oposições se integram em um sistema mais vasto, no qual a vida se opõe à morte, a água ao fogo, os poderes da natureza, que se trata de conciliar, às técnicas da cultura que devem ser manejadas com precaução"[14].

Para ir além dessa construção provisória que desenhava o primeiro esboço de uma rede de relações de oposição que pede para ser completado e complicado, comecei, em 1962, a registrar em cartões perfurados (aproximadamente 1500) o conjunto dos dados publicados que pudera controlar por meio da pesquisa e dos novos dados que eu mesmo havia recolhido, ou tentando conduzir a observação e o questionamento de modo mais sistemático nos domínios já bastante estudados, como o calendário agrário, o casamento, a tecedura, ou fazendo surgir, em função de uma outra problemática (ou seja, deixando bem claro, de uma outra cultura teórica) dos domínios inteiros da prática que os autores anteriores tinham quase que sistematicamente ignorado (ainda que sempre se possa encontrar, aqui ou ali, algumas anotações), como a estrutura e a orientação do tempo (divisões do ano, da jornada, da vida

---

14. BOURDIEU, P. The Attitude of the Algerian Peasant toward Time. In: PITT-RIVERS, J. (org.). *Mediterranean Countrymen*. Paris/La Haye: Mouton, 1963, p. 56-57. Cf. tb.. para uma exposição análoga, BOURDIEU, P. The sentiment of honour in Kabyle Society. In: PERISTIANY, J.-G. (org.). *Honour and Shame*. Chicago: The University of Chicago Press, 1966, esp. p. 221-222.

humana), a estrutura e a orientação do espaço – e em particular do espaço interno da casa –, os jogos infantis e os movimentos do corpo, os rituais da primeira infância e as partes do corpo, os valores (nif e h'urma) *e a divisão sexual do trabalho, as cores e as interpretações tradicionais dos sonhos etc. Ao que é necessário acrescentar as informações que me permitiram descobrir, na última fase de meu trabalho, uma questão dos informantes e dos textos sistematicamente orientada não para os "símbolos" mas para práticas simbólicas como entrar e sair, encher e esvaziar, fechar e abrir, atar e desatar etc. Todos esses novos fatos eram importantes aos meus olhos, menos por sua "novidade" (jamais se deixará, enquanto em algum lugar funcionar um habitus gerador, de "descobrir" novos dados), que por seu papel estratégico de "termos intermediários", como Wittgenstein os nomeia, que permitem estabelecer correlações: penso, por exemplo, no vínculo entre a relha e o raio que revela, além da etimologia popular das duas palavras, o fato de que a relha pode ser empregada como eufemismo para se referir ao raio ou à crença de que este deixa no solo um traço idêntico ao da relha, ou a lenda segundo a qual o ancestral da família encarregada de fazer "a saída para o primeiro dos cultivos" teria visto o raio cair em uma de suas parcelas e, tendo cavado a terra nesse lugar, teria encontrado um pedaço de metal e o teria "enxertado" na relha de seu arado; ou no vínculo indicado pelo verbo* qabel *entre os valores de honra e as orientações espaciais e temporais; ou ainda àquele que, por meio do tear e das propriedades associadas à sua posição diferencial no espaço da casa, une a orientação do espaço, a divisão do trabalho entre os sexos e os valores de honra; ou, finalmente, a todos os vínculos que, pelo intermédio da oposição entre o tio paterno e o tio materno, se estabelecem entre o sistema oficial das relações de parentesco e o sistema mítico-ritual.*

    A constituição de um arquivo que permite proceder facilmente a todas as triagens cruzadas possíveis deveria permitir desenhar, para cada um dos atos ou dos símbolos fundamentais, a rede das relações de oposição e de equivalência que o determinam, isso por meio de uma simples codificação que permite localizar manualmente as co-ocorrências e as exclusões mútuas. Paralelamente, pude encontrar uma solução para as antinomias práticas decorrentes da vontade de estabelecer uma relação sistemática da totalidade dos detalhes observados, limitando-me à análise do espaço interno da casa que, como um cosmos em mi-

niatura, constituía um objeto ao mesmo tempo completo e circunscrito. De fato, o artigo, escrito em 1963 e publicado na coletânea de textos reunidos por Jean Pouillon e Pierre Maranda, em homenagem a Claude Lévi-Strauss, é sem dúvida meu último trabalho de estruturalista feliz[15].

Com efeito, começava a pensar que para explicar a necessidade quase miraculosa, e por isso quase inacreditável, que a análise revelava, e isso na ausência de toda intenção organizadora, era preciso procurar do lado das disposições incorporadas, e até mesmo do esquema corporal, o princípio ordenador (principium importans ordinem ad actum, como dizia a escolástica) capaz de orientar as práticas de uma maneira ao mesmo tempo inconsciente e sistemática: na realidade estava chocado com o fato de que as regras de transformação que permitem passar do espaço interno ao espaço externo da casa podem ser reduzidas aos movimentos do corpo, como a meia-volta, é conhecido, aliás, o papel que esses movimentos representam nos ritos em que se trata incessantemente de virar, colocar no sentido inverso, de trás para frente, objetos, animais, roupas, ou virar em um sentido ou no outro, para a direita ou para a esquerda etc.

Mas são principalmente as ambiguidades e as contradições que o próprio esforço em levar a aplicação do método estrutural até suas últimas consequências não parava de provocar que me levaram a questionar menos o próprio método do que as teses antropológicas que tacitamente se encontravam colocadas no próprio fato de sua aplicação consequente às práticas. Para fixar as diferentes oposições ou equivalências que a análise me permitia extrair, tinha construído, para os diferentes domínios da prática, ritos agrários, cozinha, atividades femininas, períodos do ciclo de vida, momentos da jornada etc., diagramas que, tirando praticamente proveito dessa propriedade que o esquema sinótico tem, segundo Wittgenstein, "de nos permitir compreender ou, mais precisamente, de 'ver as correlações'"[16], davam uma forma visível às relações de homologia ou de oposição sem deixar de restituir a ordem linear da sucessão temporal. O "agrupamento do material factual" que o es-

---

15. BOURDIEU, P. "La maison kabyle ou le monde renversé". Echanges et communication – Mélanges offerts à C. Lévi-Strauss à l'occasion de son 60ᵉ anniversaire. Paris/La Haye: Mouton, 1970, p. 739-758.

16. WITTGENSTEIN, L. "Remarques sur le Rameau d'or de Frazer". Actes de la Recherche en Sciences Sociales, 16, set./1977, p. 35-42.

quema opera constitui por si só um ato de construção, mais, um ato de interpretação uma vez que revela o conjunto do sistema de relações e faz desaparecer as facilidades que são oferecidas quando se manipulam as relações em estado separado, ao acaso dos encontros da intuição, obrigando praticamente a relacionar cada uma das oposições com todas as outras.

É essa mesma propriedade do esquema sinótico que me levou a descobrir, sob a forma das contradições manifestadas pelo efeito de sincronização que ele opera, os limites da lógica imanente às práticas que ele se esforçava em manifestar. Com efeito, depois de ter tentado acumular em um mesmo esquema circular o conjunto das informações disponíveis em relação ao "calendário agrário", deparava-me com inúmeras contradições assim que me esforçava em fixar simultaneamente mais do que um certo número de oposições fundamentais, quaisquer que fossem. E as dificuldades análogas não paravam de surgir quando tentava sobrepor os esquemas correspondentes aos diferentes domínios da prática: estabelecia-se determinado conjunto de equivalências, uma outra equivalência, incontestavelmente atestada, tornava-se impossível, e assim por diante. Quando evoco as horas que passei, com Abdelmalek Sayad (com quem havia começado, com o mesmo resultado, um trabalho análogo sobre diferentes variantes do ritual de casamento, e que muito me ajudou em minha análise do ritual), tentando resolver essas contradições em vez de logo reconhecer e perceber ali o efeito dos limites inerentes à lógica prática *que só é coerente em linhas gerais, até um certo ponto*, é principalmente para revelar o quanto era difícil escapar a essa espécie de exigência social, reforçada pela vulgata estruturalista, que me fazia buscar a coerência perfeita do sistema[17]. Sem falar do fato de que a intenção mesma de compreender as lógicas práticas supõe uma verdadeira conversão de todas as disposições adquiridas, e em particular uma espécie de oblação de tudo o que comumente se associa à reflexão, à lógica e à teoria, atividades "nobres", inteiramente voltadas con-

---

17. Se evidentemente ele não está inscrito no pensamento de Claude Lévi-Strauss, sempre preocupado em evocar a existência de defasagens entre os diferentes aspectos da realidade social (mito, ritual ou arte e morfologia ou economia), esse panlogismo é sem dúvida nenhuma parte integrante da imagem social do estruturalismo e de seus efeitos sociais.

tra os modos de pensamentos "comuns", a dificuldade era tanto maior que a interpretação não pode adiantar uma outra prova de sua verdade além de sua capacidade de explicar a totalidade dos fatos e de maneira totalmente coerente. Assim se explica, ao que me parece, que tenha tido tanta dificuldade para aceitar e levar realmente em conta em minha análise a ambiguidade objetiva (do próprio ponto de vista do sistema de classificação) de todo um conjunto de símbolos ou de práticas (a brasa, a concha, a boneca utilizada em alguns ritos etc.), para classificá-los como inclassificáveis e inscrever essa incapacidade de tudo classificar na própria lógica do sistema de classificação.

Também levei muito tempo para compreender que não se pode apreender a lógica da prática, a não ser por meio de construções que a destroem como tal, enquanto não se questionar o que são, ou melhor, o que fazem os instrumentos de objetivação, genealogias, esquemas, quadros sinóticos, plantas, mapas, a isso tudo acrescentei então, graças aos mais recentes trabalhos de Jack Goody, a simples transcrição escrita[18]. Sem dúvida porque essa questão jamais se inspirou em uma preocupação pura e puramente teórica de clarificação epistemológica, nunca pensei em passar, como se faz de bom grado atualmente, de uma análise crítica das condições sociais e técnicas da objetivação e da definição dos limites de validade dos produtos obtidos nessas condições, a uma crítica "radical" de toda objetivação e, dessa maneira, da própria ciência: sob pena de ser apenas projeção de estados de alma, a ciência social supõe necessariamente o momento da objetivação e ainda são as aquisições do objetivismo estruturalista que tornam possível a superação que esse momento exige.

Isto posto, não é tão fácil compreender e fazer compreender praticamente que, como modelo de uma prática que não tem por princípio esse modelo, o esquema e todas as oposições, as equivalências e as analogias que ele revela em um piscar de olhos só valem enquanto forem considerados pelo que são, isto é, modelos lógicos que explicam da maneira ao mesmo tempo mais coerente e mais econômica o maior número possível de fatos observados. E que esses modelos se tornam falsos e perigosos assim que são tratados como os princípios reais das práticas, o

---

18. GOODY, J. *La raison graphique*. Paris: De Minuit, 1979.

que significa, inseparavelmente, sobreestimar a lógica das práticas e deixar escapar aquilo que constitui seu verdadeiro princípio. Uma das contradições práticas da análise científica de uma lógica prática reside no fato paradoxal de que o modelo mais coerente e também mais econômico, aquele que explica da maneira mais simples e mais sistemática o conjunto dos fatos observados, não é o princípio das práticas que ele explica melhor do que qualquer outra construção; ou, o que significa a mesma coisa, que a prática não implica – ou exclui – o domínio da lógica que ali se expressa.

Mas isso poderá ser observado com um exemplo. Sabe-se que a homologia entre o ciclo agrário e o ciclo da tecedura, cujo princípio Basset já enunciava[19], desdobra-se em uma homologia, muitas vezes verificada, entre o ciclo da tecedura e o ciclo da vida humana; isso, evidentemente, com a condição de que se restrinja ao menor denominador comum dos três ciclos, cujas "correspondências" são evocadas, como uma colcha de retalhos, em função da lógica da situação considerada, tanto pelos informantes quanto pelos intérpretes que reproduzem sem sabê-lo a lógica da compreensão prática do sistema mítico-ritual. Significa dizer que, neste caso particular, o modelo completo poderia se resumir

---

19. "Em relação ao tecido que é criado nele, o tear é como o campo em relação à ceifa que ele contém. Todo tempo que o grão está nele, o campo vive uma vida maravilhosa cujo produto é a colheita. Essa vida germina com o grão, cresce com as espigas, desabrocha ao mesmo tempo que eles, e se retira no momento em que caem sob a foice do ceifador. O campo permanece então como morto: ele realmente morreria se por hábeis práticas o lavrador não soubesse lhe restituir uma parcela dessa vida, para que no ano seguinte ele ainda possa uma vez mais renascer, e emprestar sua força ao grão. Crenças análogas, e ritos muito semelhantes. Entre a cerimônia da retirada do tapete e aquela da ceifa, existe uma analogia chocante. É o mesmo respeito religioso tanto em um quanto no outro diante dessa vida mágica que se vai suprimir, tomando-se todas as precauções para que ela possa renascer. Da mesma maneira, como no primeiro caso, é a artesã mestra que desempenha o papel principal, da mesma maneira o corte das primeiras espigas deve ser feito pelo dono do campo ou pelo chefe dos ceifadores que carrega o título de raïs ou de agellid [rei] entre os berberes. Assim como o ferro é prescrito para cortar os fios de lã, também as espigas devem ser colhidas à mão. Em ambos os casos, cantam-se fórmulas e, o que melhor mostra quanto a similitude das duas operações é profundamente sentida pelos próprios nativos, é que essas fórmulas são idênticas. As tecelãs adotaram sem mudar uma palavra as mesmas fórmulas da ceifa" (BASSET, H. "Les rites du travail de la laine à Rabat". Hesperis, 1922, p. 157-158).

pela seguinte fórmula: o tear é para o tecido, produto de uma operação perigosa de união dos contrários, que lhe será arrancado mediante uma operação violenta de corte, o que o campo (ou a terra) é para o trigo e o que a mulher (ou o ventre da mulher) é para a criança. Essa construção, que os utilizadores, sem dúvida, aceitariam e que permite abarcar a quase totalidade dos fatos pertinentes (ou produzidos por uma observação ou por um questionamento munido desse modelo), ou melhor, re-engendrá-los (teoricamente) sem ser obrigado a entrar em uma narrativa interminável, não é, como tal, o princípio das práticas dos agentes: fórmula geradora que permite reproduzir o essencial das práticas tratadas como opus operatum, ela não é o princípio gerador das práticas, o modus operandi. Se fosse diferente, e se as práticas tivessem por princípio a fórmula geradora que se deve construir para explicá-las, isto é, um conjunto de axiomas ao mesmo tempo independentes e coerentes, as práticas produzidas segundo as regras de engendramento perfeitamente conscientes se encontrariam despojadas de tudo o que as define apropriadamente como práticas, isto é, a incerteza e a imprecisão do fato de que elas têm por princípio não regras conscientes e constantes, mas esquemas práticos, opacos a si mesmos, sujeitos a variar segundo a lógica da situação, o ponto de vista, quase sempre parcial, que ela impõe etc. Assim, os procedimentos da lógica prática são raramente absolutamente coerentes e raramente absolutamente incoerentes. Para demonstrá-lo, seria preciso citar desordenadamente, com o risco de ser cansativo, todos os fatos recolhidos, sem mesmo lhes impor esse mínimo de construção que representa a ordem cronológica (na medida em que ela evoca praticamente a correspondência entre os ciclos e, em particular, com o ciclo agrário): a mulher que começa a tecedura se abstém de qualquer alimentação seca e na noite da montagem do tear a família se alimenta de uma refeição feita de cuscuz e de bolinhos; a montagem é feita no outono e o grosso do trabalho se realiza durante o inverno; a arte de decorar o tecido foi ensinada por Titem Tahittust, que encontrara um fragmento de um tecido maravilhoso no esterco; os triângulos, vazios ou cheios, que decoram o tecido, representam uma estrela quando estão unidos em sua base (ou caso sejam maiores, a lua) e são chamados thanslith, símbolo que, como seu nome indica, "encontra-se na origem de todo desenho", *quando estão unidos por sua ponta; as moças não devem passar por cima do tecido; o lugar onde os fios se cruzam é chamado* erruh, *a alma; quando se deseja a chuva, coloca-se o pente de cardar sobre a soleira e se asperge água etc.*[20].

Seria, sobretudo, necessário mostrar como, guiadas por uma espécie de sentido das compatibilidades e das incompatibilidades que deixa muitas coisas na indeterminação, as práticas rituais podem apreender o mesmo objeto de maneira muito diferente, nos limites definidos pelas incompatibilidades mais evidentes (e também, claro, pelas condições técnicas), ou objetos diferentes de maneira idêntica, tratando praticamente o tear ora como uma pessoa que nasce, cresce e morre, ora como um campo que é semeado e depois esvaziado de seu produto ou como uma mulher, o que assimila a tecedura a uma concepção, ou ainda, em um outro de seus usos sociais, como um hóspede – assim como o tear, ele está apoiado na parede da luz – a quem se desejam as boas-vindas, ou como um refúgio sagrado ou um símbolo de "retidão" e de dignidade[21].
Resumindo, as práticas observadas são para as práticas que se ajustariam expressamente por princípios que o analista deve produzir para compreendê-las – admitindo-se que isso seja possível e desejável na prática, na qual a coerência perfeita nem sempre é vantajosa – o que as velhas casas, com suas adjunções sucessivas e com todos os objetos, parcialmente discordantes e fundamentalmente harmonizados, que ali se acumularam ao longo do tempo, são para os apartamentos organizados de ponta a ponta de acordo com uma escolha estética, imposta de uma única vez e de fora por um decorador. A coerência sem intenção aparente e a unidade sem princípio unificador imediatamente visível de todas as realidades culturais que são habitadas por uma lógica quase

---

20. Escolhi, para evitar um fácil efeito de disparate, reter aqui apenas os fatos *pertinentes* que foram recolhidos pelo mesmo observador (CHANTRÉAUX, G. "Le tissage sur métier de haute lisse à Aït Hichem et dans le Haut Sébaou". *Revue Africaine*, LXXXV, 1941, p. 78-116, 212-229; LXXXVI, 1942, p. 261-313) no mesmo lugar (o vilarejo de Aït Hichem) e que pude verificar (completando-os em alguns pontos).

21. A lógica prática também consegue em mais de um caso (por exemplo, na orientação da casa e de seu espaço interno ou no uso do tear) conciliações que podem parecer milagrosas a um pensamento inclinado a dissociá-las, entre as obrigações que chamaríamos de técnicas e as obrigações que diríamos rituais.

natural (não é aí que está 'o eterno charme da arte grega' ao qual se referia Marx?) são o produto da aplicação milenar dos mesmos esquemas de percepção e de ação que, não sendo jamais constituídos em princípios explícitos, não podem produzir senão uma necessidade não desejada, portanto necessariamente imperfeita, mas também um pouco milagrosa, e nisso muito próxima da obra de arte. A ambiguidade de inúmeros símbolos e atos rituais, as contradições que, ainda que sejam praticamente compatíveis, os opõem neste ou naquele ponto, e a impossibilidade de fazer com que todos entrem em um único e mesmo sistema que se deduziria de modo simples a partir de um pequeno número de princípios, tudo isso resulta do fato de que os agentes, conduzidos por uma compreensão prática da equivalência global entre um determinado momento do ciclo agrário e um determinado momento da tecedura (por exemplo, a montagem do tear e o começo dos cultivos), aplicam, sem ter necessidade de estabelecer explicitamente a homologia, os mesmos esquemas de percepção e de ação a uma e a outra situação ou transferem de uma a outra as mesmas sequências ritualizadas (é o caso, por exemplo, dos cantos fúnebres que podem ser cantados pelos homens por ocasião da ceifa e pelas mulheres na ocasião do corte do tecido). Esse sentido prático não tem nada de mais nem de menos misterioso, quando se reflete sobre isso, do que aquele que confere sua unidade de estilo a todas as escolhas que uma mesma pessoa, isto é, um mesmo gosto, pode operar nos domínios mais diferentes da prática, ou aquele que permite aplicar um esquema de apreciação como a oposição entre insosso e saboroso ou plano e elevado, insípido e apimentado, doce ou salgado, a um prato, uma cor, uma pessoa (e mais precisamente a seus olhos, seus traços, sua beleza), e também a narrativas, brincadeiras, um estilo, uma peça de teatro ou um quadro. Ele está no princípio dessas realidades simultaneamente sobredeterminadas e indeterminadas que, ainda que se tenha compreendido seu princípio, permanecem bem difíceis de serem dominadas completamente, senão em uma espécie de paráfrase lírica que é tão inadequada e estéril quanto o discurso ordinário sobre a obra de arte. Penso, por exemplo, nas inúmeras consonâncias e dissonâncias que resultam da sobreposição de aplicações aproximativas dos mesmos esquemas de pensamento: assim, o tear, que é em si mesmo um mundo, com seu alto e seu baixo, seu leste e oeste, seu céu e sua terra, seu campo e suas colheitas, seus cultivos e suas ceifas, seus cruzamentos, entrecruzamentos perigosos de princípios contrários, deve uma parte de suas propriedades e de seus usos (por exemplo, nos juramentos) à sua posição, determinada segundo o próprio princípio de suas divisões internas, no espaço da casa, ela mesma colocada na mesma relação, o do microcosmo com o macrocosmo, com o mundo em seu conjunto. Não há controle real dessa lógica senão para quem é completamente dominado por ela, por quem a possui, mas a ponto de ser totalmente possuído por ela, ou seja, despossuído. E, já que é assim, é porque não há aprendizado senão prático dos esquemas de percepção, de apreensão e de ação que são a condição de todo pensamento e de toda prática razoáveis e que, continuadamente reforçados por ações e discursos produzidos segundo os mesmos esquemas, são excluídos do universo dos objetos de pensamento.

Como não cansei de sugerir ao multiplicar as abordagens deliberadamente etnocêntricas, estaria sem dúvida menos inclinado a fazer um retorno crítico aos atos elementares da etnologia se não tivesse me sentido pouco à vontade na definição da relação com o objeto que o estruturalismo propunha ao afirmar, com uma audácia que me era inacessível, o privilégio epistemológico do observador. Se, contra o intuicionismo, que nega ficticiamente a distância entre o observador e o observado, eu me mantinha do lado do objetivismo preocupado em compreender a lógica das práticas, mediante uma ruptura metódica com a experiência primeira, eu não parava de pensar que também era necessário compreender a lógica específica dessa forma de "compreensão" sem experiência que o domínio dos princípios da experiência oferece; que seria necessário, não abolir magicamente a distância por uma falsa participação primitivista, mas objetivar essa distância objetivante e as condições sociais que a tornam possível, como a exterioridade do observador, as técnicas de objetivação de que ele dispõe etc. Talvez porque se tivesse uma ideia menos abstrata do que outros sobre o que representa ser um camponês montanhês, também tivesse, e nessa mesma medida, uma maior consciência da distância insuperável, indelével, sob pena de duplo jogo [double jeu] ou, se me permitem o trocadilho, de um duplo eu [double je]. Porque a teoria, como a palavra o diz, é espetáculo, que não pode se contemplar senão a partir de um ponto de vista situado fora do palco onde se passa a ação, a distância está sem dúvida menos ali onde ela é habitualmente procurada, ou seja, no intervalo entre as tradições culturais, do que no intervalo entre duas relações com o mundo, teórico e prático; ela está por isso mesmo associada nos fatos a uma distância social, que é preciso reconhecer como tal e cujo verdadeiro princípio é necessário conhecer, ou seja, a distância diferente em relação à necessidade, sob pena de se expor a imputar ao intervalo das "culturas" ou das "mentalidades" o que é um efeito dos intervalos das condições (e que se encontra na experiência nativa do etnólogo sob a forma de diferenças de classe). A familiaridade, que não se adquire nos livros, com o modo de existência prática daqueles que não têm a liberdade de colocar o mundo à distância, pode, a um só tempo, estar assim no princípio de uma consciência mais aguda da distância e de uma proximidade real, espécie de solidariedade para além das diferenças culturais.

Significa dizer que sem trazer, ao que me parece, qualquer condescendência, fui obrigado a me questionar incessantemente sobre minha relação com o objeto no que ele tinha de genérico, e também de particular. E poderia ser que a objetivação da relação genérica do observador com o observado que tentei realizar, mediante uma série de "provas" que tendiam cada vez mais a se converter em experimentações, constitua o principal produto de toda minha empreitada, não em si mesma, como contribuição teórica a uma teoria da prática, mas como princípio de uma definição mais rigorosa, menos entregue ao acaso das disposições individuais, da relação justa com o objeto que é uma das condições mais determinantes de uma prática propriamente científica em ciências sociais.

É no âmbito das minhas pesquisas sobre o casamento que os efeitos científicos desse trabalho de objetivação da relação com o objeto me parecem particularmente visíveis. Tendo tentado, com Abdelmalek Sayad, calcular – a partir de genealogias estabelecidas em diferentes vilarejos da Cabília, depois na região de Collo, e por fim no vale do Chélif e no Ouarsenis – a frequência, no universo das formas de casamento possíveis, do casamento com a prima paralela que a tradição etnológica considerava como a "norma" nessa região, tínhamos percebido que as taxas obtidas eram totalmente desprovidas de sentido porque dependiam da extensão da unidade social em relação à qual se efetuava o cálculo e que, longe de poder ser determinada com toda objetividade, era um jogo de estratégias na própria realidade social. Assim, tendo que abandonar uma pesquisa que apenas trazia ensinamentos negativos e relatar todos os esforços sobre a análise do ritual do casamento, pareceu-me que as variações observadas no transcorrer das cerimônias, longe de se reduzir a simples variantes que pareciam predispostas a servir à inter-

pretação estrutural, correspondiam às variações nas relações genealógicas, econômicas e sociais entre os cônjuges e também na significação e na função sociais das uniões sancionadas pelo ritual: bastava, com efeito, observar que o ritual que se desenrola em toda sua extensão por ocasião dos casamentos entre grandes famílias de tribos diferentes se encontra reduzido à sua expressão mais simples no caso do casamento entre primos paralelos, por perceber que cada uma das formas do ritual que acompanha cada uma das formas de casamento é, não uma simples variante, nascida de uma espécie de jogo semiológico, mas uma dimensão de uma estratégia que adquire seu sentido no interior do espaço das estratégias possíveis. Sendo essa estratégia o produto, não da obediência a uma norma explicitamente colocada e obedecida ou da regulação exercida por um "modelo" inconsciente, mas de uma avaliação da posição relativa dos grupos considerados, tornava-se claro que ela só pode ser explicada com a condição de se levar em conta, além da relação puramente genealógica entre os cônjuges (que pode ser em si mesma objeto de manipulações estratégicas), todo um conjunto de informações sobre as famílias unidas pelo casamento, como sua posição relativa no grupo, a história de suas trocas passadas e o balanço dessas transações no momento considerado, sobre os cônjuges (sua idade, seus casamentos anteriores, seu aspecto físico etc.); sobre a história da negociação que levou a essa união e às trocas as quais ela deu lugar etc.

"Bastaria observar que o ritual... para perceber..." A retórica tem atalhos que quase fariam esquecer que a prática científica não toma jamais a forma dessa consecução necessária de atos intelectuais miraculosos, salvo na metodologia de manual e epistemologia escolar. Como evocar sem ênfase nem reconstrução retrospectiva o longo trabalho sobre si que pouco a pouco conduz à conversão de qualquer visão da ação e do mundo social que a "observação" desses fatos totalmente novos, porque totalmente invisíveis para a visão anterior supõe: o ritual do casamento concebido não apenas como conjunto de atos simbólicos que significam por sua diferença em um sistema de diferenças (o que ele também é), mas como estratégia social definida por sua posição em um sistema de estratégias orientadas para a maximização do benefício material e simbólico? Ou o casamento "preferencial" tratado não mais como o produto de obediência à norma ou da conformidade a um modelo inconsciente, mas como uma estratégia de reprodução, que adquire seu sentido em um sistema de estratégias engendradas pelo habitus e orientadas para a realização da mesma função social? Ou as condutas de honra, apreendidas não mais como o produto da obediência às regras ou da submissão aos valores (o que elas também são, uma vez que vividas como tais), mas como o produto de uma pesquisa mais ou menos consciente da acumulação do capital simbólico?

Creio que não é por acaso que entre o momento em que tive de abandonar o problema do casamento na Cabília e o momento em que pude retomá-lo, por volta dos anos 70, havia começado uma espécie de revisão da pesquisa que, em 1960, conduzira em um vilarejo do Béarn e que conscientemente concebera como uma espécie de contraprova de minha experiência etnológica da familiarização com um mundo estranho[22]. Alertado por uma simples frase pronunciada em situação real ("Os Fulanos descobriram que são muito aparentados aos Sicranos desde que há um politécnico na casa deles"), pude ver o que todas as sociedades e todas as teorias do parentesco se empenham em reprimir, agindo como se as relações reais entre os parentes se deduzissem das relações de parentesco como são definidas pelo modelo genealógico: Alguém é mais ou menos "parente", com distância genealógica igual, se houver maior ou menor interesse e se os parentes considerados forem mais ou menos "interessantes". Perceber que as relações entre os parentes são também relações de interesse, que a relação socialmente exaltada entre os irmãos pode, no caso da Cabília, esconder conflitos estruturais de interesse ou, no caso do Béarn, servir de máscara e de justificativa para a exploração econômica, sendo o filho mais novo para o filho mais velho, com a aprovação de todos, um "criado sem salário", muitas vezes destinado ao celibato; perceber que a unidade doméstica, lugar de uma concorrência pelo capital econômico e simbólico (terras, nome etc.) da qual ela tem a propriedade exclusiva, é dividida por lutas pela apropriação desse capital nas quais a força de cada um depende do capital econômico e simbólico que ele possui apropriadamente em função de sua posição inseparavelmente genealógica e econômica e até que ponto ele consegue trazer o grupo para o seu lado ao agir de acordo com as regras que regem oficialmente as relações de parentesco; perceber que as trocas matrimoniais da tradição estruturalista não são senão um momento de uma economia das trocas entre os sexos e entre as gerações que não cessa de obedecer à lógica dos custos e benefícios, ainda que se trate de custos que a transgressão da norma oficial

---

22. Cf. BOURDIEU, P. "Célibat et condition paysanne". Etudes Rurales, 1962, 5-6, p. 32-136. • "Les stratégies matrimoniales dans le système des stratégies de reproduction". Annales, 4-5, jul.-out./1972, p. 1.105-1.125.

acarretam e de benefícios de respeitabilidade que o respeito à regra garante; perceber tudo isso não em uma dessas relações sociais altamente neutralizadas que geralmente o etnólogo conhece (se é que isso é possível, porque em todos os lugares existem coisas que não são ditas e não são feitas na frente de um estranho), mas em uma relação de pesquisa que era uma espécie de relação de parentesco, era operar uma verdadeira conversão de toda relação com o objeto e consigo mesmo e uma ruptura prática com o humanismo ingênuo que talvez seja apenas uma forma de complacência com uma imagem complacente de si mesmo e que, associado à vontade de reabilitar, compreensível nesses tempos de desprezo, me levara a tomar emprestado, às vezes, para falar da honra cabila, uma linguagem próxima das dissertações sobre os heróis de Corneille. (Devo dizer que, sobre esse ponto decisivo, a frequentação de Weber que, longe de opor a Marx, como geralmente se acredita, uma teoria espiritualista da história, conduziu o modo de pensamento materialista a terrenos que o materialismo marxista abandona de fato o espiritualismo, muito me ajudou a aceder a essa espécie de materialismo generalizado: isso não parecerá como um paradoxo senão àqueles que, pelo efeito conjugado da escassez de traduções, da unilateralidade das primeiras interpretações francesas e americanas e dos anátemas, bem econômicos, da ortodoxia "marxista", têm do pensamento desse autor uma representação simplista.)

    A distância que o etnólogo coloca entre si e seu objeto – e que se encontra institucionalizada no corte entre a etnologia e a sociologia – é também o que lhe permite se colocar fora do jogo, com tudo aquilo por meio do qual ele participa realmente da lógica de seu objeto. Sem dúvida não há melhor exemplo dessa dissociação que impede os pesquisadores de inscrever em sua prática científica a compreensão prática que têm da lógica da prática do que aquilo que Volochinov chama o filologismo, ou seja, a propensão em tratar as palavras e os textos como se não tivessem outra razão de ser senão a de ser decifrados pelos eruditos: nada mais paradoxal, por exemplo, que o fato de que pessoas cuja vida inteira se passa lutando a propósito de palavras possam tentar fixar a qualquer preço o que lhes aparece como o único sentido verdadeiro de símbolos, de palavras, de textos ou de fatos que, sendo objetivamente ambíguos, sobredeterminados ou indeterminados, devem muitas vezes sua sobrevivência e até o interesse de que são objetos ao fato de que não pararam de ser o que está em jogo nas lutas que pretendem precisamente fixar o único sentido "verdadeiro"; é o caso de todos os textos sagrados que, estando investidos de uma autoridade coletiva como os ditados, as sen-

tenças ou os poemas gnômicos nas sociedades sem escrita, podem funcionar como os instrumentos de um poder reconhecido sobre o mundo social, poder que se pode apropriar ao apropriá-los pela interpretação[23].

Seria suficiente explicar as práticas por meio de um "agrupamento do material factual" que permite "ver as correlações" e não seria uma outra maneira de abandoná-las à absurdidade o fato de reduzi-las tacitamente aos jogos de escrita semiológica que delas faz o discurso de intérprete? Não é com uma intenção polêmica que relembrarei que o etnólogo sem dúvida explicaria melhor rituais ou relações de parentesco caso introduzisse em sua teoria a "compreensão" – no sentido wittgensteiniano de capacidade de utilizar corretamente –, que testemunham suas relações com os founding fathers da disciplina ou sua arte em sacrificar aos rituais sociais da vida acadêmica. Para escapar realmente, na análise de um ritual, ao etnocentrismo do observador sem recair na falsa participação intuitiva dos nostálgicos das origens patriarcais ou no culto neofrazeriano das sobrevivências, é necessário e suficiente, com efeito, compreender essa compreensão prática, aquela que faz com que, diante de um rito cuja razão nos escapa, compreendermos pelo menos que se trata de um rito, e o que a separa da interpretação que não se pode se dar a não ser se situando no exterior da prática[24]. Dito de outra

---

23. O *corpus* sobre o qual trabalha o filólogo ou o etnólogo é em si mesmo até certo ponto o produto dessas lutas entre os intérpretes nativos que Mouloud Mammeri tão bem evoca (cf. MAMMERI, M. & BOURDIEU, P. "Dialogue sur la poésie orale em Kabylie". *Actes de la Recherche en Sciences Sociales*, 23/09/1978, p. 51-66) e que a desconfiança em relação ao erro (simbolizado pela obra de Griaule) consiste em retomar as teorias nativas, tinha me conduzido a subestimar (em benefício de uma representação durkheiminiana da produção cultural como coletiva, impessoal, ou seja, sem produtores).

24. O fato de que o etnólogo, como observador estranho, seja necessariamente remetido a essa posição de exterioridade nada possui de privilégio, embora nada impeça que o indígena possa ocupar tal posição em relação às suas próprias tradições, desde que esteja em medida de se apropriar dos instrumentos de objetivação e que esteja disposto, o que não necessariamente acontece, a assumir o *custo* da exclusão que a objetivação supõe e engendra. Compreende-se a importância que reveste o desenvolvimento de uma etnologia da Argélia feita por argelinos. Penso especialmente nas pesquisas conduzidas no âmbito do Crape (Centre de Recherches en Anthropologie, Préhistoire et Ethnologie) em torno de Mouloud Mammeri, cujos belíssimos trabalhos sobre a "literatura" oral são conhecidos – especialmente, o *ahellil* do Gourara (Citarei somente como exemplo o estudo de BASSAGANA, R. & SAYAD, A. *Habitat traditionnel et structures familiales en Kabylie*. [s.l.], Argélia: Crape, 1974).

forma, é preciso reintegrar na teoria dos rituais a teoria da compreensão prática de todos os atos e de todos os discursos rituais aos quais nos entregamos, e não somente na igreja ou no cemitério, e cuja particularidade reside precisamente no fato de que ninguém concebe vivê-los como absurdos, arbitrários ou desmotivados, ainda que tenham outra razão de ser além de ser ou de ser socialmente reconhecidos como dignos de existir[25]. *Os ritos são práticas que por si só constituem seu fim, que encontram sua realização em sua própria realização; atos que são feitos porque "isso se faz" ou que "é para fazer", mas também porque, às vezes, não há outra maneira a não ser fazê-los, sem ter necessidade de saber porque e para quem são feitos, nem o que significam, como os atos de piedade funerária. É que o trabalho de interpretação, que pretende lhes restituir um sentido, redescobrir sua lógica, leva a esquecer que: eles podem não ter, literalmente falando, nem sentido nem função, a não ser a função que sua própria existência implica, e o sentido objetivamente inscrito na lógica dos gestos ou das palavras que se faz ou se diz "para dizer ou fazer alguma coisa" (quando não há "outra coisa para fazer"), ou mais exatamente nas estruturas generativas cujos produtos são esses gestos ou essas palavras – ou, caso limite, no espaço orientado onde eles se realizam.*

Da mesma forma que não se pode falar de modo justo do ritual a não ser que se conheça a verdade do ritual como conduta ao mesmo tempo sensata e desprovida de razão e a verdade da intenção científica como projeto de explicar, da mesma forma, não se pode realmente dar conta dos usos sociais dos parentes e do parentesco senão com a condição de objetivar a relação objetivante e de perceber aquilo que ela dissimula: os agentes (e o próprio observador desde que ele pare de ser observador) não mantêm com seus parentes e seu parentesco a relação que se instaura na observação e que supõe que não se tem em vista qualquer uso prático dos parentes ou do parentesco. Em resumo, é preciso simplesmente introduzir no trabalho científico e na teoria das práticas que ele pretende produzir uma teoria – que não se descobre unicamente

---

25. A análise sociológica também deve estabelecer as condições de possibilidade e de validade dessa compreensão e desses atos (cf. BOURDIEU, P. "Le langage autorisé – Note sur les conditions sociales de l'efficacité du discours rituel". *Actes de la Recherche en Sciences Sociales*, 5-6, nov./1975, p. 183-190. • BOURDIEU, P. & DELSAUT, Y. "Le couturier et sa griffe, contribution à une théorie de la magie". *Actes de la Recherche en Sciences Sociales*, 01/01/1975, p. 7-36.

pela experiência teórica – do que significa ser nativo nessa relação de "douta ignorância", de compreensão imediata, mas cega a si mesma, que define a relação prática com o mundo. (Essa atitude está em estreita oposição – é preciso dizê-lo? – àquela que constitui fundar a compreensão histórica ou sociológica quer sobre uma "participação psíquica" ou uma "reprodução psíquica", para falar como Dilthey, quer sobre uma "modificação intencional" ou uma "transposição intencional em outra pessoa", para falar como Husserl, outra das tantas retraduções falsamente eruditas da teoria espontânea da compreensão como "se colocar no lugar.")

A representação que normalmente se faz da oposição entre o "primitivo" e o "civilizado" vem porque se ignora que a relação que se estabelece, neste caso como em outros, entre o observador e o observado é um caso particular da relação entre o conhecer e o fazer, entre a interpretação e a utilização, entre o domínio simbólico e o domínio prático, entre a lógica lógica, ou seja, armada de todos os instrumentos acumulados da objetivação, e a lógica universalmente pré-lógica da prática[26]. *E essa diferença, que é constitutiva da atividade intelectual e da condição intelectual é sem dúvida o que o discurso intelectual tem menos possibilidade de exprimir em sua verdade. O que está em jogo, com efeito, é até que ponto aquele que objetiva aceita ser envolvido em seu trabalho de objetivação. A relação objetivista com o objeto é uma maneira de manter as distâncias, uma recusa de se tomar como objeto, de ser tomado no objeto? Assim, por exemplo, não tenho certeza de que teria chegado perto do que me parece ser hoje o sentido da experiência ritual e a função dos esquemas geradores que ela coloca em ação se me tivesse contentado em levar a anamnese do reprimido social até me lembrar que, assim como os cabilas condensam na palavra* qabel *– enfrentar, ficar de frente para o leste, para o porvir – todo seu sistema de valores, os velhos camponeses bearneses diziam* capbat *(literalmente, cabe-*

---

26. Evidentemente não é necessário negar, e esse é o mérito de Jack Goody por tê-lo evocado, que as diferentes formações sociais sejam separadas por diferenças consideráveis do ponto de vista técnico de objetivação (começando pela escrita e tudo o torna possível a "razão gráfica"), portanto, das condições genéricas de acesso à lógica que se arma com essas técnicas.

ça abaixada) para significar para baixo, descendo, mas também para o norte, e capsus ou catsus (literalmente, cabeça levantada) para cima, subindo, mas também para o sul (ou ainda cap-abàn, cabeça para frente, para o leste, e cap-arré, cabeça para trás, para o oeste), e que palavras como capbachà, abaixar a testa, ou capbach estavam associadas à ideia de vergonha, de humilhação, de desonra ou de afronta; ou mesmo descobrir que as garantias mais legítimas de minha cultura mais legítima sucumbiam às vezes a essa lógica dita pré-lógica, que Platão, no livro X da República, associa os justos à direita, ao movimento para cima, para o céu, para frente, e os maus à esquerda, para baixo, para a terra e para trás[27], ou ainda que a teoria dos climas de Montesquieu se baseia nas oposições míticas cujo princípio não é senão tudo aquilo que colocamos na antítese entre o "sangue frio" e o "sangue quente" e, dessa maneira, entre o norte e o sul[28]. Seria necessário chegar até usos mais próximos, mais cotidianos, com a análise do gosto, esse sistema de esquemas geradores e classificatórios (manifestados nos pares de adjetivos antagonistas como único e comum, brilhante e opaco, pesado e leve etc.) que funcionam nos campos mais diferentes da prática e que estão

---

27. "Eles ordenaram aos justos que pegassem à direita a estrada que subia para o céu, depois de ter amarrado na frente um letreiro relatando seu julgamento, e aos criminosos que pegassem à esquerda a estrada descendente, levando eles também, mas na parte de trás, um letreiro em que estavam marcadas todas as suas ações" (PLATÃO. República, X, 614 c-d). Pode-se ver de passagem que se usamos demasiado a Grécia, sobretudo na etnologia magrebina, para provocar efeitos humanistas (em todos os sentidos do termo), pode-se também se servir de um conhecimento da Grécia etnologizada (e não heroizada) para compreender as sociedades sem escritas (e reciprocamente) e especialmente tudo o que diz respeito à produção cultural e aos produtores culturais.

28. Pierre Gourou, que levanta todas as inconsequências dos livros XIV a XVII do Espírito das leis sem perceber o princípio propriamente mítico que dá sua verdadeira coerência a esse discurso aparentemente incoerente, tem razão em observar: "Era interessante levantar essas visões de Montesquieu porque elas dormem em nós – prestes a despertar – assim como elas viviam nele. Nós também pensamos, ainda que um desmentido que uma observação mais correta do que nos tempos de Montesquieu possa trazer, que as pessoas do Norte são mais altas, mais calmas, mais trabalhadoras, mais empreendedoras, mais dignas de fé, mais desinteressadas do que as pessoas do Sul" (GOUROU, P. "Le determinisme physique dans l'Esprit des lois". L'homme, set.-dez./1963, p. 5-11).

no princípio dos valores últimos, incontestáveis e inefáveis, que todos os rituais sociais exaltam, e em particular o culto da obra de arte[29].

Mas, sem dúvida, não teria levantado os últimos obstáculos que me impediam de reconhecer na lógica da prática as formas de pensamento mais características da lógica pré-lógica caso não tivesse encontrado, um pouco por acaso, essa lógica "selvagem" no coração mesmo do mundo familiar, nos julgamentos que os franceses questionados em 1975 por um instituto de pesquisa davam sobre seus homens políticos[30]*: possuindo nesse caso o pleno domínio nativo do sistema de esquemas que levam a atribuir a Georges Marchais o pinheiro, o negro ou o corvo e a Valéry Giscard d'Estaing o carvalho, o branco ou o lírio do vale, eu poderia reunir a experiência nativa da familiaridade preguiçosa com um simbolismo nem totalmente lógico nem totalmente ilógico, nem totalmente controlado nem totalmente inconsciente, o conhecimento erudito da lógica, surpreendente para a experiência nativa, que se depreende do conjunto das atribuições, e a observação quase experimental do funcionamento desse pensamento por pares que, ao deixar na indeterminação os princípios de suas distinções ou de suas assimilações, jamais deixa claro a partir de que ponto de vista se opõe ou se assemelha o que ela opõe ou reúne. Descobrir que, em inúmeras operações, o pensamento ordinário guiado, como todos os pensamentos que se dizem "pré-lógicos", ou seja, práticos, por um simples "sentimento do contrário", procede por oposições, forma elementar de especificação que o conduz, por exemplo, a dar ao mesmo termo tantos contrários quanto existem relações práticas nas quais ele pode entrar com o que não é ele, significa perceber concretamente que a reificação do objeto da ciência na alteridade essencial de uma "mentalidade" supõe a adesão triunfante a um*

---

29. Cf. BOURDIEU, P. & SAINT-MARTIN, M. "Les catégories de l'entendement professoral". *Actes de la Recherche en Sciences Sociales*, 3, mai./1975, p. 69-93. • BOURDIEU, P. "L'ontologia politique de Martin Heidegger". *Actes de la Recherche en Sciences Sociales*, 5-6, nov./1975, p. 109-156. • *La distinction*. Paris: De Minuit, 1979 [A distinção – A crítica social do julgamento. Porto Alegre/São Paulo: Zouk/Edusp, 2007].

30. Para uma descrição precisa desse "teste" (no qual o pesquisador apresentava listas de seis objetos – cores, árvores, heróis clássicos etc. – pedindo que um e somente um deles fosse atribuído a um dos seis grandes líderes de partidos políticos) e uma análise da lógica segundo a qual se operam as atribuições, cf. BOURDIEU, P. *La distinction*. Op. cit., p. 625-640.

assunto não objetivado. Para abolir a distância, não se trata de aproximar ficticiamente o estranho, como habitualmente se faz, de um nativo imaginário: é ao distanciar pela objetivação o nativo que existe em todo observador estranho que se consegue aproximá-lo do estranho.

Esse último exemplo não está aqui, não mais que todos os outros, para fazer ver e valer as dificuldades particulares (que são bem reais) da sociologia, ou os méritos particulares do sociólogo, mas para tentar fazer sentir, ou melhor, fazer compreender praticamente, de uma compreensão que implica a prática, que toda empresa sociológica verdadeira é, inseparavelmente, uma socioanálise e tentar contribuir assim para que seu produto torne-se por sua vez o instrumento de uma socioanálise[31]*. Não se trata apenas de fazer da análise da posição social a partir da qual se produzem os discursos sobre o mundo social – a começar pelo discurso que pretende à cientificidade – uma das armas mais eficazes da crítica científica e política do discurso científico e político, e muito especialmente dos usos políticos da legitimidade "científica". Ao contrário da denegação personalista que, ao recusar a objetivação científica, apenas pode construir uma pessoa de fantasia ou de imaginação, a análise sociológica, especialmente quando ela se situa na tradição propriamente etnológica da exploração das formas de classificação, torna possível uma verdadeira reapropriação de si pela objetivação da objetividade que assombra o lugar pretendido da subjetividade, do mesmo modo que essas categorias sociais de pensamento, de percepção e de apreciação que são o princípio impensado de qualquer representação do mundo dito objetivo. Forçando a descobrir a exterioridade no coração da interioridade, a banalidade na ilusão da raridade, o comum na busca do único, a sociologia não tem somente por efeito denunciar todas as imposturas do egotismo narcísico; ela oferece um meio, talvez o único, de contribuir, nem que seja pela consciência das determinações, à construção, que de outro modo poderia ser abandonada às forças do mundo, de algo como um sujeito.*

---

31. Mais do que argumentar longamente sobre as funções libertadoras que a sociologia pode cumprir ao fornecer os instrumentos de uma reapropriação dos esquemas de percepção e de apreciação que muitas vezes estão no princípio de uma miséria propriamente social, contentar-me-ei em sugerir o artigo de SAYAD, A. "Les enfants illégitimes". *Actes de la Recherche en Sciences Sociales*, 25/01/1979, p. 61-82; 26/03/1979, p. 68-83) e o conjunto de seus trabalhos sobre os emigrantes argelinos.

Livro 1 — Crítica da razão teórica

Prólogo

Como posso seguir uma regra? – Se não é uma questão sobre as causas, então é uma questão que diz respeito à justificação que tenho para agir assim de acordo com ela.
Se eu esgotei as razões, então agora cheguei à rocha dura, e minha enxada se curva. Inclino-me nesse momento a dizer: "É assim, simplesmente, que ajo".
WITTGENSTEIN, L. *Investigations philosophiques.*

O homem [...] é o maior imitador (mimetikotaton) *de todos os animais e é imitando* (dia mimeseos) *que adquire seus primeiros conhecimentos.*
ARISTÓTELES. *Poética.*

De todas as oposições que dividem artificialmente a ciência social, a mais fundamental, e a mais danosa, é aquela que se estabelece entre o subjetivismo e o objetivismo. O próprio fato de que essa divisão renasça constantemente sob formas apenas renovadas bastaria para testemunhar que os modos de conhecimento que ela distingue são igualmente indispensáveis a uma ciência do mundo social que não pode se reduzir nem a uma fenomenologia nem a uma física social. Para superar o antagonismo que opõe esses dois modos de conhecimento conservando, porém, as aquisições de cada um deles (sem omitir o que a lucidez interessada produz sobre a posição oposta), é preciso explicitar os pressupostos que eles têm em comum como modos de conhecimento eruditos, igualmente opostos ao modo de conhecimento prático que se encontra no princípio da experiência ordinária do mundo social. Isso supõe que se submeta a uma objetivação crítica as condições epistemológicas e sociais que tornam possíveis tanto o retorno reflexivo sobre a experiência subjetiva do mundo social quanto a objetivação das condições objetivas dessa experiência.

O modo de conhecimento que se pode chamar fenomenológico tem por objeto refletir sobre uma experiência que, por definição, não se reflete, ou seja, a relação primeira de familiaridade com o entorno familiar, e assim revelar a verdade dessa experiência que, por mais ilusória que possa parecer do ponto de vista "objetivo", permanece perfeitamente *certa* como experiência[1]. Mas não pode ir além de uma descrição daquilo que caracteriza como próprio a experiência "vivida" do mundo social, ou seja, a apreensão desse mundo como evidente, garantido (*taken for granted*): se é assim, é porque ele exclui a questão das condições de possibilidade dessa experiência, a saber, a coincidência das estruturas objetivas e das estruturas incorporadas que oferece a ilusão da compreensão imediata, característica da experiência prática do universo familiar, e exclui ao mesmo tempo dessa experiência todo questionamento sobre suas próprias condições de possibilidade. É também, de um modo mais profundo, porque, assim como o conhecimento prático que toma por objeto, ele exclui todo questionamento sobre suas próprias condições sociais de possibilidade e mais precisamente sobre a significação social da *epochè* prática que é necessária para aceder à intenção de compreender a compreensão primeira ou, caso se queira, sobre a relação social absolutamente *paradoxal* que supõe o retorno reflexivo sobre a experiência *dóxica*.

O objetivismo que tem por objeto estabelecer regularidades objetivas (estruturas, leis, sistemas de relações etc.) independentes das consciências e das vontades individuais, introduz uma descontinuidade marcada entre o conhecimento erudito e o conhecimento prático, rejeitando ao estado de "racionalizações", de "prenoções" ou

---

1. É a evidência e a transparência em si mesma da experiência se refletindo (a do *cogito*), que o fenomenólogo (por exemplo, o Sartre de *L'imaginaire*) opunha como o "certo" ao "provável" do conhecimento objetivo: "É necessário repetir aqui o que se sabe desde Descartes: uma consciência reflexiva nos oferece dados absolutamente certos; o homem que, em um ato de reflexão, toma consciência de ter uma imagem não poderia se enganar. [...] O que se convencionou chamar "imagem" se dá imediatamente como tal à reflexão. [...] Se essas consciências se distinguem imediatamente de todas as outras, é porque elas se apresentam à reflexão com certas marcas, certas características que logo determinam o julgamento "tenho uma imagem". O ato de reflexão tem, portanto, um conteúdo imediatamente certo que chamaremos de *essência da imagem*" (SARTRE, J.-P. *L'imaginaire*. Paris: Gallimard, 1948, p. 13-14 [*O imaginário*. São Paulo: Ática, 1996].

de "ideologias" as representações mais ou menos explícitas com as quais ele se arma. Ele recusa assim o projeto de identificar a ciência do mundo social a uma descrição científica da experiência pré-científica desse mundo ou, de modo mais preciso, reduzir a ciência social, como Schütz e a fenomenologia, a "construções do segundo grau, isto é, a construções das construções produzidas pelos atores no palco social"[2] ou, como Garfinkel e a etnometodologia, a "relatórios dos relatórios" (*accounts*) produzidos pelos agentes[3]. Ele faz surgir, pelo menos objetivamente, a questão esquecida das condições particulares que tornam possível a experiência dóxica do mundo social. Assim, por exemplo, ao relembrar que a compreensão imediata só é possível se e somente se os agentes estão objetivamente afinados de modo que associem o mesmo sentido ao mesmo signo, palavra, prática ou obra, e o mesmo signo ao mesmo sentido ou, em outros termos, de modo que se refiram, em suas operações de cifração e decifração, a um único e mesmo sistema de relações constantes, independentes das consciências e das vontades individuais e irredutíveis à sua *execução* nas práticas ou nas obras (por exemplo, a língua como código ou cifra), a semiologia saussuriana (ou seus derivados, como o estruturalismo antropológico) não contradiz, propriamente falando, a análise fenomenológica da experiência primeira do mundo social como compreensão imediata; define somente seus limites de validade ao estabelecer as condições particulares nas quais ela é possível (isto é, a coincidência perfeita das cifras empregadas na codificação e na decodificação) e que a análise fenomenológica ignora.

Ocorre que, em todas essas operações, o objetivismo de forma alguma leva em conta o que está inscrito na distância e na exterioridade em relação à experiência primeira que é ao mesmo tempo a condição e o produto das operações de objetivação: esquecendo o que a análise fenomenológica da experiência do mundo familiar evoca, isto é, a aparência de imediatismo com a qual se oferece o sentido desse mundo. Ele omite objetivar a relação objetivante, ou seja, a ruptura episte-

---

2. Cf. SCHÜSTZ, A. *Collected Papers – I*: The Problem of Social Reality. La Haye: Martinus Nijhoff, 1962, p. 59.
3. GARFINKEL, H. *Studies in Ethnomethodology*. Englewood, Cliffs, N.J.: Prentice-Hall, 1967.

mológica que também é uma ruptura social. E, já que ele ignora a relação entre o *sentido vivido* que a fenomenologia social explicita e o *sentido objetivo* que a física social ou a semiologia objetivista constrói, ele não se permite analisar as condições da produção e do funcionamento do *sentido do jogo social* que permite viver como evidente o sentido objetivado nas instituições.

Não se pode, portanto, superar a antinomia aparente dos dois modos de conhecimento e neles integrar as aquisições a não ser com a condição de subordinar a prática científica a um conhecimento do "sujeito de conhecimento", conhecimento essencialmente *crítico* dos limites inerentes a qualquer conhecimento teórico, tanto subjetivista quanto objetivista, que teria todas as aparências de uma *teoria negativa*, não fossem os efeitos propriamente científicos que ela produz ao obrigar que se questionem as perguntas ocultadas por todo conhecimento erudito. A ciência social não deve somente, como quer o objetivismo, romper com a experiência nativa e a representação nativa dessa experiência; ainda lhe é necessário, mediante uma segunda ruptura, questionar os pressupostos inerentes à posição de observador "objetivo" que, dedicado a "*interpretar*" as práticas, tende a importar para o objeto os princípios de sua relação com o objeto, como atesta, por exemplo, o privilégio que concede às funções de comunicação e de conhecimento e que o leva a reduzir as interações a puras trocas simbólicas. O conhecimento não depende somente, como o ensina um relativismo elementar, do ponto de vista particular que um observador "situado e datado" tem sobre o objeto: é uma alteração muito mais fundamental, e muito mais perniciosa, uma vez que, sendo constitutiva da operação de conhecimento, está destinada a passar desapercebida, que se faz suportar à prática unicamente pelo fato de extrair dela um "ponto de vista" e de constituí-la assim como *objeto* (de observação e de análise). Naturalmente que só se tem de forma tão fácil esse ponto de vista soberano a partir das posições elevadas do espaço social a partir do qual o mundo social se oferece como um espetáculo que se contempla de longe e do alto, como uma *representação*.

Essa reflexão crítica sobre os limites do entendimento erudito não tem como finalidade desacreditar o conhecimento erudito sob uma ou outra de suas formas para lhe opor ou lhe substituir, como se fez muitas vezes, um conhecimento prático mais ou menos idealizado; mas fundá-lo completamente libertando-o dos vieses que lhe impõem as condições epistemológicas e sociais de sua produção. Totalmente estrangeira à intenção de reabilitação, que perverteu a maior parte dos discursos sobre a prática, ela pretende somente revelar a teoria da prática que o conhecimento erudito engaja implicitamente e tornar assim possível um verdadeiro conhecimento *erudito* da prática e do modo de conhecimento prático.

A análise da lógica da prática estaria, sem dúvida, mais avançada se a tradição escolar não tivesse constantemente abordado a questão das relações entre a teoria e a prática em termos de *valor*. É por isso que, na famosa passagem do *Theeteto*, Platão deturpa imediatamente o jogo quando, por meio de uma descrição bastante negativa da lógica da prática[4] que é apenas o inverso de uma exaltação da *skholè*, liberdade em relação às exigências e às urgências da prática que é dada para a condição *sine qua non* do acesso à verdade ("nossos propósitos nos pertencem como criados"), ele oferece aos intelectuais uma "teodiceia de seu próprio privilégio". A esse discurso justificador que, em suas formas mais extremas, define a ação como "impotência em contemplar" (*astheneia theorias*), a filosofia (tratar-se-ia da *filosofia plebeia* que o aristocratismo platônico constitui negativamente) nunca opôs senão uma inversão de signo, uma inversão da tábua de valores, como nesse texto ideal-típico em que Nietzsche conclui a mais aguda crítica do conhecimento "puro" ao reivindicar para o modo de conhecimento, que ele prefere àquele, as próprias virtudes que o conhecimento professa, como a objetividade: "Fiquemos de agora em diante mais alertas, senhores filósofos, contra essa fabulação de conceitos antigos e perigosos que fixou um 'sujeito de conhecimento, sujeito puro, sem vontade, sem dor, liberto do tempo', protejamo-nos dos tentáculos de noções contraditórias como a 'razão pura', 'espírito absoluto', 'conhecimento em si': – aqui se pede que pensem em um olho que de nenhuma forma pode ser imaginado, um olho cujo olhar, a qualquer preço, não deve ter direção, cujas funções ativas e interpretativas estariam ligadas, estariam ausentes, essas únicas funções que dão seu objeto a ação de

---

4. Por meio da invocação dos intelectuais "práticos", Platão extrai duas das propriedades mais importantes da prática, essa "corrida pela vida" (*peri psychès o dromos*), a saber, a pressão da *urgência temporal* ("a água da clepsidra se apressa em correr") que proíbe de se demorar nos problemas interessantes, de retomá-los muitas vezes, de voltar atrás, e a existência de *desafios* práticos, às vezes vitais (*Teeteto*, 172c-173b).

ver, exige-se, portanto, algo de insensato e de absurdo. Não existe senão uma visão perspectiva, um conhecimento perspectivo; e quanto *mais* nosso estado afetivo entra em cena em relação a uma coisa, *mais* temos olhos, olhos diferentes para essa coisa, e mais completa será nossa noção dessa coisa, nossa objetividade"[5]. O difícil é sem dúvida que não se pode sair do jogo das preferências invertidas para produzir uma verdadeira *descrição* da lógica da prática sem colocar em cena a situação teórica, contemplativa, escolar, a partir da qual se mantêm todos os discursos, inclusive os mais obstinados a valorizar a prática.

Mas o mais temível obstáculo à construção de uma ciência adequada da prática reside sem dúvida no fato de que a solidariedade que une os eruditos à sua ciência (e ao privilégio social que a torna possível e que ela justifica ou proporciona) os predispõem a professar a superioridade de seu saber, muitas vezes conquistado mediante imensos esforços, contra o senso comum e, até mesmo, em encontrar nessa superioridade uma justificação de seu privilégio, em vez de produzir um conhecimento científico do modo de conhecimento prático e dos limites que o conhecimento erudito deve ao fato de que ele repousa sobre o privilégio. Assim, tal tratado clássico de economia só evocará a lógica específica da prática e do senso comum para rejeitá-la na indignidade: denunciando a pretensão dos agentes econômicos em possuir um conhecimento adequado dos mecanismos econômicos, o economista "erudito" reivindica o monopólio do *ponto de vista total sobre o todo* e se afirma capaz de transcender os pontos de vista parciais e particulares dos grupos particulares e de escapar aos erros que têm por princípio o paralogismo de composição (*fallacy of composition*)[6]. Todo conhecimento objetivista encerra uma pretensão à dominação legítima: da mesma forma que, no *Troilus et Cressida*, as ideias gerais do general reduzem à cegueira interessada as críticas que Tersites, o simples soldado, opõe aos grandes planos estratégicos, da mesma forma a pretensão do teórico ao ponto de vista absoluto, "geometral de todas as perspecti-

---

5. NIETZCHE, F. *La généalogie de la morale*. Paris: Mercure, 1948, p. 206 [*A genealogia da moral*. São Paulo: Cia. das Letras, 1998].
6. SAMUELSON, P.A.*Economics*. Nova York/Londres: Mac Graw Hill, 1951, p. 6-10 [tradução francesa: Paris: Armand-Colin, 1972, p. 33).

vas", como teria dito Leibniz, encerra a reivindicação de um poder fundamentado na razão sobre os *simples particulares* destinados ao erro, que é privação, pela parcialidade partidária de seus pontos de vista particulares.

O não analisado de toda análise erudita (tanto subjetivista quanto objetivista) é a relação subjetiva do erudito com o mundo social e a relação (social) objetiva que essa relação subjetiva supõe[7]. O intelectualismo é, caso se permita a expressão, um intelectualocentrismo que leva a colocar no princípio da prática analisada, por meio das representações construídas para explicá-la (regras, modelos etc.), a relação com o mundo social que é aquela do observador e, dessa forma, a relação social que torna possível a observação. O fato de projetar uma relação teórica não objetivada na prática que se esforça em objetivar está no princípio de um conjunto de erros científicos, todos ligados entre si (de maneira que já seria um progresso considerável se todo discurso erudito sobre o mundo social se fizesse preceder de um signo que se leria como: "tudo se passa como se..." e que, funcionando à maneira dos quantificadores da lógica, evocaria continuamente o estatuto epistemológico do discurso erudito). Portanto, não é para sacrificar a uma espécie de gosto gratuito pelas preliminares teóricas, mas para responder às mais práticas necessidades da prática científica que é necessário proceder a uma análise da lógica específica e das condições sociais de possibilidade do conhecimento erudito (e muito especialmente das teorias da prática que ele implicitamente engaja) que é inseparavelmente uma análise da lógica específica do conhecimento prático.

---

7. O produtor de discurso sobre os objetos do mundo social que omite objetivar o ponto de vista a partir do qual produz esse discurso tem boas chances de não apresentar senão esse ponto de vista: testemunham todos esses discursos sobre o "povo" que falam menos do povo do que da relação com o povo daquele que os mantém ou, mais simplesmente, da posição social a partir da qual ele fala do povo.

1
Objetivar a objetivação

Sem dúvida não existe meio mais apropriado para compreender os pressupostos epistemológicos e sociológicos do objetivismo do que retornar às operações inaugurais pelas quais Saussure construiu o objeto próprio da linguística: ignorados e ocultados por todos os empréstimos mecânicos tomados à disciplina então dominante e por todas as traduções literais de um léxico autonomizado sobre os quais rapidamente se fundaram as novas ciências ditas estruturais, essas operações tornaram-se o *inconsciente epistemológico* do estruturalismo[1].

Apresentar, como faz Saussure, que o meio verdadeiro da comunicação não é a fala como dado imediato considerado em sua materialidade observável, mas a língua como sistema de relações objetivas que torna possíveis tanto a produção do discurso quanto sua decifração, significa operar uma completa inversão das aparências, subordinando a um puro construto, do qual não existe experiência sensível, a *matéria* mesma da comunicação, o que se oferece como a mais visível e a mais real[2]. Consciente da ruptura paradoxal

---

1. É significativo, por exemplo, que à exceção de Sapir, predisposto por sua dupla formação de linguista e de etnólogo a colocar o problema das relações entre a cultura e a língua, nenhum antropólogo tenha tentado extrair todas as implicações da homologia (que Leslie White é praticamente o único a formular explicitamente) entre as oposições que estão no fundamento da antropologia cultural (ou estrutural) e da lingüística, a da língua e da fala e a da cultura e da conduta.

2. Pode-se estender à relação entre a cultura e a conduta tudo aquilo que Saussure diz sobre a relação entre a língua e a fala, que é uma de suas dimensões: da mesma maneira que Saussure coloca que o meio da comunicação não é o discurso, mas a língua, da mesma maneira a antropologia cultural (ou a iconologia, no sentido de Panofsky) coloca que a interpretação científica trata as propriedades sensíveis da prática ou das obras como signos ou "sintomas culturais" que não entregam completamente seu sentido a não ser por uma *leitura* armada de uma *cifra cultural transcendente à suas atualizações* (entendendo assim que o "sentido objetivo" da obra ou da prática é irredutível à vontade e à consciência de seu autor bem como às experiências vividas do observador).

com a experiência dóxica que a tese fundamental do primado da língua implica (a favor da qual ele, no entanto, invoca a existência das línguas mortas e o mutismo tardio que atesta que se pode perder a fala e ainda assim conservar a língua como norma objetiva da fala), Saussure corretamente observa que tudo leva a crer que a fala é "a condição da língua": com efeito, além do fato de que a língua não pode ser apreendida fora da fala, o aprendizado da língua se faz pela fala e a fala está na origem das inovações e das transformações da língua. Mas ele logo observa que os dois processos invocados só têm prioridade *cronológica* e que a relação se inverte assim que se deixa o terreno da *história* individual ou coletiva para se questionar sobre as *condições lógicas da decifração*: desse ponto de vista, a língua, como meio que garante a identidade das associações de sons e de sentidos operados pelos interlocutores e, dessa maneira, a compreensão mútua, é primeira, como condição de inteligibilidade da fala[3]. Saussure que professa, aliás, que o "ponto de vista cria o objeto", indica aqui muito claramente o ponto de vista em relação ao qual é necessário se situar para produzir "o objeto próprio" da nova ciência estrutural: só se pode fazer da fala o produto da língua se e somente se quando alguém se situa *na ordem lógica da inteligibilidade*.

Sem dúvida valeria a pena tentar enunciar completamente o conjunto dos postulados teóricos que se encontram implicados no fato de adotar esse ponto de vista, como o primado da lógica e da estrutura, sincronicamente apreendida, sobre a história individual ou coletiva (ou seja, o aprendizado da língua e, falando como Marx, "o movimento histórico que lhe deu origem"), ou o privilégio concedido às relações internas e específicas, passíveis de uma análise "tautegórica" (de acordo com a expressão de Schelling) ou estrutural, em relação às determinações externas, econômicas e sociais. Mas, considerando-se que isso já foi feito muitas vezes, pelo menos parcialmente, parece mais importante dirigir a atenção ao próprio ponto de vista, à relação com o objeto que ali se afirma e tudo o que disso resulta, começando por uma teoria determinada da prática. O que supõe que se abandone por um momento, para tentar objetivá-lo, o lugar de antemão indicado e reconhecido do observador objetivo e

---

3. SAUSSURE, F. de *Cours de Linguistique Générale*. Paris: Payot, 1960, p. 37-38 [*Curso de Linguística Geral*. São Paulo: Cultrix, 1997].

objetivante que, como um diretor que usa de acordo com sua vontade as possibilidades oferecidas pelos instrumentos de objetivação para reaproximar ou distanciar, aumentar ou reduzir, impõe ao seu objeto suas próprias normas de construção, em uma espécie de sonho de poder.

Situar-se na ordem de inteligibilidade como o faz Saussure, significa adotar o ponto de vista do "espectador imparcial" que, disposto a *compreender por compreender*, é levado a colocar essa *intenção hermenêutica* no princípio da prática dos agentes, a fazer como se eles se colocassem as questões que ele se coloca em relação a eles. Diferentemente do orador, a única relação que o gramático tem com a linguagem é estudá-la para *codificá-la*. Pelo próprio tratamento ao qual ele a submete, tomando-a por *objeto de análise* em vez de usá-la para pensar e falar, ele a constitui como *logos* oposto à *práxis* (e também, é claro, à *linguagem praticada*): seria necessário dizer que essa oposição tipicamente escolar é um produto da situação *escolar*, no sentido estrito de situação de *skholè*, de *otium*, de *inação*, que poucas chances tem de aparecer em sua verdade aos espíritos moldados pela instituição escolar? Ausência de uma teoria da diferença entre a relação puramente teórica com a linguagem daquele que, como ele, nada tem a fazer com a linguagem senão compreendê-la, e a relação prática com a linguagem daquele que, dedicado a compreender para agir, se serve da linguagem tendo em vista fins práticos, somente o necessário para as necessidades da prática e nos limites da urgência prática, o gramático é inclinado a tratar tacitamente a linguagem como um objeto autônomo e autossuficiente, ou seja, como *finalidade sem fim*, sem outro fim, em todo caso, senão o de ser interpretada, como uma obra de arte. O princípio dos erros dos gramáticos não reside, pois, tanto no fato de que, como a sociolinguística o recrimina, eles tomam como objeto uma linguagem escolar ou erudita, mas no fato que eles mantêm sem sabê-lo com a linguagem, popular tanto quanto erudita, uma relação escolar ou erudita.

As tendências mais constantes dessa gramática formal, que é e sempre foi a linguística, estão inscritas na situação escolar que, por meio da relação com a linguagem que ela favorece e da neutralização das funções inscritas no uso ordinário da linguagem que ela opera, comanda de muitas maneiras o tratamento erudito da língua.

Que se pense apenas nesses inimitáveis exemplos que a imaginação dos gramáticos engendra, reis da França carecas ou Wittgensteins lavando a louça, e que, à maneira dos *paradoxos* caros a todos os formalismos, não devem poder estender todas suas ambiguidades e seus enigmas de outra forma que colocando entre parênteses de toda situação prática que a *epochè* escolar garante. O discurso acadêmico tem como "condição de satisfação" a instituição escolar, e tudo o que isso implica, como a disposição dos locutores e dos receptores a aceitar, ou então *acreditar* o que é dito. Isso não escapou a Valéry: "*Quia nominor Leo* não significa de forma alguma: *Pois Leão eu me chamo*, mas sim: *Eu sou um exemplo de gramática*"[4]. A cadeia de comentários desencadeados pelas análises austinianas dos atos ilocucionários não tem nenhuma razão de se interromper enquanto a ignorância das condições de produção e de circulação do comentário autoriza e leva a procurar no único discurso comentado as "condições de satisfação" que, indissociáveis, teoricamente e praticamente, das condições institucionais do funcionamento do discurso, foram devolvidas, desde a origem, para a ordem da linguística externa, ou seja, *abandonadas* à sociologia.

Instrumento de intelecção e objeto de análise, a língua saussuriana é de fato a língua morta, escrita e estrangeira à qual Bakhtine se refere, o sistema autossuficiente que, *arrancado ao uso real e totalmente despojado de suas funções*, pede uma compreensão puramente passiva (tendo por limite a semântica pura à maneira de Fodor e Katz). A ilusão da autonomia da ordem propriamente linguística que se afirma no privilégio dado à lógica interna da língua em detrimento das condições sociais de sua *utilização oportuna*[5] abre campo a todas as pesquisas ulteriores que agirão como se o domínio do có-

---

4. VALÉRY, P. "Tel Quel". *Œuvres*, II. Paris: Gallimard/La Plêiade, p. 696.

5. Não é por acaso que os sofistas (particularmente Protágoras e o *Gorgias* de Platão) que, diferentemente dos puros gramáticos, pretendiam garantir e transmitir o domínio prático de uma linguagem de ação, foram os primeiros a colocar como tal o problema do *kairos*, do momento oportuno ou favorável e das palavras justas e apropriadas ao lugar e ao momento: retóricos, estavam predispostos a fazer uma filosofia da prática da linguagem como *estratégia* (é significativo que o sentido original da palavra *kairos,* ponto vital e, portanto, mortal, e ponto visado, alvo, objetivo, esteja tão presente em muitas das expressões da linguagem ordinária: disparar um tiro, uma tirada espirituosa, palavras que encantam, que acertam o alvo etc.).

digo bastasse para outorgar o domínio dos usos apropriados ou como se se pudesse inferir de uma análise de sua estrutura formal o uso e o sentido das expressões linguísticas, como se a gramaticalidade fosse condição necessária e suficiente da produção do sentido, em resumo, como se se ignorasse que a linguagem é feita para ser falada e falada sobre algo: não causa espanto se as aporias da linguística chomskiana, que levou até as suas últimas consequências os pressupostos de todas as gramáticas, obrigam a redescobrir hoje que, como observa Jacques Bouveresse, o que cria problema, não é a possibilidade de produzir frases "gramaticais" em número infinito, mas a possibilidade de produzir um número infinito de frases realmente adaptadas a um número infinito de situações.

A independência do discurso em relação à situação na qual ele funciona e a suspensão momentânea de todas as funções se encontram implicadas na operação inicial que produz a língua reduzindo o ato da fala a uma simples execução. E não se teria muito trabalho em demonstrar que todos os pressupostos – e todas as dificuldades consecutivas – de todos os estruturalismos decorrem dessa espécie de divisão originária entre a língua e sua realização na fala, isto é, na prática, e também na história, e da incapacidade de pensar a relação entre as duas entidades diferentemente daquela do modelo e da execução, da essência e da existência – o que significa colocar o erudito, detentor do modelo, na posição de um Deus leibniziano que possui em ato o sentido objetivo das práticas.

> Para delimitar, no interior dos fatos da linguagem, o "terreno da língua", Saussure descarta "a parte física da comunicação", ou seja, a fala como objeto pré-construído, depois isola, no interior do "circuito da fala", o que nomeia "o lado executivo", ou seja, a fala como objeto construído, definido em oposição à língua como a *atualização de um certo sentido em uma combinação particular de sons,* que ele também elimina ao invocar que "a execução não é jamais feita pela massa", mas "sempre individual". A palavra execução, que se diz a propósito de uma ordem ou de uma partitura e de modo geral de um programa ou de um projeto artístico, condensa toda a filosofia da prática e da história da semiologia, forma

paradigmática de objetivismo que, privilegiando o construto em relação à materialidade da realização prática, reduz a uma atualização de uma espécie de essência a-histórica, ou seja, a nada, a prática individual, o fazer, a feitura, e tudo o que se determina no momento prático, por referência aos fins práticos, ou seja, o estilo, a maneira e, em última instância, os *agentes*[6].

Mas é sem dúvida a etnologia que, estando predisposta pela identidade de ponto de vista sobre o objeto aos empréstimos incontrolados de conceitos, apresenta sob uma forma ampliada todas as implicações das petições de princípio do objetivismo. Charles Bally observava que as pesquisas linguísticas se orientam para direções diferentes conforme se apoiem na língua materna ou na língua estrangeira; e insistia especialmente sobre a tendência ao *intelectualismo* que implica o fato de apreender a língua do ponto de vista do sujeito que ouve em vez do ponto de vista do sujeito que fala, ou seja, como instrumento de decifração mais do que como "meio de ação e de expressão": "O ouvinte está do lado da língua, é com a língua que ele interpreta a fala"[7]. A relação prática que o etnólogo mantém com seu objeto, a mesma do *estrangeiro*, excluído do jogo real das práticas sociais pelo fato de não ter um lugar – exceto por *escolha* e como por brincadeira – no espaço observado e que não tem como se construir um lugar, é o limite e a verdade da relação que o observador, quer queira ou não, que o saiba ou não, mantém com seu objeto: o estatuto de espectador que se retira da situação para observá-la implica uma ruptura epistemológica, mas também social, que jamais governa de forma tão sutil a atividade científica senão quando ela para de se mostrar como tal, conduzindo a uma teoria implícita da prática que é correlativa ao esquecimento das condições sociais de

---

6. Compreendem-se melhor as implicações sociais da linguagem da execução quando se sabe que o debate sobre o primado da significação ou da execução, da ideia ou da matéria e da maneira (a "fatura" ou, como dizia Caravaggio, a *manufatura*) está no centro da história da arte e da "emancipação" do artista e também no centro dos debates metodológicos entre os historiadores da arte (cf. LEE, R.W. *Ut Pictura Poësis*. Nova York: [s.l.], 1967. • BOLOGNA, F. *Dalle arti minori all'industrial design:* storia di una ideologia. Bari: Laterza, 1972. • "I metodi di studio dell'arte italiana e il problema metodologico oggi". *Storia dell'arte italiana*, I. Roma: Einaudi, 1979, p. 165-273).

7. BALLY, C. *Le langage et la vie*. Genebra: Droz, 1965, p. 58, 72, 102.

possibilidade da atividade científica. A situação do etnólogo evoca a verdade da relação que todo observador mantém com a ação que ele enuncia e analisa: a saber, a ruptura intransponível com a ação e o mundo, com os fins iminentes da ação coletiva, com a evidência do mundo familiar, que supõe a própria intenção de dizer a prática e principalmente de compreendê-la e de fazê-la compreender de outra maneira que produzindo e reproduzindo-a praticamente. Não há, caso se saiba o que falar significa, discurso (ou romance) de ação: não há senão um discurso que diz a ação e que, sob pena de cair na incoerência ou na impostura, não deve parar de *dizer que ele apenas diz a ação*. A projeção absurda do sujeito no objeto nunca é tão evidente como no caso da *participação primitivista do etnólogo enfeitiçado ou místico*, que, como imersão populista, tira partido da distância objetiva com o objeto para jogar o jogo como um jogo enquanto se espera para sair e contá-lo. Isso significa que a observação participante é, de alguma forma, uma contradição nos termos (como alguém que tentou fazer essa experiência pode verificá-lo praticamente); e que a crítica do objetivismo e de sua incapacidade em apreender a prática como tal não implica de forma alguma a reabilitação da imersão na prática: a posição tomada participacionista não é senão uma outra maneira de esvaziar a questão da relação verdadeira do observador com o observado e, sobretudo, as consequências críticas que se seguem para a prática científica.

Assim, não há melhor exemplo do que aquele da história da arte que, encontrando no caráter sagrado de seu objeto todas as justificações de uma hermenêutica hagiográfica, ligada ao *opus operatum* mais do que ao *modus operandi*, trata a obra como um discurso destinado a ser decifrado em referência a uma cifra transcendente, análoga à língua saussuriana, e esquece que a produção artística *também* sempre é – em diferentes níveis conforme as artes e conforme as maneiras historicamente variáveis de praticá-las – o produto de uma "arte", "prática pura sem teoria", como diz Durkheim, ou, caso se prefira, de uma *mimesis*, espécie de ginástica simbólica, como o rito ou a dança, e que sempre guarda desse fato alguma coisa de *inefável*, não por excesso, como o querem os celebrantes, mas por falta. Aqui, mais uma vez, a insuficiência do discurso erudito reside, como Nietzsche já sugeria, no fato de que ignora tudo o que sua teoria do objeto deve à relação teórica com o objeto: "Kant, como todos os filósofos, em vez de visar o problema estético baseando-se na experiência do artista (do criador) não meditou sobre a arte e o belo senão como "espectador" e insensivelmente introduziu o "espectador" no conceito do "belo"[8]. O intelectualismo está inscrito no fato de introduzir no objeto a relação intelectual com o objeto, de substituir a relação prática com a prática pela relação com o objeto que é o do observador. Os etnólogos não poderiam escapar a todas as suas interrogações metafísicas sobre o estatuto ontológico ou mesmo o "lugar" da cultura a não ser com a condição de objetivar sua própria relação com o objeto, o do estrangeiro que deve se oferecer o substituto da do domínio prático sob a forma de um modelo objetivado: as genealogias e outros modelos eruditos são para o sentido da orientação social que torna possível a relação de imanência imediata com o mundo familiar o que um mapa, modelo abstrato de todos os itinerários possíveis, é para o sentido prático do espaço, esse "sistema de eixos invariavelmente unidos ao nosso corpo, que transportamos para todos os lugares conosco", como dizia Poincaré.

São poucos os domínios em que o efeito da situação de estrangeiro seja tão diretamente visível quanto na análise das relações de parentesco. Não tendo o que fazer com o parentesco e os parentes, ou pelo menos com o parentesco e os parentes dos outros, que ele toma por um objeto, além dos usos cognitivos, o etnólogo pode tratar a terminologia nativa do parentesco como um sistema fechado e coerente de relações logicamente necessárias, uma vez por todas definidas mediante construção na e pela axiomática implícita de uma tradição cultural: por não se questionar sobre o estatuto epistemológico de sua prática e da neutralização das funções práticas que ela supõe e consagra, ele se prende ao único efeito simbólico de *categorização coletiva* que faz *ver* e faz *acreditar*, impondo obrigações e interditos de intensidade inversamente proporcional à distância no espaço assim arbitrariamente produzido; ao fazê-lo, ele, sem saber, suspende os diferentes usos que podem ser feitos na prática de relações de parentesco sociologicamente idênticos. As relações lógicas que constrói são para as relações "práticas", ou seja, continuamente praticadas, mantidas e cultivadas, o que o espaço geométrico de um

---

8. NIETZSCHE, F. Op. cit., p. 175.

mapa como representação de todos os caminhos possíveis para todos os sujeitos possíveis é para a rede dos caminhos realmente mantidos, frequentados, abertos, portanto realmente praticáveis para um agente particular. Como esquema espacial suscetível de ser apreendido *uno intuitu* e de ser percorrido indiferentemente em qualquer sentido e a partir de qualquer ponto, a árvore genealógica faz existir conforme esse modo de existência temporal que é o dos objetos teóricos, ou seja, *total simul*, em totalidade na simultaneidade, a rede completa das relações de parentesco a várias gerações, colocando no mesmo plano as relações oficiais que, por não receber uma manutenção contínua, tendem a se tornar o que são para o genealogista, ou seja, relações teóricas, semelhantes às estradas abandonadas em um mapa antigo, e as relações práticas que funcionam realmente porque preenchem funções práticas. Ao fazê-lo, consegue esquecer que as relações lógicas de parentesco, às quais a tradição estruturalista confere uma certa autonomia em relação aos determinantes econômicos, não existem no modo prático senão por e para os usos oficiais e oficiosos que delas fazem os agentes tanto mais inclinados a mantê-las em estado de funcionamento e a fazê-las funcionar mais intensamente – portanto, por causa do efeito de abertura, cada vez mais facilmente – quanto mais indispensáveis são as funções que elas desempenham atual e virtualmente, quanto mais vitais são os *interesses* (materiais ou simbólicos)[9].

---

9. Para explicitar completamente a demanda implícita que está inscrita, como em todo questionamento, na pesquisa genealógica, primeiramente seria necessário fazer uma história social da ferramenta genealógica, dedicando-se particularmente às funções que, na tradição cujo produto são os etnólogos, produziram e reproduziram a necessidade desse instrumento, isto é, os problemas de herança e de sucessão e, indissociavelmente, a preocupação de manter e de conservar o *capital social* como possessão efetiva de uma rede de relações de parentesco (ou outras) suscetíveis de ser mobilizadas ou, pelo menos, manifestadas. Essa genealogia social da genealogia deveria se prolongar em uma história social das relações entre os usos "científicos" e os usos sociais desse instrumento. Mas o mais importante seria submeter o questionamento, que é a condição da produção do diagrama genealógico, a um questionamento epistemológico que pretende determinar a significação completa da transmutação ontológica que o questionamento erudito produz unicamente por exigir uma relação quase teórica com o parentesco que implica uma ruptura com a relação prática, diretamente orientada para as funções.

De fato, a projeção no objeto de uma relação de objetivação não objetivada produz a cada vez efeitos diferentes, ainda que derivados de um mesmo princípio, nos diferentes domínios da prática: ou porque se oferece como princípio objetivo da prática aquilo que é conquistado e construído pelo trabalho de objetivação, projetando na realidade o que não existe senão *no papel*, por e para a ciência; ou porque se interpretam ações que, como os ritos e os mitos, pretendem *agir* sobre o mundo natural e o mundo social, como se se tratasse de operações que pretendem interpretá-las[10]. Aqui, mais uma vez, a relação com o objeto que se chama *objetiva*, e que implica a distância e a exterioridade, entra em contradição, de maneira absolutamente prática, com a relação prática que ele deve *negar* para se constituir e constituir ao mesmo tempo a representação objetiva da prática: "Sua visão (a do simples participante em um rito) é limitada pelo fato de que ocupa uma posição particular ou mesmo um conjunto de posições conflitantes tanto na estrutura durável de sua sociedade quanto na estrutura de um ritual determinado. Além disso, o participante tem todas as possibilidades de ser governado em suas ações por um certo número de interesses, de planos e de sentimentos que dependem de sua posição particular e que comprometem sua compreensão da situação total. Um obstáculo ainda mais sério ao seu acesso à objetividade reside no fato que ele tende a considerar

---

10. A situação do etnólogo não é muito diferente da do filólogo e de suas letras mortas: além de ele ser obrigado a se apoiar nesses quase-textos que são os *discursos oficiais* dos informantes, inclinados, inclinados a ressaltar o aspecto mais codificado da tradição, ele muitas vezes deve recorrer, na análise dos mitos e dos ritos, por exemplo, a *textos* estabelecidos por outros, em condições muitas vezes mal definidas; o próprio fato do registro constitui o mito ou o rito como *objeto de análise* isolando-o de seus referentes concretos (como os nomes próprios de lugares, de grupos, de terras, de pessoas etc.), situações nas quais ele funciona e indivíduos que o fazem funcionar por referência às funções práticas (por exemplo, funções de legitimação das hierarquias ou das distribuições de propriedades e de poderes). Como o mostra Bateson (*Naven*. Stanford: Stanford University Press, 1958 [1. ed., 1936 – tradução francesa: Paris: De Minuit, 1971]), a cultura mitológica pode se tornar o instrumento e, em alguns casos, o desafio de estratégias extremamente complexas (o que explica, entre outras coisas, que se imponha o imenso esforço de memorização necessário para adquirir o seu domínio) mesmo em sociedades que não dispõem de um aparelho religioso fortemente desenvolvido e diferenciado. Consequentemente não se pode explicar completamente a estrutura do *corpus* mítico e das transformações que o afetam ao longo do tempo por meio de uma análise estritamente interna que ignora as funções que ele desempenha nas relações de competição ou de conflito pelo poder econômico ou simbólico.

como axiomáticos e fundamentais os ideais, valores ou normas que estão abertamente expressos ou simbolizados no ritual [...]. O que é desprovido de sentido para um ator que representa um determinado papel pode ser altamente significativo para aquele que observa e analisa o sistema total"[11]. É somente mediante uma ruptura com a visão erudita, que vive a si mesma como uma ruptura com a visão ordinária, que o observador poderia levar em conta em sua descrição da prática ritual o fato da *participação* (e ao mesmo tempo o fato de sua própria ruptura): com efeito, somente uma consciência crítica dos limites inscritos nas condições de produção da teoria permitiria introduzir na teoria completa da prática ritual das propriedades que lhe são tão essenciais quanto o caráter parcial e interessado do conhecimento prático ou a defasagem entre as razões vividas e as razões "objetivas" da prática. Mas o triunfalismo da razão teórica tem como contrapartida a incapacidade de superar, e isso desde a origem, o simples registro da dualidade das vias de conhecimento, via da aparência e via da verdade, doxa e episteme, senso comum e ciência, e impotência em conquistar para a ciência a verdade daquilo contra o que a ciência se constrói.

Projetando na percepção do mundo social o impensado inerente à sua posição nesse mundo, ou seja, o monopólio do "pensamento" que lhe assegura de fato a divisão do trabalho social e que o leva a identificar o trabalho do pensamento a um trabalho de expressão, de verbalização, de explicitação no discurso ou na escrita – "o pensamento e a expressão se constituem simultaneamente", já dizia Merleau-Ponty –, o "pensador" trai sua convicção secreta de que a ação não encontra sua realização senão quando ela é compreendida, interpretada, *expressa*, identificando o implícito ao impensado e recusando ao *pensamento tácito e prático* que é inerente a toda prática sensata o estatuto de pensamento autêntico[12]. A linguagem se faz es-

---

11. TURNER, V. *The Forest of Symbols*. Ithaca/Londres: Cornell University Press, 1970, p. 27.
12. Para mostrar que o triunfalismo teórico ou teorista faz parte do ar que respiram todos os que pretendem ao estatuto de intelectual, seria necessário citar as inúmeras declarações de desprezo pela impotência ou incapacidade do "vulgar" em aceder ao pensamento digno desse nome (e não somente os mais usados, como os "Ninguém pensa" ou "A bobagem não é o meu forte" dos intelectuais de chapéu de palha à maneira do Monsieur Teste) que fazem parte da literatura e da filosofia.

pontaneamente cúmplice dessa filosofia hermenêutica que leva a pensar a ação como algo que deve ser decifrado, ao dizer, por exemplo, de um gesto ou de um ritual que ele *expressa* alguma coisa, em vez de dizer, simplesmente, que é *razoável* ou, como em inglês, que *faz* sentido. Sem dúvida porque não conhece e não reconhece outro pensamento senão o pensamento do "pensador", e que não pode atribuir a dignidade humana sem atribuir o que lhe parece constitutivo dessa dignidade, o etnólogo jamais pôde arrancar os homens que estudava da barbárie do pré-lógico senão identificando-os aos mais prestigiosos de seus colegas, lógicos ou filósofos (referência ao célebre título *O primitivo como filósofo*): "Faz muito tempo, diz Hocart, que o homem parou de se limitar a viver e começou a *pensar a vida*. Ele elaborou, a partir de todos os fenômenos que contribuem para a vida, uma ideia da vida, da prosperidade e da energia vital"[13]. E Claude Lévi-Strauss não faz diferente quando atribui ao mito o cuidado de resolver os problemas *lógicos*, de expressar, de mediatizar e de mascarar as contradições sociais – sobretudo nas análises mais antigas, como "a Gesta d'Asdiwal"[14] – ou quando os transforma em um desses lugares onde, à maneira da Razão na história segundo Hegel, o Espírito universal pensa a si mesmo[15], permitindo

---

13. HOCART, A.M. *Rois et courtisans*. Paris: Seuil, 1978, p. 108.

14. LÉVI-STRAUSS, C. "La Geste d'Asdiwal". *École pratique des hautes études: Section des Sciences Religieuses* – Annuaire (1958-1959). Paris: [s.e.], 1958.

15. "A análise mítica não tem ou não pode ter por objeto mostrar como pensam os homens [...]. Não pretendemos mostrar como os homens pensam nos mitos, mas como os mitos se pensam nos homens e independente deles" (LÉVI-STRAUSS, C. *Le cru et le cuit*. Paris: Plon, 1964, p. 20 [*O cru e o cozido*. São Paulo: Cosac Naify, 2004]). Embora, tomado ao pé da letra, esse texto justifique perfeitamente minha leitura da última teoria lévi-straussiana da razão mítica, devo dizer – sobretudo nesses tempos em que muito se praticam a escrita semiautomática, a leitura diagonal e a crítica da suspeita – que também poderia se encontrar nessa fórmula bela demais para estar a salvo dos *desvios* metafísicos, um alerta contra a tentação da participação mística e mesmo uma contribuição preciosa a uma teoria da relação prática com o mito (Claude Lévi-Strauss tem razão em evocar que, na produção do mito como na produção do discurso, a tomada de consciência das leis só pode ser parcial e intermitente porque "o sujeito que aplicaria conscientemente em seu discurso as leis fonológicas e gramaticais, supondo-se que ele possua a ciência e a virtuosidade necessárias, não deixaria de perder a seguir o fio de suas ideias" (LÉVI-STRAUSS, C. *Le cru et le cuit*. Op. cit.).

assim observar "as leis universais que regem as atividades inconscientes do espírito"[16].

A indeterminação em que é deixada a relação entre o ponto de vista do observador e o ponto de vista dos agentes se reflete na indeterminação da relação entre as construções (esquemas ou discursos) que o observador produz para explicar as práticas e essas próprias práticas, incerteza que vem redobrar as interferências do discurso nativo que pretendem expressar ou regrar as próprias práticas, regras usuais, teorias oficiais, ditados, provérbios, e os efeitos do *modo de pensamento* que ali se expressa. Simplesmente pelo fato de deixar inteira a questão do princípio de produção das regularidades que registra e de deixar agir o poder "mitopoiético" da língua que, como indicava Wittgenstein, se desloca do substantivo à substância, o discurso objetivista tende a constituir o modelo construído para explicar as práticas como um poder realmente capaz de determiná-los: reificando as abstrações (em frases como "a cultura determina a idade do desaleitamento"), ele trata suas construções, "cultura", "estruturas", "classes sociais" ou "modos de produção" como realidades dotadas de uma eficácia social, capaz de constranger diretamente as práticas; ou então, atribuindo aos conceitos o poder de agir na história como agem nas frases do discurso histórico as palavras que os designam, ele *personifica os coletivos* e os transforma em sujeitos responsáveis de ações históricas (com frases como "a burguesia quer que..." ou "a classe operária não aceitará que...")[17]. E, quando a questão não pode ser evitada, salva as aparências recorrendo às noções *sistematicamente ambíguas*, como dizem os linguis-

---

16. LÉVI-STRAUSS, C. "Langage and the Analisys of Social Laws". In: *American Anthropologist*, abr.-jun./1951. Apud POUILLON, J. "L'oeuvre de Claude Lévi-Strauss" – Postface à C. Lévi-Strauss. *Race et Histoire*, Paris: Méditations, 1968.

17. Quando postula a existência de "uma consciência coletiva" de grupo ou de classe e responsabiliza os grupos pelas disposições que não podem se constituir senão nas consciências individuais, ainda que elas sejam o produto de condições coletivas, como a *tomada de consciência* dos interesses de classe, a personificação dos coletivos dispensa analisar essas condições e, em particular, as que determinam o grau de homogeneidade objetiva e subjetiva do grupo considerado e o grau de consciência de seus membros.

tas para designar frases cujo conteúdo representativo varia sistematicamente com o contexto de utilização. É por isso que a noção de *regra* que pode evocar indiferentemente a regularidade imanente às práticas (uma correlação estatística, por exemplo), o *modelo construído* pela ciência para explicá-la ou a *norma* conscientemente dada e respeitada pelos agentes, permite conciliar de forma fictícia as teorias da ação mutuamente excludentes. Pensa-se evidentemente em Chomsky que afirma ao mesmo tempo (em contextos diferentes) que as regras de gramática são *instrumentos de descrição* da língua, que são sistemas de *normas* cujos agentes têm um certo conhecimento e, por fim, que se trata de *mecanismos neurofisiológicos* ("Uma pessoa que conhece uma língua possui *em seu cérebro um sistema muito abstrato de estruturas* assim como um *sistema abstrato de regras* que determinam, por livre interação, uma infinidade de correspondências som-sentido")[18]. Mas também é necessário reler aquele parágrafo do prefácio à segunda edição das *Structures élémentaires de la parenté* no qual se pode supor que o léxico da norma, do modelo ou da regra constitui o objeto de um uso particularmente controlado, uma vez que está dedicado à distinção entre "sistemas preferenciais" e "sistemas prescritivos": "Reciprocamente, um sistema que *preconiza* o casamento com a filha do irmão da mãe pode ser chamado prescritivo ainda que a *regra* seja raramente observada: ele diz que é *preciso* fazer. A questão de saber até que ponto e em que proporção os membros de uma sociedade dada *respeitam a norma* é bem interessante, mas diferente daquela do lugar que convém dar a essa sociedade em uma tipologia. Uma vez que basta admitir, de acordo com as evidências, que a *consciência* da *regra* pouco influi nas *escolhas* no sentido *prescrito* e que a porcentagem dos casamentos *ortodoxos* é superior àquela que teríamos caso as uniões acontecessem *ao acaso*, para reconhecer, em ação nessa sociedade, o que se poderia chamar de um *operador* matrilateral, representando o papel de piloto: pelos menos algumas alianças seguem o caminho que é

---

18. CHOMSKY, N. General Properties of Language. In: DARLEY, I.L. *Brain Mechanism Underlying Speech and Language*. Nova York/Londres: Grune and Straton, 1967, p. 73-88.

traçado, e isso basta para imprimir uma curvatura específica ao espaço genealógico. Sem dúvida existiria um grande número de curvaturas locais e não apenas uma; sem dúvida, essas curvaturas locais serão muitas vezes reduzidas a detonadores, e não formarão ciclos fechados senão em casos raros e excepcionais. Mas os esboços de *estruturas* que aparecerão aqui e ali bastarão para fazer do sistema uma *versão probabilista* dos sistemas mais rígidos cuja *noção* é bem *teórica*, em que os casamentos seriam rigorosamente conformes à *regra que agrada ao grupo social enunciar*"[19]. A tonalidade dominante nessa passagem, como em todo o prefácio, é a da norma, enquanto que A *Antropologia estrutural* é escrita na língua do *modelo* ou, caso se prefira, da *estrutura*; não que esse léxico esteja aqui totalmente ausente, uma vez que as metáforas que organizam a passagem central ("operador", "curvatura" do "espaço genealógico", "estruturas") evocam a lógica do modelo teórico e a equivalência, ao mesmo tempo professada e repudiada, do *modelo* e da *norma*: "Um sistema preferencial é prescritivo quando é observado do ponto de vista do modelo, um sistema prescritivo não poderia ser senão preferencial quando é observado do ponto de vista da realidade"[20]. Mas, para quem tem na memória os textos da *Antropologia estrutural* sobre as relações entre linguagem e parentesco (por exemplo, "Os 'sistemas de parentesco' bem como os 'sistemas fonológicos' são elaborados pelo espírito no estágio do pensamento inconsciente")[21] e a nitidez imperiosa com a qual as "normas culturais" e todas as "racionalizações" ou "elaborações secundárias" produzidas pelos nativos ali eram descartadas em benefício das "estruturas inconscientes", sem falar dos textos em que se afirmava a universalidade da regra originária da exogamia, as concessões feitas aqui à "consciência da regra" e a distância marcada em relação a esses sistemas rígidos "cuja

---

19. LÉVI-STRAUSS, C. *Les structures élémentaires de la parente*. Paris: Mouton, 1967, p. XX-XXI [itálico meu].
20. Ibid., p. XX. Cf. tb. o alto da p. XXII [*As estruturas elementares de parentesco*. Petrópolis: Vozes, 2003].
21. LÉVI-STRAUSS, C. *L'anthropologie structurale*. Paris: Plon, 1958, p. 41 [*Antropologia estrutural*. São Paulo: Cosac Naif, 2008].

noção é bem teórica" podem surpreender, como nessa outra passagem do mesmo prefácio: "Não se pode negligenciar que a realidade empírica dos sistemas ditos prescritivos não adquire seu sentido senão ao relacioná-la a um *modelo teórico elaborado pelos próprios nativos* em vez de pelos etnólogos"[22]; ou ainda: "aqueles que os praticam *sabem muito bem* que o espírito de tais sistemas não se reduz à proposição tautológica de que cada grupo obtém suas mulheres de 'doadores' e oferece moças aos 'tomadores'". Eles também estão *conscientes* de que o casamento com a prima cruzada matrilateral oferece a mais simples ilustração da regra, a fórmula mais apropriada *a garantir sua perpetuação*, enquanto que o casamento com a prima cruzada patrilateral simplesmente a violaria"[23]. Não se pode deixar de evocar um texto no qual Wittgenstein reúne, de maneira tão fácil, todas as questões evitadas pela antropologia estrutural e, sem dúvida de modo mais geral, pelo intelectualismo, já que ele transfere a verdade objetiva estabelecida pela ciência a uma prática que exclui por essência a postura teórica própria a tornar possível o estabelecimento dessa verdade: "O que nomeio como 'a regra da qual ele procede'? A hipótese que descreve de modo satisfatório seu uso das palavras que observamos; ou a regra à qual ele se refere quando se serve dos signos; ou a que nos oferece como resposta quando lhe perguntamos qual é a sua regra? – Mas e se nossa observação não permitisse reconhecer claramente nenhuma regra, e que a questão nada determinasse a esse respeito? Pois, à minha questão de saber o que compreende por 'N', deu-me, com efeito, uma explicação, mas estava pronto a retomá-la e a modificá-la. – Como deveria, então, determinar a regra segundo a qual ele age? Ele próprio ignora. – Ou mais exatamente: o que realmente poderia significar aqui a expressão: 'A regra da qual ele procede'?"[24]

Passar da *regularidade*, ou seja, daquilo que se produz com uma certa frequência estatisticamente mensurável e da fórmula que permite explicá-la, ao *regulamento* conscientemente editado e consci-

---

22. LÉVI-STRAUSS, C. *Les structures élémentaires de la parenté.* Op. cit., p. XIX.
23. Ibid.
24. WITTGENSTEIN, L. *Investigation philosophiques.* Paris: Gallimard, 1961, p. 155.

entemente respeitado ou à *regulação inconsciente* de uma misteriosa mecânica cerebral ou social, que são as duas maneiras mais comuns de passar do modelo da realidade à realidade do modelo. No primeiro caso, passa-se de uma regra que, segundo a distinção de Quine entre *to fit* e *to guide*[25], se ajusta de maneira puramente descritiva à regularidade observada, a uma regra que comanda, dirige ou orienta o comportamento – o que supõe que é conhecida e reconhecida, portanto, suscetível de ser enunciada – sucumbindo à forma mais elementar do juridismo, essa espécie de finalismo que é sem dúvida a mais propagada das teorias espontâneas da prática e que consiste em fazer como se as práticas tivessem por princípio a obediência consciente às regras conscientemente elaboradas e sancionadas: "Consideremos, diz Ziff, a diferença entre 'o trem chega *regularmente* com dois minutos de atraso' e '*em regra*' o trem chega com dois minutos de atraso: [...] neste último caso, sugere-se que o fato de o trem estar atrasado dois minutos é conforme a uma política ou a um plano [...]. As regras remetem a planos e a políticas, e não às regularidades [...]. Pretender que devem existir regras na língua natural significa pretender que as estradas devem ser vermelhas porque correspondem às linhas vermelhas de um mapa"[26]. No segundo caso, dá-se o meio de fazer como se a ação tivesse tido por princípio (ou então por fim) o modelo teórico que se deve construir para explicar, sem cair, no entanto, nas ingenuidades mais gritantes do juridismo, ao colocar no princípio das práticas ou das instituições objetivamente regidas por regras desconhecidas dos agentes, significações sem intenção significante, finalidades sem fim conscientemente colocados, que são muitos dos desafios lançados à velha alternativa do mecanicismo e do finalismo, um *inconsciente* definido como um *operador mecânico de finalidade*. Dessa forma, em relação às tentativas de Durkheim para "explicar a gênese do pensamento simbólico", Claude Lévi-Strauss escreve: "Os sociólogos e os psicólogos modernos resolvem tais problemas recorrendo à atividade inconsciente do espírito; mas, na época em que Durkheim escrevia, a psico-

---

25. QUINE, W.V. Methodological Reflections on Current Linguistic Theory. In: HARMAN & DAVIDSON (orgs.). *Semantics of Natural Language.* Dordrecht: D. Reidel, 1972, p. 442-454.

26. ZIFF, P. *Semantic Analysis.* Nova York: Cornell University Press, 1960, p. 38.

logia e a linguística moderna ainda não tinham atingido seus principais resultados. O que explica porque Durkheim se debatia naquilo que via como uma antinomia irredutível (e isso já representava um considerável progresso em relação ao pensamento do final do século XIX, ilustrado, por exemplo, por Spencer): o caráter cego da história e o finalismo da consciência. Entre os dois se encontra evidentemente a *finalidade inconsciente do espírito*"[27].

Imagina-se o que poderia existir de sedutor, para os espíritos dedicados a recusar a ingenuidade das explicações finalistas e a trivialidade das explicações causais (especialmente "vulgares" quando elas invocam fatores econômicos e sociais), todas as misteriosas mecânicas finais, produtos sensatos e aparentemente desejados e, no entanto, desprovidos de produtor, que o estruturalismo fazia surgir ao fazer desaparecer as condições sociais de produção, de reprodução e de utilização dos objetos simbólicos no próprio movimento por meio do qual fazia aparecer a lógica imanente. E compreende-se ao mesmo tempo o crédito que se dava de antemão à tentativa de Claude Lévi-Strauss para superar a alternativa da ação conscientemente orientada para os fins racionais e a reação mecânica às determinações ao inscrever a finalidade no mecanismo, com a noção de inconsciente, essa sorte de *Deus ex machina* que é também um Deus na máquina. A naturalização da finalidade que está implicada no esquecimento da ação histórica e que leva a inscrever os fins da história, mediante a noção de inconsciente, nos mistérios de uma Natureza é, sem dúvida, o que permitiu à antropologia estrutural aparecer como a mais natural das ciências sociais e a mais científica das metafísicas da natureza. "Como o espírito é também *uma coisa*, o funcionamento dessa coisa nos instrui sobre a natureza das coisas; mesmo a reflexão pura se resume a uma interioridade do cosmos"[28]. Vê-se a oscilação, na mesma frase, entre suas explicações contraditórias da identidade postulada do espírito e da natureza, identidade

---

27. LÉVI-STRAUSS, C. Apud. GURVITCH, G. & MOORE, W.E. (orgs.). *La sociologie au XXe siècle*. T. II. Paris: PUF, 1947, p. 527 – itálico meu.
28. LÉVI-STRAUSS, C. *La pensée sauvage*, Paris: Plon, 1964, p. 328 – itálico meu [*O pensamento selvagem*. Campinas: Papirus, 2005].

de natureza – o espírito é coisa – ou identidade adquirida pelo aprendizado – interiorização do cosmos –, duas teses que se encontram confundidas a favor da ambiguidade dessa outra formulação – "imagem do mundo inscrita na arquitetura do espírito"[29] – e que em todo caso se harmonizam para excluir explicitamente a história individual e coletiva. Sob a aparência de um materialismo radical, essa filosofia da natureza é uma filosofia do espírito que retorna a uma espécie de idealismo. Ao afirmar a universalidade e a eternidade das categorias lógicas que regem "a atividade inconsciente do espírito", ela ignora a dialética das estruturas sociais e das disposições estruturadas e estruturantes na qual se formam e se transformam os esquemas de pensamento: quer se trate das categorias lógicas, *princípios de divisão* que, por intermédio dos princípios da *divisão do trabalho*, correspondem à estrutura do mundo social (e não do mundo natural) ou das estruturas temporais que são insensivelmente inculcadas pela "surda pressão das relações econômicas", como diz Marx, ou seja, pelo sistema das sanções econômicas e simbólicas associadas a uma posição determinada nas estruturas econômicas, esses esquemas são uma das mediações pelas quais as estruturas objetivas conseguem estruturar toda a experiência, começando pela experiência econômica, sem tomar as vias de uma determinação mecânica ou de uma tomada de consciência adequada.

Basta ignorar a dialética das estruturas objetivas e das estruturas incorporadas que se opera em cada ação prática para se enclausurar na alternativa canônica que, renascendo incessantemente sob novas formas na história do pensamento social, destina aqueles que pretendem tomar o caminho inverso ao do subjetivismo, como fazem hoje os leitores estruturalistas de Marx, a cair no fetichismo das leis sociais: converter em entidades transcendentes, que estão nas práticas na relação da essência com a existência, as construções às quais a ciência deve recorrer para explicar os conjuntos estruturados e sensatos que o acúmulo de inúmeras ações históricas produz, significa reduzir a história a um "processo sem sujeito" e substituir sim-

---

29. LÉVI-STRAUSS, C. *Le cru et le cuit*. Paris: Plon, 1964, p. 346.

plesmente o "sujeito criador" do subjetivismo por um autômato subjugado pelas leis mortas de uma história da natureza. Essa visão emanatista que faz da estrutura, Capital ou Modo de produção, uma enteléquia que se desenvolve a si mesma em um processo de autor-realização, reduz os agentes históricos ao papel de "suportes" (*Träger*) da estrutura e suas ações a simples manifestações epifenomenais do poder que pertence à estrutura de se desenvolver segundo suas próprias leis e de determinar ou sobredeterminar outras estruturas.

2
A antropologia imaginária do subjetivismo

É necessário reconhecer em Sartre o mérito de ter dado uma formulação ultraconsequente da filosofia da ação que é aceita, quase sempre de forma implícita, por todos aqueles que descrevem as práticas como *estratégias* explicitamente orientadas com referência a fins explicitamente colocados por um projeto livre ou mesmo, entre alguns interacionistas, com referência às reações antecipadas dos outros agentes. É por isso que, por não reconhecer nada que se assemelhe às *disposições duráveis* e às *eventualidades prováveis*, Sartre faz de cada ação uma espécie de confrontação sem antecedente do sujeito e do mundo. Isso se vê claramente nas passagens do *Ser e o nada* em que atribui à tomada de consciência revolucionária, "conversão" da consciência produzida por uma espécie de variação imaginária, o poder de criar o sentido do presente ao criar o futuro revolucionário que o nega: "É preciso inverter a opinião geral e convir que nem a duração de uma situação nem os sofrimentos que ela impõe são motivos para que se conceba um outro estado de coisas que seria melhor para todo mundo; pelo contrário, é a partir do dia em que se pode conceber um outro estado de coisas que uma luz nova cai sobre nossas dores e nossos sofrimentos e que *decidimos* que são insuportáveis"[1]. Se o mundo da ação não é outra coisa senão esse universo imaginário de possíveis intercambiáveis que dependem inteiramente dos decretos da consciência que o cria e, portanto, totalmente desprovido de *objetividade*, se

---

1. SARTRE, J.-P. *L'etre et le néant*. Paris: Gallimard, 1943, p. 510 – itálico meu [*O ser e o nada*. Petrópolis: Vozes, 2005]. Cf. tb. SARTRE, J.-P. "Réponse à Lefort". *Les temps modernes*, 89, abr./1953, p. 1.571-1.629.

é comovente porque o sujeito se escolhe comovido, revoltante porque o sujeito se escolhe revoltado, as emoções e as paixões, mas também as próprias ações não são senão jogos da má-fé: "Não é por acaso que o materialismo é sério, não é por acaso também que ele se encontra sempre e em todos os lugares como a doutrina do revolucionário. É porque os revolucionários são sérios. Eles se conhecem primeiramente a partir do mundo que os esmaga [...]. O homem sério é do mundo e não possui qualquer recurso em si; ele nem mesmo considera a possibilidade de sair do mundo [...], ele é de má-fé"[2]. A mesma impotência em encontrar o "sério" de uma maneira que não seja a forma condenada do "espírito sério" se observa em uma análise da emoção que, fato significativo, é separada pelo *Imaginário* das descrições menos radicalmente subjetivistas do "*L'Esquisse d'une théorie des émotions*: "Quem me decidirá a escolher o aspecto mágico ou o aspecto técnico do mundo? Só poderia ser o próprio mundo que, para se manifestar, espera ser descoberto. Portanto, é necessário que o para-si, em seu projeto, escolha ser aquele por quem o mundo se revela como mágico ou racional, ou seja, que ele deve, como livre projeto de si, se dar a existência mágica ou a existência racional. É *responsável* tanto de uma como da outra; pois ele só pode ser caso tenha se escolhido. Aparece então como o livre fundamento tanto de suas emoções quanto de suas volições. Meu medo é livre e manifesta minha liberdade"[3]. Semelhante ao Deus de Descartes cuja liberdade não pode encontrar seu limite senão em uma decisão de liberdade, aquela, por exemplo, que está no princípio da *continuidade* da criação – e em particular da constância das verdades e dos valores –, o sujeito sartreano, sujeito individual ou sujeito coletivo, não pode se desprender da descontinuidade absoluta das escolhas sem passado nem porvir da liberdade senão pela livre resolução do juramento e da fidelidade a si mesmo ou pela livre demissão da má-fé, únicos fundamentos das

---

2. SARTRE, J.-P. *L'etre et le néant*. Op. cit., p. 669.
3. Ibid., p. 521.

duas únicas formas concebíveis, autêntica ou inautêntica, da *constantia sibi*[4].

A essa análise da antropologia sartreana sem dúvida se pode opor os textos (bastante numerosos, principalmente nas primeiras e nas últimas obras) em que Sartre reconhece, por exemplo, as "sínteses passivas" de um universo de significações já constituídas – como, certa passagem em que crê se distinguir da filosofia instantaneísta de Descartes[5] ou certa frase em que anuncia o estudo "das ações sem agentes, das produções sem totalizador, das contrafinalidades, das circularidades infernais"[6]. Ocorre que ele rejeita com uma repugnância visceral "essas realidades gelatinosas e vagamente obcecadas por uma consciência supraindividual que um organicismo vergonhoso ainda procura encontrar, contra qualquer probabilidade, nesse campo rude, complexo, mas separado da atividade passiva em que há organismos individuais e realidades materiais inorgânicas"[7]; e que não abre qualquer espaço a tudo o que, tanto do lado das coisas do mundo quanto do lado dos agentes, poderia tur-

---

4. O próprio Sartre opera a reaproximação entre a liberdade do sujeito tal como ele a concebe e a liberdade divina segundo Descartes em um texto publicado quase ao mesmo tempo em que *O ser e o nada*: "Se ele [Descartes] concebeu a liberdade divina como muito semelhante à sua própria liberdade é, portanto, de sua própria liberdade, tal como a teria concebido sem os entraves do catolicismo e do dogmatismo, que ele fala quando descreve a liberdade de Deus. Existe aqui um fenômeno evidente de sublimação e de transposição. Ora, o Deus de Descartes é o mais livre dos Deuses que o pensamento humano forjou; é o único Deus criador" (SARTRE, J.-P. *Descartes*. Genebra/Paris: Trois Collines, 1946, p. 44-45). E mais adiante: "Serão necessários dois séculos de crise – crise da fé, crise da ciência – para que o homem recupere essa liberdade criadora que Descartes colocou em Deus e para que se suspeite enfim essa verdade, base essencial do humanismo: o homem é o ser cuja aparição faz com que um mundo exista. Mas não recriminaremos Descartes por ter dado a Deus aquilo que nos pertence: nós o admiramos mais por ter lançado, em uma época autoritária, as bases da democracia, de ter seguido até o fim as exigências da ideia de *autonomia* e de ter compreendido, muito antes de Heidegger de *Vom Wesen des Grundes*, que o único fundamento do ser era a liberdade" (p. 51-52).

5. SARTRE, J.-P. *L'etre et le néant*. Op. cit., p. 543

6. SARTRE, J.-P. *Critique de la raison dialectique*. Op. cit., p. 161 [*Crítica da razão dialética*. Rio de Janeiro: DP&A, 2002].

7. Ibid., p. 305.

var o limite que seu dualismo rigoroso pretende manter entre a transparência pura do sujeito e a opacidade mineral da coisa.

O mundo social, lugar desses compromissos "bastardos" entre a coisa e o sentido que definem o "sentido objetivo" como sentido feito coisa e as disposições como sentido feito corpo, constitui um verdadeiro desafio para quem não respira senão no universo puro da consciência ou da "práxis". E Sartre se insurge, não sem razão, contra a sociologia "objetiva" (eu diria objetivista) que não pode apreender senão uma "socialidade de inércia". Seu voluntarismo ativista, impaciente de todas as necessidades transcendentes, leva-o a recusar a classe como classe de condições e de condicionamentos, portanto, de disposições e de estilos de vida *duráveis*, na qual vê uma classe coisa, uma classe essência, enclausurada em seu ser, reduzida à *inércia*, portanto, à impotência, e à qual opõe "o grupo totalizante em uma práxis", nascido da classe coisa, mas contra ela[8]. Todas as descrições "objetivas" dessa classe "objetiva" lhe parecem inspiradas em um pessimismo engenhosamente desmobilizador, que pretende enclausurar, até mesmo *afundar* a classe operária no que ela é e distanciá-la assim do que pode ser, da *classe mobilizada*, da qual se poderia dizer, bem como do sujeito sartreano, que ela é o que ela se faz.

Semelhante teoria da ação individual e coletiva realiza-se naturalmente no projeto desesperado de uma gênese transcendental da sociedade e da história (pode-se pensar na *Crítica da razão dialética*) que Durkheim parece designar quando escreve na obra *As regras do método sociológico*: "É porque o meio imaginário não oferece ao espírito qualquer resistência que este, não se sentido contido por nada, se abandona às ambições sem limites e acredita ser possível construir, ou melhor, reconstruir o mundo mediante suas únicas forças ao sabor de seus desejos"[9]. E poder-se-ia continuar com Nietzsche: "A filosofia é esse instinto tirânico, a mais intelectual vontade de potência, a vontade de 'criar o mundo', a vontade da cau-

---

8. Ibid., p. 357. O problema das classes sociais é um dos terrenos por excelência da oposição entre o objetivismo e o subjetivismo, que encerra a procura em uma série de alternativas fictícias.
9. DURKHEIM, È. *Les règles de la méthode sociologique*. Op. cit., p. 18.

sa primeira"[10]. Não podendo ver "nos arranjos sociais senão combinações artificiais e mais ou menos arbitrárias", como diz Durkheim[11], esse artificialismo social subordina sem deliberar a transcendência do social, reduzida à "reciprocidade das pressões e das autonomias", à "transcendência do ego", como já dizia Sartre: "No decorrer dessa ação, o indivíduo descobre a dialética como transparência racional enquanto a faz e como necessidade absoluta enquanto se lhe escapa, ou seja, *simplesmente*, enquanto os outros a fazem; para encerrar, na medida mesmo em que se reconhece na superação de suas necessidades, ele reconhece a lei que os outros lhe impõem ao superar as suas (reconhece-a: o que não quer dizer que a ela se submeta), reconhece sua própria autonomia (na medida em que pode ser e é utilizada pelo outro a cada dia, simulações, manobras etc.) como potência estranha e a autonomia dos outros como a lei inexorável, que permite obrigá-las"[12]. A transcendência do social não pode ser senão o efeito da "recorrência", ou seja, em última análise, do *número* (daí a importância dada à "série") ou da "materialização da recorrência" nos objetos culturais[13], a alienação consistindo na abdicação livre da liberdade em proveito das exigências da "matéria trabalhada": "O operário do século XIX *se faz o que é*, ou seja, determina prática e racionalmente a ordem de suas despesas – portanto decide em sua livre práxis – e por meio dessa liberdade ele se faz o que era, o que é, o que deve ser: uma máquina cujo salário representa apenas as despesas de manutenção [...]. O ser-de-classe como ser prático-inerte chega aos homens pelos homens por meio das sínteses passivas da matéria trabalhada"[14]. A afirmação do primado "lógico" da "práxis individual", Razão constituinte, sobre a História, Razão constituída, conduz a apresentar o problema da gênese da sociedade nos próprios termos que os teóricos do contrato social empregavam: "A História determina o conteúdo das relações humanas em sua totalidade e

---

10. NIETZSCHE, F. *Par-delà le bien et le mal*. Paris: Mercure, 1948, p. 22 [*Para além do bem e do mal*. Rio de Janeiro: Zahar, 2005].
11. DURKHEIM, È. *Les règles de la méthode sociologique*. Op. cit., p. 19.
12. SARTRE, J.-P. *Critique de la raison dialectique*. Op. cit., p. 133.
13. Ibid., p. 234 e 281.
14. Ibid., p. 294.

essas relações [...] remetem a tudo. Mas não é ela que *faz* com que haja relações humanas em geral. Não são os problemas de organização e de divisão do trabalho que fizeram com que fossem estabelecidas relações entre esses objetos *primeiramente separados* que são os homens"[15]. Da mesma maneira que em Descartes Deus se encontra investido da tarefa continuamente recomeçada de criar *ex nihilo*, por um livre decreto de sua vontade, um mundo que não encerra em si mesmo o poder de subsistir, da mesma maneira a recusa tipicamente cartesiana da opacidade viscosa das "potencialidades objetivas" e do sentido objetivo conduz Sartre a dar à iniciativa absoluta dos "agentes históricos", individuais ou coletivos, como "o Partido", hipóstase do sujeito sartreano, a tarefa indefinida de arrancar o todo social, ou a classe, à inércia do "prático-inerte". No final do imenso romance imaginário da morte e da ressurreição da liberdade, com seu duplo movimento, "a exteriorização da interioridade" que conduz da liberdade à alienação, da consciência à materialização da consciência, ou, como diz o título, "da práxis ao prático-inerte", e "a interiorização da exterioridade" que, pelos abruptos atalhos da tomada de consciência e da "fusão das consciências", leva "do grupo à história", da reificação do grupo alienado à existência autêntica do agente histórico, a consciência e a coisa estão assim tão irremediavelmente separadas quanto no início, sem que nada que se assemelhe a uma instituição ou a um agente socialmente constituído (a própria escolha dos exemplos representa uma constatação) tenha jamais podido ser constatado ou construído; as aparências de um discurso dialético não podem mascarar a oscilação indefinida entre o em-si e o para-si, ou, na nova linguagem, entre a materialidade e a práxis, entre a inércia do grupo reduzido à sua "essência", ou seja, ao seu passado superado e à sua necessidade (abandonados aos sociólogos), e a criação continuada do livre projeto coletivo, série indefinida de atos decisórios, indispensáveis para salvar o grupo do completo aniquilamento na pura materialidade.

Como não atribuir à inércia de um habitus a constância com a qual a intenção objetiva da filosofia sartreana se afirma, de modo

---

15. Ibid., p. 179 – itálico meu.

aproximado, contra as intenções subjetivas de seu autor, ou seja, contra um projeto permanente de "conversão", nunca tão manifesto e manifestadamente sincero quanto em certos anátemas que sem dúvida não se revestiriam de uma tal violência caso não tivessem um sabor de autocrítica, consciente ou inconsciente? Dessa forma, é preciso ter na memória a célebre análise do garçom de um café para apreciar plenamente uma frase como esta: "A todos os que se consideram anjos, as atividades de seu próximo parecem absurdas porque pretendem transcender a empresa humana ao recusar-se dela participar"[16]. O exemplo de Sartre, o intelectual por excelência, capaz de viver como ele as nomeia e como para nomeá-las "experiências" produzidas por e para a análise, ou seja, dessas coisas que merecem ser vividas porque merecem ser contadas, mostra que, assim como o objetivismo universaliza a relação erudita com o objeto da ciência, assim o subjetivismo universaliza a experiência que o sujeito do discurso erudito faz de si mesmo como sujeito. Profissional da consciência dedicado à ilusão da "consciência sem inércia", sem passado e sem exterior, ele dota todos os sujeitos com os quais aceita *se identificar* – ou seja, quase que exclusivamente o povo projetivo que nasce dessa identificação "generosa" – com sua própria experiência vivida de sujeito puro, sem laços nem raízes.

O interesse da análise sartreana é mostrar que o princípio e o desafio dessa luta entre o objetivismo e o subjetivismo é a ideia que a ciência do homem se faz do homem, ou seja, do objeto, mas também do sujeito da ciência (e que varia, sem dúvida, no sentido do objetivismo ou do subjetivismo de acordo com a maior ou menor distância objetiva e subjetiva do sujeito com o objeto da ciência). Ela obriga a apresentar explicitamente as questões antropológicas às quais, por uma mistura de indiferença e de inconsciência teóricas, os economistas (bem como os antropólogos ou os linguistas) respondem sem tê-las apresentado – ou seja, muitas vezes, de maneira incoerente – e que recobrem de uma forma bastante exata aquelas que os filósofos apresentavam, na época da burguesia nascente, sob a forma sublimada da questão das relações entre a liberdade divina e as essências. A analogia histórica ajuda, com efeito, a perceber que a

---

16. Ibid., p. 182-183.

teoria da ação e, mais precisamente, das relações entre os agentes e as condições objetivas (ou as estruturas) que a economia coloca em ação oscila perpetuamente, de um escrito a outro e às vezes de uma página à outra no mesmo escrito, entre uma visão objetivista que submete as liberdades e as vontades a um determinismo exterior e mecânico ou interior e intelectual e uma visão subjetivista e finalista que substitui os antecedentes da explicação causal pelos fins futuros do projeto e da ação intencional ou, caso se queira, a esperança dos benefícios que virão. É por isso que a teoria dita do "autor racional" oscila entre o ultrassubjetivismo finalista da consciência "sem inércia"[17] que, a todo instante recria o sentido do mundo e que não pode encontrar a continuidade e a constância senão na fidelidade a si mesma pela qual "se une a si mesma" à maneira de Ulisses diante das Sereias, e o determinismo intelectual que, ainda que muitas vezes se defina contra ele, não está de fato separado senão por alguns efeitos de linguagem de um determinismo mecanicista que reduz a ação a uma reação mecânica às determinações mecânicas e os agentes econômicos às partículas indiscerníveis submetidas às leis de um equilíbrio mecânico: com efeito, fazer com que a escolha dependa, por um lado, das pressões estruturais (técnicas, econômicas ou jurídicas) que delimitam o conjunto das ações possíveis e, por outro lado, de preferências supostamente universais e conscientes – ou submetidas aos princípios universais –, significa não deixar aos agentes, pressionados pela evidência das razões e pela necessidade lógica do "cálculo racional", outra liberdade senão a adesão ao verdadeiro – ou seja, às possibilidades objetivas – ou o erro do pensamento subjetivo, ou seja, limitado e parcial[18].

A imaginação ultrassubjetivista de Sartre se encontrou superada pelo voluntarismo das *ficções antropológicas* às quais os defensores da ideologia do "ator racional" devem recorrer (quando se colocam

---

17. "Não há qualquer inércia na consciência" (SARTRE, J.-P. *L'etre et le néant*. Op. cit., p. 101). E mais adiante: "Descartes compreendeu [...] que um ato livre era uma produção absolutamente nova cujo germe não podia estar contido em um estado anterior do mundo" (SARTRE, J.-P. *Descartes*. Op. cit., p. 47).
18. Paradoxalmente, a teoria do "ator racional" (em sua versão intelectualista) só pode, portanto, relacionar às únicas condições objetivas as diferenças registradas na prática.

a questão, habitualmente descartada) para fundar sobre a única decisão racional a conduta racional do "ator racional" e muito especialmente a constância e a coerência de suas preferências ao longo do tempo. Ao invocar, por exemplo, as estratégias que consistem em "unir-se a si mesmo" – por uma variante do juramento sartreano descrita como o "meio privilegiado de resolver o problema da fraqueza da vontade"[19] –, aceita-se a aparência de *dar razão* da conduta racional, de explicá-la, com a ajuda de modelos formais, ao passo que, por não reconhecer outra maneira de *fundá-la na razão* a não ser lhe dar a razão como fundamento, não se faz outra coisa a não ser introduzir, a título de *vis dormitiva*, esse ser de razão, esse dever-ser, que é um agente cujas práticas teriam todas a razão por princípio[20]. Isso porque se exclui por definição, ou seja, unicamente por aceitar a ideia de um *sujeito* econômico incondicionado economicamente – especialmente em suas preferências –, todo questionamento sobre as condições econômicas e sociais de disposições econômicas que as sanções de um estado particular de uma economia particular farão aparecer como mais ou menos *razoáveis* (em vez de racionais) caso se ajustem mais ou menos às suas exigências objetivas. Os modelos formais jamais revelam de maneira tão completa uma de suas virtudes que é sem dúvida a mais indiscutível, a saber, seu poder de revelar *a contrario* a complexidade do real que mutilam, a não ser quando reduzem ao absurdo a antropologia imaginária do subjetivismo liberal procurando por todos os meios dissolver

---

19. Essas citações ideal-típicas são emprestadas do livro, ele próprio idealtípico e, por essa razão, bastante útil, de ELSTER, E. *Ulysses and the Sirens*. Cambridge: Cambridge University Press, 1979, principalmente p. VII e 37.
20. Jon Elster mostra com muita clareza a verdade de uma empresa ética que pretende substituir pela vontade as fraquezas da vontade quando, em relação ao tema, tão caro à filosofia clássica, da paixão combatida pela paixão, ele opõe ao projeto "analítico" o projeto "estratégico" de modificar o comportamento mediante a decisão racional: "O projeto analítico consistiria em determinar em que medida, *nos homens como eles são*, as paixões tendem de fato a se neutralizar uma pela outra. As perspectivas estratégicas e manipuladoras oporiam a paixão à paixão a fim de modificar o comportamento, o dos outros no caso da manipulação, o seu próprio no caso da estratégia" (ELSTER, E. *Ulysses and the Sirens*. Op. cit., p. 55). Significa afirmar que "as preferências coerentes e completas em qualquer ponto do tempo" que definem propriamente "o ator racional" são o produto de uma "atitude estratégica" que visa controlá-los racionalmente, ou seja, de uma moral racional.

em um *fiat* inaugural o arbitrário do instituído e colocar de uma maneira decisória a livre decisão de um sujeito consciente e racional no princípio das práticas menos racionais, pelo menos em aparência, como as crenças do costume ou as preferências do gosto[21].

A verdade das construções formais que abundam em economia (penso, por exemplo, em toda a série dos artigos engendrados pelo artigo que alguns gostam de chamar *seminal* de C.C. von Weiszäcker sobre as mudanças endógenas dos gostos – "Notes on endogenous change of taste", *Journal of Economic Theory*, 1971, 3, p. 345-372) – revela-se na indigência e na irrealidade das proposições às quais se aplicam: dessa maneira o artigo mencionado supõe primeiramente que as preferências atuais dependem apenas do consumo do período imediatamente anterior – o que significa excluir, porque complexo demais e, portanto, demasiado difícil de formalizar, a ideia de uma gênese das preferências que seria coextensiva a toda a história do consumo – e a seguir, e pelas mesmas razões, que a renda do consumidor deve ser investida somente em dois bens. E o que dizer de todos os exemplos fictícios, evidentemente inventados para as necessidades da demonstração que não podem nada demonstrar, a não ser que se pode demonstrar qualquer coisa mediante quantificações decisórias e cálculos arbitrários em relação aos "grupos imaginários": 20 aviadores, 5 promovidos, 15 que fracassam; 20 estudantes, 6 que ganham 200, 8 que ganham 100 e 6 que ganham 0[22]. Mas, para não fazer uma longa enumeração de todas as "recreações matemáticas" que se oferecem de uma maneira bastante séria como análises antropológicas, como o "dilema do prisioneiro" e outros paradoxos destinados à circulação circular, será suficiente um exemplo que é o limite de todos os fumantes que decidem parar de fumar e de todos os obe-

---

21. É significativo que Jon Elster, que exclui de sua teoria os conceitos disposicionais, atribui "ao *desgosto aristocrático* pelos cálculos e à *predileção não menos aristocrática* pela firmeza absoluta do caráter, por mais excêntrica que seja", a preferência que Descartes outorga à decisão não fundada à qual se mantém uma vez que foi tomada (ELSTER, E. *Ulysses and the Sirens*. Op. cit., p. 60).

22. BOUDON, R. *Effets pervers et ordre social*. Paris: PUF, 1977, passim, e para o "grupo imaginário de pessoas", p. 39.

sos que decidem jejuar: "Imaginemos um russo do século XIX que, em alguns anos, deve receber vastas propriedades como herança. Como possui ideais socialistas, deseja dar a terra aos camponeses. Mas sabe que com o tempo seu ideal pode enfraquecer. Para enfrentar essa eventualidade, faz duas coisas. Primeiro, assina um documento legal pelo qual abandonará automaticamente suas terras e que não poderá ser anulado senão com o consentimento de sua mulher; depois diz à sua mulher: 'se algum dia eu mudar de ideia e te pedir que anule esse documento, prometa-me que não concordará com isso.' Talvez acrescente: 'Considero meu ideal uma parte de mim mesmo. Se eu o renego, quero que você pense que parei de ser; quero que nesse momento o seu marido não seja mais aos seus olhos aquele que hoje lhe pede para fazer essa promessa, mas um outro. Prometa-me que não fará o que esse outro lhe pedir!' (PARFIT, D. Later selves and moral principles. In: MONTEFIORE, A. (org.). *Philosophy and Personal Relations*. Londres: Rouledge and Kegan Paul, 1973, p. 137-169). É necessário dizer que a produção e a aceitação dessa espécie de "exemplos" e mais geralmente, de algum exercício "absurdamente razoável", como diz Nietzsche[23], do pensamento formal, que, ao tratar de qualquer objeto, permite falar do mundo social como se dele não se falasse, supõem e favorecem a *denegação do mundo social?*

Portanto, pode-se fazer funcionar como um modelo heurístico *a contrario* a análise pascaliana da mais insólita, da mais fantástica, da mais improvável, em uma palavra da menos sociológica, de todas as decisões racionais[24], a *decisão de crer*, consequência lógica do argumento da aposta. Uma vez que, diz mais ou menos Pascal, aquele que aposta na existência de Deus arrisca um investimento finito para ganhar benefícios infinitos, a crença se impõe sem discussão como a única estratégia racional; contanto que, evidentemente, se acredite bastante na razão – Pascal o lembrará, mas Jon Elster e todos aqueles que, como ele, se acostumaram a viver no mundo puro

---

23. NIETZSCHE, F. *Le crépuscule des idoles*. Paris: Mercure de France, 1951, p. 100 [*O crepúsculo dos ídolos*. São Paulo: Cia das Letras, 2006].

24. E, desse modo, a melhor para suscitar o interesse e o comentário de Jon Elster (*Ulysses and the Sirens*. Op. cit., p. 47-54).

da lógica o esquecem resolutamente – por ser *sensível* a essas razões. O fato é que não se pode conduzir racionalmente o projeto de fundar a crença em uma decisão racional sem ser levado a pedir à razão que colabore com sua própria destruição na crença, essa "condenação da razão" supremamente "conforme à razão": para passar da decisão de crer, que a razão pode suscitar, à *crença durável*, ou seja, capaz de superar as intermitências da consciência e da vontade, se é obrigado a invocar outros poderes diferentes dos da razão; isso porque a razão, que se quer crer que é capaz de conduzir à decisão de crer, não pode de forma alguma manter duravelmente a crença: "Pois, não se deve enganar a si próprio: somos tanto autômatos quanto espírito; consequentemente o instrumento por meio do qual a persuasão se faz não é a única demonstração. Quão pouco as coisas são demonstradas! As provas só convencem o espírito. O costume faz de nossas provas as mais fortes e as mais acreditadas; inclina o autômato que arrasta o espírito sem que se aperceba. Quem demonstrou que amanhã será dia, e que morreremos? E existe algo mais crido? É portanto o costume que nos persuade; é ele que faz tantos cristãos; que faz os turcos, os pagãos, as profissões, os soldados etc. [...]. Enfim, é necessário recorrer ao costume uma vez que o espírito viu onde está a verdade, para nos saciar e nos impregnar dessa crença que nos escapa a todo momento; pois ter sempre as provas presentes dá muito trabalho. É preciso adquirir uma crença mais fácil, como a do hábito que, sem violência, sem arte, sem argumento, nos faz crer as coisas, e inclina todas as nossas potências a esta crença, de forma que nossa alma ali caia naturalmente. Quando não se acredita senão pela força da convicção e o autômato é levado a crer o contrário, não é o suficiente. É preciso, portanto, fazer crer nossos dois pedaços: o espírito pela razão de que basta ter visto uma vez em sua vida; o autômato, pelo costume, e não lhe permitindo que se incline ao contrário"[25]. Essa extraordinária análise dos fundamentos da crença, entregue à meditação de todos os que teimam em pensar a crença em termos de *representação*, não impediu Pascal de cair no erro ordinário dos profissionais do *logos* e da lógica, sempre inclinados a considerar as coisas da lógica, como diz Marx, pela ló-

---

25. PASCAL, *Pensées*, 252.

gica das coisas. Tendo partido da preocupação realista em pensar a decisão voluntária de crer a partir do modelo da aquisição ordinária da crença ordinária, ele acaba por colocar a decisão voluntária do sujeito da prática no princípio da prática originária e geradora da inclinação durável a praticar: "Quereis chegar até a fé, e não conheceis o caminho; quereis vos curar da infidelidade, e pedis o remédio: aprendei com aqueles que estiveram atados como vós, e que apostaram todo o seu bem [...]. Segui a maneira pela qual começaram: foi fazendo tudo como se acreditassem, tomando a água benta, fazendo rezar missas etc. Naturalmente até isso vos fará crer e vos embrutecerá"[26]. Ao fazer como se a vontade e a consciência estivessem no princípio da disposição que, "sem violência, sem arte, sem argumento, nos faz crer nas coisas", Pascal deixa intacto o mistério do primeiro começo, conduzido pela regressão ao infinito das decisões de decidir; ao fazer da crença o produto de uma decisão livre, mas autodestrutiva de se libertar da liberdade, dedica-se à antinomia da *crença decisória*, que não podia escapar aos amadores de paradoxos lógicos: de fato, como observa Bernard Willians, ainda que seja possível decidir crer *p*, não é possível ao mesmo tempo crer *p* e crer que o fato de crer *p* decorre de uma decisão de crer *p*, de forma que, se se quiser realizar a decisão de crer *p*, é preciso também apagar essa decisão da memória do crente. Dito de outra forma, a decisão de crer só pode vencer se for acompanhada de uma decisão de esquecer, ou seja, de uma decisão de esquecer a decisão de crer[27].

Inútil dizer que todas essas antinomias decorrem da vontade de pensar a prática na lógica da decisão voluntária. De fato, compreende-se que os filósofos anglo-saxões sejam pressionados a se confessar incapazes de fundar a distinção, tão indispensável a uma teoria voluntarista, entre *omissão* e *comissão*: os atos de *comissão*, ou seja, os engajamentos conscientes e voluntários, não fazem, na maior parte das vezes, senão sancionar os deslizamentos progressivos da

---

26. Ibid., 233.
27. WILLIAMS, B.A.O. Deciding to believe. In: *Problems of the Self*. Cambridge: Cambridge University Press, 1973, p. 136-151, apud ELSTER, E. *Ulysses and the Sirens*. Op. cit., p. 151. Os apreciadores de paradoxos encontrariam um outro objeto de eleição na "decisão" de amar, ou de não amar (à maneira de Alidor de *La place Royale*, que rompe com aquela que ama só para dar prova de sua liberdade).

omissão, incontáveis não decisões infinitesimais que poderão ser descritas retrospectivamente como "destino" ou como "vocação" (e não é por acaso que os exemplos de "decisão" mais invocados são quase sempre *rupturas*). Mas, de uma maneira mais profunda, como não ver que a decisão, se decisão houver, e o "sistema de preferências" que é a seu princípio dependente não somente de todas as escolhas anteriores daquele que decide, mas também das condições nas quais suas "escolhas" foram efetuadas e da qual fazem parte todas as escolhas daqueles que decidiram por ele, em seu lugar, prejulgando seus julgamentos, e modelando assim seu julgamento. Os paradoxos que o esforço encontra para pensar a crença na lógica da decisão revelam que a aquisição real da crença se define pelo fato de que ela resolve na prática essas antinomias. A gênese implica a amnésia da gênese: a lógica da aquisição da crença, a do condicionamento insensível, ou seja, contínuo e inconsciente, que se exerce por meio das condições de existência tanto quanto pelo intermédio de incitações ou de apelos explícitos à ordem, implica no esquecimento da aquisição, na ilusão do caráter inato da aquisição. De forma que não há necessidade de invocar esse último refúgio da liberdade e do pudor da pessoa, a "má-fé" como decisão de esquecer a decisão e mentira a si mesmo, para dar conta do fato de que a crença, ou qualquer outra espécie de aquisição cultural, pode se viver ao mesmo tempo como logicamente necessária e sociologicamente incondicionada[28].

Assim, as construções antropológicas, às quais os defensores da teoria do "ator racional" devem recorrer para assumir as consequências do postulado teórico segundo o qual a ação racional não poderia ter outro princípio além da intenção de racionalidade e do cálculo livre e informado de um sujeito racional, constituem uma refutação pelo absurdo desse postulado e convidam a buscar o princípio

---

28. Com certeza, como já foi demonstrado (BOURDIEU, P. *La distinction*. Op. cit., principalmente p. 58-59), essa ilusão encontra as mais favoráveis condições para sua realização quando a influência principal das condições materiais de existência se exerce, paradoxalmente, de maneira negativa, por ausência, por meio da neutralização das mais diretas e mais brutais pressões econômicas; e que ela encontra uma expressão e um reforço exemplares em todas as formas de pensamento *antigenético* (dos quais o mais realizado é, mais uma vez, fornecido por Sartre, com a noção de "projeto original").

das práticas na relação entre pressões externas que deixam uma margem bem variável à escolha e disposições que são o produto de processos econômicos e sociais quase que completamente irredutíveis a essas pressões pontualmente definidas[29]. A teoria do "ator racional" que busca a "origem" dos atos, estritamente econômicas ou não, em uma "intenção" da "consciência", associa-se muitas vezes a uma concepção estreita da "racionalidade" das práticas, a um economismo que considera como racionais (ou, o que significa o mesmo nessa lógica, econômicas) as práticas conscientemente orientadas pela vontade de obter por um custo mínimo (econômico) o máximo de benefícios (econômicos). O economismo finalista que, para explicar as práticas, as relaciona de maneira direta e exclusiva aos interesses econômicos tratados como *fins* conscientemente estabelecidos, tem assim em comum com o economismo mecanicista, que os relaciona de maneira não menos direta e exclusiva aos interesses econômicos definidos de maneira tão estreita quanto, mas tratados como *causas*, o fato de ignorar que as práticas podem ter outros princípios além das causas mecânicas ou dos fins conscientes e obedecer a uma lógica econômica sem obedecer aos interesses estreitamente econômicos: há uma *economia das práticas*, ou seja, uma razão imanente às práticas que não encontra sua "origem" nem nas "decisões" da razão como cálculo consciente nem nas determinações de mecanismos exteriores e superiores aos agentes. Sendo constitutiva *da estrutura* da prática racional, isto é, a mais bem feita para alcançar com um custo mínimo os objetivos inscritos na lógica de um determinado campo, essa economia pode se definir em relação a todas as espécies de funções, entre elas a maximização do benefício em dinheiro, única reconhecida pelo economismo[30]. Dito de

---

29. As preferências efetivas se determinam na relação entre o espaço das possibilidades e das impossibilidades oferecidas e o sistema das disposições, qualquer mudança do espaço das possibilidades acaba determinando uma mudança das preferências subordinadas à lógica do *habitus* (cf. BOURDIEU, P. *La distinction*. Op. cit., p. 230ss.).

30. Romper com o economismo para descrever o universo das economias possíveis significa escapar à alternativa do interesse puramente material, estritamente econômico, e do *desinteresse* e se outorgar o meio de satisfazer ao princípio de razão suficiente que quer que não haja ação sem razão de ser, ou seja, sem interesse ou, caso se prefira, *sem investimento em um jogo e em um desafio, illusio, commitment*.

outra forma, por não reconhecer nenhuma outra forma de ação além da ação racional ou da reação mecânica, impede-se de compreender a lógica de todas as ações que são razoáveis sem ser o produto de um plano razoável; habitadas por uma espécie de finalidade objetiva sem serem conscientemente organizadas em relação a um fim explicitamente constituído; inteligíveis e coerentes sem serem originárias de uma intenção de coerência e de uma decisão deliberada; ajustadas ao futuro sem ser o produto de um projeto ou de um plano. E, não reconhecer que a economia que a teoria econômica descreve é um caso particular de todo um universo de *economias*, ou seja, de campos de lutas que diferem tanto pelo que está em jogo e pela escassez que ali se engendram quanto pelas espécies de capital que ali se engajam, impede explicar as formas, os conteúdos e os pontos de aplicação específicos que se encontram assim impostos à busca da maximização dos benefícios específicos e às estratégias bem gerais de otimização (das quais as estratégias econômicas no sentido restrito são uma forma entre outras)[31].

---

31. A existência de princípios invariantes da *lógica dos campos* permite um uso dos conceitos comuns que é bem diferente da simples transferência analógica, que por vezes se encontra, dos conceitos da economia.

3
Estruturas, *habitus*, práticas

O objetivismo constitui o mundo social como um espetáculo oferecido a um observador que adota "um ponto de vista" sobre a ação e que, ao importar ao objeto os princípios de sua relação com o objeto, faz como se estivesse destinado somente ao conhecimento e como se todas as interações com ele se reduzissem às trocas simbólicas. Esse ponto de vista é o que se adota a partir das posições elevadas da estrutura social de onde o mundo social se oferece como uma representação – no sentido da filosofia idealista, mas também da pintura e do teatro – e de onde as práticas não são senão papéis teatrais, execuções de partituras ou aplicações de planos. A teoria da prática como prática evoca, contra o materialismo positivista, que os objetos de conhecimento são *construídos*, e não passivamente registrados e, contra o idealismo intelectualista, que o princípio dessa construção é o sistema das disposições estruturadas e estruturantes que se constitui na prática e que é sempre orientado para funções práticas. Pode-se, com efeito, com o Marx das *Teses sobre Feuerbach*, abandonar o ponto de vista soberano a partir do qual o idealismo objetivista ordena o mundo sem ser obrigado a lhe abandonar "o aspecto ativo" da apreensão do mundo ao reduzir o conhecimento a um registro: basta para isso se situar *na* "atividade real como tal", ou seja, na relação prática com o mundo, essa presença *pré-ocupada* e ativa no mundo pela qual o mundo impõe sua presença, com suas urgências, suas coisas por fazer ou por dizer, suas coisas feitas para serem ditas, que comandam diretamente os gestos ou as palavras sem jamais se revelar como um espetáculo. Trata-se de escapar ao *realismo da estrutura* ao qual o objetivismo, momento necessário da ruptura com a experiência primeira e da construção das relações objetivas, conduz necessariamente quando hipostasia essas relações ao tratá-las como realidades já constituídas fora da *história* do indivíduo e do grupo, sem recair, no entanto, no subjetivismo, totalmente incapaz de dar conta da necessidade do mundo social: para isso, é preciso retornar à prática, lugar da dialética do *opus operatum* e do *modus operandi*, dos produtos objetivados e dos produtos incorporados da prática histórica, das estruturas e dos *habitus*[1].

Os condicionamentos associados a uma classe particular de condições de existência produzem *habitus*, sistemas de *disposições* duráveis e transponíveis, estruturas estruturadas predispostas a funcionar como estruturas estruturantes, ou seja, como princípios geradores e organizadores de práticas e de representações que podem ser objetivamente adaptadas ao seu objetivo sem supor a intenção consciente de fins e o domínio expresso das operações necessárias para alcançá-los, objetivamente "reguladas" e "regulares" sem em nada ser o produto da obediência a algumas regras e, sendo tudo isso, coletivamente orquestradas sem ser o produto da ação organizadora de um maestro[2].

---

1. A atualização dos pressupostos inerentes à construção objetivista se encontrou retardada, paradoxalmente, pelos esforços de todos os que, em linguística como em antropologia, tentaram "corrigir" o modelo estruturalista recorrendo ao "contexto" ou à "situação" para explicar as variações, as exceções e os acidentes (em vez de fazer deles, como os estruturalistas, simples variantes, absorvidas na estrutura) e que assim se economizaram um questionamento radical do modo de pensamento objetivista, quando simplesmente não caíram na livre escolha de um puro sujeito sem ligações nem raízes. Assim, o método chamado *situational analysis*, que consiste em "observar as pessoas nas diferentes situações sociais" a fim de determinar "como os indivíduos podem exercer escolhas nos limites de uma estrutura social particular" (cf. GLUCKMAN, M. "Ethnographic data in british social anthropology", *Sociological Review*, IX (1), mar./1961, p. 5-17. • VAN VELSEN, J. *The Politics of Kinship* – A Study in Social Manipulation among the Lakeside Tonga. Manchester: Manchester University Press, 1964 [reed. 1971]) permanece enclausurada na alternativa da regra e da exceção, que Leach (muitas vezes invocado pelos adeptos desse método) exprime com muita clareza: "Postulo que os sistemas estruturais nos quais todas as vias de ação social são estritamente institucionalizadas são impossíveis. Em todo sistema viável, deve existir uma esfera em que o indivíduo é livre para escolher de modo a manipular o sistema a seu favor" (LEACH, E. "On certain unconsidered aspects of double descent systems". *Man*, LXII, 1962, p. 133).

2. Seria necessário poder evitar completamente falar dos conceitos por si mesmos, e de se expor assim a ser tanto esquemático como formal. Como todos os conceitos disposicionais, o conceito de *habitus*, que o conjunto de seus usos históricos predispõe a designar um sistema de disposições adquiridas, permanentes e geradoras, talvez valha em primeiro lugar pelos falsos problemas e pelas falsas soluções que elimina, pelas questões que permite colocar ou resolver melhor, pelas dificuldades propriamente científicas que faz surgir.

Se de maneira alguma se exclui que as respostas do *habitus* se acompanham de um cálculo estratégico que tende a realizar de um modo consciente a operação que o *habitus* realiza de um outro modo, a saber, uma estimativa das possibilidades que supõe a transformação do efeito passado em objetivo esperado, o fato é que elas se definem antes, fora de qualquer cálculo, em relação às *potencialidades objetivas*, imediatamente inscritas no presente, coisas para fazer ou não fazer, dizer ou não dizer, em relação a um *por vir* provável que, ao contrário do futuro como "possibilidade absoluta" (*absolute Möglichkeit*), no sentido de Hegel (ou de Sartre), projetada pelo projeto puro de uma "liberdade negativa", propõe-se com uma urgência e uma pretensão em existir que exclui a deliberação. Os *stimuli* não existem para a prática em sua verdade objetiva de desencadeadores *condicionais e convencionais*, agindo somente com a condição de encontrar os agentes condicionados a *reconhecê-los*[3]. O mundo prático que se constitui na relação com o *habitus* como sistema de estruturas cognitivas e motivadoras é um mundo de fins já realizados, modos de emprego ou movimentos a seguir, e objetos dotados de um "caráter teleológico permanente", como diz Husserl, ferramentas ou instituições; isso porque as regularidades inerentes a uma condição arbitrária (no sentido de Saussure ou de Mauss) tendem a aparecer como necessárias, até mesmo naturais, pois estão no princípio dos esquemas de percepção e de apreciação por meio dos quais são apreendidas.

---

3. A noção de *relevo estrutural* dos atributos de um objeto, ou seja, o caráter que faz com que um atributo (por exemplo, a cor ou a forma) "seja mais facilmente levado em consideração em um tratamento semântico qualquer do significado que o comporta" (LE NY, J.F. *La semantique psychologique*. Paris: PUF, 1979, p. 190ss.), bem como a noção weberiana de "chances médias" que é o seu equivalente em um outro contexto, é uma *abstração*, uma vez que o relevo varia de acordo com as disposições, mas que permite escapar ao puro subjetivismo ao aceitar a existência de determinações objetivas das percepções. A ilusão da criação livre das propriedades da situação e, dessa maneira, dos fins da ação encontra sem dúvida uma justificação aparente no círculo, característico de todo estímulo condicional, que deseja que o *habitus* não possa produzir a resposta objetivamente inscrita em sua "fórmula" senão enquanto atribui à situação sua eficácia de desencadeador ao constituí-la de acordo com os seus princípios, isto é, fazendo-a existir como *questão pertinente* em referência a uma maneira particular de interrogar a realidade.

Caso se observe regularmente uma correlação muito estreita entre as *probabilidades objetivas* cientificamente construídas (por exemplo, as possibilidades de acesso a este ou àquele bem) e as *esperanças subjetivas* (as "motivações" e as "necessidades"), não é porque os agentes ajustem conscientemente suas aspirações a uma avaliação exata de suas chances de êxito, à maneira de um jogador que regularia seu jogo em função de uma informação perfeita sobre as possibilidades de ganho. Em realidade, pelo fato de que as disposições duravelmente inculcadas pelas possibilidades e impossibilidades, liberdades e necessidades, facilidades e impedimentos que estão inscritos nas condições objetivas (e que a ciência apreende por meio das regularidades estatísticas como as probabilidades objetivamente ligadas a um grupo ou a uma classe) engendram disposições objetivamente compatíveis com essas condições e de alguma forma pré-adaptadas à suas exigências, as mais improváveis práticas se encontram excluídas, antes de qualquer exame, na qualidade de *impensável*, por essa espécie de submissão imediata à ordem que inclina a fazer da necessidade virtude, ou seja, a recusar o recusado e a querer o inevitável. As próprias condições da produção do *habitus*, *necessidade feita virtude*, fazem com que as antecipações que ele engendra tendam a ignorar a restrição à qual está subordinada a validade de todo cálculo das probabilidades, a saber, que as condições da experiência não tenham sido modificadas: diferentemente das estimações eruditas que se corrigem após cada experiência conforme as regras rigorosas de cálculo, as antecipações do *habitus*, espécie de hipóteses práticas fundadas na experiência passada, atribuem um peso desmedido às primeiras experiências; são, com efeito, as estruturas características de uma classe determinada de condições de existência que, por meio da necessidade econômica e social que fazem pesar sobre o universo relativamente autônomo da economia doméstica e das relações familiares, ou melhor, por meio das manifestações propriamente familiais dessa necessidade externa (forma da divisão do trabalho entre os sexos, universo de objetos, modos de consumo, relação com os parentes etc.), produzem as estruturas do *habitus* que estão por sua vez no princípio da percepção e da apreciação de toda experiência ulterior.

Produto da história, o *habitus* produz as práticas, individuais e coletivas, portanto, da história, conforme aos esquemas engendrados pela história; ele garante a presença ativa das experiências passadas que, depositadas em cada organismo sob a forma de esquemas de percepção, de pensamento e de ação, tendem, de forma mais segura que todas as regras formais e que todas as normas explícitas, a garantir a conformidade das práticas e sua constância ao longo do tempo[4]. Passado que sobrevive no atual e que tende a se perpetuar no porvir ao se atualizar nas práticas estruturadas de acordo com seus princípios, lei interior por meio da qual se exerce continuamente a lei de necessidades externas irredutíveis às pressões imediatas da conjuntura, o sistema das disposições está no princípio da continuidade e da regularidade que o objetivismo concede às práticas sociais sem poder explicá-las e também das transformações reguladas das quais não podem dar conta nem os determinismos extrínsecos e instantâneos de um sociologismo mecanicista nem a determinação puramente interior, mas igualmente pontual do subjetivismo espontaneísta. Ao escapar à alternativa das forças inscritas no estado anterior do sistema, no *exterior* dos corpos, e das forças *interiores* motivações surgidas, no instante, da decisão livre, as disposições interiores, *interiorização da exterioridade*, permitem que as for-

---

4. Nas formações sociais em que a reprodução das relações de dominação (e do capital econômico ou cultural) não é garantida pelos mecanismos objetivos, o incessante trabalho necessário para manter as relações de dependência pessoal estaria de antemão destinado ao fracasso caso ele não pudesse contar com a constância dos *habitus* socialmente constituídos e incessantemente reforçados pelas sanções individuais ou coletivas: neste caso, a ordem social repousa principalmente sobre a ordem que reina nos cérebros e o *habitus*, isto é, o organismo que como grupo dele se apropriou e que ele é de antemão atribuído às exigências do grupo, funciona como a materialização da memória coletiva, reproduzindo nos sucessores a aquisição dos predecessores. A tendência do grupo em preservar em seu ser que se encontra assim garantida funciona em um nível muito mais profundo do que as "tradições familiais", cuja permanência supõe uma fidelidade conscientemente mantida e também dos guardiões, e que têm, por isso, uma rigidez estrangeira às estratégias do *habitus*, capaz de inventar, em presença de situações novas, meios novos de preencher as funções antigas; também mais profundo do que as estratégias conscientes pelas quais os agentes pensam em agir expressamente sobre seu futuro e moldá-lo à imagem do passado, como as disposições testamentárias ou até mesmo as normas explícitas, que são simples *chamados à ordem*, isto é, ao provável, cuja eficácia é por eles redobrada.

ças exteriores sejam exercidas, mas segundo a lógica específica dos organismos nos quais estão incorporadas, ou seja, de maneira durável, sistemática e não mecânica: sistema adquirido de esquemas geradores, o *habitus* torna possível a produção livre de todos os pensamentos, de todas as percepções e de todas as ações inscritas nos limites inerentes às condições particulares de sua produção, e somente daquelas. Por meio dele, a estrutura da qual é o produto governa a prática, não de acordo com as vias de um determinismo mecânico, mas por meio das pressões e dos limites originariamente atribuídos a suas invenções. Capacidade de geração infinita e, no entanto, estritamente limitada, o *habitus* só é difícil de ser pensando enquanto se permanece confinado às alternativas ordinárias, que ele pretende superar, do determinismo e da liberdade, do condicionamento e da criatividade, da consciência e do inconsciente ou do indivíduo e da sociedade. Porque o *habitus* é uma capacidade infinita de engendrar em toda liberdade (controlada) produtos – pensamentos, percepções, expressões, ações – que sempre têm como limites as condições historicamente e socialmente situadas de sua produção, a liberdade condicionada e condicional que ele garante está tão distante de uma criação de imprevisível novidade quanto de uma simples reprodução mecânica dos condicionamentos iniciais.

Nada é mais enganador do que a ilusão retrospectiva que revela o conjunto dos traços de uma vida, tais como as obras de um artista ou os acontecimentos de uma biografia, como a realização de uma essência que lhes preexistiria: da mesma maneira que a verdade de um estilo artístico não está inscrita em germe em uma inspiração original, mas se define e se redefine continuamente na dialética da intenção de objetivação e da intenção já objetivada, da mesma maneira é pela confrontação entre as questões que não existem senão pelo e para um espírito armado de um tipo determinado de esquemas e de soluções obtidas pela aplicação desses mesmos esquemas, mas capazes de transformá-los, que se constitui essa unidade de sentido que, retrospectivamente, pode parecer ter precedido os atos e as obras anunciadoras da significação final, transformando retroativamente os diferentes momentos da série temporal em simples esboços preparatórios. Se a gênese do sistema das obras ou das práticas engendradas pelo mesmo *habitus* (ou por *habitus* homólogos como aqueles que fazem a unidade do estilo de vida de um grupo ou de uma classe) não pode ser descrita nem como desenvolvimento autônomo de uma essência única e sempre idêntica a si mesma, nem como criação contínua de novidade, é porque se realiza na e pela confrontação ao mesmo tempo necessária e imprevisível do *habitus* com o acontecimento, que não pode exercer sobre o *habitus* uma incitação pertinente a não ser que este o arranque à contingência do acidente e o constitua em *problema* aplicando-lhe os próprios princípios de sua solução; é porque o *habitus*, como toda *arte de inventar*, é o que permite produzir práticas em número infinito, e relativamente imprevisíveis (como as situações correspondentes), mas limitadas, todavia, em sua diversidade. Ou seja, sendo o *produto* de uma classe determinada de regularidades objetivas, o *habitus* tende a engendrar todas as condutas "razoáveis", do "senso comum"[5], que são possíveis nos limites dessas regularidades, e apenas dessas, e que têm todas as possibilidades de ser positivamente sancionadas porque são objetivamente ajustadas à lógica característica de um campo determinado, do qual antecipam o porvir objetivo; ele tende consequentemente a excluir "sem violência, sem arte, sem argumento", todas as "loucuras" ("isso não é para nós", ou seja, todas as condutas destinadas a ser negativamente sancionadas porque incompatíveis com as condições objetivas.

Porque tendem a reproduzir as regularidades imanentes às condições nas quais foi produzido seu princípio gerador ajustando-se ao mesmo tempo às exigências inscritas como potencialidade objetiva na situação tal como é definida pelas estruturas cognitivas e motivadoras que são constitutivas do *habitus*, as práticas não se deixam deduzir nem das condições presentes que podem parecer tê-las suscitado nem das condições passadas que produziram o *habitus*,

---

5. "Essa probabilidade subjetiva, variável, que às vezes exclui a dúvida e engendra uma certeza *sui generis*, que antes não aparecia senão como uma luz vacilante, é o que nomeamos *probabilidade filosófica* porque ela se prende ao exercício dessa faculdade superior pela qual nós nos damos conta da ordem e da razão das coisas. O sentimento confuso de semelhantes probabilidades existe em todos os homens razoáveis; ele determina então, ou pelo menos justifica, as crenças indestrutíveis chamadas *de senso comum*" (COURNOT, A. *Essai sur les fondements de la connaissance et sur les caractères de la critique philosophique*. Paris: Hachette, 1922, 1851, p. 70).

princípio durável de sua produção. Só se pode explicá-las, portanto, com a condição de relacionar as condições sociais nas quais se constituiu o *habitus* que as engendrou e as condições sociais nas quais ele é posto em ação, ou seja, com a condição de operar pelo trabalho científico a relação desses dois estados do mundo social que o *habitus* efetua, ao ocultá-lo, na e pela prática. O "inconsciente", que permite fazer a economia dessa relação, não é jamais, com efeito, senão o esquecimento da história que a própria história produz ao realizar as estruturas objetivas que engendra nessas quase-naturezas que são os *habitus*[6]. História incorporada, feita natureza, e por isso esquecida como tal, o *habitus* é a presença operante de todo o passado do qual é o produto: no entanto, ele é o que confere às práticas sua *independência relativa* em relação às determinações exteriores do presente imediato. Essa autonomia é a do passado operado e operante que, funcionando como capital acumulado, produz história a partir da história e garante assim a permanência na mudança que faz o agente individual como mundo no mundo. Espontaneidade sem consciência nem vontade, o *habitus* não se opõe menos à necessidade mecânica do que à liberdade reflexiva, às coisas sem história das teorias mecanicistas do que aos sujeitos "sem inércia" das teorias racionalistas.

À visão dualista que não quer conhecer senão o ato de consciência transparente a si mesmo ou a coisa determinada como exterioridade, é preciso, portanto, opor a lógica real da ação que coloca em presença duas objetivações da história, a objetivação nos corpos e a objetivação nas instituições ou, o que dá no mesmo, dois estados do capital, objetivado e incorporado, pelos quais se instaura uma distância em relação à necessidade e às suas urgências. Lógica da qual se pode ver uma forma paradigmática na dialética das disposições

---

6. "Em cada um de nós, de acordo com proporções variáveis, há o homem de ontem; é o mesmo homem de ontem que, pela força das coisas, é predominante em nós, uma vez que o presente não significa grande coisa se comparado a esse longo passado ao longo do qual nós nos formamos e do qual somos o resultado. Mas, esse homem do passado, nós não o sentimos, porque ele é inveterado em nós; ele forma a parte inconsciente de nós mesmos. Conseqüentemente, se é conduzido a não levá-la em conta, não mais do que de suas legítimas exigências. Pelo contrário, temos das mais recentes aquisições da civilização um sentimento vivo, porque sendo recentes elas ainda não tiveram o tempo de se organizar no inconsciente" (DURKEIM, E. *L'évolution pédagogique en France*. Paris: Alcan, 1938, p. 16).

expressivas e dos meios de expressão instituídos (instrumentos morfológicos, sintáticos, lexicais, gêneros literários etc.) que se observa, por exemplo, na invenção sem intenção da improvisação regulada. Incessantemente deixado para trás por suas próprias palavras, com as quais mantém a relação do "levar" e de "ser levado", como diz Nicolai Hartmann, o virtuoso descobre em seu discurso os desencadeadores de seu discurso, que progride como se fosse um trem levando seus próprios trilhos[7]; ou seja, sendo produzido segundo um *modus operandi* que não é conscientemente dominado, o discurso encerra uma "intenção objetiva", como diz a escolástica, que supera as intenções conscientes de seu autor aparente e não para de oferecer novos estímulos pertinentes ao *modus operandi* do qual é o produto e que funciona assim como uma espécie de "autômato espiritual". Se as tiradas espirituosas impõem a evidência de sua imprevisibilidade e de sua necessidade retrospectiva, é porque o achado que revela os recursos há muito escondidos supõe um *habitus* que possui tão perfeitamente os meios de expressão objetivamente disponíveis que é possuído por eles a ponto de afirmar sua liberdade em relação a eles ao realizar as mais raras possibilidades que necessariamente implicam. A dialética do sentido da língua e das "palavras da tribo" é um caso particular e particularmente significativo da dialética entre os *habitus* e as instituições, isto é, entre dois modos de objetivação da história passada, na qual se engendra continuamente uma história destinada a aparecer, à maneira de uma tirada espirituosa, como ao mesmo tempo extraordinária e inevitável.

Princípio gerador duravelmente acrescido de improvisações reguladas, o *habitus* como sentido prático opera a *reativação* do sentido objetivado nas instituições: produto do trabalho de inculcação e de apropriação que é necessário para que esses produtos da história coletiva que são as estruturas objetivas consigam se reproduzir sob a forma das disposições duráveis e ajustadas que são a condição de seu funcionamento, o *habitus*, que se constitui ao longo de uma história particular, impondo sua lógica particular à incorporação, e por quem os agentes participam da história objetivada nas instituições,

---

7. RUYER, R. *Paradoxes de la conscience et limites de l'automatisme*. Paris: Albin-Michel, 1996, p. 136.

é o que permite habitar as instituições, se apropriar delas na prática, e assim mantê-las em atividade, em vida, em vigor, arrancá-las continuamente do estado de letra morta, de língua morta, de fazer reviver o sentido que ali se encontra depositado, mas impondo-lhe as revisões e as transformações que são a contrapartida e a condição da reativação. Mais ainda, ele é o meio pelo qual a instituição encontra sua plena realização: a virtude da incorporação, que explora a capacidade do corpo em levar a sério a magia performativa do social, é o que faz com que o rei, o banqueiro, o sacerdote sejam a monarquia hereditária, o capitalismo financeiro ou a Igreja feitos homem. A propriedade se apropria de seu proprietário, encarnando-se sob a forma de uma estrutura geradora de práticas perfeitamente conformes à sua lógica e às suas exigências. Se pudermos dizer, com Marx, que "o beneficiário da maioridade, o filho primogênito, pertence à terra", que "ela o herda" ou que as "pessoas" dos capitalistas são a "personificação" do capital, é porque o processo puramente social e quase mágico de socialização, inaugurado pelo ato de *marcação* que *institui* um indivíduo como mais velho, herdeiro, sucessor, cristão, ou simplesmente como homem (em oposição à mulher), com todos os privilégios e todas as obrigações correlativas, e prolongado, reforçado, confirmado pelos tratamentos sociais próprios a transformar a diferença de instituição em distinção natural, produz efeitos bem reais, porque duravelmente inscritos no corpo e na crença. A instituição, caso se tratasse de economia, só é completa e completamente viável caso se objetive duravelmente não somente nas coisas, ou seja, na lógica, transcendente aos agentes singulares, de um campo particular, mas também nos corpos, isto é, nas disposições duráveis em reconhecer e em efetuar a(s) exigências imanentes a esse campo.

É na medida e somente na medida em que os *habitus* são a incorporação da mesma história – ou, mais exatamente, da mesma história objetivada nos *habitus* e nas estruturas – que as práticas que engendram são mutuamente compreensíveis e imediatamente ajustadas às estruturas e também objetivamente combinadas e dotadas de um sentido objetivo ao mesmo tempo unitário e sistemático, transcendente às intenções subjetivas e aos projetos conscientes, individuais ou coletivos. Um dos efeitos fundamentais do acordo entre o sentido prático e o sentido objetivado é a produção de um *mundo de senso comum*, cuja evidência imediata se reveste da *objetividade* que o consenso sobre o sentido das práticas e do mundo assegura, isto é, a harmonização das experiências e o reforço contínuo que cada uma delas recebe da expressão individual ou coletiva (em uma festa, por exemplo), improvisada ou programada (lugares comuns, ditados), de experiências semelhantes ou idênticas.

> A homogeneidade dos *habitus* que se observa nos limites de uma classe de condições de existência e de condicionamentos sociais é o que faz com que as práticas e as obras sejam imediatamente inteligíveis e previsíveis, percebidas, portanto, como evidentes e óbvias: o *habitus* permite a economia da intenção, não somente na produção, mas também na decifração das práticas e das obras[8]. Automáticas e impessoais, significantes sem intenção de significar, as práticas ordinárias se prestam a uma compreensão não menos automática e impessoal, a retomada da intenção objetiva que expressam não exigindo de forma alguma a "reativação" da intenção "vivida" daquele que as realiza, ou a "transferência intencional no próximo", tão caro aos fenomenólogos e a todos os defensores de uma concepção "participacionista" da história ou da sociologia ou ainda o questionamento tácito ou explícito ("o que você quer dizer?") sobre as intenções dos outros. A "comunicação das consciências" supõe a comunidade dos "inconscientes" (ou seja, das competências linguísticas e culturais). A decifração da intenção objetiva das práticas e das obras não tem nada a ver com a "reprodução" (*Nachbildung*, como diz o primeiro Dilthey) das experiências vividas e a reconstituição, inútil e incerta, das singularidades pessoais de uma "intenção" que não está realmente em seu princípio.

A homogeneização objetiva dos *habitus* de grupo ou de classe que resulta da homogeneidade das condições de existência é o que

---

[8]. Um dos méritos do subjetivismo e do *moralismo da consciência* (ou do exame de consciência) que muitas vezes dissimula é o demonstrar pelo absurdo, nas análises que condenam como "inautênticas" as ações submetidas às solicitações objetivas do mundo (quer se trate das análises heideggerianas da existência cotidiana e do "nós" ou das análises sartreanas do "espírito de seriedade"), a impossibilidade prática da existência "autêntica" que retomaria em um projeto da liberdade todas as significações pré-dadas e as determinações objetivas: a busca puramente ética da "autenticidade" é o privilégio daquele que, tendo o tempo de pensar, pode fazer a economia da economia de pensamento que a conduta "inautêntica" autoriza.

faz com que as práticas possam ser objetivamente dadas fora de qualquer cálculo estratégico e de qualquer referência consciente a uma norma e mutuamente ajustadas *na ausência de toda interação direta* e, *a fortiori*, de toda negociação explícita – a própria interação que deve sua forma às estruturas objetivas que produziram as disposições dos agentes em interação e que ainda lhe designam por meio delas suas posições relativas na interação e em outro lugar[9]. "Vejam, diz Leibniz, dois relógios ou relógios de pulso que se ajustam perfeitamente. Ora, isso pode ser feito de três formas. A primeira consiste em uma influência mútua; a segunda em designar um operário hábil que os reoriente e os ajuste a todo instante; a terceira em fabricar esses dois pêndulos com tanta arte e justeza, que consequentemente se possa garantir seu ajuste"[10]. Por mais que se ignore o verdadeiro princípio dessa orquestração sem maestro que confere regularidade, unidade e sistematicidade às práticas mesmo na ausência de qualquer organização espontânea ou imposta dos projetos individuais, condena-se ao artificialismo ingênuo que não reconhece outro princípio unificador além da concertação consciente[11]: se as práticas dos membros do mesmo grupo ou, em uma sociedade diferenciada,

---

9. Contra todas as formas da ilusão ocasionalista que leva a relacionar diretamente as práticas às propriedades inscritas na situação, é preciso lembrar que as relações "interpessoais" só aparentemente são relações de pessoa a pessoa e que a verdade da interação jamais reside inteiramente na interação (coisa que se esquece quando, reduzindo a *estrutura objetiva* da relação entre os indivíduos reunidos ou seus grupos de pertencimento – isto é, as distâncias e as hierarquias – à *estrutura conjuntural* de sua interação em uma situação e em um grupo particulares, explica-se tudo o que se passa em uma interação experimental pelas características experimentalmente controladas da situação, como a posição relativa no espaço dos participantes ou a natureza dos canais utilizados).

10. LEIBNIZ, "Segundo esclarecimento do sistema da comunicação das substâncias" (1696). In: JANET, P. (org.). *Œuvres philosophiques*. T. II. Paris: De Ladrange, 1886, p. 548.

11. É dessa maneira que a ignorância do fundamento mais seguro, porém o mais bem oculto, da integração dos grupos ou das classes, pode conduzir uns a negar a unidade da classe dominante sem qualquer outra prova além da impossibilidade de estabelecer empiricamente que os membros da classe dominante têm uma *política* explícita, expressamente imposta pela concertação, até mesmo pelo complô, e outros fazer da tomada de consciência, espécie de cogito revolucionário que faria a classe operária aceder à existência ao constituí-la como "classe para si", o único fundamento possível da unidade da classe dominada.

da mesma classe, são sempre mais e mais bem acordadas do que os agentes sabem ou querem, é porque, como uma vez mais o diz Leibniz, "ao seguir apenas suas próprias leis", cada um "se ajusta, no entanto, ao outro". O *habitus* não é senão essa lei imanente, *lex insita* inscrita nos corpos por histórias idênticas, que é a condição não somente da concertação das práticas, mas também das práticas de concertação[12]. De fato, as correções e os ajustes conscientemente operados pelos próprios agentes supõem o domínio de um código comum e as empresas de mobilização coletiva não podem obter sucesso sem um mínimo de concordância entre os *habitus* dos agentes mobilizadores (profeta, dirigente etc.) e as disposições daqueles que se reconhecem em suas práticas ou em seus propósitos e principalmente sem a inclinação ao agrupamento que a orquestração espontânea das disposições suscita.

> Não há dúvida de que todo esforço de *mobilização* que pretende organizar uma *ação coletiva* deve contar com a dialética das disposições e das ocasiões que se efetua em cada agente singular, seja ele mobilizador ou mobilizado (a histerese dos *habitus* sendo, sem dúvida, um dos fundamentos da defasagem entre as ocasiões e as disposições em apreendê-las que produz as ocasiões perdidas e, em particular, da impotência, muitas vezes observada, em pensar as crises históricas segundo categorias de percepção e de pensamento diferentes daquelas do passado, ainda que revolucionário); e também com a *orquestração objetiva* que se estabelece entre as disposições objetivamente coordenadas porque ordenadas às necessidades objetivas parcialmente ou totalmente idênticas. O fato é que é extremamente perigoso pensar a ação coletiva baseada no modelo da ação individual ignorando tudo o que ela deve à lógica relativamente autônoma das instituições de mobilização (com sua história própria, sua organização específica etc.) e às situações institucionalizadas ou não nas quais ela se opera.

---

12. Compreende-se que a dança, caso particular e particularmente espetacular de sincronização do homogêneo e da orquestração do heterogêneo, esteja predisposta a simbolizar em toda parte a integração do grupo e reforçá-la ao simbolizá-la.

A sociologia trata como idênticos todos os indivíduos biológicos que, sendo o produto das mesmas condições objetivas, são dotados dos mesmos *habitus*: classe de condição de existência e de condicionamentos idênticos ou semelhantes, a classe social (em si) é inseparavelmente uma classe de indivíduos biológicos dotados do mesmo *habitus*, como sistema de disposições comum a todos os produtos dos mesmos condicionamentos. Ainda que se exclua que *todos* os membros da mesma classe (ou mesmo dois deles) tenham feito *as mesmas experiências e na mesma ordem*, é certo que todo membro da mesma classe tem muito mais possibilidades do que qualquer outro membro de uma outra classe de se ter deparado com as situações mais frequentes para os membros dessa classe: as estruturas objetivas que a ciência apreende sob a forma de probabilidades de acesso aos bens, aos serviços e aos poderes, inculcam, por meio das experiências sempre convergentes que atribuem sua *fisionomia* a um entorno social, com suas carreiras "fechadas", seus "lugares" inacessíveis ou seus "horizontes obstruídos", essa espécie de "arte de estimar as verossimilhanças", como dizia Leibniz, ou seja, de antecipar o porvir objetivo, sentido da realidade ou das realidades que é, sem dúvida, o princípio mais bem guardado de sua eficácia.

Para definir as relações entre o *habitus* de classe e o *habitus* individual (indissociável da individualidade orgânica imediatamente dada à percepção imediata – *intuitus personae* – e socialmente designada e reconhecida – nome próprio, pessoa jurídica etc.) poder-se-ia considerar o *habitus* de classe (ou de grupo), isto é, o *habitus* individual na medida em que exprime ou reflete a classe (ou o grupo) como um sistema subjetivo, mas não individual de estruturas interiorizadas, esquemas comuns de percepção, de concepção e de ação, que constituem a condição de toda objetivação e de toda apercepção, e fundar a concertação objetiva das práticas e a unicidade da visão do mundo na impessoalidade e na substituibilidade perfeitas das práticas e das visões singulares. Mas isso significaria considerar todas as práticas ou as representações produzidas de acordo com esquemas idênticos como impessoais e intercambiáveis, à maneira das intuições singulares do espaço que, segundo Kant, não refletem qualquer das particularidades do eu empírico. Efetivamente, é uma relação de *homologia*, ou seja, de diversidade na homogeneidade que reflete a diversidade na homogeneidade característica de suas condições sociais de produção, que une os *habitus* singulares dos diferentes membros de uma mesma classe: *cada sistema de disposições individual* é uma *variante estrutural* dos outros, no qual se exprime a singularidade da posição no interior da classe e da trajetória. O estilo "pessoal", ou seja, essa marca particular que todos os produtos de um mesmo *habitus* carrega, práticas ou obras, não passa de um *desvio* em relação ao *estilo* próprio de uma época ou de uma classe, de forma que remete ao estilo comum não somente pela conformidade, à maneira de Fídias que, segundo Hegel, não tinha "maneira", mas também pela diferença que faz a "maneira".

O princípio das diferenças entre os *habitus* individuais reside na singularidade das *trajetórias sociais*, às quais correspondem séries de determinações cronologicamente ordenadas e irredutíveis umas às outras: o *habitus* que, a todo o momento, estrutura em função das estruturas produzidas pelas experiências anteriores as experiências novas que afetam essas estruturas nos limites definidos pelo seu poder de seleção, realiza uma integração única, dominada pelas primeiras experiências, das experiências estatisticamente comuns aos membros de uma mesma classe[13]. Com efeito, o peso particular das experiências primitivas resulta, no essencial, do fato de que o *habitus* tende a garantir sua própria constância e sua própria defesa contra a mudança mediante a seleção que ele opera entre as informações novas, rejeitando, em caso de exposição fortuita ou forçada, as informações capazes de questionar a informação acumulada e, principalmente, desfavorecendo a exposição a tais informações: basta pensar, por exemplo, na homogamia como paradigma de todas as "escolhas" pelas quais o *habitus* tende a favorecer as experiências apropriadas a reforçá-lo (como o fato empiricamente comprovado que se prefere falar de política com pessoas que compartilham da mesma opinião). Pela "escolha" sistemática que ele opera entre os lugares, os acontecimentos, as pessoas suscetíveis de ser *frequentadas*, o *habitus* tende a se proteger das crises e dos questionamentos críticos garantindo-se um *meio* ao qual está tão pré-adaptado quan-

---

13. É fácil constatar que as combinações em número infinito nas quais podem entrar as variáveis associadas às trajetórias de cada indivíduo e das linhagens de onde ele se originou podem dar conta da infinidade das diferenças singulares.

to possível, ou seja, um universo relativamente constante de situações apropriadas para reforçar suas disposições oferecendo o mercado mais favorável aos seus produtos. E é também na propriedade mais paradoxal do *habitus*, *princípio não escolhido entre todas as "escolhas"*, que reside a solução do paradoxo da informação necessária para evitar a informação: os esquemas de percepção e de apreciação do *habitus* que se encontram no princípio de todas as estratégias de evitamento são em grande parte o produto de um evitamento não consciente e não desejado, ou porque resulta automaticamente das condições de existência (como aquele que é o efeito da segregação espacial), ou porque tenha sido produzido por uma intenção estratégica (como aquela que pretende afastar as "más companhias" ou as "más leituras"), mas cuja responsabilidade incumbe aos adultos modelados nas mesmas condições.

Mesmo quando aparecem como a realização de fins explícitos, as estratégias que permitem enfrentar as situações imprevistas e incessantemente renovadas produzidas pelo *habitus* são determinadas apenas aparentemente pelo futuro: se parecem orientadas pela antecipação de suas próprias consequências, encorajando dessa maneira a ilusão finalista, é porque na realidade, tendendo sempre a reproduzir as estruturas objetivas das quais são o produto, elas são determinadas pelas condições passadas da produção de seu princípio de produção, ou seja, pelo porvir já advindo de práticas passadas, idênticas ou substituíveis, que coincide com seu porvir na medida *e somente na medida* em que as estruturas nas quais funcionam são idênticas ou homologas às estruturas objetivas das quais são o produto. Assim, por exemplo, na interação entre dois agentes ou grupos de agentes dotados dos mesmos *habitus* (sejam A e B), tudo se passa como se as ações de cada um deles (seja a_1 para A) se organizassem em relação às reações que suscitam da parte de todo agente dotado do mesmo *habitus* (seja b_1, reação de B a a_1); em consequência, elas implicam objetivamente a antecipação da reação que essas reações por sua vez suscitam (seja a_2, reação a b_1). Mas a descrição teleológica, a única que convém a um "ator racional" que possui uma informação perfeita sobre as preferências e a competência dos outros atores, e segundo a qual cada ação teria como fim tornar possível a reação à reação que ela suscita (o indivíduo A que realiza uma ação a_1, um dom, por exemplo, para determinar que o indivíduo B a produza a ação b_1, um contradom, e se encontrar assim na posição de realizar a ação a_2, oferecer um dom ainda maior) é tão ingênua[14] quanto a descrição mecanicista que faria da ação e da resposta um dos tantos momentos de uma sequência de ações programadas produzida por um dispositivo mecânico. O *habitus* encerra a solução dos paradoxos do sentido objetivo sem intenção subjetiva: ele está no princípio desses encadeamentos de "golpes" que são objetivamente organizados como estratégias sem ser o produto de uma verdadeira intenção estratégica – o que suporia pelo menos que eles sejam apreendidos como uma estratégia possível entre tantas outras[15]. Se cada um dos momentos da sequência de ações ordenadas e orientadas que constituem as estratégias objetivas pode parecer determinado pela antecipação do porvir e especialmente de *suas próprias consequências* (o que justifica o emprego do conceito de estratégia), é porque as práticas que o *habitus* engendra e que são comandadas pelas condições passadas da produção de seu princípio gerador estão de antemão adaptadas às condições objetivas todas as vezes que as condições nas quais o *habitus* funciona permaneceram idênticas – ou semelhantes – às condições nas quais ele se constituiu, o ajustamento às condições objetivas perfeitamente e imediatamente alcançado fornecendo a mais completa ilusão da finalidade ou, *o que significa o mesmo*, do mecanismo autorregulado.

A presença do passado nessa espécie de falsa antecipação do porvir que o *habitus* opera nunca pode ser tão bem observada, paradoxalmente, senão quando o sentido do porvir provável se encontra desmentido

---

14. Para medir as dificuldades com as quais se chocaria uma teoria mecanicista da prática como reação mecânica, diretamente determinada pelas condições antecedentes e que se reduz inteiramente ao funcionamento mecânico de montagens preestabelecidas, que se deveria, aliás, supor em número infinito, como as configurações fortuitas de estímulos capazes de desencadeá-las de fora, bastará evocar a grandiosa e desesperada empresa desse etnólogo que, armado de muita coragem positivista, regista 480 unidades elementares de comportamento, em vinte minutos de observação da atividade de sua mulher em sua cozinha, avaliando a 20.000 por dia e por ator, portanto, a vários milhões por ano para um grupo de várias centenas de classes de atores, os "episódios" que a ciência deveria tratar (cf. HARRIS, M. *The Nature of Cultural Things*. Nova York: Random House, 1964, p. 74-75).

15. As estratégias mais rentáveis são muitas vezes aquelas produzidas, aquém de todo cálculo e na ilusão da mais "autêntica" sinceridade, por um *habitus* objetivamente ajustado às estruturas objetivas: essas estratégias sem cálculo estratégico proporcionam àqueles de quem se pode apenas dizer que são seus autores um benefício secundário de importância, a aprovação social que é garantida pelo surgimento do desinteresse.

e que as disposições mal ajustadas às possibilidades objetivas por causa de um efeito de histerese (é o exemplo de Don Quixote, tão caro a Marx) recebem sanções negativas porque o entorno com o qual se confrontam está demasiado distante daquele com o qual se ajustam objetivamente[16]. De fato, a remanência, sob a forma do *habitus*, do efeito dos condicionamentos primários explica também, e tão bem quanto, casos nos quais as disposições funcionam *a contratempo* e nos quais as práticas são objetivamente inadaptadas às condições presentes porque objetivamente ajustadas às condições ultrapassadas ou abolidas. A tendência a perseverar em seu ser que os grupos devem, entre outras razões, ao fato de que os agentes que os compõem são dotados de disposições duráveis, capazes de sobreviver às condições econômicas e sociais de sua própria produção, pode estar no princípio da inadaptação tanto quanto da adaptação, da revolta tanto quanto da resignação.

Basta evocar outras formas possíveis da relação entre as disposições e as condições para ver no ajustamento antecipado do *habitus* às condições objetivas um "caso particular do possível" e evitar assim *universalizar* inconscientemente o modelo da relação quase circular de reprodução quase perfeita que não vale completamente senão no caso em que as condições de produção do *habitus* e as condições de seu funcionamento são idênticas ou homotéticas. Neste caso particular, as disposições duravelmente inculcadas pelas condições objetivas e por uma ação pedagógica tendencialmente ajustada a essas condições tendem a engendrar práticas objetivamente compatíveis com essas condições e expectativas de antemão adaptadas às suas exigências objetivas (*amor fati*)[17]. Consequentemente,

---

16. Os conflitos de geração opõem, não faixas de idade separadas por propriedades de natureza, mas *habitus* produzidos de acordo com os *modos de geração* diferentes, isto é, por condições de existência que, ao impor definições diferentes do impossível, do possível e do provável, oferecem a alguns como naturais ou razoáveis a experiência das práticas ou das aspirações que os outros sentem como impensáveis ou escandalosas, e inversamente.

17. Encontra-se na literatura psicológica alguns exemplos de tentativas para verificar diretamente essa relação. Cf. BRUNSWIK, E. "Systematic and representative design of psychological experiments". In: NEYMEN, J. (org.). *Proceedings of the Berkeley Symposium on Mathematical Statistcs and Probability*. Berkeley: University of California Press, 1949, p. 143-202. • PRESTON, M.G. & BARATTA, P. "An experimental study of the action-value of an uncertain income". *American Journal of Psychology* (61), 1948, p. 183-193. • ATTNEAVE, F. "Psychological Probability as a Function of Experienced Frequency". *Journal of Experimental Psychology*, 46 (2), 1953, p. 81-86.

tendem a garantir, fora de qualquer cálculo racional e de qualquer estimativa consciente das possibilidades de sucesso, a correspondência imediata entre a probabilidade *a priori* ou *ex ante* que é atribuída a um acontecimento (com ou sem acompanhamento de experiências subjetivas como a esperança, expectativa, medo etc.) e a probabilidade *a posteriori* ou *ex post* que pode ser estabelecida a partir da experiência passada; permitem assim compreender que os modelos econômicos fundados sobre o postulado (tácito) de que existe uma "relação de causalidade inteligível", como diz Max Weber, entre as possibilidades genéricas ("típicas"), "que existem objetivamente em média", e as "expectativas subjetivas"[18] – e, por exemplo, entre os investimentos ou a propensão a investir e a taxa de benefício descontada ou realmente obtida no passado – explicam de forma bastante exata práticas que não têm como princípio o conhecimento das possibilidades objetivas.

Ao lembrar que a ação racional, orientada "judiciosamente" de acordo com o que é "objetivamente válido"[19], é aquela que "teria acontecido caso os atores tivessem tido conhecimento de todas as circunstâncias e de todas as intenções dos particulares"[20], isto é, do que é "válido aos olhos do erudito", único que pode construir pelo cálculo o sistema de possibilidades objetivas às quais deveria se ajustar uma ação realizada em perfeito conhecimento de causa, Max Weber mostra claramente que o modelo puro da ação racional não pode ser considerado como uma descrição antropológica da prática. E não somente porque os agentes reais detêm apenas excepcionalmente a *informação completa* e a arte de apreciá-la que uma ação racional suporia. Excluindo-se o caso, excepcional em que se encontram reunidas as condições (econômicas e culturais) da ação racional orientada pelo conhecimento dos benefícios suscetíveis de ser garantidos pelos diferentes mercados, as práticas dependem não das possibilidades médias de benefício, noção abstrata e irreal, que não existe senão pelo cálculo, mas das possibilidades específicas que um agente singu-

---

18. Cf. WEBER, M. *Essais sur la Théorie de la Science*. Paris: Plon, 1965, p. 348 [*Ensaio sobre a Teoria das Ciências Sociais*. São Paulo: Centauro, 2004].

19. Ibid., p. 335-336.

20. WEBER, M. *Economie et société*. T. I. Paris: Plon, 1967, p. 6 [*Economia e sociedade*. Brasília: UnB, 1999].

lar ou uma classe de agentes possuem em função de seu capital entendido, do ponto de vista aqui considerado, como instrumento da apropriação das possibilidades teoricamente oferecidas a todos.

A teoria econômica que não conhece senão as "respostas" racionais de um agente indeterminado e intercambiável para as "ocasiões potenciais" (*responses to potential opportunities*) ou, mais exatamente, para as probabilidades médias (como as "taxas de benefício médio" garantidas pelos diferentes mercados) converte a lei imanente da economia em norma universal da prática econômica conveniente: dessa forma, ela dissimula que o *habitus* "racional" que é a condição de uma prática econômica em concordância é o produto de uma condição econômica particular, aquela definida pela posse do capital econômico e cultural necessário para perceber efetivamente as "ocasiões potenciais" formalmente oferecidas a todos; e também que as mesmas disposições, ao adaptar os mais desprovidos econômica e culturalmente à condição específica das quais elas são o produto e ao contribuir também para tornar improvável ou impossível sua adaptação às exigências genéricas do cosmos econômico (calculando ou prevendo, por exemplo), os conduzem a aceitar as sanções negativas que resultam dessa inadaptação, ou seja, sua condição desfavorecida. Em resumo, a arte de estimar e de perceber as probabilidades, a aptidão a antecipar o porvir por uma espécie de indução prática ou até mesmo a jogar o possível contra o provável mediante um risco calculado, são algumas das disposições que não podem ser adquiridas senão sob certas condições, ou seja, sob certas condições sociais. Assim como a propensão para investir ou o espírito empreendedor, a informação econômica é função do poder sobre a economia: isso porque a propensão para adquirir depende das probabilidades de utilização bem-sucedida e que as probabilidades de adquirir dependem das probabilidades de utilizá-la com sucesso; e também porque, longe de ser uma simples capacidade técnica adquirida sob certas condições, a competência econômica, assim como qualquer outra competência (linguística, política etc.) é um poder tacitamente reconhecido àqueles que têm um poder sobre a economia ou, como a palavra diz, uma espécie de atributo estatuário.

É somente na experiência imaginária (a do conto, por exemplo), que neutraliza o sentido das realidades sociais, que o mundo social reveste a forma de um universo de possíveis igualmente possíveis para todo sujeito possível. Os agentes se determinam em relação aos *índices concretos* do acessível e do inacessível, do "é para nós" e do "não é para nós", divisão tão fundamental e tão fundamentalmente reconhecida quanto a que separa o sagrado do profano. Os *direitos de preempção sobre o futuro* que define o direito e monopólio de alguns possíveis que ele garante não são senão *a forma explicitamente garantida* de todo esse conjunto de *possibilidades apropriadas* pelas quais as relações de força presentes se projetam no porvir, que comandam em contrapartida as disposições presentes, e especialmente as disposições em relação ao porvir. De fato, a relação prática que um agente particular mantém com o porvir e que comanda sua prática presente se define na relação entre, de um lado, seu *habitus* e especialmente estruturas temporais e disposições em relação ao porvir que se constituíram na duração de uma relação particular com um universo particular de prováveis, e, por outro lado, um estado determinado das possibilidades que lhe são objetivamente concedidas pelo mundo social. *A relação com os possíveis é uma relação com os poderes*; e o sentido do porvir provável se constitui na relação prolongada com um mundo estruturado de acordo com a categoria do possível (para nós) e do impossível (para nós), do que é de antemão apropriado por outros e para outros e daquilo a que se é de antemão designado. Princípio de uma percepção seletiva dos indícios apropriados a confirmá-lo e a reforçá-lo mais do que a transformá-lo e matriz geradora de respostas de antemão adaptadas a todas as condições objetivas idênticas ou homólogas às condições (passadas) de sua produção, o *habitus* se determina em função de um porvir provável que ele antecipa e que contribui a fazer porvir porque o lê diretamente no *presente do mundo presumido*, o único que ele sempre pode conhecer[21]. Dessa maneira, ele está no fundamento do

---

21. Exemplo limite dessa antecipação, a emoção é uma presentificação alucinada do *por vir* que, como testemunham suas reações corporais, absolutamente idênticas àquelas da situação real, leva a viver como já presente, ou até mesmo já passado, portanto, necessária, inevitável – "eu estou morto", "eu estou perdido" etc. – um porvir ainda suspendido, em suspenso.

que Marx denomina a "demanda efetiva"[22] (em oposição à "demanda sem efeito", fundada na necessidade e no desejo), relação realista com os possíveis que encontra seu fundamento e ao mesmo tempo os seus limites no *poder* e que, como disposição que inclui a referência a suas condições (sociais) de aquisição e de realização, tende a se ajustar às possibilidades objetivas da satisfação da necessidade ou do desejo, que leva a viver "segundo seus gostos", ou seja, "conforme a sua condição", como diz a máxima tomista, e a se tornar assim cúmplice dos processos que tendem a realizar o provável.

---

22. MARX, K. "Ebauche d'une critique de l'économie politique". In: *Œuvres, Economie*. II. Paris: Gallimard, 1968, p. 117.

4
A crença e o corpo

Uma visão quase corporal do mundo que não supõe qualquer representação nem do corpo nem do mundo, e menos ainda de sua relação, imanência ao mundo pela qual o mundo impõe sua iminência, coisas para fazer ou para dizer, que comandam diretamente o gesto ou a fala, o senso prático orienta as "escolhas" que mesmo não sendo deliberadas não são menos sistemáticas, e que, mesmo não sendo ordenadas e organizadas em relação a um fim, não são menos portadoras de uma espécie de finalidade retrospectiva. Forma particularmente exemplar do senso prático como ajustamento antecipado às exigências de um campo, o que a linguagem esportiva chama "senso do jogo" (como "senso do posicionamento", arte de "antecipar" etc.) oferece uma ideia bastante exata do encontro quase milagroso entre o *habitus* e um campo, entre a história incorporada e a história objetivada, que torna possível a *antecipação* quase perfeita do porvir inscrito em todas as configurações concretas de um espaço de jogo. Produto da experiência do jogo, portanto, das estruturas objetivas do espaço de jogo, o senso do jogo é o que faz com que o jogo tenha um senso subjetivo, ou seja, uma significação e uma razão de ser, mas também uma direção, uma orientação, um porvir, para aqueles que dele participam e que nele reconhecem dessa maneira o que está em jogo (é a *illusio* no senso de *investimento* no jogo e no que está em jogo, de *interesse* pelo jogo, de adesão aos pressupostos – *doxa* – do jogo). E também um sentido objetivo, do fato de que o senso do porvir provável oferecido pelo domínio prático das regularidades específicas que são constitutivas da economia de um campo é o princípio de práticas *sensatas*, ou seja, vinculadas por uma relação inteligível às condições de sua efetuação, e também entre elas, imediatamente dotadas, portanto, de sentido e de razão de ser para todo indivíduo dotado do senso do jogo (por isso o efeito de validação consensual que funda a crença coletiva no jogo e nos seus fetiches). Uma vez que o pertencimento nativo a um campo implica o senso do jogo como arte de antecipar praticamente o porvir incluso no presente, tudo o que ali se passa parece sensato, isto é, dotado de sentido e objetivamente orientado em uma direção judiciosa. E, de fato, basta suspender a adesão ao jogo que o senso do jogo implica para lançar na absurdidade o mundo e as ações que nele se realizam e para levantar questões sobre o sentido do mundo e da existência que jamais são colocadas quando se está preso no jogo, preso pelo jogo, questões de esteta enclausurado no instante ou do espectador desocupado: é exatamente o efeito que o romance produz quando se pretende espelho, contemplação pura, e que, ao pulverizar as ações em uma série de instantâneos, ao destruir o plano, a intenção que, como o fio de um discurso, unificaria a representação, ele reduz os atos e os atores ao absurdo, à maneira desses dançarinos que se vê gesticular atrás de uma porta envidraçada sem ouvir a música em um certo romance de Virginia Woolf[1]. Quando se trata de jogo, o campo (o espaço de jogo, as regras do jogo, o que está em jogo etc.) se oferece claramente pelo que ele é, uma construção social arbitrária e artificial, um artefato que se evoca como tal em tudo o que define sua *autonomia*, regras explícitas e específicas, espaço e tempo rigidamente delimitados e extraordinários; e a entrada no jogo adquire a forma de um quase-contrato que é às vezes explicitamente lembrado (juramento olímpico, apelo ao *fair-play* e, principalmente, presença de um árbitro) ou expressamente evocado àqueles que "se deixam seduzir pelo jogo" a ponto de esquecer que se trata de um jogo ("é apenas um jogo"). Pelo contrário, no caso dos campos sociais que, sendo o produto de um longo e lento?) processo de autonomização, são, caso se possa dizer, jogos em si e não para si, não se entra no jogo mediante um ato de consciência, se nasce no jogo, com o jogo, e a relação de crença, de *illusio*, de investimento é tanto

---

1. Cf. CHASTAING, M. *La philosophie de Virginia Woolf*. Paris: PUF, 1951, p. 157-159.

mais total, incondicional, quanto ela se ignora como tal. A frase de Claudel, "conhecer é nascer com", aplica-se perfeitamente bem aqui, e o longo processo dialético, muitas vezes descrito como "vocação", pelo qual "alguém se faz" aquilo pelo que se é feito e se "escolhe" aquilo pelo que se é "escolhido", e ao termo do qual os diferentes campos se garantem os agentes dotados do *habitus* necessário ao seu bom funcionamento, é ao aprendizado de um jogo aproximadamente o que a língua materna é ao aprendizado de uma língua estrangeira: neste último caso, é uma disposição já constituída que se defronta com uma língua *percebida como tal*, ou seja, como um jogo arbitrário, explicitamente constituído como tal sob forma de gramáticas, regras, exercícios, e expressamente ensinado por instituições, expressamente arranjadas a esse fim; no caso do aprendizado primário, pelo contrário, aprende-se ao mesmo tempo a falar a linguagem (que sempre se apresenta como ato, na própria fala ou de um outro) e a pensar *nessa* linguagem (mais do que *com* essa linguagem). A ignorância de tudo o que é tacitamente concedido por meio do *investimento* no campo e o *interesse* que se tem em sua própria existência e em sua perpetuação, a tudo o que ali se joga, e a inconsciência dos pressupostos impensados que o jogo produz e reproduz sem cessar, reproduzindo assim as condições de sua própria perpetuação, são tanto mais totais quanto a entrada no jogo e os aprendizados associados se efetuaram de maneira mais insensível e mais antiga, sendo o limite evidentemente nascer no jogo, nascer com o jogo.

A *crença* é, portanto, constitutiva do pertencimento a um campo. Em sua forma mais realizada, consequentemente a mais *ingênua*, isto é, no caso do pertencimento natal, nativo, originário, ela se opõe diametralmente à "fé pragmática" de que fala Kant na *Crítica da razão pura*, adesão decisivamente atribuída, para as necessidades da ação, a uma proposição incerta (segundo o paradigma cartesiano dos viajantes perdidos na floresta que se atêm a uma decisão arbitrária). A fé prática é o direito de entrada que tacitamente todos os campos impõem, não somente ao sancionar e ao excluir aqueles que destroem o jogo, mas fazendo de forma que, praticamente, as operações de seleção e de formação dos recém-admitidos (ritos de passagem, exames etc.) sejam de natureza a obter que eles atribuam aos pressupostos fundamentais do campo a adesão indiscutida, pré-reflexiva, ingênua, nativa, que define a doxa como crença originária[2]. Os incontáveis atos de reconhecimento que são a moeda de adesão constitutiva do pertencimento e no qual se engendra continuamente o desconhecimento coletivo são ao mesmo tempo a condição e o produto do funcionamento do campo e representam, portanto, muitos dos *investimentos* na empresa coletiva de criação do capital simbólico que não pode se realizar senão sob a condição de que a lógica do funcionamento do campo como tal permaneça desconhecida. Compreende-se que não se entra nesse círculo mágico por uma decisão instantânea da vontade, mas somente pelo nascimento ou por um lento processo de cooptação e de iniciação que equivale a um segundo nascimento.

Não se pode *viver* realmente a crença associada às condições de existência profundamente diferentes, ou seja, a outros jogos e a outras coisas que estão em jogo, e muito menos ainda oferecer a outros o meio de revivê-la apenas pela virtude do discurso. É justo dizer neste caso, como às vezes se faz diante da evidência do ajustamento bem-sucedido em condições de existência percebidas como intoleráveis: "é necessário ter nascido ali". Todos os esforços dos etnólogos para se enfeitiçar ou se encantar com feitiçarias ou mitologias dos outros não têm interesse, por mais generosos que às vezes eles sejam, senão realizar, em seu voluntarismo, todas as antinomias da decisão de crer, que fazem da fé decisória uma criação contínua da má-fé e do duplo jogo [double jeu] (ou eu [je]). Aqueles que que-

---

2. O termo de *obsequium* que Espinosa empregava para designar essa "vontade constante", produzida pelo condicionamento, pelo qual "o Estado nos molda para seu uso e que permite que ele se conserve" (MATHERON, M. *Individu et société chez Spinoza*. Paris: De Minuit, 1969, p. 349) poderia ser reservado para designar os testemunhos públicos de *reconhecimento* que todo grupo exige de seus membros (particularmente nas operações de cooptação), isto é, os tributos simbólicos esperados dos indivíduos nas trocas que se estabelecem em todo grupo entre os indivíduos e o grupo: porque, como no dom, a troca é em si mesma seu fim, a homenagem que o grupo pede geralmente se reduz a ninharias, isto é, a rituais simbólicos (ritos de passagem, cerimoniais de polidez etc.), às formalidades e aos formalismos cuja realização "não custa nada" e que parecem tão "naturalmente" exigíveis ("é o mínimo...", "isso não vai lhe custar nada...") que a abstenção é considerada como um desafio.

rem crer pela crença dos outros se condenam a não recuperar nem a verdade objetiva nem a experiência subjetiva da crença: não sabem nem tirar proveito de sua *exclusão* para constituir como tal o campo no qual se engendra a crença e que o pertencimento impede de objetivar, constituindo assim as condições da crença, nem tirar proveito de seu pertencimento aos outros campos, como o campo da ciência, para objetivar os jogos onde se engendram suas próprias crenças, seus próprios investimentos e se apropriar realmente, por essa objetivação participante, das experiências equivalentes àquelas que eles têm que descrever e, portanto, dos instrumentos indispensáveis para dar uma justa descrição de umas e de outras[3].

A crença prática não é um "estado de alma" ou, ainda menos, uma espécie de adesão decisória a um corpo de dogmas e de doutrinas instituídas ("as crenças"), mas, caso se permita a expressão, um *estado de corpo*. A doxa originária é essa relação de adesão imediata que se estabelece na prática entre um *habitus* e o campo ao qual ele é atribuído, essa experiência muda do mundo como algo evidente que o senso prático oferece. A crença em atos, inculcada pelos aprendizados primários que, de acordo com uma lógica tipicamente pascaliana, tratam o corpo como um "lembrete", como um autômato "que arrebata o espírito sem que este se aperceba" e também como um depósito no qual são conservados os valores mais preciosos, é a forma por excelência dessa espécie de "pensamento cego ou ainda simbólico" (*cogitatio caeca vel symbolica*) de que Leibniz fala ao pensar primeiramente na álgebra[4] e que é o produto de disposições quase corporais, esquemas operatórios, análogos ao ritmo de um

---

3. O etnólogo falaria muito mais das crenças e dos ritos dos outros se começasse por se tornar senhor e possuidor de seus próprios ritos e de suas próprias crenças, quer se trate daqueles que se escondem nas dobras de um corpo ou nos efeitos de linguagem ou daqueles que perseguem sua própria prática científica, sua notas profiláticas, seus prefácios propiciatórios ou suas referências de exorcismo, sem falar de seu culto aos *founding fathers* e a outros ancestrais epônimos, e quando pelos menos se relembraria que os mais insignificantes desafios externos podem sob certas condições se tornar questões de vida ou de morte.

4. "Esse gênero de pensamento que tenho o hábito de chamar *cego* ou ainda *simbólico* nos é útil em álgebra, aritmética e praticamente para tudo" (LEIBNIZ. "Meditaciones de cognitione, veritate et ideis". *Opuscula philosophica selecta*. Paris: Boivin, 1939, p. 3).

verso cujas palavras foram perdidas, ou ao longo de um discurso que se improvisa, procedimentos transponíveis, voltas, truques, avanços ou atalhos que engendram mediante a virtude da transferência de inúmeras metáforas práticas, sem dúvida quase tão "vazias de percepção e de sentimentos"[5] quanto os "pensamentos surdos" do algebrista. O senso prático, necessidade social tornada natureza, convertida em esquemas motores e em automatismos corporais, é o que faz com que as práticas, em e por aquilo que nelas permanece obscuro aos olhos de seus produtores e por onde se revelam os princípios transubjetivos de sua produção, são *sensatos*, ou seja, habitados pelo senso comum. É porque os agentes jamais sabem completamente o que eles fazem que o que fazem tem mais sentido do que imaginam.

Todas as ordens sociais sistematicamente tiram proveito da disposição do corpo e da linguagem para funcionar como depósitos de pensamentos diferidos, que poderão ser desencadeados à distância e com efeito retardado, pelo simples fato de recolocar o corpo em uma postura global apropriada para *evocar* os sentimentos e os pensamentos que lhe são associados, em um desses estados indutores do corpo que, como é de conhecimento dos atores, provocam os estados de alma. É assim que a atenção dada à *encenação* nas grandes cerimônias coletivas se inspira não somente na preocupação (evidente, por exemplo, no aparato das festas barrocas) em oferecer uma representação solene do grupo como também, como o mostram tantos usos da dança e do canto, da intenção sem dúvida mais obscura de ordenar os pensamentos e de *sugerir* os sentimentos mediante o ordenamento rigoroso das práticas, a disposição regulada dos corpos, e especialmente da expressão corporal da afeição, como risos ou lágrimas. A eficácia simbólica poderia encontrar seu princípio no poder que dá sobre os outros, e especialmente sobre seu corpo e sua crença, a capacidade coletivamente reconhecida de agir, por meios bem diversos, sobre as montagens verbo-motores mais

---

5. LEIBNIZ. *Nouveaux essais*, II, cap. XXI, p. 34 (Ed. Janet. I, p. 163). "Que necessidade haveria, como dizia Leibniz, de se saber sempre como se faz o que se faz? Os sais, os metais, as plantas, os animais, e muitos outros corpos animados ou inanimados sabem como se faz o que eles fazem, e têm necessidade de sabê-lo? Seria necessário que uma gota de óleo ou de gordura entenda a geometria para se arredondar na superfície da água?" (LEIBNIZ. *Théodicée*. [s.l.]: Janet, I, p. 401).

profundamente ocultas, seja para neutralizá-las, seja para reativá-las fazendo-as funcionar mimeticamente.

Poder-se-ia, deformando a palavra de Proust, dizer que as pernas, os braços estão plenos de imperativos adormecidos. E é infindável a enumeração dos valores feitos corpos, pela transubstanciação operada pela persuasão clandestina de uma pedagogia implícita, capaz de inculcar toda uma cosmologia, uma ética, uma metafísica, uma política, por meio das injunções tão insignificantes quanto "fique reto" ou "não segure a faca com a mão esquerda" e de inscrever nos detalhes aparentemente mais insignificantes do *jeito*, da *postura* ou das *maneiras* corporais e verbais os princípios fundamentais do arbitrário cultural, assim colocados fora das tomadas de consciência e da explicação. A lógica da transferência de esquemas que faz de cada técnica do corpo uma espécie de *pars totalis*, predisposta a funcionar segundo o paralogismo *pars pro toto*, e, portanto, a evocar a qualquer momento todo o sistema do qual faz parte, outorga um alcance geral às observâncias aparentemente mais circunscritas e circunstanciais. O artifício da razão pedagógica reside precisamente no fato de extorquir o essencial sob aparência de exigir o insignificante, como o respeito das formas e as formas de respeito que constituem a manifestação mais visível e ao mesmo tempo mais "natural" da submissão à ordem estabelecida, ou as concessões da *polidez*, que sempre encerram concessões *políticas*[6].

A hexis corporal é a mitologia política realizada, *incorporada*, tornada disposição permanente, maneira durável de se portar, de falar, de andar, e, dessa maneira, de *sentir* e de *pensar*. A oposição entre o masculino e o feminino se realiza na maneira de *se portar*, de carregar o corpo, de se comportar sob a forma da oposição entre o reto e o curvo (ou o curvado), entre a rigidez, a retidão, a franqueza

---

6. Dessa maneira, o domínio prático daquilo que se chamam as regras de polidez e, particularmente, a arte de ajustar cada uma das fórmulas disponíveis (por exemplo, o final de uma carta) às diferentes classes de destinatários possíveis supõe o domínio implícito, o reconhecimento, portanto, de um conjunto de oposições constitutivas da axiomática implícita de uma determinada ordem política: oposições entre os homens e as mulheres, entre os mais jovens e os mais velhos, entre o pessoal, ou o particular, e o impessoal – com as cartas administrativas ou de negócios – e, por fim, entre os superiores, os iguais e os inferiores.

(que olha de frente e enfrenta e que dirige seu olhar ou seus ataques direto ao objetivo) e, do outro lado, a discrição, a reserva, a leveza. Como testemunha o fato de que a maior parte das palavras que designa as posturas corporais evoca virtudes e estados de alma, essas duas relações com o corpo estão repletas de outras duas relações com os outros, com o tempo e com o mundo e, dessa maneira, de dois sistemas de valores. "A Cabília é como a urze, prefere quebrar a se dobrar." O passo do homem honrado é decidido e resoluto; seu procedimento, o de um homem que sabe para aonde vai e que sabe que chegará a tempo, quaisquer que sejam os obstáculos, opõe-se por sua determinação ao procedimento hesitante (*thikli thamahmahth*) que anuncia a irresolução, a promessa hesitante (*awal amahmah*), o medo de se engajar (que, ao contrário, espera-se da mulher) e a impotência em honrar os seus compromissos (*comedido*, ele se opõe tanto à precipitação daquele que "dá grandes passos", como um "dançarino", quanto à lentidão daquele que se "arrasta"). As mesmas oposições são encontradas na maneira de comer: primeiramente na maneira de manter a boca, o homem devendo comer com toda a boca, sinceramente, e não, como as mulheres, *com a ponta dos lábios*, ou seja, pela metade, com reserva, com discrição, mas também de maneira dissimulada, hipócrita (todas as *"virtudes" dominadas* sendo ambíguas, como as próprias palavras que as designam e que, como elas, podem desandar a qualquer momento); depois no ritmo, o homem honrado não deve comer nem rápido demais, com gulodice e avidez, nem devagar demais, duas maneiras de ceder à natureza. O homem viril que vai direto ao objetivo, sem desvios, é também aquele que, salvo os olhares, as palavras, os gestos, as artimanhas, enfrenta e olha no rosto daquele que quer acolher ou daquele a quem se dirige; sempre alerta, porque sempre ameaçado, não deixa nada escapar do que se passa ao seu redor, um olhar perdido no ar ou desviado para o chão são atos de um homem irresponsável, que não tem nada a temer porque é desprovido de peso no interior de seu grupo. Pelo contrário, espera-se da mulher bem-educada, aquela que não comete qualquer inconveniência "nem com sua cabeça, nem com suas mãos, nem com seus pés", que caminhe ligeiramente curvada, os olhos baixos, resguardando-se de qualquer gesto, de qualquer movimento inconveniente do corpo, da cabeça ou dos braços, evitando olhar qualquer outra coisa além do lugar onde colocará o pé, principalmente se tiver que passar na frente da assembleia dos homens; sua atitude deve evitar o gingado demasiado marcado que se obtém quando se apoia fortemente sobre o pé; deve sempre estar com o *thimeh'remth*, peça de tecido retangular com listras amarelas, vermelhas e negras que se usa sobre o vestido, e cuidar para que o seu coque não se desfaça, deixando à mostra seus cabelos. Em resumo, a virtude propriamente feminina, *lah'ia*, pudor, discrição, reserva, orienta todo o corpo feminino para baixo, para a terra, para o interior, para a casa, enquanto que a excelência masculina, o *nif*, afirma-se no movimento para o alto, para fora, para os outros homens.

Para explicar completamente essa única dimensão dos usos masculino e feminino do próprio corpo, seria necessário evocar toda a divisão do trabalho entre os sexos e também a divisão do trabalho sexual. Mas um exemplo apenas será suficiente, o da divisão das tarefas na colheita das olivas, que basta para mostrar que os sistemas de oposições que seria incorreto descrever como sistemas de valores (o discurso dos informantes lhes atribui a evidência performativa do arbitrário naturalizado: o homem faz isso – amarra os animais –, a mulher faz aquilo) obtém sua eficácia simbólica de sua retradução prática nos gestos que são evidentes, como o da mulher que oferece ao homem o tamborete ou que anda alguns passos atrás dele. Aqui, a oposição entre o reto e o curvo, entre o rígido e o leve toma a forma da distinção entre homem reto e ereto que derruba (com o bastão) e da mulher, curvada, que recolhe: esse princípio prático, ou seja, inseparavelmente lógico e axiológico, que se enuncia muitas vezes de maneira explícita – "a mulher recolhe o que o homem derrubou na terra" – combina-se com a oposição entre o grande e o pequeno para deixar à mulher as tarefas ao mesmo tempo baixas, inferiores, que exigem submissão e agilidade, e minuciosas, mas também mesquinhas ("o leão não recolhe as formigas") como a coleta dos gravetos que foram cortados pelo homem (encarregado de tudo o que é descontinuo ou produz a descontinuidade). Observa-se de passagem como tal lógica tende a produzir sua própria confirmação, ao suscitar a "vocação" para as tarefas às quais se é destinado, *amor fati* que reforça a crença no sistema de classificação em vigor, fazendo-o aparecer como fundado na realidade – *o que ele é de fato*, uma vez que contribui para a produção dessa realidade e que as relações sociais incorporadas se apresentam com todas as aparências da natureza –, e isso não somente aos olhos daqueles servidos pelo sistema de classificação dominante.

Qualificar socialmente as propriedades e os movimentos do corpo é ao mesmo tempo naturalizar as escolhas sociais mais fundamentais e constituir o corpo, com suas propriedades e seus deslocamentos, em operador analógico que instaura todas as espécies de equivalências práticas entre as diferentes divisões do mundo social, divisões entre os sexos, entre as faixas de idade e entre as classes sociais ou, mais exatamente, entre as significações e os valores associados aos indivíduos que ocupam posições praticamente equivalentes nos espaços determinados por essas divisões. Tudo permite supor em particular que as determinações sociais vinculadas a uma posição determinada no espaço social tendem a modelar, por meio da relação com o próprio corpo, as disposições constitutivas da identidade sexual (como o modo de andar, o modo de falar etc.) e, sem dúvida também, as próprias disposições sexuais[7].

Colocando de uma outra maneira, sobrecarregar de significações e de valores sociais os atos elementares da ginástica corporal (ir para o alto ou para baixo, para a frente ou para trás etc.) e, muito especialmente, o aspecto propriamente sexual, portanto, biologicamente pré-construído, dessa ginástica (penetrar ou ser penetrado, ganhar ou perder etc.), significa inculcar o *sentido das equivalências entre o espaço físico e o espaço social* e entre os deslocamentos (por exemplo, a ascensão ou a queda) nesses dois espaços e, dessa maneira, enraizar as mais fundamentais estruturas de um grupo nas experiências originárias do corpo que, como se observa bem na emoção,

---

[7]. Isso sem excluir que as determinações propriamente biológicas da identidade sexual possam contribuir para determinar a posição social (favorecendo, por exemplo, as disposições mais ou menos próximas da definição estabelecida de excelência, portanto, em uma sociedade dividida em classes, mais ou menos favoráveis à ascensão social).

leva a sério as metáforas[8]. É assim, por exemplo, que a oposição entre o reto e o curvo, cuja função já foi vista na divisão incorporada do trabalho entre os sexos, está no princípio da maior parte das *marcas* de respeito ou de desprezo que a polidez utiliza, em muitas sociedades, para simbolizar relações de dominação: de um lado, baixa-se ou se curva a cabeça ou a testa em sinal de confusão ou de submissão, baixam-se os olhos, por humildade ou por timidez, mas também por pudor ou por vergonha, olha-se de viés ou de baixo, dobra-se, deita-se, submete-se, inclina-se, abaixa-se, fazem-se mesuras, baixezas, reverências, prostra-se (diante de um superior ou de um deus); ao contrário, olha-se do alto, ou nos olhos (o olhar direto), ergue-se, reergue, levanta ou levanta-se novamente a cabeça ou a fronte, recusa-se a curvar a cabeça, coloca-se contra, enfrenta-se (no sentido de resistir), vence-se. Movimentos para o alto, masculinos, movimentos para baixo, femininos, retidão contra flexibilidade, vontade de vencer, de superar, contra submissão, as oposições fundamentais da ordem social, tanto entre dominantes e dominados quanto entre dominantes-dominantes e dominantes-dominados, são sempre sobredeterminadas sexualmente, como se a linguagem corporal da dominação e da submissão sexuais tivesse fornecido à linguagem corporal e verbal da dominação e da submissão sociais seus princípios fundamentais[9].

Já que os esquemas classificatórios por meio dos quais o corpo é praticamente apreendido e apreciado são sempre duplamente fundados, na divisão social e na divisão sexual do trabalho, a relação com o corpo se especifica segundo os sexos e segundo a forma que reveste a divisão do trabalho entre os sexos em função da posição ocupada na divisão social do trabalho: assim, o valor da oposição entre o grande e o pequeno que, como inúmeras experiências

---

8. À maneira da histeria que, segundo Freud, "toma ao pé da letra a expressão falada, percebendo como real o dilaceramento do coração ou a bofetada da qual um interlocutor fala metaforicamente".
9. A oposição entre os sexos pode também se organizar tendo como base a oposição, bastante utilizada na injúria gestual ou verbal, entre a frente (do corpo), lugar da diferença sexual, e a parte detrás, sexualmente indiferenciada, potencialmente feminina, submissa.

mostraram, é um dos princípios fundamentais da percepção que os agentes têm de seu corpo e também de toda sua relação com o corpo, varia de acordo com os sexos que também são pensados de acordo com essa oposição (a representação dominante da divisão do trabalho entre os sexos que atribui ao homem a posição dominante, a do protetor, que abraça, envolve, engloba, vigia, olha de cima etc.); e a oposição assim especificada recebe por sua vez valores diferentes de acordo com as classes, ou seja, de acordo com a força e o rigor com o qual a oposição entre os sexos ali está afirmada, nas práticas ou nos discursos (a partir da alternativa escolhida – ser um "cara" ou uma "tia" – até o *continuum*) e de acordo com as formas que deve revestir o compromisso inevitável entre o corpo real e o corpo legítimo (com as propriedades sexuais que cada classe social lhe designa) para se ajustar às necessidades que estão inscritas na condição de classe.

Dimensão fundamental do *habitus* que é inseparável de uma relação com a linguagem e com o tempo, a relação com o corpo não se reduz a uma "imagem do corpo", representação subjetiva (a psicologia fala de modo mais ou menos indiferente de *body image* ou de *body concept*) que seria constituída basicamente a partir da representação do corpo produzida e enviada pelos outros: não se pode acompanhar a psicologia social quando ela situa a dialética da incorporação no nível das *representações*, a imagem do corpo, *feedback* descritivo e normativo enviado pelo grupo (parentes, pares etc.) que engendram a imagem de si (*self-image* ou *looking-glass self*), ou seja, a representação que um agente tem de seus "efeitos" sociais (sedução, charme etc.) e que implica um grau determinado de autoestima (*self-esteem*). Primeiramente, porque todos os esquemas de percepção e de apreciação nos quais um grupo deposita suas estruturas fundamentais e os esquemas de expressão graças aos quais lhes garante um começo de objetivação e, dessa maneira, um reforço, interpõem-se desde a origem entre o indivíduo e seu corpo: a aplicação dos esquemas fundamentais ao próprio corpo: e em particular às partes do corpo mais pertinentes do ponto de vista desses esquemas, é sem dúvida, por causa dos investimentos cujo objeto é o corpo, uma das ocasiões privilegiadas da incorporação dos esquemas[10]. Mas também e, sobretudo, porque o processo de aquisição, *mimesis* (ou mimetismo) prático que, como simulação, que implica uma relação global de identificação, não tem nada de uma *imitação* que supõe o esforço consciente para reproduzir um ato, uma palavra ou um objeto explicitamente constituído como modelo, e o processo de reprodução que, como reativação prática, se opõe tanto a uma lembrança quanto a um saber, tendem a se realizar aquém da consciência e da expressão, portanto, da distância reflexiva que elas supõem. O corpo crê naquilo que ele expressa : ele chora se imita a tristeza. Ele não representa o que expressa, não memoriza o passado, ele *age* o passado, assim anulado como tal, ele o revive[11]. O que é aprendido pelo corpo não é algo que se tem, como um saber que se pode segurar diante de si, mas algo que se é. Isso pode ser visto particularmente nas sociedades sem escrita em que o saber herdado não pode sobreviver senão no estado incorporado. Jamais separado do corpo que o carrega, ele só pode ser restituído mediante uma espécie de ginástica destinada a evocá-lo, *mimesis* que, como já observava Platão, implica um investimento total e uma profunda identificação emocional: como o observa Eric A. Havelock, de quem se to-

---

10. Além de todos os veredictos sociais diretamente aplicados ao próprio corpo ou ao corpo dos outros que, dotados de toda a violência arbitrária de um arbitrário naturalizado, constituem a facticidade corporal como destino ("ela é grande demais para uma moça" ou "para um rapaz, isso não é importante" – ter uma cicatriz), são todos os esquemas e todas as realizações dos esquemas nas classificações sociais ou nos objetos – ferramentas, ornamentos etc. – divididos em masculinos ou femininos, ricos – de luxo – ou pobres etc., que falam diretamente ao corpo, às vezes pela estatura ou a própria postura que pede sua utilização conveniente, modelando dessa forma a relação com o corpo, até mesmo a experiência do corpo. É por isso que em um universo que faz da oposição entre o grande (fisicamente, mas também socialmente, moralmente) e o pequeno o princípio fundamental da diferença entre os sexos, não é de surpreender que, segundo uma observação de Seymour Fischer, os homens tendem a se mostrar insatisfeitos com as partes de seu corpo que eles julgam "pequenas demais" enquanto que as mulheres criticam mais as regiões de seu corpo que lhes parecem "grandes demais".

11. Poder-se-ia invocar aqui o Bergson de *Matière et mémoire*, que fornece, *em negativo*, importantes elementos para uma descrição da lógica própria da prática (por exemplo, a "pantomima" e "neologismos" que acompanham o passado trabalhado).

mou emprestada essa análise, dessa maneira o corpo se encontra continuamente mesclado a todos os conhecimentos que ele reproduz e que nunca têm a objetividade que a objetivação na escrita oferece e a liberdade em relação ao corpo que ela garante[12].

E poder-se-ia mostrar que a passagem de um modo de conservação da tradição fundada unicamente no discurso oral a um modo de acumulação fundado na escrita e, para além, todo o processo de racionalização que torna possível, entre outras coisas, a objetivação na escrita, foram acompanhados de uma profunda transformação de toda a relação com o corpo ou, mais exatamente, do uso que é feito do corpo na produção e reprodução das obras culturais: isso pode ser particularmente bem observado no caso da música, em que o processo de racionalização como descrito por Max Weber tem como avesso uma verdadeira "desencarnação" da produção ou da reprodução musical (que, na maior parte do tempo, não são distintas), um *"desengajamento" do corpo* em que a maioria das músicas arcaicas tocam como que um instrumento total.

Enquanto o trabalho pedagógico não for instituído como prática específica e autônoma e que é todo um grupo e todo um entorno simbolicamente estruturado que exerce, sem agentes especializados nem momentos especificados, uma ação pedagógica anônima e difusa, o essencial do *modus operandi* que define o domínio prático será transmitido na prática, na condição prática (no estado prático?), sem aceder ao nível do discurso. Não se imitam os "modelos", mas sim as ações dos outros. A hexis corporal fala imediatamente à motricidade, como esquema postural que é ao mesmo tempo singular e sistemático, porque solidário de todo um sistema de objetos e carregado de uma massa de significações e de valores sociais. Mas, ainda que os esquemas possam ir da prática à pratica sem passar pelo discurso e pela consciência, isso não significa que a aquisição do *habitus* se reduza a um aprendizado mecânico de tentativas e erros. Ao contrário de uma sequência incoerente de ci-

---

12. Cf. HAVELOCK, E.A. *Preface to Plato*. Cambridge, Mass.: Harvard University Press, 1963.

fras que não pode ser aprendida senão por repetidas tentativas, segundo um processo contínuo e previsível, uma série numérica se adquire mais facilmente porque encerra uma estrutura que dispensa reter mecanicamente a totalidade dos números tomados um a um: quer se trate de discurso como ditados, provérbios, poemas gnômicos, cantos ou enigmas, de objetos como as ferramentas, a casa ou o vilarejo ou ainda de práticas, brincadeiras, torneios de honra, troca de dons, ritos etc., o material que é proposto ao aprendizado é o produto da aplicação sistemática de um pequeno número de princípios praticamente coerentes e, em sua redundância infinita, ele oferece a *razão* de todas as séries sensíveis que será apropriada sob a forma de um princípio gerador de práticas organizadas segundo a mesma razão[13].

> As análises experimentais do aprendizado que estabelecem que a "formação ou a aplicação de um conceito não requer a apreensão consciente dos elementos ou das relações comuns implicadas nos exemplos particulares"[14] permitem compreender a dialética da objetivação e da incorporação ao fim da qual as objetivações sistemáticas de disposições sistemáticas que são as práticas e as obras tendem por sua vez a engendrar disposições sistemáticas: na presença de séries de símbolos – caracteres chineses (Hull) ou de desenhos que simultaneamente variam a cor, a natureza e o número dos objetos representados (Heidbreder) – distribuídos em classes atribuídas com nomes arbitrários, mas objetivamente fundados, os próprios sujeitos que não conseguem exprimir o princípio de classificação alcançam escores superiores aos que obteriam *se adivinhassem*

---

13. Se as sociedades sem escrita parecem ter uma inclinação particular para os jogos estruturais que fascinam o etnólogo, muitas vezes são com fins mnemotécnicos: a homologia admirável entre a estrutura da distribuição das famílias no vilarejo e a estrutura da distribuição dos túmulos no cemitério que se observa na Cabília (Aït Hichem, Tizi Hibel) contribui evidentemente para facilitar a identificação dos túmulos tradicionalmente anônimos (aos princípios estruturais, acrescentando-se marcações expressamente transmitidas).

14. BERELSON, B. & STEINER, G.A. *Human Behavior*. Nova York: Harcourt/Brace and World, 1964, p. 193.

por acaso, testemunhando dessa forma que eles acedem a um domínio prático dos esquemas classificatórios que de forma alguma implica o domínio simbólico – ou seja, a consciência e a expressão verbal – dos procedimentos praticamente empregados. A análise da aquisição em meio natural de um material estruturado que Albert B. Lord propõe, a partir do estudo da formação do *guslar*, bardo iugoslavo, ajusta-se perfeitamente aos resultados da experimentação: o domínio prático do que foi chamado o "método formulário", ou seja, a aptidão a improvisar combinando "fórmulas", sequências de palavras "regularmente empregadas nas mesmas condições métricas para expressar uma determinada ideia"[15] adquire-se por simples familiarização, "de tanto ouvir poemas"[16] e sem que os aprendizes tenham jamais consciência de adquirir e, consequentemente, de manipular esta ou aquela fórmula ou determinado conjunto de fórmulas[17]; os condicionamentos de ritmo ou de métrica são interiorizadas assim como a melodia e o sentido sem jamais serem percebidas por si mesmas.

Entre o aprendizado por simples familiarização, no qual o aprendiz adquire insensível e inconscientemente os princípios da "arte" e da arte de viver, inclusive aqueles que não são conhecidos pelo produtor das práticas ou das obras imitadas, e a transmissão explícita e expressa pela prescrição e preceitos, toda sociedade prevê *exercícios estruturais* que tendem a transmitir esta ou aquela forma de domínio prático: no caso da Cabília, são os enigmas e as justas rituais que colocam à prova o "sentido da língua ritual" e todos os jogos que, muitas vezes estruturados de acordo com a lógica da aposta, do desafio ou do combate (luta a dois ou em grupos, tiro ao alvo etc.), exigem dos rapazes que coloquem em prática "fazendo de

---

15. LORD, A.B. *The Singer of the Tales*. Cambridge: Harvard University Press, 1960, p. 30.
16. Ibid., p. 32.
17. Ibid., p. 24.

conta" os esquemas geradores das estratégias de honra[18]; é a participação cotidiana nas trocas de dons e em suas sutilezas o que garante aos jovens rapazes sua qualidade de mensageiros e, muito especialmente, de intermediários entre o mundo feminino e o mundo masculino; é a observação silenciosa das discussões da assembleia dos homens, com seus efeitos de eloquência, seus rituais, suas estratégias rituais e suas utilizações estratégicas do ritual; são as interações com os parentes que levam a representar em todos os sentidos as relações objetivas de parentesco por meio de *inversões* que impõem àquele mesmo que há pouco se conduzia como sobrinho que se conduza como tio paterno e que adquira assim o domínio dos esquemas de transformação que permitem passar das disposições vinculadas a uma posição que convem à posição inversa; são as comutações lexicais e gramaticais (o *eu* e o *tu* podendo designar a mesma pessoa de acordo com a relação com o locutor) por meio das quais se adquire tanto o senso do intercambiamento das posições e da reciprocidade quanto dos limites de uma e de outra; são, de maneira mais profunda, as relações com o pai e a mãe que, por sua dessimetria na complementaridade antagônica, constituem uma das oca-

---

18. Por isso, no jogo da *qochra*, que as crianças praticavam nos primeiros dias de primavera (em Aïn Aghbel), a bola de cortiça (*qochra*) que é disputada, passada e defendida é o equivalente prático da mulher: é necessário, ao mesmo tempo e de acordo com o caso, dela se defender e defendê-la contra os que gostariam de se apropriar dela. No início da partida, enquanto o condutor do jogo pergunta e repergunta "de quem é a moça?", não há qualquer jogador que aceite deliberadamente a sua "paternidade" e garanta a sua proteção: uma moça sempre enfraquece o campo dos homens. É necessário então tirar a bola na sorte e eventualmente recebê-la como um destino; o jogador designado deve, com efeito, proteger a bola contra todos os outros, sempre se esforçando para passá-la a um outro jogador, mas somente em condições dignas e aprovadas. Aquele a quem ele toca com seu cajado dizendo "a filha é sua" só pode se declarar vencido, à maneira daquele que é momentaneamente o empregado da família, de uma camada social muitas vezes inferior, na qual ele se casou. Enquanto o "pai" deseja o casamento que o libera de sua responsabilidade e lhe permite voltar ao jogo, os pretendentes procuram uma conduta de prestígio, o rapto, que é um golpe definitivo. Aquele que perde a partida é excluído do mundo dos homens; a bola é amarrada em sua camisa, o que significa tratá-lo como uma moça em quem se faz um filho.

siões de interiorizar inseparavelmente os esquemas da *divisão sexual do trabalho* e da *divisão do trabalho sexual*.

Mas são de fato todas as ações realizadas em um espaço e em um tempo estruturados que se encontram imediatamente qualificadas simbolicamente e funcionam como tantos outros exercícios estruturais por meio dos quais se constitui o domínio prático dos esquemas fundamentais. As disciplinas sociais adquirem a forma de disciplinas temporais e é toda a ordem social que se impõe nas entranhas das disposições corporais por meio de uma maneira particular de regular o uso do tempo, a distribuição no tempo das atividades coletivas e individuais e o ritmo conveniente para realizá-las.

"Não nos alimentamos do mesmo pão (ou da mesma cevada)?" "Não nos levantamos todos à mesma hora?" Essas fórmulas comumente empregadas para reafirmar a solidariedade encerram uma definição implícita da virtude fundamental, a conformidade, cujo reverso é a vontade de se singularizar. Trabalhar quando os outros repousam, permanecer em casa quando os outros trabalham nos campos, ir para as estradas quando elas estão desertas, perambular pelas ruas do vilarejo quando os outros dormem ou estão na feira, são algumas das muitas condutas suspeitas. "Há um tempo para cada coisa" e é importante fazer "cada coisa a seu tempo" (exatamente: "cada tempo em seu tempo" – *kul waqth salwaqth-is*). Portanto, um homem consciente de suas responsabilidades deve ser matinal: "Quem não termina seus afazeres de manhã bem cedo nunca os terminará"[19]. Levantar-se cedo para tratar dos animais, para ir à escola corânica ou simplesmente para estar fora com os homens, ao mesmo tempo que os homens, é um dever de honra cujo respeito é inculcado bem cedo aos jovens rapazes. Aquele que sabe partir a tempo estará, como convém, no lugar certo na hora certa, sem precisar correr. Debocha-se daquele que se apressa, que corre para alcançar alguém, que, de tanto fazer tudo correndo em seu trabalho, corre o risco

---

19. Princípio que pertence à magia tanto quanto à moral. Diz-se, por exemplo: "*Leftar n-esbah' d-esbuh' n-erbah'*, o café da manhã é o primeiro encontro de boa sorte" (*erbah'*, conseguir, prosperar).

de "maltratar a terra". Os trabalhos agrícolas, *horia erga*, como diziam os gregos, são definidos tanto em seu ritmo quanto em seu momento[20]. As tarefas vitais, como o cultivo e a semeadura, incumbem aos que são capazes de tratar a terra com o respeito que ela merece, de ir até ela (*qabel*) a passos lentos, como se fosse um parceiro que se quer acolher e honrar. É isso que evoca a lenda (contada por um *t'aleb* dos matmatas) sobre a origem da cevada e do trigo. Adão estava semeando trigo; Eva veio lhe trazer o pão. Viu que Adão semeava grão por grão, "remexendo a terra" e invocando Deus a cada grão. Observou que ele *perdia seu tempo*. Aproveitando enquanto seu marido comia, pôs-se a semear o grão espalhando-o e sem invocar o nome de Deus. A colheita veio, Adão viu em seu campo estranhas espigas, frágeis, quebradiças, fracas como a mulher. Ele chamou essa planta (a cevada) *châir*, "fraca"[21]. Controlar o momento, e principalmente o andamento, das práticas significa inscrever duravelmente no corpo, sob a forma do ritmo dos gestos ou das palavras, toda uma relação com a duração, vivida como constitutiva da pessoa (da mesma forma que a *gravitas* dos senadores romanos) e contribuir assim, por exemplo, para desencorajar todas as formas de *corrida*, de ambição competitiva (*thab'raymith*), apropriadas a transformar o tempo circular em linear, a simples reprodução em acumulação indefinida.

Não é o caso, em semelhante universo, da "natureza" tal como a ciência a conhece, esse fato de cultura que é o produto histórico de um longo trabalho de "desencantamento". É todo o grupo que se interpõe entre a criança e o mundo, não somente por meio de seus alertas (*warning*) apropriados para inculcar o medo dos perigos so-

---

20. Um dos efeitos da ritualização das práticas consiste precisamente em lhe designar um tempo – isto é, um momento, um tempo e uma duração – que é relativamente independente das necessidades externas, do clima, da técnica ou da economia, conferindo-lhe assim uma espécie de necessidade arbitrária que define propriamente o arbitrário cultural.

21. A oposição entre o trigo, masculino, e a cevada, feminino, parece bastante atestada. Dessa forma, em uma adivinhação relatada por Genevois, se diz: "Semeei *verde*, atrás da montanha; não sei se será trigo ou cevada – a criança no ventre de sua mãe".

brenaturais[22], mas também por meio de todo o universo de práticas rituais e de discurso, que o povoam de significações estruturadas em conformidade com os princípios do *habitus* apropriado. O espaço habitado – e em primeiro lugar a casa – é o lugar privilegiado da objetivação dos esquemas geradores e, pelo intermédio das divisões e das hierarquias que estabelece entre as coisas, entre as pessoas e entre as práticas, esse sistema de classificação feito coisa inculca e reforça continuamente os princípios da classificação constitutiva do arbitrário cultural. Assim, a oposição entre o sagrado direito e o sagrado esquerdo, entre o *nif* e o *h'aram*, entre o homem, investido de virtudes protetoras e fecundantes, e a mulher, ao mesmo tempo sagrada e carregada de virtudes maléficas, encontra-se materializada na divisão espacial entre o espaço masculino, com o lugar da assembleia, o mercado ou os campos, e o espaço feminino, a casa e sua horta, refúgios do *h'aram*; e secundariamente, na oposição que, no interior da própria casa, distingue as regiões do espaço, os objetos e as atividades segundo seu pertencimento ao universo masculino do seco, do fogo, do alto, do cozido ou do dia, ou ao universo feminino do úmido, da água, do baixo, do cru ou da noite. O mundo dos objetos, essa espécie de livro em que toda coisa fala metaforicamente de todas as outras e no qual as crianças aprendem a ler o mundo, lê-se com todo o corpo, nos e pelos movimentos e pelos deslocamentos que fazem o espaço dos objetos tanto quanto são feitos por ele[23]. As estruturas que contribuem para a construção do mundo dos objetos se constroem na prática de um mundo de objetos construídos de acordo com as mesmas estruturas. Esse "sujeito" nascido do mundo dos objetos não se ergue como uma subjetividade diante de uma objetividade: o universo objetivo é feito de objetos que são o produto de operações de objetivação estruturadas segundo as próprias estru-

---

22. Cf. WHITING, J.M. *Becoming a Kwoma*. New Haven: Yale University Press, 1941, p. 215.
23. Significa dizer que a hipótese, associada ao nome de Arrow, do *learning by doing* (cf. ARROW, K.J. "The Economic Implications of learning by doing". *The Review of Economic Studies*, vol. XXIX (3), n. 80, jun./1962, p. 155-173) é um caso particular de uma lei bem geral: todo produto fabricado – começando pelos produtos simbólicos, como as obras de arte, os jogos, os mitos etc. – exerce por seu próprio funcionamento, e particularmente por sua utilização, um efeito educativo que contribui para facilitar a aquisição das disposições necessárias à sua utilização adequada.

turas que o *habitus* lhe aplica. O *habitus* é uma metáfora do mundo dos objetos, que é ele mesmo um círculo infinito de metáforas que se afirmam mutuamente.

Todas as manipulações simbólicas da experiência corporal, começando pelos deslocamentos em um espaço simbolicamente estruturado, tendem a impor a *integração* do espaço corporal, do espaço cósmico e do espaço social ao pensar segundo as mesmas categorias, mediante, evidentemente, um grande laxismo lógico, a relação entre o homem e o mundo natural e os estados e as ações complementares e opostas dos dois sexos na divisão do trabalho sexual e na divisão sexual do trabalho, portanto, no trabalho de reprodução biológica e social: por exemplo, a oposição entre o movimento para fora, para o campo ou o mercado, para a produção e a circulação dos bens, e o movimento para dentro, para a acumulação e o consumo dos produtos do trabalho, corresponde simbolicamente à oposição entre o corpo masculino, fechado sobre si mesmo e voltado para fora, e o corpo feminino, semelhante à casa, sombria, úmida, plena de alimento, de utensílios e de crianças, onde se entra e de onde se sai pela mesma abertura, inevitavelmente maculada[24].

A oposição entre a orientação *centrífuga*, masculina, e a orientação *centrípeta*, feminina, que é o princípio da organização do espaço interno da casa, também está, sem dúvida, no fundamento das relações que os dois sexos mantêm com seus corpos e, mais precisamente, com suas sexualidades. Como em toda sociedade dominada por valores masculinos – e as sociedades europeias não constituem uma exceção, que destinam o homem à política, à história ou à guerra e as mulheres ao lar, ao romance e à psicologia –, a relação propriamente masculina com o corpo e com a sexualidade é a da *sublimação*, a simbólica da honra que tende a recusar tanto à natureza quanto à sexualidade toda expressão direta e a encorajar sua manifestação transfigurada sob a forma da proeza viril: os homens, que não têm consciência nem preocupação com o orgasmo feminino e que

---

24. Poder-se-ia interpretar na mesma lógica as análises que Erikson consagra ao Yurok (cf. ERIKSON, E.H. "Observations on the Yurok: childhood and world image". *University of California Publications in American Archaeology and Ethnology*, vol. 35, n. 10, 1943, p. 257-302. [S.l.]: University of California Press

procuram mais na repetição do que na prolongação do ato sexual a afirmação de sua potência viril, não ignoram que, por meio da tagarelice feminina, ao mesmo tempo temida e desprezada, o olhar do grupo sempre ameaça sua intimidade; quanto às mulheres, não se pode dizer, de acordo com Erikson, que a dominação masculina não tende a "restringir sua consciência verbal"[25] senão com a condição de compreender dessa maneira não que todo discurso sexual lhes é proibido, mas que seu discurso permanece dominado pelos valores masculinos de virilidade, de forma que toda referência aos "interesses" sexuais propriamente femininos se encontra excluída dessa espécie de culto agressivo e vergonhoso da virilidade masculina.

A psicanálise, produto desencantador do desencantamento do mundo que tende a constituir *enquanto tal* um domínio de significação sobredeterminado miticamente, faz com que se esqueça que o corpo próprio e o corpo do outro não são jamais percebidos a não ser por meio de categorias de percepção que seria ingênuo tratar como sexuais mesmo que, como testemunham os sorrisos contidos das mulheres ao longo das entrevistas e as interpretações que dão dos símbolos gráficos, pinturas murais, ornamentos das cerâmicas ou dos tapetes etc., elas sempre remetam, às vezes de maneira bastante concreta, à oposição entre as propriedades biologicamente definidas dos dois sexos. Tão ingênuo quanto reduzir à sua dimensão estritamente sexual as mil ações de inculcação difusa pelas quais se tende a colocar ordem no corpo e no mundo, mediante uma manipulação simbólica da relação com o corpo e com o mundo que pretende impor o que é necessário chamar, segundo Melanie Klein, uma "geografia corporal", caso particular da geografia, ou melhor, da cosmologia[26]. A relação originária com o pai e com a mãe ou, caso se prefira, com o corpo paterno e com o corpo materno, que oferece a mais dramática ocasião de experimentar todas as oposições fundamentais da prática mitopoiética, não pode ser encontrada no fundamento da aquisição dos princípios da estruturação do eu e do mundo

---

25. ERIKSON, E.H. "Childhood and tradition in two american indian tribes". *The Psychoanalytic Study of the Child*. Vol. I. [s.l.]: International Universities Press, 1945.
26. KLEIN, M. *Essais de psychanalyse*. Paris: Payot, 1967, p. 133, 290.

e, em particular, de toda relação homossexual e heterossexual, a não ser na medida em que ela se instaura com os objetos simbolicamente e não biologicamente sexuados. A criança constrói sua *identidade sexual*, elemento capital de sua identidade social, ao mesmo tempo em que constrói sua representação da divisão do trabalho entre os sexos, a partir do mesmo conjunto socialmente definido de índices inseparavelmente biológicos e sociais. Dito de outra forma, a tomada de consciência da identidade sexual e a incorporação das disposições associadas a uma definição social determinada das funções sociais que incumbem aos homens e às mulheres caminham juntas com a adoção de uma visão socialmente definida da divisão sexual do trabalho.

Os trabalhos dos psicólogos sobre a percepção das diferenças sexuais permitem estabelecer que as crianças estabeleçam bem cedo (por volta dos cinco anos) as distinções marcadas entre as funções masculinas e femininas, às mulheres e às mães incumbem as tarefas domésticas e o cuidado das crianças, aos homens e aos pais as atividades econômicas[27]. Tudo concorre para indicar que a consciência das diferenças sexuais e as distinções entre as funções paterna e materna se constituem simultaneamente[28]. Das inúmeras análises da percepção diferencial do pai e da mãe, pode-se reter que o pai é muitas vezes percebido como mais competente e mais severo do que a mãe que, por sua vez, é considerada como mais "amável" e mais afetuosa do que o pai e que é objeto de uma relação ao mesmo tempo mais carregada afetivamente e mais agradável[29]. Definitivamente, como observa com muita precisão Emmerich, todas essas diferenças têm por prin-

---

27. Cf., p. ex., MOTT, M. "Concept of mother: a study of four-and five-year old children". *Child Development*, 1954, 23, p. 92-104. Pode-se mostrar que quando o pai realiza tarefas femininas ou a mãe tarefas masculinas, eles aparecem às crianças como "dando uma ajuda" (cf. HARTLEY, R.E. "Children's concept of male and female roles". *Merril-Palmer Quaterly*, 6, 1960, p. 83-91).

28. DUBIN, R. & DUBIN, E.R. "Children's social perceptions: a review of research". *Child Development*, vol. 38, n. 3, set./1965. • KOHLBERG, L. A cognitive-developmental analysis of children's sex-role concepts and attitudes. In: MACCOBY, E. (org.). *The Development of Sex Differences*. Londres: Tavistock, 1967.

29. Para as referências, cf. DUBIN, R. & DUBIN, E.R. "Children's social perceptions: a review of research". Op. cit.

cípio o fato de que as crianças atribuem mais *poder* ao pai do que à mãe.

Imagina-se facilmente quanto deve pesar sobre a construção da imagem de si e do mundo a oposição entre a masculinidade e a feminidade quando ela constitui o princípio de divisão fundamental do mundo social e do mundo simbólico. Como o relembra o duplo sentido da palavra *nif*, *potência* inseparavelmente física e social, o que é imposto por meio de uma certa definição social da masculinidade (e, por extensão, da feminidade), é uma mitologia política, que comanda todas as experiências corporais, começando pelas próprias experiências sexuais. Dessa maneira, a oposição entre a sexualidade masculina, pública e sublimada, e a sexualidade feminina, secreta e, caso se queira, "alienada" (em referência à "utopia da genitalidade universal", como diz Erikson, ou seja, da "plena reciprocidade orgástica"), não é senão uma especificação da oposição entre a extroversão da política ou da religião pública e a introversão da magia privada, arma vergonhosa e secreta de dominados, constituída essencialmente de ritos que pretendem domesticar os homens.

Tudo acontece como se o *habitus* fabricasse coerência e necessidade a partir do acidente e da contingência; como se ele conseguisse unificar os efeitos da necessidade social sofrida desde a infância, por meio das condições materiais de existência, as experiências relacionais primordiais e a prática de ações, de objetos, de espaços e de tempos estruturados, e os efeitos da necessidade biológica, quer se trate da influência dos equilíbrios hormonais ou do peso das características aparentes do físico; como se produzisse uma leitura biológica (e especialmente sexual) das propriedades sociais e uma leitura social das propriedades sexuais, que conduzem dessa maneira a uma reexploração social das propriedades biológicas e a uma reutilização biológica das propriedades sociais. Isso fica muito claro nas equivalências que estabelece entre a divisão do trabalho e a posição na divisão entre os sexos e que não são, sem dúvida, próprias às sociedades nas quais as divisões produzidas por esses dois princípios coincidem quase que perfeitamente: em uma sociedade dividida em classes, todos os produtos de um agente determinado falam inseparavelmente e simultaneamente, por uma *sobredeterminação* essencial, de sua classe (ou, mais precisamente, de sua posição na estrutura social e de sua trajetória, ascendente ou descendente), e de seu corpo ou, de forma mais precisa, de todas as propriedades, sempre socialmente qualificadas, de que se é portador, propriedades sexuais, evidentemente, mas também físicas, elogiadas, como a força ou a beleza, ou estigmatizadas.

5
A lógica da prática

Não é fácil falar da prática de uma maneira que não seja negativa; e principalmente da prática no que ela tem de mais mecânico em aparência, de mais oposto à lógica do pensamento e do discurso. Todos os automatismos do pensamento por pares estão aí para excluir que a busca de fins conscientes, qualquer que seja o domínio, possa supor uma dialética permanente entre a consciência organizadora e os automatismos. A alternativa ordinária da linguagem da consciência e da linguagem do modelo mecânico sem dúvida não se imporia tão amplamente se não correspondesse a uma divisão fundamental da divisão dominante do mundo: ao pensar diferentemente, dependendo se pensam a si mesmos ou se pensam os outros (ou seja, as outras classes), os que têm o monopólio do discurso sobre o mundo social são de bom grado espiritualistas para si mesmos, materialistas para os outros, liberais para si mesmos, dirigistas para os outros e, logicamente, finalistas e intelectualistas para si mesmos, mecanicistas para os outros. Isso se observa na economia em que se oscilará entre a inclinação em atribuir aos agentes econômicos, e ainda mais ao "empreendedor", a capacidade de apreciar racionalmente as possibilidades objetivas e a tendência em outorgar aos mecanismos autorregulados do mercado o poder absoluto de regular as preferências[1]. Quanto aos etnólogos, eles poderiam estar menos inclinados à linguagem do modelo mecânico se, sob a ideia de troca, tivessem pensado não apenas o *potlatch* ou o *kula*, mas também seus próprios jogos de sociabilidade que se expressam na linguagem do tato, da habilidade, da delicadeza, da destreza ou do saber fazer, e tantos outros nomes do senso prático; e se, ao abandonar a troca de

---

1. O populismo realiza uma combinação mais inesperada, uma vez que tende a pensar o povo como o burguês pensa a si mesmo.

dons ou de palavras, tivessem pensando nas trocas nas quais os erros hermenêuticos se pagam no mesmo instante, como as trocas de golpes, evocadas por Georges H. Mead[2], em que cada posição do corpo do adversário oculta indícios que é preciso perceber em seu estado inicial, adivinhando no esboço do golpe ou da esquiva o porvir que oculta, ou seja, o golpe ou a finta. Voltando-se para as trocas mais mecânicas e mais ritualizadas em aparência, como a conversação obrigatória, encadeamento estereotipado de estereótipos, eles teriam descoberto a vigilância incessante que é necessária para fazer funcionar essa engrenagem de gestos e de palavras reunidas, a atenção a todos os sinais que no uso das brincadeiras mais rituais é indispensável para se deixar levar pelo jogo sem se deixar arrebatar pelo jogo além do jogo, como acontece quando o combate simulado domina os combatentes, a arte de jogar com os equívocos, os subentendidos e os duplos sentidos da simbólica corporal ou verbal que é necessário possuir, em todos os casos em que a justa distância objetiva está em questão, para produzir condutas ambíguas, revogáveis, portanto, ao mínimo indício de recuo ou de recusa, e capazes de manter a incerteza sobre as intenções que incessantemente oscilam entre o abandono e a distância, a obsequiosidade e a indiferença. Basta então voltar aos seus próprios jogos, à sua própria prática do jogo social, para descobrir que o *senso do jogo* é ao mesmo tempo a realização da *teoria do jogo* e sua negação como teoria.

    É uma única e mesma coisa descobrir o erro teórico que consiste em dar a *visão* teórica da prática para a *relação prática* com a prática e, de modo mais preciso, em colocar no princípio da prática o modelo que se deve construir para explicá-la e perceber que esse erro tem por princípio a antinomia entre o tempo da ciência e o tempo da ação que leva a destruir a prática ao lhe impor o tempo intemporal da ciência. Passar do esquema prático ao esquema teórico, construído após a batalha, do senso prático ao modelo teórico, que pode ser lido ou como um projeto, um plano ou um *método*, ou como um programa mecânico, ordenação misteriosa misteriosa-

---

2. MEAD, G.H. *L'esprit, le soi et la société*. Paris: PUF, 1963, p. 37-38.

mente reconstruída pelo erudito, significa deixar escapar tudo aquilo que faz a realidade temporal da prática que está sendo feita. A prática se desenvolve no tempo e tem todas as características correlativas, como a irreversibilidade, que destrói a sincronização; sua estrutura temporal, ou seja, seu ritmo, seu andamento e principalmente sua orientação, é constitutiva de seu sentido: como no caso da música, qualquer manipulação dessa estrutura, nem que se trate de uma simples mudança de andamento, aceleração ou desaceleração, impõe-lhe uma desestruturação irredutível por causa de uma simples mudança de eixo de referência. Em resumo, devido a sua total imanência à duração, a prática está ligada ao tempo, não somente porque se realiza no tempo, mas também porque ela joga estrategicamente com o tempo e particularmente com o andamento.

Existe um tempo da ciência que não é o da prática. Para o analista, o tempo se abole: não somente, como muitas vezes se repetiu desde Max Weber, porque, como sempre chega depois da batalha, ele não pode ter incertezas sobre aquilo que pode advir, mas também porque tem o tempo de totalizar, ou seja, de superar os efeitos do tempo. A prática científica está tão destemporalizada que tende a excluir até mesmo a ideia do que ela exclui: uma vez que ela não é possível senão em uma relação com o tempo que se opõe ao da prática, ela tende a ignorar o tempo e, dessa maneira, a destemporalizar a prática. Aquele que está engajado no jogo, tomado pelo jogo, ajusta-se não ao que vê, mas ao que *pré-vê*, ao que vê de antemão no presente diretamente percebido, passando a bola não para o ponto onde se encontra seu parceiro, mas para o ponto que este alcançará – antes do adversário – em um instante, antecipando as antecipações dos outros, ou seja, como na finta, que pretende frustrá-las, das antecipações de antecipações. Ele decide em função das probabilidades objetivas, isto é, em função de uma apreciação global e instantânea do conjunto dos adversários e do conjunto dos parceiros captados em seu devir potencial. E, isso, como se diz, *no mesmo instante*, em um piscar de olhos e no calor da ação, isto é, em condições que excluem a distância, o recuo, o sobrevoo, o prazo, o desligamento. Ele é embarcado em um porvir, presente no porvir, e abdicando da possibilidade de suspender a todo momento o êxtase que o projeta no provável, ele se identifica com o *porvir* do mundo, postulando a continuidade do tempo. Excluindo assim a possibilidade ao mesmo tempo supremamente real e toda teoria da redução súbita ao presente, isto é, ao passado, da ruptura brusca das aderências e das adesões ao por-vir que, como a morte, lança todas as antecipações da prática interrompida na absurdidade do inacabado. A urgência, na qual se tem razão de ver uma das propriedades essenciais da prática, é o produto da participação no jogo e da presença no futuro que ela implica: basta se colocar fora do jogo, fora dos desafios, como faz o observador, para fazer desaparecer as urgências, os chamados, as ameaças, os passos a seguir que constituem o mundo real, isto é, realmente habitado. É somente para quem se retira completamente do jogo, que rompe totalmente o encantamento, a *illusio*, renunciando a tudo o que está em jogo, isto é, a todas as apostas sobre o futuro, que a sucessão temporal pode aparecer como pura descontinuidade e que o mundo pode se mostrar na absurdidade de um presente desprovido de por-vir, portanto, de *sentido*, à maneira das escadas dos surrealistas que se abrem para o vazio. O senso do jogo é o senso do por-vir do jogo, o senso do sentido da história do jogo que dá seu sentido ao jogo.

    É o mesmo que dizer que existe uma possibilidade de dar conta cientificamente da prática – e em particular das propriedades que ela deve ao fato de que se desenrola no tempo – a menos que se conheçam os efeitos que a prática científica produz por causa da *totalização*: basta lembrar do esquema sinótico que deve precisamente sua *eficácia científica* ao efeito da sincronização que produz ao permitir, mediante um trabalho que exige muito tempo, *ver no mesmo instante* fatos que não existem senão na sucessão e revelar assim relações (e, entre outras coisas, contradições) que de outra forma seriam imperceptíveis. Como pode ser visto nos casos das práticas rituais, a cumulação e a seriação de relações de oposição ou de equivalência que não são nem dominadas nem domináveis por um único informante, e jamais, em todo caso, no instante, e que não podem ser produzidas senão por referência às situações diferentes, isto é, nos universos de discursos diferentes e com funções diferentes, é o que garante à análise o *privilégio da totalização*, isto é, a capacidade de se dar e de dar a visão sinótica da totalidade e da unidade das relações que é a condição da decifração adequada. Em razão de todas as possibilidades que ele tem de ignorar tanto as condições sociais e lógicas da *mudança de natureza* às quais submete a prática e os seus produtos, quanto a natureza das transformações lógicas que impõe à informação recolhida, o analista é levado a todos os erros que decorrem da tendência a confundir o ponto de vista do ator e o ponto de vista do espectador, a procurar, por exemplo, soluções paras as questões do espectador que a prática não se coloca porque não lhe cabe colocá-las, em vez de se perguntar se o próprio da prática não reside no fato de que ela exclui essas questões.

> O paradigma desse erro epistemológico fundamental pode ser encontrado na "perversidade" desses escritores que, segundo T.E. Lawrence, atribuem a um "homem inteiramente absorvido por sua tarefa" o ponto de vista "de um homem sentado em uma poltrona". E Maxime Chastaing, que cita esse texto, continua: "Ramuz converte o labor dos camponeses em movimentos aparentes da paisagem: quando o cultivador que cava se abaixa penosamente, não é, no entanto, a terra que levanta; ou ele cava e não vê a terra levantar, ou a terra parece levantar, e não é mais o cultivador que olha, mas a câmera cinematográfica de algum artista em férias que misteriosamente substituiu seus olhos; Ramuz confunde trabalho e lazer" (CHASTAING, M. Op. cit., p. 86). Não é por acaso que o romance oscila entre os dois polos, que a ciência social também conhece: por um lado, o ponto de vista absoluto de um Deus onipresente e onisciente que detém a verdade de seus personagens (denunciando suas mentiras, explicando seus silêncios etc.) e que, à maneira de um antropólogo objetivista, interpreta, explica; por outro lado, o ponto de vista que se oferece como tal de um espectador de Berkeley.

O privilégio da totalização supõe, por um lado, a *neutralização* prática (portanto implícita) das *funções práticas* –, isto é, neste caso particular, deixar de lado os usos práticos das referências temporais –, neutralização que a relação de pesquisa exerce por si como situação de questionamento "teórico" que supõe a suspensão dos investimentos práticos e, por outro lado, a ação, *que exige tempo*, desses *instrumentos de eternização*, acumulados ao longo da história e adquiridos por meio do tempo, que são a escrita e todas as outras técnicas de registro e de análise, teorias, métodos, esquemas etc. Ao justapor na simultaneidade de um espaço único a série completa das oposições temporais que são postas em ação sucessivamente por agentes diferentes em situações diferentes e que não podem jamais ser mobilizadas na prática todas juntas porque as necessidades da existência não exigem jamais uma tal apreensão sinótica e até mesmo a desencorajam por meio de suas urgências, o esquema do calendário cria de uma só vez um volume de relações (de simultaneidade, de sucessão ou de simetria, por exemplo) entre as referências de nível diferente que, não sendo jamais confrontadas na prática, são praticamente compatíveis ainda que sejam logicamente contraditórias.

Ao contrário da prática, "série essencialmente linear", como o discurso, que, devido ao "seu modo de construção, nos obriga a expressar sucessivamente, por uma série linear de signos, relações que o espírito percebe ou deveria perceber *simultaneamente* e em uma outra ordem", os esquemas ou diagramas científicos, "quadros sinóticos, árvores, atlas históricos, espécies de tábuas com entrada dupla", permitem, como o observa Cournot, "tirar um proveito mais ou menos favorável da extensão em superfície para figurar relações e vínculos sistemáticos difíceis de desembaraçar no encadeamento do discurso"[3]. Dito de uma outra forma, o esquema sinótico permite apreender simultaneamente e de uma só vez, *uno intuitu et total simul*, como dizia Descartes, *monoteticamente* como dizia Husserl[4], significações que são produzidas e utilizadas *politeticamente*, isto é, não somente uma depois da outra, mas uma a uma, passo a passo. Além do mais, o esquema sinusoidal que permite representar as relações de oposição ou de equivalência entre os elementos ao mesmo tempo em que os distribui (como em um calendário) segundo as leis da sucessão (y acompanha x exclui x acompanha y; y acompanha x e z acompanha y acarretando z acompanha x; e, por fim, ou y acompanha x ou x acompanha y), e ao mesmo tempo visualizando simplesmente as oposições fundamentais entre o alto e o baixo, a direita e a esquerda, permite controlar as relações entre as referências ou as

---

3. COURNOT, A. *Essai sur les fondements de la connaissance et sur les caracteres de la critique philosophique*. Paris: Hachette, 1922, p. 364.
4. HUSSERL, E. *Idées directrices pour une phénoménologie*. Paris: Gallimard, 1950, p. 402-407.

divisões sucessivas, fazendo surgir todo tipo de relações (algumas contrárias às leis da sucessão) que são excluídas da prática porque as diferentes divisões ou subdivisões que o observador pode cumular não são sistematicamente pensadas e utilizadas como momentos de uma sucessão, mas entram, de acordo com o contexto, nas oposições de níveis muito diferentes (desde a mais ampla, entre os pontos culminantes do verão e do inverno, até a mais estreita, entre dois pontos dessa subdivisão de um ou outro desses períodos).

Como a genealogia que substitui um espaço de relações unívocas, homogêneas, estabelecidas de uma vez por todas, por um conjunto espacialmente e temporalmente descontínuo de ilhotas de parentesco, hierarquizados e organizados de acordo com as necessidades do momento e levados à existência prática irregularmente, ou como o plano que substitui o espaço descontínuo e lacunar dos percursos práticos pelo espaço homogêneo e contínuo da geometria, o calendário substitui um tempo linear, homogêneo e contínuo pelo tempo prático, feito de ilhotas de duração incomensuráveis, dotadas de ritmos particulares, aquele do tempo que urge ou que não avança, de acordo com o que se *faz* dele, ou seja, de acordo com as *funções* que lhe atribui a ação que ali se realiza; ao distribuir esses *pontos de referência* que são as cerimônias ou os trabalhos sobre uma linha contínua, ele os transforma em pontos de divisão, unidos por uma relação de simples sucessão, criando assim de uma vez só a questão dos intervalos e das correspondências entre pontos metricamente e não mais topologicamente equivalentes.

> Conforme a precisão com a qual o acontecimento considerado deve ser localizado, conforme a natureza desse acontecimento, conforme a qualidade social do agente envolvido, a prática recorrerá a oposições diferentes: assim, o "período" chamado *eliali*, longe de se definir, como em uma série perfeitamente ordenada, em relação ao momento que o precede e ao que o sucede, e somente em relação a si mesmos, pode se opor tanto a *esmaïm* quanto a *el h'usum thimgharine*; ele pode também se opor, como "*eliali* de dezembro", à "*eliali* de janeiro", ou ainda, conforme uma outra lógica, como as "grandes noites" às "pequenas noites de *furar*" e às "pequenas noites de *maghres*". Observa-se como é artificial, e até mesmo irre-

al, o calendário que assimila e alinha unidades de níveis diferentes e de peso estrutural bem desigual. Considerando-se que todas as divisões e as subdivisões que o observador pode registrar e cumular são produzidas e utilizadas em situações diferentes e separadas no tempo, a questão da relação que cada uma delas mantém com a unidade de nível superior ou, ainda mais, com as divisões ou as subdivisões dos "períodos" aos quais ela se opõe jamais se colocam na prática. A série de momentos distribuídos segundo as leis da sucessão que o observador constrói, guiado inconscientemente pelo modelo do calendário, é para as oposições temporais colocadas em prática sucessivamente o que o espaço político contínuo e homogêneo das escalas de opinião é para as tomadas de posição políticas práticas que, sempre efetuadas em função de uma situação particular e de interlocutores ou adversários particulares, mobilizam oposições de nível diferente segundo a distância política entre os interlocutores (esquerda: direita: :esquerda da esquerda: direita da esquerda: :esquerda da esquerda da esquerda: direita da esquerda da esquerda etc.) de forma que alguém pode se encontrar à sua própria direita e à sua própria esquerda no espaço "absoluto" da geometria, contradizendo a terceira das leis da sucessão.

    A mesma análise se aplica às terminologias que servem para designar as unidades sociais: a ignorância das incertezas e das ambiguidades que esses produtos de uma lógica prática devem às suas funções e às condições de sua utilização conduz à produção de *artefatos* tão irreais quanto impecáveis. De fato, nada é mais suspeito do que o rigor ostentatório dos vários esquemas da organização social desenhados pelos etnólogos. Assim, só se pode aceitar o modelo puro e perfeito da sociedade berbere, como uma série de unidades encaixadas que, de Hanoteau a Jeanne Favret, passando por Durkheim, os etnólogos propuseram, com a condição de primeiramente ignorar todas as divisões, aliás, flutuantes e variáveis conforme os lugares, que são operadas *no continuum das relações de parentesco* (continuidade que manifesta, por exemplo, a degradação insensível das obrigações em caso de luto) para além da extensão da família (*akham*) e aquém do clã (*adhrum* ou *thakharubth*); depois, a dinâmica incessante de unidades que se fazem e se desfazem continuamente *na história* segundo a lógica das anexações ou fusões (assim em Aït Hichem, os Aït Isaad reagrupam vários clãs em um único – *thakharubth* – diminuídos) ou cisões (no mesmo lugar, os Aït Mendil, originalmente unidos, dividiram-se em dois clãs); por fim, *a imprecisão* que é consubstancial às noções nativas, em seu uso prático (em oposição aos artefatos semiteóricos que a situação de pesquisa, aqui como alhures, não pode deixar de suscitar), porque ele é ao mesmo tempo a condição e o produto de seu funcionamento: ainda mais que no caso das taxinomias temporais do calendário agrário, o uso das palavras ou das oposições que servem para classificar, ou seja, aqui, para *produzir grupos*, depende da situação e, mais precisamente, da função perseguida por meio da produção de classes, mobilizar ou dividir, anexar ou excluir.

> Sem entrar em uma discussão aprofundada da apresentação esquemática que Jeanne Favret oferece da terminologia recolhida por Hanoteau (cf. FAVRET, "La segmentarité au Maghreb". *L'homme*, VI, 2, 1966, p. 105-111. • FAVRET, J. "Relations de dépendance et manipulation de la violence en Kabylie". *L'homme*, VIII, 4, 1968, p. 18-44), ocorre que no caso do vilarejo de Aït Hichem (cf. BOURDIEU, P. *The Algerians*. Boston: Beacon Press, 1962, p. 14-20) e em muitos outros lugares, a hierarquia das unidades sociais fundamentais, aquelas que designam as palavras *thakharubth* e *adhrum*, é o *inverso* daquela que Jeanne Favret propõe acompanhando Hanoteau; isso ainda que se possam encontrar alguns casos nos quais, como o quer Hanoteau, *thakharubth* engloba *adhrum*, sem dúvida porque as terminologias colhidas em tempos e em lugares determinados designam a realização de *histórias* diferentes, marcadas por cisões, desaparecimentos – sem dúvida bastante frequentes – ou anexações de linhagens. Pode também acontecer que essas duas palavras sejam encontradas indiferentemente para designar a mesma divisão social: é o caso na região de Sidi Aïch em que se distingue, partindo das unidades mais restritas: (a) *el h'ara*, a família indivisa (designada em Aït Hichem pelo nome de *akham*, a casa, *akham n'Aït Ali*), (b) *akham*, a família estendida, que agrupa as pessoas que são designadas pelo

nome do mesmo ancestral (na terceira ou na quarta geração) – *Ali ou X*, às vezes designada também por um termo sem dúvida sugerido pela topografia, o caminho que desenha um cotovelo quando se passa de um *akham* a outro, *thaghamurth*, o cotovelo, (c) *adhrum, akharub* (ou *thakharubth*) ou *aharum*, que reúne as pessoas cuja origem comum remonta além da quarta geração, (d) o *s'uff* ou mais simplesmente "aqueles de cima" ou "aqueles de baixo", (e) o vilarejo, unidade puramente espacial, que agrupam aqui as duas ligas. Os sinônimos, aos quais é preciso acrescentar *thaârifth* (de *âarf*, se conhecer), reunião de pessoas conhecidas, equivalente de *akham* ou de *adhrum* (além de *thakharubth*), poderiam não ser empregados estritamente ao acaso, uns colocando o acento mais na integração e na coesão interna (*akham* ou *adhrum*) e os outros na oposição com os outros grupos (*thaghamurth, aharum*). O *s'uff* que é empregado para evocar uma unidade "arbitrária", uma aliança convencional em oposição aos outros termos que designam os indivíduos dotados de uma denominação comum (Aït...), distingue-se muitas vezes de *adhrum* com o qual coincide em Aït Hichem e em outros lugares.

É preciso reconhecer na prática uma lógica que não é a da lógica para evitar lhe pedir mais lógica do que ela pode oferecer e de se condenar assim ou a lhe extorquir incoerências, ou a lhe impor uma coerência forçada. A análise dos diferentes aspectos, aliás, estreitamente interdependentes, do que pode ser chamado o efeito de teorização (sincronização forçada do sucessivo e totalização artificial, neutralização das funções e substituição do sistema dos produtos pelo sistema dos princípios de produção etc.) revela, em negativo, algumas das propriedades da lógica da prática que por definição escapam à apreensão teórica. Essa *lógica prática* – no sentido duplo do termo – não pode organizar todos os pensamentos, as percepções e as ações por meio de alguns princípios geradores estreitamente unidos entre si e que constituem um todo praticamente integrado, que uma vez que toda sua economia, que repousa sobre o princípio da economia da lógica, supõe o sacrifício do rigor em proveito da simplicidade e da generalidade e porque ela encontra na "polythétia" as condições do uso correto da polissemia. Significa que os sistemas simbólicos devem sua *coerência prática*, ou seja, sua unidade e suas regularidades, mas também sua imprecisão e suas irregularidades, e até mesmo suas incoerências, ambas igualmente *necessárias* porque inscritas na lógica de sua gênese e de seu funcionamento, por serem o produto de práticas que não podem preencher suas funções práticas a não ser que engajem, no estado prático, alguns princípios que são não apenas coerentes – ou seja, capazes de engendrar práticas intrinsecamente coerentes ao mesmo tempo que compatíveis com as condições objetivas – mas também práticas, no sentido de cômodas, isto é, facilmente dominadas e manejáveis porque obedecem uma lógica pobre e econômica.

A apreensão sucessiva de práticas que não se realizam senão na sucessão é o que faz passar desapercebida a "confusão das esferas", como dizem os lógicos, que resulta da aplicação, altamente econômica, mas necessariamente aproximativa, dos mesmos esquemas a universos lógicos diferentes. Ninguém se preocupa em registrar e confrontar sistematicamente os produtos sucessivos da aplicação dos esquemas geradores: essas unidades discretas e autossuficientes devem sua transparência imediata não somente aos esquemas que ali se realizam, mas também à situação apreendida segundo esses mesmos esquemas em uma relação prática. A *economia de lógica* que deseja que não se mobilize mais de lógica do que a prática necessita faz com que o universo de discurso em relação ao qual é constituída esta ou aquela classe (portanto, seu complementário) pode permanecer implícito porque é implicitamente definido em cada caso na e pela relação prática com a situação. Considerando-se que existem poucas chances que duas aplicações contraditórias dos mesmos esquemas se encontrem confrontadas no que é necessário chamar um *universo de prática* (mais do que um universo de discurso), a mesma coisa pode, nos universos de práticas diferentes, ter como complementar coisas diferentes e ela pode, portanto, segundo o universo, receber propriedades diferentes, e até mesmo opostas[5]. É dessa forma que, como já foi visto, a casa que é globalmente definida como feminina, úmida etc., quando é apreendida de fora, do ponto de vis-

---

5. A lógica da prática deve inúmeras de suas propriedades ao fato de que aquilo que a lógica chama universo de discurso ali permanece no estado prático.

ta masculino, ou seja, em oposição ao mundo exterior, pode se encontrar dividida em uma parte feminina-masculina e em uma parte feminina-feminina quando, deixando de ser percebida com referência a um universo de práticas coextensivo ao universo, é tratada como um universo autônomo (de prática tanto quanto de discurso), o que ela é, aliás, para as mulheres, principalmente no inverno[6].

Os universos de sentido que correspondem a diferentes universos de prática são ao mesmo tempo fechados em si mesmos – portanto, a salvo do controle lógico por sistematização – e *objetivamente* afinados com todos os outros como produtos frouxamente sistemáticos de um sistema de princípios geradores praticamente integrados que funcionam nos campos mais diferentes da prática. Na *lógica do mais ou menos e do impreciso* que aceita imediatamente como equivalente os adjetivos "raso", "monótono" e "insípido", palavras favoritas do julgamento esteta ou professoral ou, na tradição cabila, "pleno", "fechado", "dentro" e "embaixo", os esquemas geradores são praticamente substituíveis; é por isso que não podem engendrar senão produtos sistemáticos, mas de uma coerência aproximativa e imprecisa que não resiste à prova da crítica lógica. A *sympatheia tôn holôn*, para falar como os estoicos, a afinidade de todos os objetos de um universo em que o sentido está em todos os lugares e em todos os lugares de forma superabundante, tem como fundamento ou como contrapartida a indeterminação e a sobredeterminação de cada um dos elementos e de cada uma das relações que os unem: a lógica só pode estar em todo lugar porque verdadeiramente não está em lugar nenhum.

A prática ritual opera uma *abstração incerta* que introduz o mesmo símbolo em relações diferentes ao apreendê-la sob aspectos diferentes ou que introduz aspectos diferentes do mesmo referente na mesma relação de oposição; em outras palavras, ela exclui a questão socrática da *relação sob a qual* o referente é apreendido (forma, cor, função etc.), dispensando-se assim de definir em cada caso o crité-

---

6. Pode-se observar superficialmente que os pontos de vista adotados sobre a casa se opõem segundo a própria lógica (masculino/feminino) que eles lhe aplicam: esse desdobramento, que encontra seu fundamento na correspondência entre as divisões sociais e as divisões lógicas, e o reforço circular que dele resulta, contribuem sem dúvida muito para enclausurar os agentes em um mundo fechado e acabado e em uma experiência dóxica desse mundo.

rio de seleção do aspecto retido e, *a fortiori*, de se obrigar continuamente a se ater a esse critério. Uma vez que o princípio segundo o qual se opõem os termos colocados em relação (por exemplo, o sol e a lua) não é definido e muitas vezes se reduz a uma simples contrariedade, a *analogia* (que, quando não se opera simplesmente no estado prático, está sempre expressa de maneira elíptica: "a mulher é a lua") estabelece uma relação de homologia entre as relações de oposição (homem : mulher : : sol : lua), eles próprios indeterminados e sobredeterminados (calor : frio : : masculino : feminino : : dia : noite : : etc.), colocam em jogo esquemas geradores diferentes daqueles que permitem engendrar esta ou aquela das outras homologias em que um ou outro dos termos relacionados poderia vir a entrar (homem : mulher : : leste : oeste ou sol : lua : : seco : úmido). Significa dizer que a abstração incerta é também uma falsa abstração que procede por relações fundadas no que Jean Nicod chama a *semelhança global*[7]. Não se limitando jamais expressa e sistematicamente a um dos aspectos dos termos que ele reúne, esse modo de apreensão toma a cada vez cada um deles como um único bloco, tirando todo proveito possível do fato de que duas "realidades" jamais se assemelham em *todos* os aspectos, mas sempre se assemelham, ao menos indiretamente (ou seja, pela mediação de algum termo comum), em *algum* aspecto. Assim se explica primeiramente que, entre os diferentes aspectos dos símbolos ao mesmo tempo indeterminados e sobredeterminados por ela manipulados, a prática ritual jamais opõe de modo claro aspectos que simbolizam alguma coisa e aspectos que nada simbolizam e dos quais ela faria abstração (como, no caso das letras do alfabeto, a cor dos traços ou sua dimensão): se, por exemplo, um dos três aspectos diferentes pelos quais uma "realidade" como o fel pode ser relacionada a outras "realidades" (também "equívocas"), seja o amargor (ele tem como equivalentes o loureiro-rosa, o absinto ou o alcatrão e se opõe ao mel), o verdor (ele se associa ao lagarto e à cor verde) e a hostilidade (inerente às duas qualidades precedentes), vêm necessariamente em primeiro plano, não deixa de estar vinculado, como a tônica aos outros sons de um acorde, aos outros aspectos que permanecem *subentendidos* e pelos quais ele poderá ser oposto a outros aspectos de um outro referente em

---

7. NICOD, J. *La géométrie dans le monde sensible*. Paris: PUF, 1961, p. 43-44 [Préfacio de B. Russel].

outras relações. Sem querer exagerar a metáfora musical, pode-se, todavia, sugerir que inúmeros encadeamentos rituais podem ser compreendidos como *modulações*: particularmente frequentes porque a preocupação de colocar todas as probabilidades de seu lado, princípio específico da ação ritual, conduz à lógica do *desenvolvimento*, com suas variações com um fundo de redundância, essas modulações simulam propriedades harmônicas dos símbolos rituais, seja que se redobre um dos temas por um exato equivalente sob todos os pontos de vista (o fel se chamando absinto, que como ele une o amargor e o verdor), seja que se module em tonalidades mais distantes que simulam associações de uma das harmonias secundárias (lagarto → sapo)[8].

A associação por assonância que pode levar a aproximações sem significação mítico-ritual (*Aman d laman*, a água é a confiança) ou, pelo contrário, sobredeterminadas simbolicamente (*azka d azqa*, amanhã é o túmulo) constitui uma outra técnica de modulação. A concorrência entre a relação conforme a assonância e a relação conforme o sentido constitui uma alternativa, um cruzamento entre dois caminhos concorrentes que poderão ser tomados sem contradições em momentos diferentes, em contextos diferentes. A prática ritual tira todo proveito possível da polissemia das ações fundamentais, "raízes" míticas parcialmente recobertas pelas raízes linguísticas: ainda que imperfeita, a correspondência entre as raízes linguísticas e as raízes míticas é bastante forte para fornecer um de seus mais poderosos suportes ao sentido analógico, por meio das associações verbais, às vezes sancionadas e exploradas pelo ditado ou por uma máxima que, em sua forma mais realizada, redobra pela necessidade de uma conexão linguística a necessidade de uma conexão mítica[9]. Dessa forma, o esquema abrir-fechar encontra uma expressão parcial na raiz *FTH'* que pode dizer indife-

---

8. Cf. para observações análogas: GRANET, M. *La civilisation chinoise*. Op. cit.; passim, em particular p. 332.

9. É possível, para se ter uma ideia do funcionamento dessas montagens verbais, pensar no papel reservado, nos julgamentos da existência comum, aos pares de adjetivos, que oferecem um corpo aos veredictos injustificáveis do gosto.

rentemente, e tanto no sentido estrito como figurado, *abrir*, tratando-se de uma porta ou de um caminho (nos usos rituais e extraordinários), do coração (abrir seu coração), de um discurso (por exemplo, por uma fórmula ritual), de uma sessão de assembleia, de uma ação ou da jornada etc., ou *ser aberto*, tratando-se da "porta" compreendida como o começo de uma série qualquer, do coração (isto é, do apetite) ou de um broto, do céu ou de um nó, ou ainda *abrir-se*, tratando-se de um broto, de um rosto, de um rebento, de um ovo, portanto, de forma mais ampla, inaugurar, abençoar, tornar fácil, colocar sob os bons auspícios ("que Deus abra as portas"), conjunto de sentido que recobre aproximadamente o conjunto das significações ligadas à primavera. Mas, ainda mais ampla e mais vaga do que a raiz linguística, a raiz mítica se presta a jogos mais ricos e mais diversos e o esquema abrir-abrir-se-ser-aberto permitirá estabelecer entre todo um conjunto de verbos e de nomes vínculos de associação irredutíveis às relações de simples afinidade morfológica. Ela poderá assim evocar as raízes *FSU*, desatar, desamarrar, resolver, abrir-se, aparecer (tratando-se de jovens rebentos, de onde o nome de *thafsuth* dado à primavera); *FRKh*, desabrochar, dar origem (de onde *asafrurakh*, o desabrochar, ou *lafrakh* os brotos de uma árvore que crescem na primavera e, em um sentido mais amplo, a progenitura, a continuação de qualquer assunto), proliferar, multiplicar-se; *FRY*, formar-se, ser formado (quando se fala dos figos), começar a crescer (quando se fala do trigo ou do bebê), multiplicar-se (quando se fala da ninhada dos pássaros: *ifruri el âach*, o ninho está repleto de passarinhos), debulhar, ser debulhado (quando se fala das favas ou das ervilhas) e, por conseguinte, entrar no período em que as favas podem ser colhidas frescas (*lah'lal usafruri*); ela ainda pode evocar a raiz *FLQ*, quebrar, fazer explodir e explodir, fender, deflorar e fender-se como o ovo ou a romã que é quebrada durante os cultivos ou o casamento. Bastaria se deixar levar pela lógica das associações para reconstruir toda a *rede* dos sinônimos e dos antônimos, dos sinônimos de sinônimos e dos antônimos de antônimos. O mesmo termo poderia então entrar em uma infinidade de relações caso o número de maneiras de se relacionar com o que ele não é não estivesse limitado a algumas oposições fundamentais ligadas por relações de equivalência prática: no nível de precisão (isto é, de imprecisão) em que eles são definidos, os diferentes princípios que a prática engaja sucessiva ou simultaneamente quando estabelece relação entre objetos e seleciona aspectos retidos são praticamente equivalentes, de forma que essa taxinomia pode classificar as mesmas "realidades" de vários pontos der vista sem jamais classificá-los de uma maneira totalmente diferente.

Mas a linguagem da semelhança global e da abstração incerta é ainda demasiado intelectualista para expressar uma lógica que se efetua diretamente na ginástica corporal, sem passar pela apreensão expressa dos "aspectos" retidos ou descartados, dos "perfis" semelhantes ou dessemelhantes. Ao suscitar uma identidade de reação em uma diversidade de situações, ao imprimir ao corpo a mesma postura em contextos diferentes, os esquemas práticos podem produzir o equivalente de um ato de generalização cuja explicação é impossível sem que se recorra ao conceito; isso ainda que a generalidade agida e não representada que se engendra no fato de agir de forma semelhante em circunstâncias semelhantes, mas sem "pensar a semelhança independentemente do semelhante", como diz Piaget, faça a economia de todas as operações que a construção de um conceito exige. É em função "daquilo de que se trata", princípio de pertinência implícita e prática, que o senso prático "seleciona" alguns objetos ou alguns atos e, dessa maneira, alguns de seus aspectos e, ao reter aqueles com os quais pode fazer alguma coisa ou aqueles que determinam o que pode ser feito na situação considerada, ou ao tratar como equivalentes objetos ou situações diferentes, distingue propriedades que são pertinentes e outras que não o são. Da mesma maneira que se tem dificuldade em apreender simultaneamente, à maneira dos dicionários, os diferentes sentidos de uma palavra que se pode facilmente mobilizar na sucessão dos enunciados particulares produzidos em situações singulares, da mesma maneira os conceitos que o analista é *obrigado* a empregar (por exemplo, a ideia de "ressurreição" ou de "inchaço") para dar conta das identificações práticas que os atos rituais operam são absolutamente estranhos à prática que ignora semelhantes conjuntos das efetuações parciais de um mesmo esquema e que se ocupa não de relações como o alto e baixo ou seco e úmido ou até mesmo de conceitos, mas de coisas *sensíveis*, consideradas *absolutamente* até em suas propriedades aparentemente mais tipicamente relacionais.

Para convencer que as diferentes significações produzidas pelo mesmo esquema não existem no estado prático senão na relação com tantas situações particulares, basta reunir, à maneira de um dicionário, algumas aplicações da oposição entre atrás e na frente. Atrás é o lugar onde se coloca tudo o que não se quer mais; por exemplo, no rito do tear, diz-se: "que os anjos estejam diante de mim e o diabo atrás de mim"; em um outro, contra o mau-olhado, esfrega-se a criança atrás da orelha para que ele mande embora o mal para "atrás de sua orelha". (Jogar para trás, significa também, em um nível mais superficial, negligenciar, desprezar – "colocar atrás de sua orelha" – ou, de modo mais simples, não encarar, não afrontar.) É de trás ou por trás que o azar chega: a mulher que vai vender no mercado um produto de seu talento, colcha, fio de lã etc., ou de sua criação, galinhas, ovos etc., não deve olhar para trás sob pena de realizar uma venda ruim; segundo uma lenda relatada por P. Galand-Pernet, o turbilhão ataca por trás aquele que reza de frente para *qibla*. Compreende-se que atrás seja, aliás, associado ao dentro, ao feminino (a porta da frente, do leste, é masculina, a porta de trás, do oeste, feminina), à intimidade, ao oculto, ao secreto; mas também, dessa forma, ao que segue, ao que se arrasta sobre a terra, fonte de fertilidade, *abruâ*, a cauda do vestido, o amuleto, a felicidade: a noiva que entra na nova casa multiplica os gestos de abundância jogando atrás dela frutas, ovos, trigo. Essas significações se definem em oposição a todas as que estão associadas à frente, ir para a frente, enfrentar (*qabel*), ir para o porvir, para o leste, para a luz.

O logicismo inerente ao ponto de vista objetivista leva a ignorar que a construção erudita não pode perceber os princípios da lógica prática senão fazendo-a sofrer uma mudança de natureza: a explicação reflexiva converte uma sucessão prática em sucessão representada, uma ação orientada em relação a um espaço objetivamente constituído como estrutura de exigências (as coisas "para fazer") em operação reversível, efetuada em um espaço contínuo e homogêneo. Essa transformação inevitável está inscrita no fato de que os agentes não podem dominar adequadamente o *modus operandi* que lhes permite engendrar práticas rituais corretamente formadas senão ao fazê-lo funcionar praticamente, em situação, e por referência às *funções práticas*. Aquele que possui um domínio prático, uma arte, qualquer que seja, é capaz de colocar em ação, na passagem ao ato, essa disposição que não lhe aparece senão em ato, na relação com uma situação (ele saberá refazer, quantas vezes a situação exigir, a simulação que se lhe impõe como a única coisa a ser feita); ele não está mais bem colocado para perceber e trazer para a ordem do discurso o que regula realmente sua prática do que o observador que possui a vantagem de poder apreender a ação do exterior, como um objeto, e principalmente poder totalizar as realizações sucessivas do *habitus* (sem necessariamente ter o domínio prático que está no princípio dessas realizações e a teoria adequada desse domínio). E tudo leva a crer que, assim que ele reflexiona sobre sua prática, colocando-se então em uma postura quase teórica, o agente perde qualquer possibilidade de expressar a verdade de sua prática e, principalmente, a verdade da relação prática com a prática: o questionamento erudito o leva a ter sobre sua própria prática um ponto de vista que não é mais o da ação sem ser o da ciência, incitando-o a engajar em explicações que ele propõe de sua prática uma teoria da prática que vem ao encontro do legalismo jurídico, ético ou gramatical ao qual a situação de observador conduz. Unicamente pelo fato de que é questionado e se questiona sobre a razão e a razão de ser de sua prática, não pode transmitir o essencial, isto é, que o próprio da prática é que ela exclui essa questão: seus propósitos não revelam essa verdade primeira da experiência senão pela omissão, por meio dos silêncios e das elipses da evidência. Isso no melhor dos casos, isto é, quando, pela própria qualidade de suas questões, o questionador autoriza o informante a se entregar à *linguagem da familiari-*

dade: não conhecendo senão os casos particulares e os detalhes de interesse prático ou da curiosidade anedótica, falando sempre por meio de nomes próprios de pessoas ou de lugares e ignorando, salvo para matar o tempo, as generalidades vagas e as explicações *ad hoc* que são de rigor com os estranhos, essa linguagem, que não se usa com o primeiro que aparece, ignora tudo o que é implícito, pois, é evidente; semelhante ao discurso do "historiador original" de Hegel que, "vivendo no espírito do acontecimento", assume os pressupostos daqueles cuja história ele narra, oferece oportunidades de descobrir, por sua própria obscuridade e pela ausência das falsas clarezas das narrativas parcialmente hábeis típicas dos leigos, a verdade da prática como cegueira à sua própria verdade[10].

Ao contrário da lógica, trabalho do pensamento que consiste em pensar o trabalho do pensamento, a prática exclui qualquer interesse formal. O retorno reflexivo sobre a própria ação, quando acontece (isto é, quase sempre, em caso de fracasso dos automatismos), permanece subordinado à busca do resultado e à busca (que não se percebe necessariamente como tal) da maximização do rendimento do esforço gasto. Por isso não tem nada em comum com a intenção de explicar como o resultado foi alcançado, e menos ainda de tentar compreender (para compreender) a lógica da prática, desafio à lógica lógica. Vê-se a antinomia prática que a ciência deve superar quando, mediante uma ruptura com toda espécie de operacionalismo que, aceitando tacitamente os pressupostos mais fundamentais

---

10. O fato de que o senso prático não pode (salvo treinamento especial) funcionar *sem lastro*, fora de qualquer situação, condena à irrealidade todas as pesquisas feitas com questionários que registram como produtos autênticos do *habitus* as respostas suscitadas pelos estímulos abstratos da situação de pesquisa, artefatos de laboratório que são para as reações em situação real o que os ritos folclorizados, realizados para os turistas (ou para os etnólogos), são para os ritos impostos pelos imperativos de uma tradição viva ou pela urgência de uma situação dramática. Isso nunca se vê tão bem quanto em todas as pesquisas que, pedindo que os entrevistados sejam seus próprios sociólogos e que digam a qual classe eles imaginam pertencer, ou se existe, segundo eles, classes sociais e quantas, não têm dificuldade em considerar de forma equivocada, em uma situação e diante de um questionamento tão artificial, o sentido do lugar ocupado no espaço social, que permite se situar e situar os outros praticamente, em situações ordinárias da existência.

da lógica prática, não pode objetivá-las, quer compreender em si mesma e para si mesma, e não para melhorá-la ou reformá-la, a lógica da prática que não compreende senão para agir.

A ideia de lógica prática, lógica em si, sem reflexão consciente nem controle lógico, é uma *contradição nos termos*, que desafia a lógica lógica. Essa lógica paradoxal é a de toda prática, ou melhor, de todo *senso prático*: presa por *aquilo do que se trata*, totalmente presente no presente e nas funções práticas que ali descobre sob a forma de potencialidades objetivas, a prática exclui o retorno sobre si mesma (isto é, sobre o passado), ignorando os princípios que a comandam e as possibilidades que ela encerra e que não pode descobrir senão agindo-as, isto é, desdobrando-as no tempo[11]. Existem sem dúvida poucas práticas que, como os ritos, parecem feitas para relembrar o quanto é falso enclausurar em conceitos uma lógica que é feita para prescindir do conceito; tratar como relações e operações lógicas manipulações práticas e movimentos do corpo; falar de analogias ou de homologias (como se é obrigado a fazer para compreender e fazer compreender) ali onde se trata apenas de transferências práticas de esquemas incorporados e quase posturais[12]. Como *prática performativa que se esforça em fazer ser o que ela faz ou diz*, o rito não é, com efeito, em mais de um caso, senão uma *mimesis* prática

---

11. Existem atos que um *habitus* jamais produzirá caso não encontre a situação na qual ele poderia atualizar suas potencialidades: sabe-se, por exemplo, que as situações limites dos tempos de crise oferecem a alguns a ocasião de revelar potencialidades desconhecidas de si mesmos e dos outros. É sobre essa interdependência do *habitus* e da situação que se apoiam os diretores de cinema quando colocam em relação um *habitus* (escolhido, intuitivamente, como princípio gerador de um estilo particular de palavras, gestos etc.) e uma situação artificialmente arranjada de forma a desencadear, criando assim as condições da produção de práticas (que podem ser completamente improvisadas) de acordo com suas expectativas.

12. Esses esquemas não podem ser percebidos senão na coerência objetiva das ações rituais que engendram; ainda que na maior parte das vezes se possa apreendê-las, quase que diretamente, no discurso, quando um informante "associa", sem qualquer razão aparente, duas práticas rituais que têm em comum apenas um esquema.

do processo natural que se trata de facilitar[13]. Em oposição à metáfora e à analogia explícitas, a *representação mimética* estabelece entre fenômenos tão diferentes quanto o inchaço dos grãos no caldeirão, o inchaço do ventre da mulher grávida e o broto do trigo na terra, uma relação que não implica qualquer explicitação das propriedades dos termos que se relacionam ou dos princípios de sua relação. As mais características operações de sua "lógica" – inverter, transferir, unificar, separar etc. – ali tomam a forma de movimentos corporais, virar à direita ou à esquerda, colocar de cabeça para baixo, entrar ou sair, unir ou cortar etc. Essa lógica que, como toda lógica prática, não pode ser percebida senão em ato, isto é, no movimento temporal que, ao destotalizá-la, a dissimula, apresenta para a análise um problema difícil que não tem solução senão em uma teoria da lógica teórica e da lógica prática. Os profissionais do *logos* querem que a prática *expresse* alguma coisa que possa se expressar por um discurso, de preferência lógico, e têm dificuldade em pensar que se pode arrancar uma prática da absurdidade, restituir-lhe sua lógica de outra maneira que lhe fazendo dizer o que não é necessário dizer, projetando sobre ela um pensamento explícito que por definição dela está excluído: podem-se imaginar todos os efeitos filosóficos ou poéticos que um espírito acostumado por toda uma tradição escolar a cultivar as "correspondências" swedenborgianas não deixaria de retirar do fato de que a prática ritual trata como equivalentes a adolescência e a primavera com seus avanços em direção à maturidade seguidos de bruscas regressões, ou que opõe as intervenções

---

13. Georges Duby que, rompendo com o "mentalismo" da maior parte das descrições da religião, indica que a religião dos cavaleiros "resolvia-se inteiramente em ritos, gestos, fórmulas" (DUBY, G. *Le temps des cathédrales, l'art et la societé de 980 à 1420*. Paris: Gallimard, 1976, p. 18) insiste no caráter prático e corporal das práticas rituais: "Quando um guerreiro prestava um juramento, o que contava a seus olhos primeiramente, não era o compromisso de sua alma, mas uma *postura corporal*, o contato que sua mão, pousada sobre a cruz, sobre o livro das Escrituras ou sobre uma bolsa de relíquias, tinha com o sagrado. Quando avançava para se tornar o homem de um senhor, também era uma *atitude*, uma *posição das mãos*, uma sequência de palavras ritualmente encadeadas e que somente o fato de pronunciá-las selava o contrato" (p. 62-63).

masculinas e femininas na produção e reprodução como o descontínuo e o contínuo[14].

Sem dúvida só se pode explicar a coerência prática das práticas e das obras com a condição de construir modelos geradores que reproduzam em sua própria ordem a lógica segundo a qual ela se engendra, e de elaborar esquemas que, graças ao seu poder sinótico de sincronização e de totalização, revelam, sem frases nem paráfrases, a sistematicidade objetiva da prática e que, quando utilizam adequadamente as propriedades do espaço (alto/baixo, direita/esquerda), podem até mesmo ter a virtude de falar diretamente ao esquema corporal (como sabem muito bem todos aqueles que devem transmitir disposições motrizes). Ocorre que se deve ter consciência da transformação que esses jogos de escrita teórica provocam na lógica prática pelo simples fato da explicação. Da mesma maneira que causariam menos espanto, na época de Lévy-Bruhl, as estranhezas da "mentalidade primitiva" caso tivesse sido possível conceber que a lógica da magia e da "participação" tinha alguma relação com a experiência mais ordinária da emoção ou da paixão (cólera, ciúme, ódio etc.), hoje, as proezas "lógicas" dos indígenas australianos encantariam menos se, por uma espécie de etnocentrismo invertido, não se prestasse inconscientemente ao "pensamento selvagem" a relação com o mundo que o intelectualismo concede a toda "consciência" e se não se ignorasse a transformação que conduz das operações dominadas no estado prático às operações formais que lhe são isomorfas, omitindo ao mesmo tempo se questionar sobre as condições sociais dessa transformação.

A ciência do mito está em seu direito de tomar emprestada à teoria dos grupos a linguagem na qual descreve a sintaxe do mito, mas com a condição de não esquecer (ou deixar esquecer) que, quando cessa de se mostrar e de se oferecer como uma tradução cômoda, essa linguagem destrói a verdade que permite apreender. Pode-se

---

14. O limite do que constitui a inclinação inerente à função de *intérprete* é representada pelas *especulações* dos teólogos que, sempre levados a projetar seus estados de alma para a análise do religioso, passaram, sem drama, por uma *reconversão* homóloga àquela dos analistas da literatura, a uma forma espiritualizada de semiologia em que Heidegger ou Congar convive com Lévi-Strauss ou Lacan, ou até mesmo Baudrillard.

dizer que a ginástica é geometria desde que não se compreenda que o ginasta é geômetra. E se estaria menos tentado a tratar implicitamente ou explicitamente os agentes como lógicos se se remontasse do logos mítico até a práxis ritual que coloca em cena, sob forma de ações realmente efetuadas, isto é, de movimentos corporais, as operações que a análise erudita descobre no discurso mítico, *opus operatum* que mascara sob suas significações reificadas o momento constituinte da prática "mitopoiética". Enquanto o espaço mítico-ritual for apreendido como *opus operatum*, isto é, como ordem das coisas coexistentes, ele jamais deixará de ser um espaço teórico, balizado pelos pontos de referência que são os termos das relações de oposição (alto/baixo, este/oeste etc.) e no qual não se podem efetuar senão operações teóricas, isto é, deslocamentos e transformações lógicas, que estão tão distantes dos movimentos e das transformações realmente realizadas, como uma queda ou uma ascensão, quanto o cão animal celeste do cão animal que ladra. Uma vez estabelecido, por exemplo, que o espaço interno da casa cabila recebe uma significação inversa quando é colocado no espaço total, não se tem o direito de dizer que cada um desses dois espaços, interno e externo, pode ser obtido a partir do outro por uma rotação parcial a não ser com a condição de devolver a linguagem na qual a matemática expressa suas operações ao solo originário da prática, dando aos termos como deslocamento e rotação seu sentido prático de *movimento do corpo*, tais como ir para a frente ou para trás, ou dar meia-volta; e de observar que se essa "geometria no mundo sensível", como diz Jean Nicod, geometria prática, ou melhor, prática geométrica, faz tal uso da *inversão*, é sem dúvida porque, à maneira do espelho que revela os paradoxos da simetria bilateral, o corpo funciona como um operador prático que busca à esquerda a mão direita que é preciso apertar, coloca o braço esquerdo na manga da roupa que estava à direita quando estava apoiada ou inverte a direita e a esquerda, o leste e o oeste, unicamente por dar meia-volta, por "enfrentar" ou por "dar as costas", ou ainda "coloca do avesso" o que estava "no lado certo", e tantos outros movimentos que a visão mítica do mundo carrega de significações sociais e dos quais o rito faz um uso intensivo.

    Surpreendo-me definindo a soleira
    Como o lugar geométrico

Das chegadas e das partidas
Na Casa do Pai[15].

O poeta encontra imediatamente o princípio das relações entre o espaço da casa e o mundo exterior nos movimentos de sentido inverso (no sentido duplo da palavra sentido) que são o entrar e o sair: pequeno produtor atrasado de mitologias privadas, tem menos dificuldade em atravessar as metáforas mortas para ir ao princípio da prática mitopoiética, isto é, aos movimentos e aos gestos que, como naquela frase de Alberto Magno, retomada por René Char, podem revelar a dualidade sob a unidade aparente do objeto: "Havia, na Alemanha, crianças gêmeas e uma delas abria as portas tocando-as com o braço direito, a outra as fechava tocando-as com o braço esquerdo"[16].

Assim, é necessário ir do *ergon* à *energeia*, seguindo a oposição de Wilhem von Humboldt, dos objetos ou das condutas ao princípio de sua produção ou, mais precisamente, da analogia ou da metáfora efetuada, fato realizado e letra morta (a : b :: c : d), que a hermenêutica objetivista considera, à prática analógica como *transferência de esquemas* que o *habitus* opera na base de equivalências adquiridas, facilitando a substituibilidade de uma reação por uma outra e permitindo dominar por uma espécie de generalização prática todos os problemas de mesma forma que podem surgir em situações novas. Retomar por meio do mito como realidade constituída o ato mitopoiético como momento constituinte, não significa, como o pensa o idealismo, buscar na consciência as categorias universais daquilo que Cassirer chama uma "subjetividade mitopoiética" ou, na linguagem de Lévi-Strauss, "as estruturas fundamentais do espírito humano" que governariam, independentemente das condições sociais, todas as configurações empiricamente realizadas. Significa reconstruir o sistema socialmente constituído de estruturas inseparavelmente cognitivas e avaliativas que organiza a percepção do mundo e a ação no mundo em conformidade às estruturas objetivas de um estado determinado do mundo social. Se as práticas e as representações rituais são praticamente coerentes, é porque são o produto do funcionamento combinatório de um pequeno número de esquemas geradores unidos por relações de *substituibilidade prática*, ou seja, capazes de pro-

---

15. Apud BACHELARD, G. *La poétique de l'espace*. Paris: PUF, 1961, p. 201 [*A poética do espaço*. São Paulo: Martins Fontes, 2005].
16. Ibid.

duzir resultados equivalentes do ponto de vista das exigências "lógicas" da prática. Se essa sistematicidade permanece imprecisa e aproximativa é porque esses esquemas só podem receber a aplicação quase universal que lhes é dada porque funcionam no *estado prático*, isto é, aquém da explicação e, consequentemente, fora de qualquer controle lógico e com referência aos *fins práticos* próprios a lhes impor e a lhes atribuir uma necessidade que não é a da lógica.

As discussões que se desenvolveram tanto entre os etnólogos (etnociência) como entre os sociólogos (etnometodologia) em torno dos sistemas de classificação têm em comum esquecer que esses instrumentos de conhecimento desempenham como tais funções que não são de puro conhecimento. Produzidos pela prática das gerações sucessivas, em um tipo determinado de condições de existência, esses esquemas de percepção, de apreciação e de ação que são adquiridos pela prática e colocados em ação no estado prático sem atingir a representação explícita funcionam como operadores práticos por meio dos quais as estruturas objetivas de que são o produto tendem a se reproduzir nas práticas. As taxinomias práticas, instrumentos de conhecimento e de comunicação que são a condição da constituição do sentido e do consenso sobre o sentido, não exercem sua eficácia *estruturante* a não ser que elas mesmas sejam *estruturadas*. O que não significa que sejam passíveis de uma análise estritamente *interna* ("estrutural", "componencial" ou outra) que, ao arrancá-las artificialmente às suas condições de produção e utilização, impede-se de compreender suas funções sociais[17]. A coerência que se observa em todos os produtos da aplicação de um mesmo *habitus* não tem outro fundamento senão a coerência que os princí-

---

17. O preconceito antigenético que inclina à recusa inconsciente ou afirmada de buscar na história individual ou coletiva a gênese das estruturas objetivas e das estruturas interiorizadas se conjuga com o preconceito antifuncionalista para reforçar a inclinação da antropologia estruturalista a atribuir mais coerência do que possuem e de que necessitam para funcionar nos sistemas simbólicos, produtos da história que, como a cultura segundo Lowie, permanecem "feitos de pedaços e de retalhos" (*things of shreds and patches*), ainda que os retalhos que as necessidades da prática obriguem a emprestar estejam continuamente submetidos às reestruturações e aos remanejamentos inconscientes e intencionais que tendem a integrá-los ao sistema.

pios geradores constitutivos desse *habitus* devem às estruturas sociais (estruturas das relações entre os grupos, sexos ou faixas de idade, ou entre as classes sociais) das quais são o produto e que tendem a reproduzir sob uma *forma transformada* e irreconhecível, ao inseri-las na estrutura de um sistema de relações simbólicas[18].

Reagir, como faz Lévi-Strauss, contra as leituras externas que lançam o mito na "estupidez primitiva" (*Urdummheit*) ao relacionar diretamente as estruturas dos sistemas simbólicos às estruturas sociais[19] não deve deixar que se esqueça que as ações mágicas ou religiosas são fundamentalmente "mundanas" (*diesseitig*), como diz Weber, e que, inteiramente dominadas pela preocupação em garantir o sucesso da produção e da reprodução, isto é, da *sobrevivência*, orientam-se para fins mais dramaticamente práticos, vitais e urgentes: sua extraordinária ambiguidade se deve ao fato de que colocam ao serviço dos fins tragicamente reais e totalmente irrealistas que se engendram em situação de desespero (principalmente coletivo), como o desejo de triunfar sobre a morte ou o infortúnio, uma lógica prática, produzida fora de toda intenção consciente, por um corpo e uma língua estruturados e estruturantes, geradores automáticos de atos simbólicos. As práticas rituais são como desejos ou súplicas do desespero coletivo, que se expressam em uma língua (por definição) coletiva (o que as assemelha de forma muito estreita à música); projetos insensatos de agir sobre o mundo natural como se age sobre o mundo social, de aplicar ao mundo natural estratégias que se aplicam aos outros homens, sob certas condições, isto é, estratégias de autoridade ou de reciprocidade, de lhe *significar* intenções, esperanças, desejos ou ordens, por

---

18. A história da perspectiva que Panofsky propõe (PANOFSKY, E. "Die Perspektive als 'Symbolische Form'". *Vorträge der Bibliothek Warburg*. Leipzig, Berlim, 1924-1925, p. 258-330 [trad. francesa: Paris: De Minuit, 1976]) constitui uma contribuição exemplar a uma história social dos modos convencionais de conhecimento e de expressão: isso contanto que, rompendo radicalmente com a tradição idealista das "formas simbólicas", haja um esforço de atribuir sistematicamente as formas históricas de percepção e de representação às condições sociais de sua produção e de sua reprodução (por uma educação expressa ou difusa), isto é, à estrutura dos grupos que as produzem e as reproduzem e à posição desses grupos na estrutura social.

19. LÉVI-STRAUSS, C. *Anthropologie structurale*. Paris: Plon, 1958, p. 229 [*Antropologia estrutural*. São Paulo: Cosac Naify, 2008].

meio de palavras ou atos performativos, que fazem sentido fora de qualquer intenção de significar[20]. A maneira menos inapropriada de "compreender" essa prática poderia consistir em aproximá-la desses ritos privados, que a situação de desespero extremo, a morte de uma pessoa amada, a espera ansiosa de um fato ardentemente desejado, levam a inventar e que, ainda que não tenham outra justificação senão a de dizer ou fazer alguma coisa em vez de nada quando não há nada a ser feito ou a ser dito, adotam inevitavelmente a lógica de uma linguagem e de um corpo que, mesmo e principalmente quando *giram em falso*, produzem *senso comum*, para engendrar palavras ou gestos ao mesmo tempo sensatos e insensatos.

Dessa maneira, podem-se ver ao mesmo tempo os erros ordinários e seu fundamento em um objeto que, como o rito e o mito, se presta, por sua ambiguidade intrínseca, às mais contraditórias leituras: de um lado, a distância arrogante que a hermenêutica objetivista deseja manter em relação às formas elementares do pensamento, tratadas como pretexto a exercícios de virtuosismo interpretativo, e cujo desencantamento, e até mesmo o horror esteta da *Afrique fantôme*[21], representam de fato o limite; por outro, a participação exaltada e o encantamento desrealizante dos grandes iniciados da tradição gnóstica que fazem funcionar como *sentido vivido* o senso comum, que se transformam nos sujeitos inspirados de um sentido objetivo[22]. A redução objetivista permite atualizar as funções ditas objetivas que os mitos ou os ritos desempenham (funções de integração moral como para Durkheim, funções de integração lógica, como para Lévi-Strauss); mas, ao separar o sentido objetivo que ela revela dos agentes que o fazem fun-

---

20. A propensão em pensar a economia mágica tendo como base o modelo da economia política pode ser vista, por exemplo, em todos os casos em que o princípio de reciprocidade intervém para determinar o *sacrifício*, como troca de uma vida contra uma vida. Caso típico, o sacrifício de um carneiro que se realiza no final da debulha, em nome da ideia de que uma boa colheita deve ser paga com o desaparecimento de um membro da família, servindo o carneiro como substituto.
21. LEIRIS, M. *L'Afrique fantôme*. Paris: Gallimard, 1934 [*África fantasma*. São Paulo: Cosac Naify, 2007].
22. Assim como a dificuldade em encontrar a justa distância entre o racismo de classe e o populismo, entre o preconceito desfavorável e o preconceito favorável, que ainda é uma forma de condescendência, leva a pensar a relação com as classes dominadas segundo a velha alternativa platônica do corte (*chorismos*) e da participação (*methexis*).

cionar e, em consequência, das condições objetivas e dos fins práticos com referência aos quais se define sua prática, ela impede compreender como se realizam essas funções[23]. Por sua vez, a antropologia "participante" se prevalece das invariantes antropológicas e da comunidade das experiências últimas – quando simplesmente não é da nostalgia dos paraísos agrários, princípio de todas as ideologias conservadoras – para buscar respostas eternas às eternas questões das cosmologias e das cosmogonias nas respostas práticas que os camponeses de Cabília ou de outras regiões deram às questões práticas e historicamente situadas que se lhes impunham em um estado determinado de seus instrumentos de apropriação material e simbólica do mundo[24]: ao recortar as práticas de suas condições reais de existência para lhes emprestar intenções estrangeiras, mediante uma falsa generosidade que favorece os efeitos de estilo, a exaltação das sabedorias perdidas os despossui de tudo o que constitui sua razão e sua razão de ser e os enclausura na essência eterna de uma "mentalidade"[25]. A mulher cabila que monta o seu tear não realiza um ato cosmogônico: ela simplesmente monta seu tear para produzir um tecido destinado a desempenhar uma função técnica; acontece que, dado o equipamento simbólico de que ela dispõe para pensar praticamente sua prática – e em particular sua linguagem que a

---

23. Assim, por exemplo, para compreender como pode funcionar a *maldição*, limite da palavra performativa pela qual se exerce continuamente o poder dos anciões, seria necessário ter em mente o conjunto das condições sociais que devem ser preenchidas para que nesse caso a magia performativa aja: em particular, a profunda miséria, material e moral (e em primeiro lugar aquela que produz a crença na magia, o medo dos outros, da palavra dos outros, da opinião, cuja crença no mau-olhado não é sem dúvida senão o limite) e também a potência que dá à palavra de senso comum, e àquele que a enuncia, o fato de ter a seu favor toda a ordem social, toda a experiência passada, e isso em uma situação de profunda insegurança, em que, como nas situações de catástrofes, se evita desafiar a sorte.

24. A leitura mística dos mitos dogons proposta por Griaule e a exegese inspirada dos pré-socráticos elaboradas por Heidegger são duas variantes paradigmáticas do mesmo efeito, separadas somente pela "nobreza" de seu pretexto e de suas *referências*.

25. Quase não é necessário dizer que, neste caso, os "primitivos" (como em outros casos o povo) não são senão um pretexto às batalhas ideológicas cujo verdadeiro desafio reside nos interesses presentes dos ideólogos; e sem dúvida não seria muito difícil mostrá-lo a propósito das denúncias espetaculosas e fáceis da etnologia colonial que estão em voga atualmente a propósito da visão encantada das sociedades arcaicas ou camponesas que, em um outro tempo, acompanhava a denúncia elitista do "desencantamento do mundo".

remete incessantemente à lógica do trabalho –, ela não pode pensar sobre o que faz senão sob a forma encantada, isto é, mistificada, com a qual se encanta o espiritualismo sedento de mistérios eternos.

Os ritos acontecem e não acontecem porque encontram sua razão de ser nas condições de existência e nas disposições de agentes que não podem se oferecer o luxo da especulação lógica, da efusão mística ou da inquietude metafísica. Não basta ridicularizar as formas mais ingênuas do funcionalismo para estar quite com a questão das funções práticas das práticas. Evidentemente, nada se poderia compreender do ritual do casamento cabila a partir de uma definição universal das funções do casamento como operação destinada a garantir a reprodução biológica do grupo de acordo com as formas aprovadas pelo grupo. Mas não se poderia compreender muito mais, apesar das aparências, a partir de uma análise estrutural que ignorasse as funções específicas das práticas rituais e que omitisse de se questionar sobre as condições econômicas e sociais de produção das disposições geradoras tanto dessas práticas quanto da definição coletiva das funções práticas a serviço das quais elas funcionam. O camponês cabila não reage às "condições objetivas", mas a essas condições apreendidas por meio dos esquemas socialmente constituídos que organizam sua percepção. Compreender a prática ritual, devolver-lhe não somente sua razão, mas sua razão de ser sem convertê-la em construção lógica ou em exercício espiritual, não significa apenas reconstituir sua lógica interna; significa lhe restituir sua necessidade prática ao relacioná-la com as condições reais de sua gênese, isto é, com as condições nas quais se encontram definidas tanto as funções que ela desempenha quanto os meios que emprega para alcançá-las[26]; significa descre-

---

26. Aqui seria necessário citar Arnold van Gennep, que relembra que as narrativas antigas eram *agidas* em uma espécie de drama total, e não somente recitadas: "A produção literária dita popular é uma atividade útil, necessária à manutenção e ao funcionamento da organização social em consequência de seu vínculo com outras atividades, desta vez materiais. Principalmente no seu início, ela é um elemento orgânico e não, como se acreditava, uma atividade estética supérflua, um luxo" (VAN GENNEP, A. *La formation des legendes*. Paris: Flammarion, 1913, p. 8). Na mesma lógica, Mouloud Mammeri evidencia as *funções práticas* da sabedoria cabila e dos poetas que são os seus guardiões (cf. MAMMERI, M. & BOURDIEU, P. "Dialogues sur la poésie orale em Kabylie". *Actes de la Recherche en Sciences Sociales*, 19, 1978, p. 67-76).

ver os mais brutais materiais fundamentos do *investimento* na magia, como a fraqueza das forças produtivas e reprodutivas que faz de toda uma vida dominada pelo sentimento de desespero engendrado pela incerteza em relação aos desafios mais vitais, uma luta aleatória contra o acaso; significa tentar nomear, sem realmente esperar *evocá-la*, essa experiência *coletiva* de impotência que está no princípio de toda visão do mundo e do porvir (ela se expressa tanto na relação com o trabalho concebido como um tributo incondicional como na prática ritual) e que constitui a mediação prática por meio da qual se estabelece a relação entre as bases econômicas e as ações ou as representações rituais. De fato, é pelo intermédio da função que, na relação complexa entre um modo de produção e um modo de percepção relativamente autônomo, se encontra atribuída à prática inseparavelmente técnica e ritual, e dos esquemas operatórios usados para desempenhá-la, que se encontra praticamente realizada, em cada prática, e não em qualquer "articulação" entre os sistemas, a relação entre as condições econômicas e as práticas simbólicas[27]. Para se ter uma ideia da complexidade dessa rede de circuitos de causalidade circular que faz, por exemplo, com que as práticas técnicas ou rituais sejam determinadas pelas condições materiais de existência apreendidas pelos agentes dotados de esquemas de percepção que são eles próprios determinados pelo menos negativamente por essas condições (retraduzidas em uma forma particular de relações de produção), basta indicar que uma das funções dos ritos – em particular por ocasião do casamento e dos cultivos,

---

27. Tentaremos mostrar que, no nível das funções, o ritual expressa o estado das forças produtivas que o determinam de forma negativa pelo intermédio da incerteza e da insegurança sob a forma de uma espécie de imenso esforço para fazer *durar* uma vida natural e humana incessantemente suspensa, ameaçada, enquanto que, no nível das estruturas, ele retraduz na oposição entre dois tipos de ritos, ritos de eufemização e de licitação dos cultivos ou da ceifa, ritos propiciatórios dos períodos de gestação e de espera, a oposição que domina toda a vida agrária entre o tempo de trabalho (isto é, o que depende do *homem*) e o tempo de produção (isto é, o que depende somente da natureza) e que é pensada nos mesmos termos que a divisão do trabalho entre os sexos, com, de um lado, as intervenções breves, violentas, descontínuas e contranatural do homem na produção (cultivo ou ceifa) e a reprodução e, do outro, a lenta e longa gestação, a gestão, a manutenção e a defesa da vida, que incumbem à mulher.

ou também da ceifa – é superar praticamente a contradição propriamente ritual que a taxinomia ritual provoca ao dividir o mundo em princípios contrários e ao mostrar como violências sacrílegas os atos mais indispensáveis à sobrevivência do grupo.

6
A ação do tempo

Ao se prender a práticas que, como as práticas rituais, devem algumas de suas propriedades mais importantes ao fato de que são "destotalizadas" por seu desdobramento na sucessão, poder-se-ia correr o risco de deixar escapar as propriedades da prática que a ciência destemporalizante tem menos possibilidades de restituir, isto é, aquelas que deve ao fato de que se constrói no tempo, de que recebe do tempo sua *forma* como ordem de uma sucessão e, dessa maneira, seu sentido (no duplo sentido). É o caso de todas as práticas que, como a troca de dons ou as lutas de honra, definem-se, pelo menos aos olhos dos agentes, como sequências irreversíveis e orientadas de atos relativamente imprevisíveis. É preciso se lembrar de que, contra a representação ordinária e contra a célebre análise de Mauss a quem ele reprova de ter se situado no nível de uma "fenomenologia" da troca de dons, Lévi-Strauss considera que a ciência deve romper com a experiência nativa e com a teoria nativa dessa experiência para estabelecer que é a troca que "constitui o fenômeno primitivo, e não as operações discretas nas quais a vida social a decompõe"[1], ou, dito de outra forma, que as "leis mecânicas" do ciclo de reciprocidade são o princípio inconsciente da obrigação de dar, da obrigação de devolver e da obrigação de receber[2]. Ao estabelecer que o modelo objetivo, obtido pela redução do politético ao monotético, da sucessão destotalizada e irreversível à totalidade perfeitamente reversível, é a lei imanente das práticas, o princípio invisível dos movimentos observados, o erudito reduz os agentes ao *status* de autômatos ou corpos inertes movidos por mecanismos obscuros para fins que ignoram. Os "ciclos de reciprocidade", en-

---

1. Cf. LÉVI-STRAUSS, C. "Introduction à l'oeuvre de Marcel Mauss". *Sociologie et anthropologie*. Paris: PUF, 1950, p. XXXVIII.
2. Cf. ibid., p. XXXVI.

grenagens mecânicas de práticas obrigatórias, não existem senão para o olhar absoluto do espectador onisciente e onipresente, que deve à sua ciência da *mecânica social* ser capaz de estar presente nos diferentes momentos do "ciclo": na realidade, o dom pode permanecer sem contrapartida, quando se obriga um ingrato; ele pode ser recusado como uma ofensa na medida em que afirma ou reivindica a possibilidade da reciprocidade, portanto, do reconhecimento[3]. Sem falar dos espíritos de porco que questionam o próprio jogo e sua bela mecânica aparente (à maneira daquele a quem os cabilas chamam *amahbul*) e mesmo no caso em que as disposições dos agentes estão tão perfeitamente harmonizadas quanto possível e em que o encantamento das ações e reações parece inteiramente previsível *de fora*, a incerteza sobre o resultado da interação permanece enquanto a sequência não estiver acabada: as trocas mais ordinárias, e até mesmo as mais aparentemente rotineiras, da existência ordinária, como "os pequenos presentes" que "sedimentam a amizade", supõem uma improvisação, portanto, uma incerteza permanente que, como se diz, representa todo o *charme*, portanto, toda a *eficácia social*.

> Situados a meio-caminho entre os dons "gratuitos" (*el-maâtar*, o dom sem retorno, "semelhante ao leite de uma mãe", ou *thikchi*, a coisa dada sem contrapartida) e os dons mais rigorosamente obrigatórios (*elahdya* ou *lehna*), os pequenos presentes devem ter pouco valor, fáceis, portanto, de retribuir, feitos, portanto, para serem retribuídos e retribuídos facilmente[4]; mas eles devem ser *frequentes* e de alguma forma contínuos, o que implica que funcionam na lógica da "surpresa" ou da "atenção" mais do que de acordo com a mecânica do ritual. Destinados a manter a ordem ordinária das relações familiares, eles quase sempre consistem em um prato de alimento cozido, de cuscuz (acompanhado de um pedaço de queijo, quando marcam o primeiro leite de uma vaca) e seguem o curso das pequenas alegrias familiais, aquelas do tercei-

---

[3]. "Não se ofenda com essa oferta [...]. Sou tão consciente de ser um zero aos seus olhos que você pode aceitar de minha parte até mesmo dinheiro. Um presente meu é sem consequência" (DOSTOIEVSKI. *Le joueur*. Paris: Gallimard, 1958, p. 47).

[4]. Nós dizemos "coisinhas" e, como resposta aos agradecimentos, "de nada" ou "não é nada".

ro ou do sétimo dia após o nascimento, do primeiro dente ou do primeiro passo do bebê, do primeiro corte de cabelos, do primeiro mercado ou do primeiro jejum do menino. Associados aos momentos do ciclo de vida dos homens ou da terra, engajam aqueles que acreditam fazer parte de sua alegria e aqueles que, em contrapartida, tomam parte nessa alegria, em um verdadeiro rito de fecundidade: jamais se devolve o recipiente no qual estava contido o presente sem ali colocar, "para o bom augúrio" (*el fal*), o que às vezes se chama *thiririth* (de *er*, devolver), isto é, um pouco de trigo, de sêmola (nunca de cevada, planta feminina, símbolo de fragilidade), ou melhor, legumes secos, grão-de-bico, lentilhas etc., chamados *ajedjig*, oferecidos para que "o menino (que é a ocasião da troca) floresça". Esses presentes ordinários (aos quais se deve acrescentar aqueles que são designados pelo nome de *tharzefth* e que são feitos por ocasião das visitas) se opõem claramente aos presentes extraordinários, *elkhir, elahdya* ou *lehna*, oferecidos por ocasião das grandes festas chamadas *thimeghriwin* (singular *thameghra*), casamentos, nascimentos, circuncisões, e muito especialmente à *lwâada*, o dom devido a um santo. E, de fato, os pequenos presentes entre parentes e vizinhos são para o presente em dinheiro e em ovos oferecidos por aliados distantes tanto no espaço quanto na genealogia, e também no tempo – uma vez que não são vistos senão de tempos em tempos, de maneira descontínua, nas "grandes ocasiões" – e que, por sua importância e sua solenidade, é sempre uma espécie de *desafio controlado*, o que os casamentos na linhagem ou na vizinhança, tão frequentes e tão estreitamente inseridos na trama das trocas ordinárias que passam completamente desapercebidos, são para os casamentos extraordinários, entre vilarejos ou tribos diferentes, destinados às vezes a selar alianças ou reconciliações, sempre marcados por cerimônias solenes, mais prestigiosos, mas também infinitamente mais perigosos.

Basta que exista a possibilidade de que algo aconteça diferentemente do que desejam as "leis mecânicas" do "ciclo de reciprocidade" para que toda experiência da prática e ao mesmo tempo sua lógica se encontrem mudadas. A passagem da probabilidade mais elevada à certeza absoluta representa um salto qualitativo que não é proporcional à distância numérica. A incerteza que encontra seu fundamento objetivo na lógica probabilista das leis sociais basta para modificar não somente a experiência da prática, mas a própria prática, encorajando, por exemplo, as estratégias que almejam evitar o resultado mais provável. Reintroduzir a incerteza significa reintroduzir o tempo, com seu ritmo, sua orientação, sua irreversibilidade, ao substituir a mecânica do *modelo* pela dialética das *estratégias*, mas sem recair na antropologia imaginária das teorias do "ator racional".

A *ars inveniendi* é uma *ars combinatoria*. E se pode construir um *modelo gerador* relativamente simples que permite dar conta teoricamente da lógica da prática, isto é, engendrar, *sobre o papel*, o universo das práticas (condutas de honra, atos de troca) realmente observadas ou potencialmente observáveis que chocam ao mesmo tempo por sua diversidade inesgotável e por sua necessidade aparente, sem recorrer ao impossível "arquivo de representações pré-fabricadas de que fala Jakobson[5] e que permitiria "escolher" a conduta conveniente a cada situação. Assim, para dar conta de todas as condutas de honra observadas e somente destas, basta se oferecer um princípio fundamental, o da igualdade em honra, que, embora jamais seja colocado explicitamente como axioma de todas as operações éticas, parece orientar as práticas, porque o sentido da honra oferece seu domínio prático. Com efeito, a troca de honra, como qualquer troca (de dons, de palavras) define-se com tal – em oposição à violência unilateral da agressão – isto é, como implicando a *possibilidade* de uma *sequência*, de um *retorno*, resposta, contradom, réplica, no fato de que encerra o *reconhecimento* do parceiro (ao qual neste caso ele atribui a igualdade em honra)[6]. O desafio, como tal, requer a resposta e se dirige, portanto, a um homem estimado capaz

---

5. JAKOBSON, R. *Essais de linguistique générale*. Paris: De Minuit, 1963, p. 46.
6. O dom sempre encerra um desafio mais ou menos denegado. "Ele o envergonhou", diziam, segundo Marcy, os berberes marroquinos a propósito do dom em forma de desafio (*thawsa*) que marcava as grandes ocasiões (MARCY, G. "Les vestiges de la parenté maternelle en droit coutumier berbère et le régime des sucessions touarègues". *Revue Africaine*, 85, 1941, p. 187-211). Isso permite observar que a lógica do desafio e da resposta é o limite para o qual tende a troca de dons quando a troca generosa tende para o *assalto de generosidade*.

de jogar o jogo da honra e de jogá-lo bem: é por isso que ele *honra*. A recíproca desse postulado de reciprocidade é que apenas um desafio lançado por um igual em honra merece ser considerado: o ato de honra só se constitui completamente como tal pela resposta, que implica o reconhecimento da igualdade em honra, isto é, o reconhecimento do desafio como ato de honra e de seu autor como homem de honra. O princípio fundamental e sua reciprocidade implicam por sua vez que aquele que entra em uma troca de honra (lançando ou aceitando um desafio) com alguém que não é seu igual em honra se desonra: quando desafia um superior, ele se expõe ao desprezo, que fará cair sobre ele a desonra; quando desafia um inferior ou quando aceita o desafio deste, ele desonra a si mesmo. Assim, *elbahadla*, a humilhação total, recai sobre aquele que abusa de sua vantagem para humilhar seu adversário além dos limites em vez de deixá-lo "cobrir-se de vergonha sozinho". Inversamente, *elbahadla* recairia sobre aquele que se atrevesse a aceitar um desafio insensato: quando se abstém de responder, ele faz recair sobre o presunçoso todo o peso de seus atos arbitrários[7].

Tem-se assim um esquema bem simples:

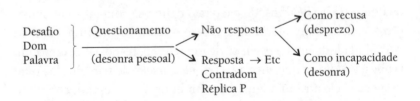

---

7. Ainda que sejam apresentadas aqui de maneira dedutiva, essas proposições não foram produzidas pela dedução, como testemunham suas sucessivas versões da análise (a primeira, publicada em 1965, estava ainda mais próxima da representação nativa, isto é, oficial; a segunda, publicada em 1972, apoiava-se em uma série de *estudos de casos* e apresentava o modelo proposto aqui, mas sob uma forma menos econômica).

Esse modelo gerador que reduz a troca a uma série de escolhas sucessivas operadas a partir de um número bem reduzido de princípios graças a uma combinatória bem simples, e que permite dar conta de uma maneira bastante econômica de uma infinidade de casos particulares de trocas fenomenalmente tão diferentes quanto as trocas de dons, de palavras ou de desafios, reproduz *em sua ordem* o funcionamento do *habitus* e a lógica da prática que procede por séries de escolhas irreversíveis, efetuadas na urgência e muitas vezes com enormes questões em jogo (por vezes a vida, como no caso das trocas de honra ou da magia) em resposta às outras escolhas que obedecem a mesma lógica[8].

Basta apenas se oferecer alguns princípios de aplicação geralmente obtidos pela combinação dos esquemas fundamentais da visão mítico-ritual do mundo (dia/noite, masculino/feminino, fora/ dentro etc.) que constituem como tal o sagrado (*h'aram*) e da lógica das trocas sociais (o princípio de isotimia e seus corolários) para dar conta de todos os artigos de todos os usos e costumes apresentados pela tradição etnográfica e se dar até mesmo os meios de produzir o corpus possível dos atos de jurisprudência conformes ao "sentido de equidade" em sua forma cabila[9]. São esses esquemas, *raramente enunciados como tal* na prática[10], que, quando se trata de avaliar a gravidade de

---

8. Os ritos de possessão ou de exorcismo e todas as lutas mágicas revelam, como limite, que os atos mágicos são operações "lógicas" realizadas em situações de urgência vital, em que se trata de vida e de morte, a "estereotipagem mágica" de que fala Weber resulta sem dúvida por uma parte lado do fato de que os erros têm importantes consequências.

9. Os enunciados encerrados no costume de um clã ou de um vilarejo particular não representam senão uma diminuta parte do universo dos atos de jurisprudência possíveis, cuja adição dos enunciados produzidos a partir dos mesmos princípios e consignados nos usos e costumes de diferentes grupos oferece por si só uma frágil ideia.

10. O *qanun* próprio a cada clã (ou a cada vilarejo) consiste essencialmente em uma enumeração de faltas particulares seguidas de uma penalidade correspondente, os princípios a partir dos quais são produzidos esses atos de jurisprudência consagrados são deixados no estado implícito. É por isso, por exemplo, que o *qanun* de Agouni-n-Tesellent, vilarejo da tribo dos Ath Akbil, contava, para um conjunto de 249 artigos, 219 leis "repressivas" (no sentido de Durkheim), ou seja, 88%, contra 25 leis "restitutivas", ou seja, 10%, e 5 artigos unicamente sobre os fundamentos de ordem política.

um roubo, conduzirão a levar em conta, na lógica do *h'aram*, todas as circunstâncias (lugar e hora) de sua realização, que opõe a casa (ou a mesquita), lugares sagrados, a todos os outros lugares, a noite ao dia, os dias de festa aos dias ordinários, para associar, todas as coisas com o mesmo peso, ao primeiro termo, a sanção mais severa (em um extremo, o roubo cometido de noite em uma casa, atentado sacrílego ao *h'aram* que se transforma em uma *ofensa* de honra, e no outro extremo, o roubo cometido durante o dia em um campo distante). Esses princípios práticos só são enunciados, contrariamente à regra, quando a *natureza do objeto roubado* obriga a suspender a sua validade: assim, por exemplo, o *qanun* de Ighil Imoula, relatado por Hanoteaux e Letourneux, prevê que "aquele que roubar, mediante astúcia ou força, uma mula, um boi ou uma vaca, pagará 50 *Réaux*[11] à djemâa e ao proprietário o valor do animal roubado, quer o roubo tenha sido cometido de *noite ou de dia, em uma casa ou fora dela, quer os animais pertençam ao dono da casa ou a qualquer outra pessoa*"[12]. São os mesmos esquemas fundamentais que, funcionando sempre de forma implícita, permitem produzir a avaliação apropriada da gravidade das rixas: com efeito, são encontradas oposições entre a casa e os outros lugares (o assassinato de uma pessoa surpreendida em uma casa não sofreu qualquer sanção, pois era uma resposta legítima a um atentado à *h'urna*), entre a noite e o dia, entre as festas e os dias ordinários, às quais são acrescentadas as variações de acordo com o valor socialmente reconhecido ao agressor e à vítima (homem/mulher, adulto/criança) e de acordo com os instrumentos e os procedimentos empregados (mediante traição – durante o sono, por exemplo –, ou de homem a homem) e o grau de realização da agressão (simples ameaça ou passagem ao ato). Mas a especificidade da lógica prática que engendra uma infinidade de práticas sempre adaptadas às situações diferentes a partir de esquemas de aplicação tão geral e automática que apenas excepcionalmente são convertidos em princípios explícitos se revela no fato de que os usos e costumes de diferentes grupos (vilarejos ou tribos) apresentam variações na importância da sanção infligi-

---

11. Trata-se da moeda local da época (N.T.).
12. HANOTEAU, A. & LETOURNEUX, A. Op. cit., t. III, p. 338.

da para a mesma infração: compreensíveis tratando-se de práticas dos mesmos *esquemas implícitos*, essas incertezas e essa imprecisão estariam excluídas de uma série de atos de jurisprudência produzidos pela aplicação de um mesmo *código explícito*, expressamente produzido mediante um trabalho propriamente jurídico que pretende prever todos os casos possíveis de transgressão e de sanção, e capazes de servir de base aos atos de jurisprudência homogêneos e constantes, isto é, previsíveis e calculáveis. A lógica prática que tem por princípio um sistema de esquemas geradores e organizadores objetivamente coerentes, que funciona no estado prático como um princípio de seleção muitas vezes impreciso, mas sistemático, não tem nem o *rigor* nem a *constância* que caracterizam a lógica lógica, capaz de *deduzir* a ação racional dos princípios explícitos e explicitamente controlados e sistematizados de uma axiomática (e que também seriam os seus caso ela fosse deduzida do modelo construído para explicá-la). É por isso que ela se revela em uma espécie de *unidade de estilo* que, embora seja imediatamente perceptível, não possui nada da coerência estrita e sem surpresa dos produtos combinados de um plano.

Ao produzir do lado de fora, na objetividade, sob a forma de princípios controláveis, o que guia as práticas do lado de dentro, a análise erudita torna possível uma verdadeira *tomada de consciência*, transmutação (materializada pelo esquema) do esquema em *representação* que oferece o domínio simbólico dos princípios práticos que o senso prático age sem representá-los ou ao se oferecer representações parciais e inadequadas. Da mesma maneira que o ensino do tênis, do violino, do xadrez, da dança ou do boxe decompõe em posições, em passos ou em golpes as práticas que integram todas essas unidades elementares de comportamento, artificialmente isoladas, na unidade de uma prática organizada e orientada, da mesma forma os informantes tendem a oferecer ou normas gerais (sempre acompanhas de exceções), ou "golpes" notáveis[13], por não poder se apropriar teoricamente da matriz prática a partir da qual esses gol-

---

13. Toda espécie de exemplos será vista nas análises apresentadas abaixo, seja *elbahadla*, a humilhação excessiva, nas trocas de honra, ou o casamento com a prima paralela nas trocas matrimoniais.

pes podem ser engendrados e que não possuem senão na prática, "na medida em que são o que são", como diz Platão. A mais sutil armadilha reside sem dúvida no fato de que os agentes recorrem de bom grado à linguagem ambígua da *regra*, aquela da gramática, da moral e do direito, para explicar uma prática social que obedece a outros princípios bem diferentes, dissimulando assim, aos seus próprios olhos, a verdade de seu domínio prático como *douta ignorância*, isto é, como modo de conhecimento prático que não encerra o conhecimento de seus próprios princípios. As teorias nativas são, com efeito, menos temíveis não porque orientam a busca para explicações ilusórias, mas porque trazem um reforço não necessário à teoria da prática que é inerente à abordagem objetivista das práticas e que, tendo extraído do *opus operatum* os princípios estimados de sua produção, os institui como normas das práticas (com frases como "a honra *quer* que...", "o bem-estar *exige* que...", "o costume exige que..." etc.).

> O trabalho pedagógico de inculcação representa, com a institucionalização que sempre se acompanha de um mínimo de objetivação no discurso (em particular no *direito*, encarregado de prevenir ou punir os fracassados da socialização) ou este ou aquele outro suporte simbólico (símbolos ou instrumentos rituais etc.), uma das ocasiões privilegiadas para formular e de constituir os esquemas práticos em normas expressas. Não é por acaso sem dúvida que a questão das relações entre o *habitus* e a "regra" se revela assim que aparece historicamente uma ação de inculcação expressa e explícita. Como o sugere a leitura de *Ménon* de Platão, o surgimento de uma educação institucionalizada é correlativa de uma crise da educação difusa, que vai diretamente da prática à prática sem passar pelo discurso. A excelência (isto é, o domínio prático em sua forma realizada) cessou de existir a partir do momento que se perguntou se ela pode ensinar, a partir do momento que se pensou em fundar a prática conforme as regras extraídas, para as necessidades da transmissão, como fazem todos os *academismos*, da prática das épocas anteriores ou de seus produtos. Enquanto que os novos mestres podem sem risco desafiar os *kaloi kagathoi*, incapazes de levar ao nível do discurso o que adquiri-

ram não se sabe como, *apo tou automatou*, e que não possuem senão "enquanto são o que são", os mantenedores da educação à moda antiga não encontram dificuldade em desvalorizar um saber que, como o dos *mathonthes*, os homens do saber, carrega a marca do aprendizado. E isso sem dúvida porque o "desvio" denunciado pela palavra academismo é inerente a qualquer tentativa para explicitar e codificar uma prática que não se apoia em um conhecimento dos princípios reais dessa prática. Assim, por exemplo, as pesquisas que alguns educadores realizaram (como René Deleplace) em seu esforço para racionalizar o aprendizado das práticas esportivas ou artísticas ao tentar favorecer a *tomada de consciência* dos mecanismos que estão realmente em ação nessas práticas, mostram que, por não se fundar em um *modelo formal* que conduz ao estado explícito os princípios que o senso prático (ou, mais exatamente, o "senso do jogo" ou a inteligência tática) domina no estado prático e que se adquirem praticamente por *mimetismo*, o ensino das práticas esportivas deve se reduzir às regras, ou mesmo receitas, e concentrar o aprendizado em fases típicas (golpes), expondo-se assim a produzir muitas vezes disposições disfuncionais por não poder fornecer uma visão adequada da prática tomada *em seu conjunto* (é o caso, por exemplo, quando, no rúgbi, o treino chama a atenção sobre os vínculos entre parceiros em vez de priorizar a relação com os adversários de onde se deduz a relação justa entre parceiros).

    Compreende-se melhor por que essa produção meio erudita que é a regra constitui o obstáculo por excelência à construção de uma teoria adequada da prática: ao ocupar erroneamente o lugar das duas noções fundamentais, a matriz teórica e a matriz prática, o modelo teórico e o senso prático, ela impede que se questione sua relação. O modelo abstrato que se deve construir (para explicar, por exemplo, as práticas de honra) só vale completamente se for considerado por aquilo que é, um artefato teórico totalmente estranho à prática – ainda que uma pedagogia racional possa usá-lo em funções práticas ao permitir àquele que possui seu equivalente prático se apropriar realmente dos princípios de sua prática, seja para levá-los à sua plenitude, seja para tentar deles se libertar. O motor de toda a dialética do desafio e da resposta, do dom e do contradom, não é uma axiomática abstrata, mas o senso de honra, disposição inculcada por toda a primeira educação e constantemente exigida e reforçada pelo grupo, e inscrita tanto nas posturas e nas dobras do corpo (na maneira de manter o corpo ou o olhar, de falar, de comer ou de andar) quanto nos automatismos da linguagem e do pensamento, por meio dos quais o homem se autoafirma como homem realmente homem, isto é, viril[14]. Esse senso prático que não se embaraça nem com as regras nem com os princípios (salvo no caso de perda ou de fracasso), e menos ainda com cálculos ou deduções, de toda maneira excluídos pela urgência da ação que "não pode ficar para depois", é o que permite apreciar no mesmo instante, rapidamente e no calor da ação, o sentido da situação e produzir tão logo a resposta oportuna[15]. Somente, com efeito, essa espécie de domínio adquirido, que funciona com a segurança automática de um instinto, pode permitir que se tenha uma resposta imediata a todas as situações de incerteza e às ambiguidades das práticas: assim, por exemplo, imagina-se o

---

14. O verbo *qabel*, que muitos informantes apresentam como uma espécie de expressão repleta de todos os valores de honra, reúne de fato todos esses níveis, uma vez que ele designa ao mesmo tempo posturas corporais (enfrentar, olhar no rosto, afrontar), virtudes reconhecidas (como a arte de receber um hóspede e de honrar um convidado ou o fato de saber afrontar os outros, para o melhor ou o pior, olhando-os no rosto) e categorias mítico-rituais (como o fato de ficar de frente para o leste, para a luz, para o porvir).

15. Se a prática se contenta com uma lógica parcial ou descontínua e com uma "racionalidade satisfatória ou limitada" (*satisficing or limited rationality*), não é somente porque, como já foi observado, o recurso aos procedimentos empíricos ou aos princípios de decisão já experimentados permite fazer a economia do custo provocado pela reunião e pela análise da informação (cf. SIMON, H. A behavioral theory of rational choice. *Quarterly Journal of Economics*, 69, 1954, p. 99-118). É principalmente porque *a economia de lógica* autorizada pela decisão tomada ao julgar, de uma maneira não muito acurada, *by rule of thumb*, implica uma *economia de tempo* que, mesmo em matéria de escolhas econômicas, não significa pouco quando se sabe que o próprio da prática é funcionar na urgência e que a melhor decisão do mundo não vale nada quando vem após a batalha, uma vez passada a ocasião oportuna ou o momento ritual (o que o analista e o experimentador esquecem e agem como se aquele que está engajado na partida pudesse empregar seu tempo para decodificar sem se expor a sofrer a sanção prática de seu atraso).

domínio das taxinomias e a arte de colocá-las em jogo que supõe o fato de impor a ausência de resposta como uma marca de desdém quando a diferença entre os antagonistas não é bastante marcada e que o desprezo pode ser suspeito de mascarar a esquiva; nesse caso, como o demonstram as transgressões dos "sábios" (*imusnawen*) que violam a regra oficial em nome de uma lei mais alta[16], não se trata apenas de fazer, mas de *fazer acreditar*, e no mesmo instante, ao impor simultaneamente uma resposta e uma definição da situação capaz de reconhecê-la como a única legítima: isso graças a um conhecimento muito justo de seu próprio valor simbólico e do valor socialmente reconhecido ao adversário e do sentido provável de uma conduta que depende primeiramente do julgamento que os outros terão dela e de seu autor.

Tudo contribui para mostrar que o bom uso do modelo, que supõe o corte, exige que, superando a alternativa ritual do corte e da participação, se faça a teoria daquilo que é, em seu princípio, a lógica da prática como participação prática no jogo, *illusio*, e ao mesmo tempo, do corte teórico, da distância que ele supõe e produz. Essa teoria que não tem nada a ver com uma participação na experiência prática da prática é o que permite escapar aos erros teóricos ordinariamente incorridos pelas descrições da prática. Para convencer da necessidade de encontrar nessa teoria da prática (e da teoria) o princípio de um controle metódico de toda prática científica, é preciso retornar ao exemplo canônico da troca de dons em que a visão objetivista, que substitui a sucessão vivida dos dons pelo modelo objetivo do ciclo de reciprocidade, opõe-se de maneira particularmente clara à visão subjetivista: ela privilegia, com efeito, a prática tal como ela aparece de fora e no instante em relação à maneira como é vivida e agida, experiência que se encontra remetida, sem outra forma de processo, ao estado de pura aparência. Deter-se na verdade objetivista do dom, isto é, no modelo, significa deixar de lado a questão da relação entre a verdade que é chamada objetiva, a do observador, e a verdade que se pode apenas chamar subjetiva, uma vez

---

16. Cf. MAMMERI, M. & BOURDIEU, P. Op. cit.

que ela representa a definição coletiva e mesmo oficial da experiência subjetiva da troca, ou seja, o fato de que os agentes praticam como irreversível uma sequência de ações que o observador constitui como reversível. O conhecimento do efeito destemporalizante do olhar "objetivo" e da relação que vincula a prática à duração obriga a se perguntar se há lugar para escolher entre o ciclo objetivamente reversível e quase mecânico que a apreensão exterior e totalizante do observador produz e a sucessão não menos objetivamente irreversível e relativamente imprevisível que os agentes produzem por meio de sua prática, isto é, mediante as séries de escolhas irreversíveis na e pelas quais eles *se temporalizam*. Uma análise da troca de dons, de palavras ou de desafios, para ser verdadeiramente objetiva, deve levar em consideração o fato de que, longe de se desenrolar de acordo com um encadeamento mecânico, a série dos atos que, apreendidos de fora e depois, se apresentam como ciclo de reciprocidade, supõe uma verdadeira criação continuada e pode se interromper em cada um de seus momentos; e que cada um dos atos inaugurais que a constitui sempre corre o risco de cair no vazio e, deixado sem resposta, de se encontrar retrospectivamente despojado de seu sentido intencional (a verdade subjetiva do dom não podendo se realizar, como se viu, senão no contradom que o consagra como tal). Significa dizer que se a reciprocidade é a verdade "objetiva" dos atos discretos e vividos como tais que a experiência comum associa à ideia de dom, pode-se duvidar que ela constitua toda a verdade de uma prática que só poderia existir se sua verdade subjetiva coincidisse perfeitamente com essa verdade "objetiva". Observa-se, com efeito, em toda sociedade que, sob pena de constituir uma ofensa, o contradom deve ser *protelado* e *diferente*, a restituição imediata de um objeto exatamente idêntico equivale evidentemente a uma recusa: a troca de dons se opõe, portanto, ao *toma lá, dá cá* que, como o modelo teórico da estrutura do ciclo de reciprocidade, colide no mesmo instante com o dom e o contradom; ele se opõe também ao *empréstimo*, cuja restituição explicitamente garantida por um ato jurídico é considerada como *já efetuada* no próprio instante do estabelecimento de um contrato capaz de garantir a previsibilidade e a calculabilidade dos atos prescritos. Se for necessário introduzir no modelo a dupla diferença, e bem particularmente o *prazo*, que o modelo "monotético" abole, isso não é, como o sugere Lévi-Strauss, para obedecer a preocupação "fenomenológica" de restituir a experiência vivida da prática da troca; é que o funcionamento da troca de dons supõe o *desconhecimento* individual e coletivo da verdade do "mecanismo" objetivo da troca, aquela mesma que a restituição imediata revela brutalmente, e do trabalho individual e coletivo que é necessário para garanti-la: o *intervalo de tempo* que separa o dom e o contradom é o que permite perceber como *irreversível* uma relação de troca sempre ameaçada de mostrar e de se mostrar como reversível, isto é, como ao mesmo tempo *obrigada* e *interessada*. "A demasiada pressa que se tem em se desvencilhar de uma obrigação, como diz La Rochefoucauld, é uma espécie de ingratidão." Trair a pressa que se experimenta ao ser liberado da obrigação contraída e manifestar assim de forma demasiado ostensiva a vontade de pagar os serviços prestados ou os dons recebidos, de estar quite, de nada dever, significa denunciar retroativamente o dom inicial como inspirado pela intenção de obrigar. Se aqui tudo é uma questão de modo, isto é, neste caso, do conveniente, se a mesma palavra, o mesmo gesto, o mesmo ato, fazer um dom ou retribuí-lo, fazer uma visita ou retribuí-la, lançar um desafio ou aceitá-lo, lançar um convite ou aceitá-lo etc., muda completamente de sentido segundo seu momento, isto é, se ele chega a tempo ou a contratempo, a propósito ou fora de propósito, é porque o tempo que, como se diz, *separa* o dom do contradom, autoriza o autoengano coletivamente mantido e aprovado que constitui a condição do funcionamento da troca. A troca de dons é um desses jogos sociais que só podem ser jogados se os jogadores se recusam a conhecer e principalmente a reconhecer a verdade objetiva do jogo, aquela mesma que o modelo objetivista revela, e se estão predispostos a contribuir, com esforços, com cuidados, com atenção, com *tempo*, à produção do desconhecimento coletivo. Tudo ocorre como se as estratégias, e em particular aquelas que consistem em jogar com o *andamento* da ação ou, na interação, com o *intervalo* entre as ações, organizassem-se com o objetivo de dissimular, para si e para os outros, a verdade da prática revelada brutalmente pelo etnólogo, unicamente pelo fato de substituir as práticas que não se efetuam senão em seu tempo e no tempo pelos momentos intercambiáveis de uma sequência reversível.

Abolir o intervalo é também abolir a estratégia. Esse período intercalar, que não deve ser curto demais (como se vê bem na troca de dons), mas que não pode ser longo demais (em particular na troca de assassinatos de vingança), é exatamente o contrário do tempo morto, do tempo para nada, de que é feito o modelo objetivista. Enquanto não retribuir, aquele que recebeu é um *obrigado*, que deve manifestar sua gratidão para com seu benfeitor ou, em todo caso, respeitá-lo, adulá-lo, não empregar contra ele todas as armas de que dispõe, sob pena de ser acusado de ingratidão e de se ver condenado pela "palavra dos outros", que decide a partir do sentido das ações. Aquele que não vingou o assassinato, não recuperou sua terra adquirida por uma família rival, não casou suas filhas a tempo, vê seu capital consumido, cada dia mais, pelo tempo que passa: a menos que seja capaz de transformar o *atraso* em um atraso estratégico: adiar a restituição do dom pode ser uma maneira de alimentar a incerteza sobre suas próprias intenções, já que é impossível fixar, como momento realmente maléfico nos períodos funestos do calendário ritual, o ponto em que a curva toma a direção contrária e em que a não resposta para de ser negligência para se tornar uma recusa desprezível; é também uma maneira de impor as condutas obsequiosas que se impõem enquanto as relações não são rompidas. Compreende-se nessa lógica que aquele cuja filha é pedida tem o dever de responder o mais rapidamente possível caso sua resposta seja negativa, sob pena de parecer que está abusando de sua vantagem e de ofender aquele que pede, mas, no caso contrário, ele é livre para adiar o quanto puder a resposta, para manter a vantagem conjuntural que lhe dá sua posição de solicitado, e que imediatamente perderá no momento em que der sua aprovação definitiva. Tudo se passa como se a ritualização das interações tivesse como efeito paradoxal dar toda sua eficácia social ao tempo, jamais tão atuante quanto nesses momentos em que nada se passa, apenas o tempo: "O tempo, como se diz, trabalha em seu favor"; o inverso também pode ser verdadeiro. Significa dizer que o tempo retira sua eficácia do estado da estrutura das relações na qual ele intervém; o que não significa que o modelo dessa estrutura possa abstraí-lo. Quando o desenrolar da ação é demasiado ritualizado, como na dialética da ofensa (atentado contra o *h'aram*) e da vingança, em que toda espécie de evasiva, mesmo convertida em desprezo, encontra-se excluída, existe ainda lugar para as estratégias que consistem em jogar com o tempo, ou melhor, com o *andamento* da ação, deixando arrastar a vingança, de maneira a fazer de um capital de provocações recebidas ou de conflitos suspensos e da virtualidade de vinganças ou de conflitos que ele encerra, um instrumento de poder fundado na capacidade de tomar a iniciativa da retomada ou de cessar as hostilidades. É assim, com muita razão, em todas as ocasiões menos estritamente reguladas que deixam o campo livre para as estratégias que pretendem tirar proveito das possibilidades oferecidas pela manipulação do andamento da ação, temporizar ou recuar, retardar ou adiar, fazer aguardar e fazer ter esperança, ou, pelo contrário, apressar, precipitar, ultrapassar, pegar desprevenido, surpreender, tomar a dianteira, sem falar da arte de oferecer tempo de modo ostentatório ("consagrar seu tempo a alguém") ou, ao contrário, recusá-lo (maneira de mostrar que se reserva um "tempo precioso"). É conhecido, por exemplo, todo o proveito que o detentor de um poder transmissível pode tirar da arte de adiar a transmissão e de manter a indeterminação e a incerteza sobre as intenções últimas. Isso sem esquecer todas as estratégias que, não tendo outra função senão neutralizar a ação do tempo e garantir a continuidade das relações interpessoais, pretendem produzir um contínuo com o descontínuo, à maneira dos matemáticos, adicionando ao infinito o infinitamente pequeno, sob a forma, por exemplo, das atenções, dos respeitos, das amabilidades ou desses "presentinhos" que, como se diz, "estreitam a amizade" ("Ó presente – *thunticht* –, você não me enriquece, mas estreita a amizade").

Está-se longe do modelo objetivista e do encadeamento mecânico de ações previamente reguladas que são comumente associadas à noção de ritual: somente o virtuoso, com um perfeito domínio de sua arte de viver, pode jogar com todos os recursos que lhe oferecem as ambiguidades e as indeterminações das condutas e das situações para produzir as ações que convêm em cada caso, para fazer no momento oportuno aquilo sobre o qual se dirá que "não havia outra coisa a ser feita", e fazê-lo como se deve. Longe também das normas e das regras: sem dúvida são conhecidos, aqui ou em outro lugar, os erros de língua, as inabilidades e os tropeços; e também os gramáticos das conveniências que sabem dizer, e muito bem, o que é conveniente fazer e dizer, mas que não pretendem enclausurar em um catálogo das situações recorrentes e das condutas convenientes a "arte" da *improvisação necessária* que define a excelência. A estrutura temporal da prática funciona aqui como uma tela que impede a totalização: instrumento de *denegação*, o intervalo interposto entre o dom e o contradom é o que permite *fazer coexistir*, tanto na experiência individual quanto no julgamento comum, uma verdade subjetiva e uma verdade objetiva absolutamente antinômicas[17]. É a maldição do objetivismo que não faz senão estabelecer com muita dificuldade, tanto aqui como em todos os casos em que se confronta com a crença coletiva, com verdades que são menos ignoradas do que *reprimidas*[18]; e que não pode englobar no modelo que produz para explicar a prática da *ilusão subjetiva*, individual ou coletiva, privada ou oficial, contra a qual teve que conquistar sua verdade, isto é, de fato a *illusio*, a crença, e as condições da produção e do funcionamento dessa denegação coletiva. A relação entre o modelo objetivista e o *habitus*, entre o esquema teórico e o esquema do senso prático (que duplicam as regras práticas como explicitações par-

---

17. Os ditados que exaltam a generosidade, virtude suprema do homem honrado, coexistem com provérbios que revelam a tentação do espírito de interesse: "O presente é uma infelicidade", diz um deles, e um outro: "O presente é uma galinha e a recompensa um camelo"; enfim, jogando com a palavra *lehna* que significa tanto o presente quanto a paz e com a palavra *elahdya* que significa presente, se diz: "Ó vós que nos trazeis a paz (o presente), deixai-nos em paz", ou "deixai-nos em paz (*lahna*) com vosso presente (*elahdya*)" ou a "paz é o melhor presente".

18. É o caso, por exemplo, de todas as pesquisas sobre o culto da arte e da cultura: a sociologia que revela a verdade "objetiva" deve esperar que se oponham às evidências que ela traz (penso, por exemplo, na relação entre o nível escolar e a frequentação dos museus estabelecida no *L'amour de l'art*) um *desmentido* (no sentido de Freud) que não é senão a forma defensiva da *denegação* ordinária e que deve à integração na construção teórica da *ilusão*, ou seja, da *crença*, de que ela teve que combater e a *objetivação* das condições de sua produção e de seu funcionamento (é o sentido das pesquisas conduzidas desde *L'amour de l'art* sobre as condições de produção da crença no valor da obra de arte).

ciais e imperfeitas dos princípios), complica-se, portanto, com um terceiro termo, a norma oficial e a teoria nativa que reforçam ao duplicá-la no nível do discurso a *repressão* da verdade "objetiva" (isto é, objetivista) que está inscrita na própria estrutura da prática e que, por isso mesmo, faz parte da verdade completa da prática. A inculcação não é jamais tão perfeita que se possa fazer a economia de toda explicitação, isso mesmo nos casos em que, como na Cabília, a objetivação dos esquemas geradores em uma gramática das práticas, um código escrito das condutas, é tão reduzida quanto possível. As representações oficiais, entre as quais se deve contar, além das regras dos usos e costumes, os poemas gnômicos, os ditados ou os provérbios, todas as espécies de objetivação dos esquemas de percepção e de ação nas palavras, nas coisas ou nas práticas (isto é, tanto o vocabulário de honra ou de parentesco, com o modelo do casamento que ele implica, quanto os objetos ou os atos rituais) mantêm uma relação dialética com as disposições que ali se expressam e que contribuem a produzir e a reforçar. Os *habitus* estão espontaneamente inclinados a *reconhecer* todas as expressões nas quais se reconhecem, porque estão espontaneamente inclinados a produzi-los, e particularmente todos os produtos exemplares dos *habitus* mais conformes que foram selecionados e conservados pelos *habitus* das gerações sucessivas e que estão investidos da força intrínseca da objetivação e da autoridade vinculada a toda realização publicamente autorizada do *habitus*.

O próprio das representações oficiais é instituir os princípios de uma relação prática com o mundo natural e social nas palavras, objetos, práticas e principalmente nas manifestações coletivas e públicas, como os grandes rituais, as delegações e as procissões solenes (os gregos as chamavam *teorias*) cuja forma secularizada são nossos desfiles, comícios, manifestações, nos quais o grupo se mostra como tal, em seu volume e em sua estrutura. Essas manifestações rituais são também representações – no sentido do teatro –, espetáculos que colocam em jogo e em cena todo o grupo, assim constituído como espectador de uma representação visível daquilo que não é uma representação do mundo natural e social, uma "visão do mundo", como se gosta de dizer, mas uma relação prática e tácita com as coisas do mundo. A *oficialização* é o processo pelo qual o grupo (ou aqueles que o dominam) ensina-se e mascara sua própria verdade ao se vincular por uma profissão pública que torna lícito e impõe o que ela enuncia, definindo tacitamente os limites do pensável e do impensável e contribuindo assim à manutenção da ordem social da qual extrai seu poder[19]. Consequentemente a dificuldade intrínseca de toda explicação da lógica da prática se encontra redobrada pelo obstáculo constituído pelo conjunto das representações autorizadas nas quais o grupo aceita se reconhecer[20].

A crítica objetivista se funda em questionar a definição oficial das práticas, em descobrir os determinantes reais que se escondem sob as motivações proclamadas. A redução brutalmente materialista que descreve os valores como interesses coletivamente desconhecidos, portanto, reconhecidos, e que relembra, com Weber, que a regra oficial não determina a prática senão quando o interesse em lhe obedecer prevalece sobre o interesse em lhe desobedecer, exerce

---

19. O efeito de imposição simbólica que a representação oficial exerce por si está associado a um efeito mais profundo quando a gramática semierudita, descrição normativa, é objeto de um ensino outorgado (diferencialmente) por uma instituição específica e se torna assim o princípio de um *habitus cultivado*: dessa maneira, em uma sociedade dividida em classes, o *habitus* linguístico legítimo supõe a objetivação (e mais precisamente a tesaurização e a formalização operada pelo corpo dos gramáticos) e a inculcação, operada pela família e pelo sistema de ensino, do *sistema de regras* (a gramática) que é o produto dessa objetivação. Nesse caso, como no domínio da arte e, mais geralmente, da cultura erudita, é a norma semierudita (gramática, categorias escolares de percepção, de apreciação e de expressão etc.) que, incorporada (sob forma de "cultura"), torna-se o princípio da produção e da compreensão das práticas e dos discursos. Em consequência, as relações com a cultura (e com a língua) erudita são objetivamente definidas pelo grau de incorporação da norma legítima: a facilidade daqueles que, tendo um domínio precoce e profundo da gramática erudita das práticas e dos discursos, estão tão manifestamente em regra com suas exigências que podem se permitir os jogos com a regra que definem a excelência, opõe-se à tensão e à pretensão daqueles que, por sua conformidade estrita à regra, lembram que estão destinados à *execução* da regra, sem mencionar aqueles que não podem, não importa o que façam, estar em regra com as regras que são feitas *contra eles*.

20. Aqueles que são designados para falar do grupo em nome do grupo, os porta-vozes autorizados aos quais primeiramente se dedicou o etnólogo (homens mais do que mulheres, homens maduros ou idosos mais do que jovens e respeitados mais do que marginais) propõem um discurso conforme à visão que o grupo quer dar e se dar de si mesmo, valorizando (principalmente em presença de um estrangeiro) os valores (por exemplo, os valores de honra) mais do que os interesses, as regras mais do que as estratégias etc.

sempre um efeito de desmistificação salutar; mas nem por isso ela não deve fazer esquecer que a definição oficial do real faz parte de uma definição completa da realidade social e que essa antropologia imaginária tem efeitos bem reais: pode-se recusar à *regra* a eficácia que lhe atribui o juridismo sem ignorar que existe um interesse em *estar em regra* que pode estar no princípio de estratégias que pretendem *colocar-se em regra*, colocar, como se diz, o direito do seu lado, prender de alguma forma o grupo em seu próprio jogo apresentando os interesses sob as aparências desconhecidas dos valores reconhecidos pelo grupo. As estratégias diretamente orientadas para o benefício primário (por exemplo, o capital social oferecido por um casamento bem-sucedido) associam-se muitas vezes a estratégias de segundo grau que pretendem dar uma satisfação aparente às exigências da regra oficial e cumular assim as satisfações do interesse e o prestígio ou o respeito que quase que universalmente se destinam às ações sem qualquer outra determinação aparente a não ser o respeito da regra. Com efeito, não há nada que os grupos peçam com mais insistência e não recompensem com muita generosidade do que essa reverência declarada pelo que demonstram reverenciar[21].

As estratégias que pretendem produzir práticas em regras são um exemplo particular de todas as estratégias de oficialização, que têm como objetivo transmudar interesses "egoístas", privados, particulares (noções que não se definem senão na relação entre uma unidade social e uma unidade abrangente de nível superior), em *interesses desinteressados*, coletivos, publicamente confessáveis, legítimos. Na ausência de instâncias políticas constituídas e dotadas do monopólio de fato da violência legítima, a ação propriamente política não pode se exercer senão pelo efeito de oficialização. Ela supõe, portanto, a competência (no sentido de capacidade socialmente reconhecida em uma autoridade) que é indispensável, em particular nos momentos de crise em que o julgamento coletivo chancela, para

---

21. Entre aquele que a excelência de uma prática "naturalmente" conforme à regra oficial predispõe a desempenhar as funções de delegado e de porta-voz e aquele que, não contente em transgredir as regras do jogo, nada faz para mascarar ou atenuar sua faltas, existe um lugar reconhecido para aquele que, ao admitir as aparências ou a intenção da conformidade, isto é, o *reconhecimento*, à regra que não pode nem respeitar nem recusar, contribui para a existência, bem oficial, da regra.

manipular a definição coletiva da situação de maneira a aproximá-la da definição oficial e mobilizar o grupo mais amplo possível ao universalizar um incidente privado por meio da solenização (apresentando, por exemplo, a injúria dirigida a uma mulher particular como um ataque feito à *h'urma* de todo o grupo) ou, pelo contrário, desmobilizá-lo ao desmentir o indivíduo diretamente envolvido e reduzindo-o ao estatuto de simples particular, privado de razão a ponto de querer impor sua razão privada (*idiôtès* em grego e *amahbul* em cabila).

Quando, como na Cabília antiga, não existe aparelho judiciário dotado do monopólio da violência física ou mesmo simbólica, os preceitos do costume não têm qualquer eficácia senão na medida em que, habilmente manipulados pelos detentores da autoridade no clã (os "responsáveis" ou os "sábios"), ele vem "reativar" as disposições capazes de reproduzi-los. Com efeito, a assembleia não funciona como um tribunal que enuncia veredictos referindo-se a um código preexistente, mas como um conselho de arbitragem ou de família que se esforça em conciliar os pontos de vista dos adversários e de lhes fazer aceitar um arranjo: significa que o funcionamento do sistema supõe a *orquestração dos habitus*, uma vez que a decisão do árbitro não pode ser executada senão com o consentimento da parte "condenada" (em sua ausência o requerente tem como único recurso o emprego da força) e que ela não tem possibilidade de ser aceita a não ser que esteja conforme ao "sentido de equidade" e imposta segundo as formas reconhecidas pelo "senso de honra". E como não ver que os meios de coerção simbólicos como a *maldição* ("Aquele que levar adubo das barracas da feira será punido com 50 douros e será lançada contra ele uma maldição que o transformará em *amengur* – ele morrerá sem herdeiro –", Artigo XC do *qanun* de Adni, relatado por Boulifa, 1913, p. 15-27) ou o *banimento* só deve sua eficácia à cumplicidade objetiva (a crença) daqueles que os pressionam?

A política oferece às estratégias de oficialização seu terreno de eleição: em seu esforço para atrair sobre si mesmos a delegação do grupo e para subtraí-la a seus concorrentes, os agentes em competição pelo poder político só podem se opor estratégias rituais e rituais estratégicos, que almejam à universalização simbólica dos interesses privados ou à apropriação simbólicas dos interesses oficiais[22]. Significa que as espécies de representações oficiais e em particular aquelas que são objetivadas na linguagem sob forma de ditados, provérbios, poemas gnômicos, estão entre as questões em jogo mais disputadas de suas lutas. Apropriar-se das "palavras da tribo", significa se apropriar do poder de atuar sobre o grupo ao se apropriar do poder que o grupo exerce sobre si mesmo por meio de linguagem oficial: com efeito, o princípio da eficácia mágica dessa linguagem performativa que faz existir aquilo que ela enuncia, que institui magicamente aquilo que ela diz nas constatações constituintes, não reside, como alguns creem, na própria linguagem, mas no grupo que a autoriza e que se autoriza, que a reconhece e que nela se reconhece.

Assim ao objetivismo falta objetividade ao omitir integrar em seu relatório do real a representação do real contra a qual teve que construir sua representação "objetiva" mas que, quando tem a seu lado a unanimidade do grupo, realiza a forma mais indiscutível da objetividade. A troca de dons é o paradigma de todas as operações graças às quais a alquimia simbólica produz esse real que denega o real pretendido pela consciência coletiva como desconhecimento coletivamente produzido, sustentado e mantido pela verdade "objetiva". A verdade oficial produzida pelo trabalho coletivo de eufemização, forma elementar do trabalho de objetivação que conduzirá à definição jurídica das práticas convenientes, não é somente o que permite ao grupo salvar seu "pundonor espiritualista"; ela também

---

22. A competição pelo poder oficial está circunscrita aos homens, as mulheres não podem entrar em competição senão por um poder destinado a permanecer *oficioso*. Os homens têm para eles a ordem social inteira e toda a instituição oficial, começando pelas estruturas mítico-rituais e genealógicas que, ao reduzir a oposição entre o oficial e o privado à oposição entre o fora e o dentro, portanto, entre o masculino e o feminino, estabelecem uma hierarquização sistemática que destina as intervenções femininas a uma existência vergonhosa, clandestina, ou, pelo menos, oficiosa: mesmo quando detêm o poder real, como é muitas vezes o caso, pelo menos em matéria de casamento, as mulheres não podem exercê-lo completamente senão com a condição de deixar aos homens a aparência, isto é, a manifestação oficial; elas só podem ter algum poder caso aceitem se contentar com o poder oficioso da eminência parda, *poder dominado* que não pode se exercer senão por procuração, sob o manto de uma autoridade oficial, de forma que continua servindo a autoridade da qual se serve.

tem uma eficácia real, porque, ainda que desmentida por todas as práticas, à maneira de uma regra de gramática que teria apenas exceções, ela permanece a verdade das práticas que se querem convenientes. A moral da honra pesa sobre cada um com o peso de todos os outros e o desencantamento que conduz à progressiva revelação das significações e das funções reprimidas não pode resultar senão de um desmoronamento das condições sociais da *censura cruzada* a que cada um pode se submeter com impaciência sem deixar de submetê-la a todos os outros, e da crise da denegação coletiva que disso resulta[23].

---

23. A urbanização, que aproxima grupos dotados de tradições diferentes e que enfraquece os controles cruzados, ou a simples "descamponização" determinada pela generalização das trocas monetárias e pela introdução do assalariamento, provocam o desmoronamento da ficção coletiva coletivamente mantida e dessa maneira absolutamente real que era a religião da honra (assim, por exemplo, à *confiança* se substitui o *crédito* – *talq* –, antes amaldiçoado ou desprezado, como testemunha a injúria "ó, cara de crédito", rosto daquele que, perpetuamente humilhado, para de sentir a desonra, ou o fato de que o repúdio sem restituição, ofensa suprema, se chama *berru natalq*). A relação dóxica com o mundo é a manifestação mais visível do efeito que se exerce todas as vezes que as práticas de um grupo apresentam uma dispersão muito fraca (curva em J) e que cada um de seus membros contribui para que os outros sofram, *volens nolens*, a mesma pressão que lhe fazem sofrer: com efeito, a ideia de romper essa espécie de controle circular que não poderia ser denunciado senão por uma tomada de consciência e por um contrato coletivos está excluída pela própria lógica do *efeito de unanimidade* – absolutamente irredutível a um efeito de imitação ou de moda (ao contrário do que acreditavam as teorias do contrato original, somente o contrato pode arrancar à pressão sem contrato dos mecanismos sociais que sanciona o *laisser-faire*). O fato de que a crença primeira das comunidades fortemente integradas é o produto da pressão serial que o grupo exerce sobre si mesmo (e que pode ser *impacientemente sentida*, como era o caso para o controle religioso nos vilarejos rurais, sem poder jamais suscitar uma revolta capaz de questioná-la) permite sem dúvida compreender que as rupturas (por exemplo, em matéria de prática religiosa) muitas vezes tomam uma forma brutalmente coletiva, o controle circular perdendo sua eficácia assim que aparece a *possibilidade real* de rompê-lo.

7
O capital simbólico

A construção teórica que projeta retrospectivamente o contradom no projeto do dom não tem como efeito apenas transformar em encadeamentos mecânicos de atos obrigados a improvisação ao mesmo tempo arriscada e necessária das estratégias cotidianas que devem sua infinita complexidade ao fato de que o cálculo não confessado do doador deve contar com o cálculo não confessado do donatário, satisfazer, portanto, às suas exigências fazendo de conta que as ignora. Ela faz desaparecer, na mesma operação, as condições de possibilidade do *desconhecimento institucionalmente organizado e garantido*, que está no princípio da troca de dons e, talvez, de todo o trabalho simbólico que pretende transmudar, pela ficção sincera de uma troca desinteressada, as relações inevitáveis e inevitavelmente interessadas que são impostas pelo parentesco, pela vizinhança ou pelo trabalho, em relações eletivas de reciprocidade e, mais profundamente, em transformar as relações arbitrárias de exploração (da mulher pelo homem, do filho mais novo pelo mais velho ou dos jovens pelos anciões) em *relações duráveis porque fundadas na natureza*. No *trabalho de reprodução das relações estabelecidas* – festas, cerimônias, trocas de dons, de visitas ou de gentilezas e principalmente casamentos –, que não é menos indispensável à existência do grupo do que a reprodução dos fundamentos econômicos de sua existência, o trabalho necessário para dissimular a função das trocas desempenha um papel que não é menos importante do que o trabalho exigido para o cumprimento da função[1]. Se for verdade que o inter-

---

[1]. Basta para se convencer evocar a tradição graças à qual a profissão médica mantém a relação de "confraternidade" e que, ao excluir o pagamento de honorários entre médicos, obriga a procurar, em cada caso, em intenção de um confrade cujos gostos e necessidades não são necessariamente conhecidos, um presente que não esteja nem muito acima nem muito abaixo do preço da consulta, mas sem muita precisão evidentemente, porque isso significaria declarar o preço desse serviço e ao mesmo tempo denunciar a ficção interessada da gratuidade.

valo de tempo interposto é o que permite ao dom ou ao contradom mostrar e se mostrar como outros tantos atos inaugurais de generosidade, sem passado nem porvir, isto é, sem *cálculo*, observa-se que ao reduzir o politético ao monotético o objetivismo aniquila a verdade de todas as práticas que, como a troca de dons, tendem ou pretendem suspender por um tempo o exercício da lei do interesse. Porque ele dissimula, ao estender no tempo, a transação que o contrato racional contém naquele instante, a troca de dons é o único modo de circulação dos bens que pode ser, se não praticado, pelo menos plenamente reconhecido nas sociedades que, segundo a expressão de Lukács, negam "o verdadeiro chão de sua vida", ao mesmo tempo o único meio de instaurar relações duráveis de reciprocidade, mas também de dominação, o intervalo interposto representando um começo de institucionalização da obrigação.

    O economismo é uma forma de etnocentrismo: que trata as economias pré-capitalistas, segundo a expressão de Marx, "como os Pais da Igreja tratavam as religiões que tinham precedido o cristianismo", aplicando-lhes categorias, métodos (os da contabilidade econômica, por exemplo) ou conceitos (como as noções de interesse, de investimento ou de capital etc.) que, sendo o produto histórico do capitalismo, submetem seu objeto a uma transformação radical semelhante à transformação histórica da qual se originaram. Assim, porque não conhece outra espécie de interesse a não ser aquele que o capitalismo produziu, por uma espécie de operação real de abstração, ao instaurar um universo de relações fundadas no "frio pagamento em dinheiro", e de modo mais geral ao favorecer a constituição de campos relativamente autônomos, isto é, capazes de colocar sua própria axiomática (pela tautologia originária, "negócios são negócios", na qual se funda a "economia"), o economismo não pode integrar em suas análises e menos ainda em seus cálculos nenhuma das formas do interesse "não econômico": como se o cálculo econômico não pudesse se apropriar do terreno objetivamente entregue à lógica impiedosa do "interesse puro e simples", como diz Marx, senão abandonando uma ilhota de sagrado, miraculosamente poupada pela "água glacial do cálculo egoísta", refúgio do que não tem preço, por excesso ou por falta. Mas, sobretudo, ele nada pode compreender dos universos que, não tendo operado tal dissociação, têm, caso se possa dizer, uma economia em si e não para si. Assim, toda objetivação parcial ou total da economia arcaica que não inclui uma teoria da relação subjetiva de desconhecimento que os agentes moldados nessa economia, isto é, por e para ela, mantêm com sua verdade "objetiva", isto é, objetivista, sucumbe à forma mais sutil e irrepreensível do etnocentrismo; aquela mesma que se incorre quando, ao esquecer que a constituição da arte como arte é correlativa da constituição de um campo artístico relativamente autônomo, consideram-se como estéticas algumas práticas "primitivas" ou "populares", que não podem se pensar como tais.

Tudo se passa como se o próprio da economia "arcaica" residisse no fato de que a ação econômica não pode reconhecer explicitamente os fins econômicos em relação aos quais está objetivamente orientada: "a idolatria da natureza" que impede a constituição da natureza como matéria-prima e ao mesmo tempo a constituição da ação humana como *trabalho*, isto é, como luta de homem contra a natureza, conjuga-se com a acentuação sistemática do aspecto simbólico dos atos e das relações de produção para impedir a constituição da economia como tal, isto é, como sistema regido pelas leis do cálculo interessado, da concorrência ou da exploração. Ao reduzir essa economia à sua verdade "objetiva", o economismo aniquila sua especificidade, que reside precisamente na defasagem socialmente mantida entre a verdade "objetiva" e a representação social da produção e da troca. Não é por um acaso que o léxico da economia arcaica é inteiramente composto por essas noções de dupla face que a própria história da economia dedica à dissociação uma vez que, por causa de sua dualidade, as relações sociais que designam representam muitas das tantas estruturas instáveis, condenadas a se desdobrar assim que se enfraquecem os mecanismos sociais que as sustentavam[2]. Por isso, para tomar um exemplo extremo, o contrato de anticrese (*rahnia*) pelo qual o prestatário cede ao emprestador o usufruto de uma terra até a data do reembolso e que é considerado como a forma mais odiosa da usura quando conduz ao desapossamento, não está distante senão pela qualidade social da relação entre as partes, e ao mesmo tempo pelas modalidades da convenção,

---

2. Cf. BENVENISTE, E. *Le vocabulaire des institutions indo-européennes*. Paris: De Minuit, 1969, principalmente t. I: Economie, parenté, societé.

da assistência dada a um parente em desespero para evitar que ele venda uma terra que, assim que o seu uso é deixado a seu proprietário, constitui uma espécie de garantia[3]. "São precisamente os romanos e os gregos, escreve Mauss, que provavelmente depois dos semitas do Norte e do Oeste, inventaram a distinção entre o direito pessoal e o direito real, separaram a venda do dom e da troca, isolaram a obrigação moral e o contrato, e, principalmente, conceberam a diferença que existe entre ritos, direitos e interesses. São eles que, por uma verdadeira, importante e respeitável revolução, superaram toda essa moral envelhecida e essa economia do dom demasiado incerta, demasiado dispendiosa e demasiado suntuária, sobrecarregada de considerações pessoais, incompatível com um desenvolvimento do mercado, do comércio e da produção, e que em última análise na época era antieconômica"[4]. As situações históricas nas quais se opera, em relação com a generalização das trocas monetárias, a dissociação que conduz das estruturas artificialmente mantidas da economia da boa-fé às estruturas *claras e econômicas* (em oposição a dispendiosas) da economia do interesse sem máscara, mostram o custo para fazer funcionar uma economia que, ao se recusar se reconhecer e se confessar como tal, se condena a gastar pouco a pouco tanta engenhosidade e energia para dissimular a verdade dos atos econômicos quanto para realizá-los. Dessa forma, por exemplo, um pedreiro cabila bastante respeitado, que aprendera sua profissão na França, provocou um escândalo, por volta de 1955, quando ao voltar para casa, tendo terminado seu trabalho, sem fazer a refeição tradicionalmente oferecida em sua honra durante a construção das casas, e ao pedir, além do preço de seu dia de trabalho (1.000 francos), uma indenização de 200 francos pelo preço da refeição: exigir o equivalente em dinheiro pela refeição, significava operar uma inversão sacrílega da fórmula pela qual a alquimia simbólica pretendia transfigurar tanto o trabalho quanto seu preço em dons graciosos, revelando assim o procedimento utilizado de forma mais constante

---

3. "Você me salvou da venda", é o que se diz em semelhante caso àquele que fornece o dinheiro que, por uma espécie de venda fictícia (ele entrega o dinheiro e ao mesmo tempo deixa ao proprietário o gozo do seu bem), evita que a terra caia nas mãos de um estranho.

4. MAUSS, M. "Essai sur le don". *Sociologie et Anthropologie*. Paris: PUF, 1950, p. 250.

para salvar as aparências por uma simulação coletivamente concertada. Como ato de troca pelo qual se selam as alianças ("coloco entre nós o pão e o sal"), a refeição final, durante a *thiwizi* da ceifa ou da construção de uma casa, estava predisposta a representar o papel de um rito de aliança destinado a transfigurar retrospectivamente uma transação interessada em troca generosa (à maneira dos dons do vendedor ao comprador que muitas vezes coroavam as negociações mais acirradas). Mesmo que se atribuísse uma grande indulgência aos subterfúgios que alguns empregavam para minimizar os gastos acarretados pelas refeições que marcam o fim da *thiwizi* (por exemplo, convidar somente os "notáveis" de cada grupo, ou apenas um homem por família), ruptura dos princípios na qual também se expressava o reconhecimento da legitimidade dos princípios, só se pode considerar como um escândalo ou uma provocação a pretensão daquele que, ao proclamar a convertibilidade da refeição em dinheiro, revela o mais bem e o mais mal guardado dos segredos, uma vez que todo mundo tem a sua custódia, e que viola a lei do silêncio que garante à economia da "boa-fé" a cumplicidade da má-fé coletiva.

Fundada em um conjunto de mecanismos que tendem a limitar e a dissimular o jogo do interesse e do cálculo "econômicos" (no sentido estrito), a *economia da boa-fé* chama essa estranha encarnação do *homo economicus* que é o *buniya* (ou *bab niya*), o homem da boa-fé (*niya* ou *thiâuggants*, de *aâggun*, a criança que ainda não fala, em oposição a *thah'raymith*, a inteligência calculadora) que nem pensaria em vender a um outro camponês alguns produtos de consumo imediato, leite, manteiga e queijos, legumes e frutas, sempre distribuídos aos amigos ou aos vizinhos, que não pratica qualquer troca em que o dinheiro intervenha e que não estabelece senão relações fundadas na inteira confiança, ignorando, diferentemente do vendedor de animais de carga, as garantias que envolvem as transações mercantis, testemunhos, fianças, atos escritos. As convenções são tanto mais fáceis de instaurar (portanto tanto mais frequentes) e tanto mais completamente abandonadas à boa-fé quanto os indivíduos ou os grupos que elas unem estão mais próximos na genealogia; inversamente, à medida que a relação se torna mais impessoal, isto é, à medida que se vai da relação entre irmãos à relação entre esses quase-estranhos que são os habitantes de dois vilarejos diferentes, a transação tem cada vez menos chances de se estabelecer, mas pode se tornar e se torna cada vez mais puramente "econômica", isto é, cada vez mais conforme à sua verdade econômica, e o cálculo interessado que jamais está ausente da mais generosa troca, transação em que as duas partes tiram algum proveito, portanto aproveitam, pode se revelar cada vez mais abertamente[5]. As transações amistosas entre parentes e aliados são para as transações do mercado o que a guerra ritual é para a guerra total: opõem-se tradicionalmente "os víveres ou os animais de fellah" e os "víveres ou os animais do mercado" e os velhos informantes não se calam quando se trata de evocar as astúcias e as dissimulações usadas com lealdade nos "grandes mercados", isto é, nas trocas com os desconhecidos. Não são senão histórias de mulas que escapam assim que são entregues ao novo comprador, bois nos quais se esfrega um planta que faz inchar (*adhris*) para que pareçam mais gordos, compradores que fazem um acordo para propor um preço muito mais baixo e assim obrigar a venda. O negociante de animais de carga representa a encarnação da guerra econômica, ele é o homem sem fé nem lei. Deve-se evitar comprar-lhe os animais, da mesma forma que de qualquer pessoa desconhecida: como o indicava um informante, para bens sem equívoco, como as terras, é a escolha da coisa comprada que comanda a escolha do comprador; para bens equívocos, como animais de carga, especialmente mulas, é a escolha do vendedor que decide, e existe um esforço para pelo menos substituir uma relação completamente impessoal e anônima por uma relação personalizada. Encontram-se todas as etapas desde a transação fundada na desconfiança total, como aquela que se estabelece entre o camponês e o comerciante de cavalos, incapaz de exigir e obter algumas garantias porque incapaz de garantir a qualidade de seu produto e de encontrar fiadores, até a troca de honra que pode ignorar as condições e se fun-

---

5. A reticência que suscita o recurso às garantias formais é tanto maior quanto mais fraca é a distância entre os contratantes e as garantias invocadas são mais solenes. Da mesma forma, a parte do prejuízo que os parceiros aceitam assumir quando um acidente acontece a um animal pode variar da água para o vinho segundo a apreciação das responsabilidades que são levados a fazer em função da relação que os une, aquele que confiou um animal a um parente bem próximo se vê obrigado a minimizar a responsabilidades de seu parceiro.

dar somente na boa-fé dos "contratantes". Mas, na grande maioria das transações, as noções de comprador e de vendedor tendem a se dissolver na rede dos intermediários e dos fiadores que pretendem transformar a relação puramente econômica entre a oferta e a procura em uma relação genealogicamente fundada e garantida. O casamento não é uma exceção que se estabelece quase sempre entre as famílias já unidas por toda uma rede de trocas anteriores, verdadeira caução da convenção particular. É significativo que, na primeira fase das complexas negociações que conduzem à conclusão do casamento, as duas famílias façam intervir, como "fiadores", parentes ou aliados de grande prestígio, o *capital simbólico* assim exibido constituindo ao mesmo tempo uma arma na negociação e uma garantia do acordo uma vez concluído.

E a verdade da produção não está menos reprimida do que a verdade da circulação. Os discursos indignados suscitados pelas condutas heréticas dos camponeses descamponizados chamam a atenção sobre os mecanismos que inclinavam o camponês a manter uma relação encantada com a terra e o impediam de descobrir sua *pena* como um *trabalho*: "É um sacrilégio, eles profanaram a terra; aboliram o medo (*elhiba*). Nada os assusta, nada os detém, conduzem tudo de través. Estou certo de que acabarão por cultivar durante *lakhrif* (a estação dos figos) se estão muito apressados e se contam consagrar *lah'lal* (período lícito para os cultivos) a outras ocupações ou durante *rbiâ* (a primavera) se foram preguiçosos demais durante *lah'lal*. Para eles tanto faz." Toda a prática do camponês atualiza, mas de um outro modo, a intenção objetiva que o ritual revela: jamais tratada como matéria-prima que deveria ser explorada, a terra é o objeto de um respeito mesclado ao medo (*elhiba*); ela poderá, como dizem, "exigir as contas" e obter reparação pelos maus tratos que lhe inflige o camponês precipitado ou desajeitado. O camponês irrepreensível se "apresenta" à terra com a atitude que convém a um homem e diante de um homem, isto é, cara a cara, na disposição de familiaridade confiante que convém para com um parente respeitado. Ele não poderia delegar o cuidado de conduzir a parelha durante o cultivo e deixa somente aos "clientes" (*ichikran*) o cuidado de preparar a terra após a passagem do arado: "Os velhos diziam que era necessário ser o dono da terra para lavrar como se deve. Os jovens eram excluídos: 'apresentar' (*qabel*) homens que não ousaríamos apresentar a outros homens, seria o mesmo que injuriar a terra." "É aquele que encara os homens, diz o provérbio, que deve encarar a terra." Literalmente falando, o camponês não trabalha, ele pena, de acordo com a oposição que Hesíodo fazia entre *ponos* e *ergon*. "Dá à terra, ela te dará", diz o provérbio. Pode-se compreender que a natureza, obedecendo à lógica da troca de dons, não concede seus benefícios senão àqueles que lhe dão sua pena como tributo. E a conduta dos que deixam aos jovens o cuidado "de abrir a terra e de nela enterrar a riqueza do novo ano" leva os anciões a expressar o princípio da relação entre o homem e a terra que poderia permanecer não formulado enquanto fosse evidente: "A terra não dá mais porque não lhe dão nada. Zomba-se abertamente da terra e é justo que em troca ela também nos pague com mentiras." O homem que se respeita sempre deve estar ocupado com alguma coisa: se não encontra nada para fazer, "que pelo menos entalhe a sua colher". Tanto quanto um imperativo econômico, a atividade é um dever da vida coletiva. O que é valorizado é a atividade em si, independentemente de sua função propriamente econômica, na medida em que aparece como de acordo com a função própria daquele que a realiza[6].

A distinção entre o trabalho produtivo e o trabalho improdutivo ou entre o trabalho rentável e o trabalho não rentável permanece ignorada, quem despojaria de sua razão de ser os incontáveis pequenos trabalhos destinados a proteger a natureza que trabalha, atos indissociavelmente técnicos e rituais, cuja eficácia técnica ou rendimento econômico não ocorreria a ninguém avaliar, e que são como a arte pela arte do camponês, cercar os campos, podar as árvores, proteger as jovens mudas dos animais ou "visita" (*asafqadh*) e vigilância dos campos, sem mencionar práticas que normalmente são

---

6. Condenam-se os indivíduos desprovidos de utilidade para sua família e para o grupo, esse "mortos que Deus tirou dos vivos", como diz um verso do Alcorão muitas vezes citado a propósito deles, e que são incapazes de "provocar a chuva ou o bom tempo". Permanecer inativo, principalmente para quem pertence a uma grande família significa se furtar aos deveres e às tarefas que são inseparáveis do pertencimento ao grupo. Por isso se apressam em recolocar no ciclo dos trabalhos e no circuito das trocas de serviços aquele que permaneceu à parte da atividade agrícola durante um certo tempo, o antigo emigrado ou o convalescente. Com o direito de exigir de cada um que ele encontre uma ocupação, por mais improdutiva que ela seja, o grupo tem que garantir a todos uma ocupação, mesmo que puramente simbólica: o camponês que proporciona aos inativos a ocasião de trabalhar em suas terras recebe a aprovação de todos porque oferece a esses indivíduos marginais a possibilidade de se integrar no grupo quando cumprem sua tarefa de homem.

colocadas na ordem dos ritos, como os atos de expulsão do mal (*as'ifedhi*) ou os atos de inauguração da primavera, ou todos os atos sociais que a aplicação de categorias estrangeiras levaria a julgar como improdutivas, como aqueles que incumbem ao chefe de família como representante e responsável pelo grupo, ordenamento dos trabalhos, discussões na assembleia dos homens, discussões do mercado, leituras na mesquita[7]. "Se o camponês contasse, diz o provérbio, não semearia". Talvez seja necessário compreender que a relação entre o trabalho e seu produto não é realmente ignorada, mas *socialmente* recalcada, porque a produção do trabalho é tão reduzida que o camponês deve evitar contar seu tempo e medir, como faz Marx, que raciocina aqui como agrônomo objetivista, *a distância* entre o tempo de trabalho e o tempo de produção, que é também o tempo de consumo, para evitar que se tire todo sentido de seu trabalho; ou, o que é contraditório apenas na aparência, que ele não pode fazer nada de melhor, em um universo em que a *escassez do tempo é tão frágil e tão grande a escassez dos bens*, do que gastar seu tempo sem contar, desperdiçar o tempo, a única coisa que existe em abundância[8].

Em resumo, o "pena" é para o *trabalho* o que o dom é para o comércio, essa atividade para a qual, como o observa Emile Benveniste, as línguas indo-europeias não tinham um nome: a descoberta do trabalho supõe a constituição do solo comum da produção, isto é, o de-

---

7. Essa distinção (como a distinção correlativa feita por Marx entre o tempo do trabalho, isto é, neste caso, o período consagrado aos cultivos e à ceifa, e o tempo de produção que engloba, além do tempo de trabalho, os noves meses que separam as semeaduras da ceifa) foi imposto pelos efeitos da dominação econômica ligada à colonização e em particular pela generalização das trocas monetárias: é dessa forma que consciência do desemprego, medida pela defasagem entre o fato de se declarar ocupado e a atividade real nos dias que precedem a pesquisa, varia tanto quanto a penetração da economia capitalista e das disposições associadas (cf. BOURDIEU, P. *Travail et travailleurs en Algérie*. Paris: Mouton, 1962, p. 303-304).

8. O preço do tempo não para de crescer à proporção que cresce a produtividade (e ao mesmo tempo a abundância dos bens oferecidos ao consumo e o poder de compra, portanto o consumo, que também toma tempo), o tempo se torna mais raro, enquanto diminui a escassez dos bens: pode até mesmo acontecer que o desperdício dos bens seja a única maneira de economizar um tempo mais precioso do que os produtos que ele permitiria economizar – pelo trabalho de manutenção, de reparação etc. (cf. BECKER, G.S. "A theory of the allocation of time". *The Economic Journal*, 299, vol. LXXV, set./1965, p. 493-517). Este é sem dúvida um dos fundamentos objetivos da oposição, muitas vezes descrita, que se observa nas atitudes em relação ao tempo.

sencantamento de um mundo natural doravante reduzido à sua única dimensão econômica; cessando de ser o tributo pago a uma ordem necessária, a atividade pode se orientar para um fim exclusivamente econômico, aquele mesmo que a moeda, doravante medida de todas as coisas, designa de forma bem clara. A partir de então acabou a indiferenciação original, que permitia os jogos do desconhecimento individual e coletivo: medidas na balança sem ambiguidade do benefício monetário, as atividades mais sagradas encontram-se negativamente constituídas como *simbólicas*, isto é, em um sentido que essa palavra às vezes reveste, quase que desprovidas de efeito concreto e material, em resumo *gratuitas*, isto é, tão desinteressadas quanto inúteis.

Em uma economia que se define como recusando reconhecer a verdade "objetiva" das práticas "econômicas", isto é, a lei do "interesse puro e simples" e do "cálculo egoísta", o próprio capital "econômico" apenas pode agir se conseguir se fazer reconhecer mediante uma reconversão própria a tornar irreconhecível o verdadeiro princípio de sua eficácia: o capital simbólico é esse *capital denegado*, reconhecido como legítimo, isto é, ignorado como capital (o reconhecimento no sentido de gratidão suscitado pelos benefícios podem ser um dos fundamentos desse reconhecimento) que constitui sem dúvida, com o capital religioso[9], a *única forma possível de acumulação* quando o capital econômico não é reconhecido.

Por maiores que sejam os esforços conscientes ou inconscientes para regular a rotina da ordem ordinária pela estereotipagem ritual e para reduzir a crise ao produzi-la simbolicamente ou ao ritualizá-la assim que acontece, a economia arcaica não ignora a oposição entre as ocasiões ordinárias e as ocasiões extraordinárias, entre as necessidades regulares, suscetíveis de ser satisfeitas pela comunidade doméstica, e as necessidades excepcionais, tanto materiais quanto simbólicas, em bens e em serviços, que as circunstâncias de exceção suscitam, crise econômica ou conflito político ou, mais simplesmente, urgência do trabalho agrícola, e que exigem a assistência benévola de um grupo mais amplo. Por esse motivo a estratégia que consiste em acumular o capital de honra e de prestígio que produz a clientela tanto quanto é o seu produto, fornece a solução perfeita ao problema que

---

9. Cf. BOURDIEU, P. "Gênèse et structure du champ religieux". *Revue Française de Sociologie*, XII, 3, 1971.

colocaria a manutenção contínua de toda a força de trabalho que é exigida durante o tempo de trabalho (necessariamente bastante restrito, por causa do rigor do clima e da escassez dos meios técnicos: "A colheita, como dizem, é tal qual um raio" – *lerzaq am lebraq*; "Quando o ano é ruim, sempre existem barrigas demais; quando é bom, não há braços que cheguem"): ela permite, de fato, às grandes famílias dispor da força de trabalho máxima durante o período de trabalho sem deixar de reduzir ao mínimo o consumo; a contrapartida dessas prestações pontuais e limitadas aos períodos de urgência, como a ceifa, é tanto menos pesada quanto será abundante, seja sob a forma de trabalho, mas fora do período de plena atividade, seja sob outras formas, proteção, empréstimo de animais etc. Certamente, pode-se observar aqui uma forma disfarçada de compra da força de trabalho ou uma extorsão clandestina de corveia, mas com a condição de *manter junto* na análise o que mantém junto no objeto, ou seja, *a dupla verdade* de práticas intrinsecamente *equívocas e ambíguas*, armadilha estendida a todos aqueles a quem uma representação ingenuamente dualista das relações entre a economia "nativa" e a representação "nativa" da economia destina às desmistificações automistificadoras de um materialismo reduzido e redutor: a verdade completa dessa apropriação de prestação reside no fato de que ela *não pode* se efetuar senão sob o disfarce da *thiwizi*, ajuda benévola que é também corveia, corveia benévola e ajuda forçada, e que ela supõe, caso se permita essa metáfora geométrica, uma dupla meia-volta que reconduz ao ponto de partida, isto é, uma conversão do capital material em capital simbólico ele próprio revertível em capital material[10].

---

10. Nos *fatos, thiwizi* beneficia principalmente os mais ricos e também o *t'aleb* (cuja terra é lavrada e semeada em comum): os pobres não têm necessidade de ajuda para a colheita; mas *thiwizi* pode também beneficiar um pobre no caso da construção de uma casa (para o transporte das pedras e das vigas). Ser colocado de quarentena é uma sanção terrível e não somente simbólica: por causa da deficiência das técnicas, muitas atividades seriam impossíveis sem a ajuda do grupo; é assim para a construção de uma casa, com o transporte das pedras ou das rodas do moinho, que mobilizavam uma quarentena de homens que se revezavam incessantemente durante vários dias; além do que, nessa economia da insegurança, um capital de serviços prestados e de dons outorgados constitui a melhor e a única garantia contra as "mil contingências" de que depende, como observa Marx, a conservação ou a perda das condições de trabalho, desde o acidente que atinge um animal até as intempéries brutais que destroem a colheita.

Além da força de trabalho complementar que ele assegura durante os grandes trabalhos, o capital simbólico traz tudo o que pode ser colocado sob o nome de *nesba*, isto é, a rede de aliados e de relações que se tem (e que se mantem) por meio do conjunto dos engajamentos e das dívidas de honra, dos direitos e dos deveres acumulados ao longo das gerações sucessivas e que pode ser mobilizado nas circunstâncias extraordinárias. Capital econômico e capital simbólico estão tão inextricavelmente mesclados que a exibição da força material e simbólica representada pelo aliados prestigiosos é de natureza a trazer por si benefícios materiais, em uma economia da boa-fé na qual uma boa reputação constitui a melhor e talvez a única garantia econômica[11]: compreende-se que as grandes famílias não perdem uma ocasião de organizar essas formas de exibição de capital simbólico, cortejos de parentes e de aliados que solenizam a partida ou o retorno do peregrino, escolta da noiva cujo valor é apreciado pelo número de "fuzis" e pela extensão das salvas de tiros em honra dos recém-casados, presentes prestigiosos, como os carneiros oferecidos por ocasião do casamento, testemunhas e fiadores que se pode mobilizar em qualquer lugar e em qualquer ocasião, seja para atestar a boa-fé de uma transação de mercado ou para reforçar a posição da linhagem em uma negociação matrimonial e para solenizar a conclusão do contrato.

> O capital simbólico vale até mesmo no mercado: assim como alguém pode se vangloriar de ter feito uma compra a um preço exorbitante, por pundonor, para "mostrar que pode fazê-lo", também é possível se orgulhar de ter conseguido fechar um negócio sem ter desembolsado um centavo qualquer, seja mobilizando um certo número de fiadores, seja, ainda melhor, em nome do *crédito* e do capital de *confiança* que tanto uma reputação de honra quanto de riqueza oferece. Graças à confiança de que desfrutam e ao capital de relações que puderam acumular, aqueles de quem se diz que são "capazes de comprar todo o mercado, mesmo se saíram com as mãos vazias" podem se permitir

---

11. Com efeito, é preciso ter em mente que a distinção entre o capital econômico e o capital simbólico é o produto da aplicação de um princípio de diferenciação estranho ao universo ao qual se aplica e que ela não pode apreender a indiferenciação desses dois estados do capital senão sob a forma de sua convertibilidade perfeita.

"ir ao mercado tendo como uma única moeda seu rosto, seu nome, sua honra" e até mesmo "apostar (no sentido de empreender), quer tenham ou não tenham". O julgamento coletivo que faz "o homem de mercado" (*argaz nasuq*) é um julgamento total sobre o homem total que, como em toda sociedade os julgamentos dessa espécie, engaja os valores últimos e que leva em conta, pelo menos tanto quanto a riqueza e a solvência, as qualidades *estritamente ligadas à pessoa* de quem se diz que "não podem ser nem emprestadas nem tomadas emprestadas"[12].

Quando se sabe que o capital simbólico é *um crédito*, mas no sentido mais amplo do termo, isto é, uma espécie de adiantamento, de desconto, de credibilidade, que somente a *crença* do grupo pode outorgar àqueles que lhe dão um maior número de *garantias* materiais e simbólicas, pode se observar que a exibição do capital simbólico (sempre demasiado custoso do ponto de vista econômico) é um dos mecanismos que fazem (sem dúvida universalmente) com que o capital atraia o capital.

É, portanto, com a condição de estabelecer uma *contabilidade total* dos benefícios simbólicos, mas sem deixar de ter em mente a indiferenciação entre os componentes simbólicos e os componentes materiais do patrimônio, que se pode compreender a racionalidade econômica de condutas que o economismo remete à absurdidade: dessa maneira, por exemplo, a escolha de comprar uma segunda parelha de bois após a ceifa, sob o pretexto de que é necessária para a debulha – maneira de dar a entender que a colheita foi abundante –, para se ver obrigado a revendê-la, por falta de forragem, antes dos cultivos de outono, momento em que ela seria tecnicamente necessária, só parece economicamente aberrante caso sejam esquecidos todos os benefícios materiais e simbólicos que essa argumentação pode oferecer, ainda que fictícia e disfarçada, do capital simbólico

---

12. Para aquele que quer desmentir sua definição de "homem de sua casa" (*argaz ukhamis* – em oposição ao "homem de mercado"), diz-se: "Já que você é apenas um homem de *thakwath*, continue um homem de *thakwath*" (*thakwath* designa um pequeno nicho cavado na parede da casa e que serve para esconder pequenos objetos femininos que não devem aparecer à luz do dia, colheres, panos, instrumentos para tecer etc.).

da família em um período, no final do verão, em que se negociam os casamentos. Se essa estratégia do blefe é perfeitamente racional é porque o casamento é a ocasião de uma circulação econômica (no sentido pleno) da qual só se pode ter uma ideia bastante imperfeita quando se levam em conta apenas os bens materiais: a circulação dos bens materiais imediatamente perceptíveis, como o usufruto recebido por uma viúva, dissimula a circulação total, atual ou potencial, de bens indissociavelmente materiais e simbólicos que são apenas o aspecto visível ao olho do *homo economicus*; o montante do usufruto recebido por uma viúva não justificaria as aguerridas negociações de que é objeto caso não se revestisse de um valor simbólico da mais alta importância ao manifestar sem equívoco o valor dos produtos de uma família no mercado das trocas matrimoniais, assim como a aptidão de seus porta-vozes em obter o melhor preço de seus produtos por meio de suas qualidades de negociadores[13]. Porque também os benefícios que um grupo tem possibilidades de conseguir nessa transação total são tanto maiores quanto mais importante é o seu patrimônio material e principalmente simbólico ou, caso se possa tomar emprestado à linguagem bancária, "o crédito de notoriedade" com o qual ele pode contar. Esse crédito que depende da aptidão do pundonor em garantir a invulnerabilidade da honra constitui um todo indivisível que associa a quantidade e a qualidade dos bens e a quantidade e a qualidade dos homens capazes de fazê-los valer: é ele que permite adquirir, principalmente pelo casamento, os aliados prestigiosos, isto é, a riqueza em "fuzis" que se mede não apenas pelo número de homens, mas também por sua qualidade, por seu pundonor, e que define a aptidão do grupo em proteger sua terra e sua honra, e, em particular, a das mulheres, em resumo, o capital de força material e simbólico suscetível de ser efe-

---

13. A prova da irredutibilidade do desafio das estratégias matrimoniais apenas ao usufruto é fornecida pela história que, mais uma vez, dissociou os aspectos simbólicos e os aspectos materiais das transações: ao se reduzir ao seu puro valor monetário, o usufruto se encontra despossuído, até mesmo aos olhos dos agentes, de sua significação de cota simbólica, e os debates dos quais era objeto, assim reduzidos ao plano das mercadorias, pouco a pouco apareceram como vergonhosos.

tivamente mobilizado para as transações do mercado, para os combates de honra ou para o trabalho da terra.

As condutas de honra têm como princípio um interesse para o qual o economismo não tem nome e que é preciso chamar simbólico mesmo que seja de natureza a determinar ações muito diretamente materiais; da mesma maneira que em outros lugares existem profissões, como a de tabelião ou de médico, cujos titulares devem estar, como se diz, "acima de qualquer suspeita", da mesma maneira uma família tem aqui um interesse vital em manter seu capital de honra, ou seja, seu crédito de honradez, protegido da suspeição. A sensibilidade exacerbada aos mínimos ataques, às mínimas alusões (*thasalqubth*), explica-se, assim como a profusão das estratégias destinadas a desmenti-los ou a afastá-los, pelo fato de que o capital simbólico não se deixa tão facilmente medir e enumerar como a terra ou o gado e de que somente o grupo pode, em última instância, concedê-lo é sempre levado a retirar sua confiança, sua crença, direcionando suas suspeitas aos maiores, como se, em matéria de honra, em matéria de terra, o enriquecimento de um se fizesse em detrimento dos outros.

> A defesa do capital "simbólico" pode assim determinar condutas desastrosas "economicamente". É o caso quando em função de uma definição socialmente aceita do patrimônio simbólico um pedaço de terra adquire um valor simbólico desproporcional às suas qualidades propriamente técnicas e "econômicas", aquelas que fazem com que as terras mais próximas, mais bem mantidas, portanto as mais "produtivas", as mais acessíveis às mulheres (graças aos caminhos particulares, *thikhuradjiyin*) estão predispostas a receber um valor mais alto por um *comprador qualquer*. Quando uma terra de posse muito antiga, portanto muito fortemente associada ao nome da família, cai nas mãos de estranhos, comprá-la torna-se uma questão de honra, semelhante à vingança de uma ofensa, e ela pode alcançar um preço exorbitante. Preço absolutamente teórico, na maior parte do tempo, pois, nessa lógica, os benefícios simbólicos do desafio são maiores do que os benefícios materiais que seriam oferecidos pela exploração cínica (portanto, condenável) da situação. Os possuidores empenham então tanta obstinação em con-

servar a terra, principalmente se a apropriação é bastante recente para conservar seu valor de desafio, quanto os outros em comprá-la novamente e em vingar o ataque feito à h'*urma* de sua terra. Pode acontecer que um terceiro grupo venha a fazer uma oferta melhor, desafiando assim, não o vendedor, que leva vantagem, mas os "legítimos" proprietários.

Somente um materialismo inconsequente, porque parcial e redutor, pode ignorar que estratégias que têm como desafio a conservação ou o aumento do capital simbólico do grupo (como a vingança de sangue e o casamento) obedecem a interesses não menos vitais do que as estratégias sucessórias ou as estratégias de fecundidade. O interesse que determina a defesa do capital simbólico é inseparável da adesão tácita, inculcada pela primeira educação e reforçada por todas as outras experiências ulteriores, à axiomática objetivamente inscrita nas regularidades da ordem econômica (no sentido amplo), investimento originário que faz existir como digno de ser procurado e conservado um determinado tipo de bens. A harmonia objetiva entre as disposições dos agentes (aqui, sua propensão e sua aptidão em jogar o jogo da honra) e as regularidades objetivas das quais são produto faz com que o pertencimento a esse cosmos econômico implique o reconhecimento incondicional das questões em jogo e que a sua própria existência inevitável propõe, isto é, o desconhecimento do arbitrário do valor que ele lhe concede. Essa crença originária está no princípio dos investimentos e dos superinvestimentos (no sentido da economia e da psicanálise) que não podem senão reforçar de modo contínuo, pelo efeito da concorrência e da escassez assim criadas, a ilusão bem fundada de que o valor dos bens que ela leva a perseguir está inscrito na natureza das coisas, como o interesse por esses bens na natureza dos homens.

8
Os modos de dominação

A teoria das práticas propriamente econômicas é um caso particular de uma teoria geral da economia das práticas. Mesmo quando oferecem todas as aparências do desinteresse porque escapam à lógica do interesse "econômico" (no sentido restrito) e que os assuntos em jogo para os quais se orientam são não materiais e dificilmente quantificáveis, como nas sociedades "pré-capitalistas" ou na esfera cultural das sociedades capitalistas, as práticas não cessam de obedecer a uma lógica econômica. As correspondências que se estabelecem entre a circulação das terras vendidas e recompradas, a mesma das vinganças "emprestadas" e "devolvidas" ou a das mulheres cedidas ou recebidas, isto é, entre as espécies diferentes do capital e os modos de circulação correspondentes, obrigam a abandonar a dicotomia do econômico e do não econômico que impede de apreender a ciência das práticas "econômicas" como um caso particular de uma ciência capaz de tratar todas as práticas, inclusive aquelas que se consideram desinteressadas ou gratuitas, portanto livres da "economia", como práticas econômicas, orientadas para a maximização do benefício, material ou simbólico. O capital acumulado pelos grupos, essa energia da física social[1], pode existir sob *diferentes*

---

1. Ainda que não tenha tirado qualquer consequência real, Bertrand Russell expressou muito bem a intuição da analogia entre a energia e o poder que poderia constituir o princípio de uma unificação da ciência social: "Assim como a energia, o poder existe sob muitas formas, como a riqueza, a força militar, a autoridade civil, a influência ou a opinião. Nenhuma delas pode ser considerada como subordinada ou, pelo contrário, considerada como um princípio do qual todas as outras derivariam. Toda tentativa para tratar isoladamente uma forma de poder, por exemplo a riqueza, não pode conduzir senão a um sucesso parcial, da mesma maneira que o estudo separado de uma forma de energia se revelará insuficiente para além de um certo ponto caso não se leve em conta as outras formas. A riqueza pode decorrer do poder militar ou da influência exercida sobre a opinião que, por seu lado, pode também decorrer da riqueza" (RUSSELL, B. *Power* – A New Social Analysis. Londres: George Allen and Unwin, 1938, p. 12-13). E ele define bem o programa de uma ciência das conversões dos diferentes formas da energia social: "Deve-se considerar que o poder, como a energia, passa continuamente de uma forma a uma outra, a tarefa da ciência social sendo buscar as leis dessas transformações" (p. 13-14).

espécies (neste caso particular, o capital de força de combate, vinculado à capacidade de mobilização, consequentemente ao número e à combatividade, o capital "econômico", terra, gado, força de trabalho, também vinculado à capacidade de mobilização, e o capital simbólico garantido por um uso conforme a outras espécies de capital); ainda que estejam submetidas às estritas leis de equivalência, consequentemente mutuamente convertíveis, cada uma delas não produz seus efeitos específicos senão em condições específicas. Mas a existência do capital simbólico, isto é, do capital "material" enquanto é desconhecido e reconhecido, evoca, sem invalidar, no entanto, a analogia entre o capital e a energia, que a ciência social não é uma física social; que os atos de *conhecimento* que o desconhecimento e o reconhecimento implicam fazem parte da realidade social e que a subjetividade socialmente constituída que os produz pertence à objetividade.

Passa-se por níveis da simetria da troca de dons à dessimetria da redistribuição ostentatória que está na base da constituição da autoridade política: à medida que se distancia da reciprocidade perfeita, que supõe uma relativa igualdade de situação econômica, a parte das contraprestações que são fornecidas sob a forma tipicamente simbólica de testemunhos de gratidão, de homenagens, de respeito, de obrigações ou de dívidas morais necessariamente cresce. Se tivessem sido conscientes dessa continuidade, aqueles que, como Polanyi e Sahlins, observaram claramente a função determinante da redistribuição no estabelecimento de uma autoridade política e no funcionamento da economia tribal (em que o circuito acumulação-redistribuição desempenha funções análogas àquela do Estado e das finanças públicas) certamente não teriam deixado de perceber a operação central desse processo, isto é, a reconversão do capital econômico em capital simbólico, que produz relações de dependência economicamente fundadas, mas dissimuladas sob o véu das relações morais. Ao considerar apenas o caso particular das trocas que pretendem *consagrar* as relações simétricas, ou ao reter apenas o efeito econômico das trocas dessimétricas, corre-se o risco de esquecer o efeito que exerce a circulação circular na qual se engendra a mais-valia simbólica, a saber, a legitimação do arbitrário, quando ela recobre uma relação de formação dessimétrica.

É importante observar, como o fez Marshall D. Sahlins, que prolonga uma análise de Marx[2], que a economia pré-capitalista não oferece as condições de uma dominação indireta e impessoal garantida de modo quase automático pela lógica do mercado de trabalho[3]. E, de fato, a riqueza não pode funcionar como capital senão em relação com um campo propriamente econômico, que supõe um conjunto de instituições econômicas e um corpo de agentes especializados, dotados de interesses e de modos de pensamento específicos. Assim, Moses Finley mostra claramente que o que faltava na economia antiga, não são os recursos, mas os meios institucionais de "superar os limites dos recursos individuais" ao mobilizar os capitais privados, isto é, toda a organização da produção e do financiamento da produção, e especialmente os instrumentos de crédito[4]. Essa análise vale, *a fortiori*, para a Cabília antiga, que não dispunha dos mais rudimentares instrumentos de uma instituição econômica. As terras es-

---

2. "Quanto menos força social possui o instrumento de troca, mais associado se encontra à natureza do produto direto do trabalho e às necessidades imediatas daqueles que efetuam as trocas, e maior deve ser a força da comunidade que une entre si os indivíduos: patriarcado, comunidade antiga, feudalismo, regime das corporações. Cada indivíduo possui a potência social sob a forma de um objeto. Se você retirar desse objeto a potência social, deverá dá-la às pessoas sobre as pessoas. *As relações de dependência pessoal* (primeiro puramente naturais) são as primeiras formas sociais no interior das quais a produtividade humana se desenvolve, ainda que em proporções reduzidas e em lugares isolados. *A independência das pessoas fundada na dependência material* é a segunda forma importante: somente ali se constitui um sistema de metabolismo social generalizado, feito de relações, faculdades, necessidades universais" (MARX, K. "Principes d'une critique de l'économie politique". *Œuvres*, I, Paris: Gallimard/Plêiade, p. 210).

3. Cf. SAHLINS, M.D. Political power and the economy in primitive society. In: DOLE, G.E. & CARNEIRO, R.L. *Essays in the Science of Culture*. Nova York: Thomas Y. Crowell Company, 1960, p. 390-415. • "Poor man, rich man, big man, chief: political types in Melanesia and Polynesia". *Comparative Studies in Society and History*, V, 1962-1963, p. 285-303. • "On the sociology of primitive exchange". In: BANTON, M. (org.). *The Relevance of Models for Social Anthropology*. Londres: Tavistock, 1965, p. 139-236.

4. FINLEY, M.I. "Technical innovation and economic progress in the Ancient World". *The Economic History Review*, vol. XVIII, n. 1, ago./1965, p. 29-45, principalmente p. 37. • FINLEY, M.I. "Land debt, and the man of property in Classical Athens". *Political Science Quartely*, LXVIII, 1953, p. 249-268.

tavam quase que totalmente excluídas da circulação – ainda que, servindo às vezes de garantia, elas pudessem passar de um grupo a outro. Os mercados de vilarejo ou de tribo permaneciam isolados e não podiam de forma alguma se integrar em um mecanismo único. A oposição (marcada pela distinção espacial entre o lugar de residência, o vilarejo, e o lugar das transações, o mercado) entre a "malícia sacrílega", de praxe nas transações do mercado, e a boa-fé que convem às trocas entre parentes e familiares, tinha principalmente como função manter as disposições calculadoras favorecidas pelo mercado fora do universo das relações de reciprocidade e ela de forma alguma impedia o pequeno mercado local de permanecer "imerso nas relações sociais" (*embedded insocial relationships*), como diz Polanyi[5].

De maneira geral, os bens não eram jamais tratados como capital. Isso se observa no caso de um contrato que, como a *charka* do boi, tem todo o aspecto de um empréstimo a juros: nessa transação que não é concebível senão entre aqueles que são os mais estranhos entre os indivíduos com direito de contratar, isto é, principalmente entre os

---

5. POLANYI, K. *Primitive Archaic and Modern Economics*. Nova York: Doubleday, 1968. • *The Great Transformation*. Nova York: Rinehart, 1944. É paradoxal que, em sua contribuição a uma obra coletiva editada por Karl Polanyi, Francisco Benet, por estar demasiado atento à oposição entre o mercado e o vilarejo, não dê muita atenção a tudo o que faz com que o *suq* local permaneça controlado pelos valores da economia da boa-fé (cf. BENET, F. Explosive markets: The berber highlands. In: POLANYI, K; ARENSBERG, C.M. & PEARSON, H.W. (orgs.). *Trade and Market in the Early Empires*. Nova York: The Free Press, 1957). De fato, o *suq*, quer se trate do pequeno mercado tribal ou dos grandes mercados regionais, representava um modo de transação intermediário entre dois extremos, nunca completamente realizados: de um lado, as trocas do universo familiar, fundadas na confiança e na boa-fé que autoriza o fato de que se dispõe de uma informação quase total sobre os produtos trocados e sobre as estratégias do vendedor e que a relação entre os responsáveis pela troca preexiste e deve sobreviver à troca; por outro lado, as estratégias racionais do *self-regulating market* que tornam possível a estandardização dos produtos e a necessidade quase mecânica dos processos. O *suq* não propõe mais toda a informação tradicional, mas não oferece ainda as condições da informação racional: é por isso que todas as estratégias dos camponeses pretendem limitar a insegurança que é correlativa da imprevisibilidade transformando as relações impessoais e instantâneas, sem passado nem porvir, da transação comercial em relações duráveis de reciprocidade pelo recurso aos fiadores, testemunhas, mediadores.

membros de vilarejos diferentes, e que os dois parceiros tendem de comum acordo a dissimular (o prestatário preferindo esconder sua penúria e deixar crer que o boi é sua propriedade com a cumplicidade do emprestador, que tem o mesmo interesse em esconder uma transação suspeita de não obedecer ao estrito sentimento de equidade), um boi é confiado por seu proprietário, contra um certo número de medidas de cevada ou de trigo, a um camponês demasiado pobre para fazer essa compra; ou ainda um camponês pobre se entende com um outro para que este compre uma parelha de bois e os deixa com ele por um, dois ou três anos de acordo com o caso e, se os bois são vendidos, o benefício é dividido em partes iguais[6]. Ali onde se poderia ver um simples empréstimo, o agiota que confia um boi em troca de um juro de algumas medidas de trigo, os agentes veem uma transação justa que exclui qualquer retirada antecipada de mais-valia: o emprestador dá a força de trabalho do boi, mas a equidade é realizada, uma vez que o prestatário alimenta e cuida do boi, o que de todo modo o emprestador seria obrigado a fazer, as medidas de trigo não sendo senão uma compensação pela desvalorização do boi causada pelo envelhecimento. As diferentes variantes da associação relativas às cabras têm também em comum fazer suportar às duas partes a diminuição do capital inicial provocado pelo envelhecimento. O proprietário, uma mulher que aplica assim seu pecúlio, confia suas cabras, por três anos, a um primo distante, relativamente pobre, pois ela sabe que ele as alimentará e cuidará bem delas. Os animais são avaliados e se concorda que o produto (leite, lã, manteiga) será dividido. Toda semana, o prestatário envia uma cabaça de leite por uma criança. Esta não poderia voltar com as mãos vazias (*elfal*, o amuleto da sorte ou a conjuração da infelicidade, tem uma significação mágica uma vez que devolver um utensílio *vazio*, devolver o vazio, seria como ame-

---

[6]. Uma vez que as convenções amigáveis suscetíveis de ser engendradas a partir dos princípios implícitos que regem as transações entre familiares são em número infinito, procedimentos extremamente diferentes no detalhe são colocados sob o mesmo "conceito" pelas taxinomias nativas: assim, registram-se tantas variantes da *charka* do boi quanto há de informantes.

açar a prosperidade e a fecundidade da casa): ele recebe frutas, azeite, azeitonas, ovos, de acordo com o momento. Ao final, o prestatário devolve os animais e os produtos são divididos. Variantes: o rebanho de seis cabras tendo sido avaliado em 30.000 francos, o guardião devolve 15.000 francos e a metade do rebanho inicial, isto é, três cabras velhas; o guardião devolve a totalidade do rebanho, mas fica com toda a lã.

Da mesma maneira que a riqueza econômica não pode funcionar como capital senão em relação com um campo econômico, da mesma maneira a competência cultural sob todas suas formas não se encontra constituída como capital cultural senão nas relações objetivas que se estabelecem entre o sistema de produção econômica e o sistema de produção dos produtores (ele próprio constituído pela relação entre o sistema escolar e a família). As sociedades desprovidas da escrita, que permite conservar e acumular sob uma forma objetivada os recursos culturais herdados do passado, e do sistema de ensino que dota os agentes com aptidões e com disposições indispensáveis para deles se reapropriar simbolicamente não podem conservar seus recursos culturais senão no *estado incorporado*[7]; consequentemente, elas não podem garantir a perpetuação de recursos culturais destinados a desaparecer ao mesmo tempo que os agentes que são os seus portadores senão por meio de um trabalho de inculcação que, como o mostra o caso dos bardos, pode ser tão longo quanto o tempo de utilização. Foram claramente estabelecidas as transformações que tornam possíveis um ins-

---

7. A crença, muitas vezes observada nas religiões iniciáticas, de que o saber pode ser transmitido por diferentes formas de contato mágico – das quais a mais típica é o beijo –, representa um esforço para transcender os limites desse modo de conservação: "Não importa o que ele aprende, o especialista aprende de um outro *dukun* que é o seu *guru* (mestre); e não importa o que ele aprende, ele chama isso seu *ilmu* (ciência). Por *ilmu*, compreende-se geralmente uma espécie de conhecimento abstrato e de aptidão excepcional, mas os espíritos 'concretos' e um pouco 'fora de moda' às vezes veem ali uma espécie de poder mágico absolutamente real que pode nesse caso ser o objeto de uma transmissão mais direta do que o ensino" (GEERTZ, C. *The Religion of Java*. Nova York/Londres: The Free Press of Glencoe/Collier-Mac Millan, 1960, p. 88).

trumento como a escrita[8]: ao desvincular os recursos culturais da pessoa, a escrita permite superar os limites antropológicos – em particular os da memória individual – e libera das pressões que implicam meios mnemotécnicos como a poesia, a técnica de conservação por excelência das sociedades desprovidas de escrita[9]; ela permite a acumulação da cultura até então conservada no estado incorporado e, correlativamente, *a acumulação primitiva do capital cultural* como monopolização total ou parcial dos recursos simbólicos, religião, filosofia, arte, ciência, por meio da monopolização dos instrumentos de apropriação desses recursos (escrita, leitura e outras técnicas de decifração), doravante conservadas nos textos e não nas memórias. Mas o capital não encontra as condições de sua plena realização senão com o surgimento do *sistema escolar*, que atribui *títulos* que consagram de maneira durável a posição ocupada na estrutura da distribuição do capital cultural.

Ainda que seja demasiado justificável evocar essas *condições negativas* do recurso privilegiado ou exclusivo às formas simbólicas do poder, é preciso evitar ignorar que elas não dão mais conta da ló-

---

8. Cf. em particular GOODY, J. & WATT, I. "The consequences of literacy". *Comparative Studies in Society and History*, V, 1962-1963, p. 304ss. • GOODY, J. (orgs.), *Literacy in Traditional Societies*. Cambridge: Cambridge University Press, 1968.

9. "O poeta é o livro encarnado das tradições orais" (NOTOPOULOS, J.A. "Mnmosyme in Oral Literature". *Transactions and Proceedings of the American Philological Association*, LXIX, 1938, p. 465-493, especialmente p. 469). Em um belo artigo, Willian C. Greene mostra como uma mudança do modo de acumulação, circulação e reprodução da cultura acarreta uma mudança da função que lhe é atribuída e, ao mesmo tempo, uma mudança da estrutura das obras (GREENE, W.C. "The spoken and the writte word". *Harvard Studies in Classical Philology*, IX, 1951, p. 24-58). Eric A. Havelock também mostra que os recursos culturais se encontram transformados, em seu próprio conteúdo, pela transformação da tecnologia da conservação e da transmissão culturais (*the technology of preserved communication*) e especialmente pela passagem da mimesis, como reativação prática que mobiliza todos os recursos de uma "configuração de ações organizadas" (*pattern of organised actions*) com função mnemônica, música, ritmo, palavras, em um ato de identificação afetiva, ao discurso escrito, portanto repetível e reversível, separado da situação e predisposto por sua permanência em se tornar objeto de análise, controle, confrontação e reflexão (HAVELOCK, E.A. *Preface to Plato*. Cambridge, Mass.: Harvard University Press, 1963).

gica específica da violência simbólica do que a ausência de para-raio ou de telégrafo elétrico que Marx evoca na *Introduction générale à la Critique de l'économie politique* não explica Júpiter ou Hermes, isto é, a lógica interna da mitologia grega. Indo um pouco mais além, é preciso levar a sério a representação que os agentes propõem da economia de sua própria prática no que ela tem de mais oposto à sua verdade "econômica". O chefe é claramente, como diz Malinowsky "um banqueiro tribal" que não acumula alimento senão para gastá-lo e para tesaurizar dessa forma um capital de obrigações e de dívidas, que serão pagas sob a forma de homenagens, de respeito, de fidelidade e, em último caso, de trabalho e de serviços, bases possíveis de uma nova acumulação de bens materiais. Mas a analogia não deve enganar e os processos de circulação circular como a coleta de um tributo acompanhado de uma redistribuição que reconduz aparentemente ao ponto de partida seriam perfeitamente absurdas se não tivessem como efeito transmudar a natureza da relação social entre os agentes ou os grupos que ali se encontram engajados. Em todo lugar onde se observam, *tais ciclos de consagração* têm como função realizar a operação fundamental da alquimia social, transformar relações arbitrárias em relações legítimas, diferenças de fato em distinções oficialmente reconhecidas.

Uma pessoa é "rica para dar aos pobres"[10]. Expressão exemplar da *denegação prática* do interesse que como a *Verneinung* freudiana, permite satisfazer o interesse, mas somente sob uma forma (desinteressada) que tende a mostrar que ele não é satisfeito (a *Aufhebung* do recalque não implicando, no entanto, em "uma aceitação do recalcado"). Uma pessoa possui para dar. Mas se possui também quando se dá. O dom que não é retribuído pode se tornar uma dívida, uma obrigação durável; e o único poder reconhecido, o reconhecimento,

---

10. A riqueza, dom que Deus faz ao homem para que ele possa aliviar a miséria dos outros, implica principalmente em deveres. Sem dúvida, a crença na justiça imanente, que comanda inúmeras práticas (como o juramento coletivo), contribui para que a generosidade seja um sacrifício destinado a merecer como retorno essa bênção que é a prosperidade. "O generoso, dizem, é amigo de Deus" ("os dois mundos lhe pertencem"); "Come, aquele que tem o costume de dar de comer"; "Oh, meu Deus, diz-se ainda, dá-me para que eu possa dar" (somente o santo pode dar sem nada possuir).

a fidelidade pessoal ou o prestígio, é aquele que se assegura quando se dá. Em semelhante universo, só há duas maneiras de manter alguém de forma durável: o dom ou a dívida, as obrigações abertamente econômicas que o usurário impõe[11], ou as obrigações morais e os vínculos afetivos que o dom generoso cria e alimenta, em resumo, a violência aberta ou a violência simbólica, violência *censurada e eufemizada*, isto é, desconhecida e reconhecida. O "modo de dar", maneira, forma, é o que separa o dom do "toma lá, dá cá", a obrigação moral da obrigação econômica: *colocar nas formas* significa fazer da maneira de agir e das formas exteriores da ação a denegação prática do conteúdo da ação e da violência potencial que ela pode conter[12]. A relação está clara entre essas duas formas de violência que coexistem na mesma formação social e às vezes na mesma relação: é porque a dominação não pode se exercer senão sob sua *forma elementar*, isto é, de pessoa a pessoa, que ela não pode se realizar abertamente e que deve se dissimular sob o véu das relações encantadas cujas relações entre parentes oferecem o modelo oficial, ou seja, se fazer ignorar para se fazer reconhecer. Se a economia pré-capitalista é o lugar por excelência da violência simbólica é porque ali as relações de dominação não podem ser instauradas, mantidas ou restauradas a não ser por meio de estratégias que devem, sob pena de se aniquilar ao trair abertamente sua verdade, travestir-se, transfigurar-se, em uma única palavra, *eufemizar-se*; é porque as *censuras* que ela impõe à manifestação aberta da violência, em particular sob sua forma brutalmente econômica, fazem com que os interesses só possam se satisfazer com a condição de se dissimular nas e pelas próprias estratégias que tentam satisfazê-las.

---

11. Os usurários estão destinados ao desprezo e alguns deles, por medo de se ver banido pelo grupo, preferem conceder novos prazos (por exemplo, até a colheita das olivas) aos seus devedores evitando assim que eles vendam suas terras para se livrar da dívida.

12. Basta ver que o tempo e o trabalho consagrados a *por nas formas* ali é maior porque a recusa em reconhecer evidências como "negócios são negócios" ou *"time is money"* sobre as quais repousa a arte de viver tão pouco artística da *harried leisure class* das sociedades ditas avançadas impõe uma censura mais forte da expressão direta do interesse pessoal, para compreender que as sociedades arcaicas oferecem aos amantes das belas formas o encantamento de uma arte de viver voltada para a ordem da arte pela arte.

Não é preciso, portanto, ver uma contradição no fato de que a violência está ao mesmo tempo mais presente e mais dissimulada[13]. Por não dispor da violência implacável e oculta dos mecanismos objetivos que autorizam os dominantes a se contentar com estratégias de reprodução, muitas vezes puramente negativas, é que essa economia recorre *simultaneamente* às formas de dominação que, do ponto de vista do observador contemporâneo, podem parecer mais brutais, mais primitivas, mais bárbaras e ao mesmo tempo mais cordiais, mais humanas, mais respeitosas da pessoa[14]. Essa coexistência entre a violência aberta, física ou econômica, e a mais refinada violência simbólica, encontra-se em todas as instituições características dessa economia e no próprio centro de cada relação social: ela está presente tanto na dívida quanto no dom que, apesar de sua oposição aparente, têm em comum o poder de fundar a dependência e até mesmo a servidão tanto quanto a solidariedade, dependendo das estratégias com as quais se servem[15]. Essa ambiguidade essencial de

---

13. A história do vocabulário das instituições indo-européias que Emile Benveniste escreve apreende as referências linguísticas do processo de *revelação* e de *desencantamento* que conduz da violência física ou simbólica ao direito "econômico", do resgate (do prisioneiro) à compra, do prêmio (para uma ação notável) ao salário, e também do reconhecimento moral ao reconhecimento de dívidas, da crença ao crédito, ou ainda da obrigação moral à obrigação executória diante de um tribunal de justiça. (BENVENISTE, E. Op. cit., p. 123-203).

14. A questão do *valor* relativo dos modos de dominação – que pelo menos implicitamente é colocada pelas evocações rousseaunianas dos paraísos originais ou as dissertações americanocêntricas sobre a "modernização" – é totalmente desprovida de sentido e não pode dar lugar senão a debates por definição intermináveis sobre *as vantagens e os inconvenientes do antes e do depois* que não possuem outro interesse senão o de revelar as *fantasias sociais* do pesquisador, isto é, a relação não analisada que ele mantém com sua própria sociedade. Como em todos os casos em que se trata de comparar um sistema a um outro, pode-se opor infinitamente as representações parciais dos dois sistemas (encantamento *vs* desencantamento, por exemplo) cuja coloração afetiva e as conotações éticas variam somente se elas forem constituídas a partir de um ou de outro dos sistemas tomados como ponto de vista. O único objeto legítimo de comparação são os sistemas considerados como tais; isso impede qualquer avaliação diferente daquela que está implicada *de fato* na lógica imanente da evolução.

15. Moses L. Finley mostra que a dívida que às vezes era arranjada para criar uma situação de servidão podia também servir para criar relações de solidariedade entre iguais (FINLEY, M.L. "La servitude pour dettes". *Revue d'Histoire du Droit Français et Étranger*, 4ª s., XLIII, abr-jun./1965, n. 2, p. 159-184).

todas as instituições que as taxinomias modernas levariam a tratar como "econômicas" atesta que as estratégias opostas que, como na relação entre o senhor e seu *khammes*, podem coexistir, são meios *substituíveis* de desempenhar a mesma função, a "escolha" entre a violência aberta e a violência branda e invisível que depende do estado das relações de força entre as duas partes e da integração e da integridade ética do grupo que arbitra. Enquanto a violência aberta, a do usurário ou do senhor sem piedade, choca-se com a reprovação coletiva e se expõe a suscitar seja a resposta violenta, seja a fuga da vítima, isto é, nos dois casos, por causa da *ausência de qualquer recurso*, a aniquilação da própria relação que se pretendia explorar, a violência simbólica, violência branda, invisível, desconhecida como tal, escolhida tanto quanto sofrida, a da confiança, da obrigação, da fidelidade pessoal, da hospitalidade, do dom, da dívida, do reconhecimento, da piedade, de todas as virtudes, em uma palavra, que honra a moral da honra, impõe-se como o modo de dominação mais econômico porque é o mais conforme à economia do sistema.

> É assim que uma relação social tão próxima, aparentemente, de uma simples relação entre o capital e o trabalho quanto aquela que unia o senhor ao seu *khammes* (espécie de arrendatário que recebia apenas uma pequeníssima parte da colheita, em geral um quinto, com variações locais) não podia se manter senão por uma combinação ou uma alternância da violência material e da violência simbólica diretamente aplicadas à própria pessoa que se desejava reter. O senhor podia manter seu *khammes* por uma dívida que o obrigava a renovar seu contrato até que encontrasse um novo senhor que estivesse pronto a verter o montante de sua dívida ao antigo empregador, isto é, indefinidamente. Ele também podia recorrer a medidas brutais como o confisco da totalidade da colheita para recuperar o montante de seus adiantamentos. Mas cada relação particular era o produto de estratégias complexas cuja eficácia dependia não somente da força material e simbólica das partes presentes, mas também de sua habilidade em mobilizar o grupo ao suscitar a comiseração ou a indignação. Sob pena de se privar daquilo que muitas vezes constituía todo o benefício oferecido pela relação, isto é, para muitos dos senhores que, apenas um pouco mais ricos que seus *khammes*, teriam tido interesse

em cultivar eles próprios sua terra, o próprio estatuto de proprietário (ou de não *khammes*), o senhor tinha interesse em manifestar as virtudes de sua posição ao excluir da relação "econômica" toda garantia além da fidelidade exigida pela honra e ao tratar como um associado seu *khammes* que, por seu lado, só pedia para entrar, com a cumplicidade de todo o grupo, nessa ficção interessada, mas própria a lhe fornecer uma representação digna de sua condição. Dado que a ausência de um verdadeiro mercado do trabalho e a escassez (portanto a carestia) do dinheiro, o senhor não podia melhor servir seus interesses senão tecendo no dia a dia, por meio de cuidados e atenções incessantes, os vínculos tanto éticos e afetivos quanto "econômicos" que o uniam de forma permanente ao seu *khammes:* era muitas vezes ele que, para retê-lo, fazia o casamento de seu *khammes* (ou do filho deste) e que o instalava, com sua família, em sua própria casa; as crianças, criadas em comum na comunidade de bens (rebanho, campos etc.), muitas vezes não aprendiam sua condição senão tardiamente. Não era raro que um dos filhos do *khammes* fosse trabalhar na cidade como operário assalariado ao mesmo tempo que um dos filhos do proprietário, a quem, como aquele, entregava suas economias. Em resumo, o senhor não podia obter de seu *khammes* que ele se dedicasse permanentemente aos seus interesses senão na medida em que o *associasse* completamente aos seus interesses, a ponto de dissimular, ao negá-la simbolicamente em todos seus comportamentos, a dessimetria da relação que o unia a ele: o *khammes* é aquele a quem se confiam seus bens, sua casa, sua honra (como evoca a fórmula "eu conto contigo, associado, eu vou me associar", que o senhor emprega quando vai trabalhar na cidade ou na França); ele é aquele que "trata a terra como proprietário" porque nada na conduta de seu senhor o impede de reconhecer os direitos sobre a terra que ele trabalha e não é raro ouvir um *khammes* se dar o direito, muito tempo depois de ter deixado seu "senhor", pelo suor que verteu, de colher frutos ou penetrar na propriedade. E da mesma forma que ele jamais se sente completamente liberado de suas obrigações para com seu antigo senhor, da mesma forma não pode recriminar a este, depois do que ele chama "meia-volta", a "covardia" que consiste em abandonar aquele a quem tinha "adotado".

As formas brandas e larvadas da violência têm muito mais possibilidades de se impor como a única maneira de exercer a dominação e a exploração quanto mais difícil e condenada é a exploração direta e brutal. Seria tão falso identificar essa economia essencialmente dupla em sua verdade oficial quanto reduzi-la em sua verdade "objetiva", que vê no auxílio mútuo uma corveia, no *khammes* uma espécie de escravo, e assim por diante. O capital "econômico" não age senão sob a forma eufemizada do capital simbólico. Essa reconversão do capital que é a condição de sua eficácia não tem nada de automático: ela exige, além de um perfeito conhecimento da lógica da economia da denegação, cuidados incessantes e todo um *trabalho*, indispensável para estabelecer e manter as relações, e também *investimentos* importantes, tanto materiais quanto simbólicos – quer se trate da assistência política contra as agressões, roubos, ofensas ou injúrias, ou da assistência econômica, muitas vezes bastante custosa, em particular no caso da escassez de alimentos; e também a disposição (sincera) em oferecer coisas que são mais pessoais, portanto mais preciosas do que os bens ou o dinheiro, porque, como se diz, elas não podem "nem se emprestar nem se tomar emprestado", como o *tempo*[16] – aquele que é necessário tomar para fazer essas coisas "que não se esquecem", porque são feitas como devem ser feitas, quando é preciso, "atenções", "gestos", "gentilezas". Se a autoridade é sempre percebida como uma propriedade da pessoa é porque a violência branda exige daquele que a exerce que ele *exponha sua própria pessoa*[17].

A dominação branda é muito custosa para aquele que a exerce. E em primeiro lugar economicamente. Já que sua ação se acrescentava aos obstáculos objetivos vinculados

---

16. Para aquele que "não sabe consagrar ao outro o tempo que ele lhe deve", são lançadas reprovações: "Nem chegou e já foi embora". "Já vai nos deixar? Acabamos de nos sentar... Ainda falta tanto para falar."
17. A *fides*, como o lembra Benveniste, não é a "confiança", mas a "qualidade própria de um ser que atrai a sua confiança e que se exerce sob forma de autoridade protetora sobre quem se fia nele" (BENVENISTE, E. Op. cit., t. I, p. 117ss.).

à fragilidade dos meios de produção e à ausência de instituições "econômicas", os mecanismos sociais que, ao impor o recalque do interesse econômico, que tendia a fazer da acumulação de capital simbólico a única forma reconhecida de acumulação, bastavam sem dúvida para frear, e até mesmo impedir a concentração do capital material[18]. Os mais abastados deviam contar com o julgamento coletivo, porque era dele que dependia sua autoridade e em particular seu poder de mobilizar o grupo a favor ou contra indivíduos ou grupos; deveriam contar também com a moral oficial que lhes impunha não somente as mais fortes participações nas trocas cerimoniais, mas também as mais pesadas contribuições no cuidado dos pobres, no alojamento dos estranhos ou na organização das festas. Cargas como a do *t'amen*, "responsável" ou "fiador" que representava seu grupo nas reuniões da assembleia dos homens e em todas as circunstâncias solenes (recebendo, por exemplo, a parte de seu grupo por ocasião do sacrifício coletivo) não eram de forma alguma disputadas nem invejadas, e não era raro que os personagens mais influentes e mais importantes de seu grupo recusassem essa função ou exigissem rapidamente que fossem substituídos: as tarefas de representação e mediação que incumbiam ao *t'amen* exigiam com efeito muito tempo e trabalho. Aqueles que recebem do grupo nome de "sábios" ou de "grandes" e que, mesmo na ausência de qualquer mandato oficial, se encontram investidos de uma espécie de delegação tácita da autoridade do grupo, *se devem* (como se diz para expressar a obrigação para consigo mesmo que uma elevada ideia de si mesmo implica) relembrar continuamente ao grupo os valores que este reconhece oficialmente, tanto por sua conduta exemplar quanto por suas intervenções expressas: são eles que, quando duas mulheres de seu grupo vinham brigar, deveriam separá-las, e até mesmo lhes bater (caso se tratasse de viúvas ou caso os homens de quem dependiam não tivessem autorida-

---

18. E era sem dúvida excepcional que a assembleia fosse obrigada a intervir expressamente, como neste caso relatado por Maunier, para persuadir alguém a "parar de se enriquecer" (MAUNIER, R. *Mélanges de sociologie nord-africaine*. Paris: Alcan, 1930, p. 68).

de) ou lhes infligir uma multa; eles que, em caso de conflito grave entre membros de seu clã, deveriam chamar todos à razão, o que nunca acontecia sem uma certa dificuldade e às vezes perigo; eles que, em todas as situações que pudessem provocar um conflito entre os clãs (em caso de crime, por exemplo) se reuniam em assembleia, com o marabuto, para reconciliar os antagonistas; é a eles que, finalmente, incumbia a tarefa de proteger os interesses dos pobres e dos clientes, de lhes fazer dons por ocasião das coletas tradicionais, de lhes enviar alimento durante as festas, de levar ajuda às viúvas, de garantir o casamento dos órfãos etc.

Em resumo, por não ser assegurada por uma delegação oficialmente declarada e institucionalmente garantida, a autoridade pessoal não pode se perpetuar de forma durável senão por meio de ações que a reafirmam praticamente por sua conformidade aos valores que o grupo reconhece[19]: os "grandes" podem menos do que qualquer outra pessoa se permitir tomar liberdades com as normas oficiais e devem pagar seu aumento de valor com um aumento de conformidade aos valores do grupo. Enquanto não for constituído o sistema dos mecanismos que garantem por seu próprio movimento a reprodução da ordem estabelecida, não basta aos dominantes *laissez-faire o sistema* que dominam para exercer de modo durável a dominação; é preciso que trabalhem cotidianamente e pessoalmente na produção e na reprodução das condições sempre incertas da dominação. Não podendo se contentar em se apropriar dos benefícios de uma máquina social ainda incapaz de encontrar em si mesma o

---

19. Os marabutos estão em uma situação diferente, uma vez que dispõem de uma delegação institucional como membros de um corpo respeitado de "funcionários do culto" e que se mantêm em um estatuto separado – em particular por uma endogamia bastante rigorosa e por todo um conjunto de tradições próprias, como a reclusão de suas mulheres. Ocorre que aqueles de quem se diz que, "semelhantes à correnteza, eles engrossam em tempos de tempestade", não podem, como sugere o ditado, tirar proveito de sua função quase institucionalizada de *mediadores* a não ser que encontrem em seu conhecimento das tradições e das pessoas o meio de exercer uma autoridade simbólica que não existe senão pela delegação direta do grupo: os marabutos muitas vezes são apenas o álibi objetivo, a "porta" como se diz, que permite aos grupos em conflito se conciliar sem se desonrar.

poder de se perpetuar, eles estão condenados às *formas elementares da dominação*, isto é, à dominação direta de uma pessoa sobre uma pessoa cujo limite é a apropriação pessoal, ou seja, a escravidão; não podem se apropriar do trabalho, dos serviços, dos bens, das homenagens, do respeito dos outros sem "ganhá-los" pessoalmente, sem "fixá-los", ou seja, sem criar um vínculo pessoal, de pessoa a pessoa. Operação fundamental da alquimia social, cujo paradigma é a troca de dons, a transformação de um espaço qualquer de capital em capital simbólico, possessão legítima fundada na natureza de seu possuidor, supõe sempre uma forma de trabalho, um gasto visível (sem ser necessariamente ostentatório) de tempo, de dinheiro e de energia, uma *redistribuição* que é necessária para garantir o reconhecimento da distribuição, sob a forma do reconhecimento concedido por aquele que recebe àquele que, mais bem colocado na distribuição, está em condições de dar, reconhecimento de dívida que também é reconhecimento de valor.

Observa-se que, desafiando os usos simplistas da distinção entre a infraestrutura e a superestrutura[20], os mecanismos sociais que garantem a produção dos *habitus* conformes fazem parte integrante, aqui como em outro lugar, das condições de reprodução da ordem social e do próprio aparelho de produção, que não poderia funcionar sem as disposições que o grupo inculca e reforça continuamente e que tornam *impensáveis* algumas práticas que a economia desencantada do "interesse puro e simples" revelará como legítimas ou até mesmo normais. Mas o peso particularmente grande que pertence aos *habitus* e às suas estratégias na instauração e na perpetuação de relações duráveis de dominação é ainda um efeito da *estrutura do campo*: por não oferecer as condições institucionais da acumulação de capital econômico ou de capital cultural (que ele desencoraja até mesmo expressamente mediante uma *censura* que impõe o recurso

---

20. O pensamento em termos de "instâncias" deve seu sucesso social quase inevitável ao fato de que, como o mostraria a mais elementar análise dos usos, ele permite mobilizar para fins classificatórios e aparentemente explicativos toda a simbólica tranquilizadora da *arquitetura, estrutura*, evidentemente, portanto *infraestrutura* e *superestrutura*, mas também *fundo, fundação, fundamento, base*, sem esquecer dos inevitáveis *níveis* (em profundidade) de Gurvitch.

às formas eufemizadas de poder e de violência), essa ordem econômica faz com que as estratégias orientadas para a acumulação de capital simbólico que se observam em todas as formações sociais são neste caso as mais *racionais*, uma vez que são as mais eficazes nos limites das coerções inerentes ao universo. É no grau de objetivação do capital que reside o fundamento de todas as diferenças pertinentes entre os modos de dominação: os universos sociais em que as relações de dominação se fazem, desfazem-se e se refazem na e pela interação entre as pessoas se opõem às formações sociais em que, midiatizadas por meio de mecanismos objetivos e institucionalizados como o "mercado autorregulado" (*self-regulating market*) no sentido de Karl Polanyi, o sistema de ensino ou aparelho jurídico, elas têm a opacidade e a permanência das coisas e escapam às tomadas de consciência e do poder individuais.

A oposição entre universos de relações sociais que, não tendo em si mesmos o princípio de sua reprodução, não podem subsistir senão por meio de uma verdadeira criação continuada e de um mundo social que, levado por sua própria *vis insita*, dispensa os agentes desse incessante e indefinido trabalho de instauração ou de restauração, encontra sua expressão direta na história ou na pré-história do pensamento social. "Para Hobbes", escreve Durkheim, "é um ato de vontade que origina a ordem social e é um ato de vontade perpetuamente renovado que é o seu suporte"[21]. E tudo leva a crer que a ruptura com essa visão artificialista que é a condição da apreensão científica não podia ser operada antes que se constituíssem, na realidade, os mecanismos objetivos como o *self regulating mar-*

---

21. DURKHEIM, E. *Montesquieu et Rousseau précurseurs de la sociologie.* Paris: Rivière, 1953, p. 195-197. A correspondência é perfeita com a teoria cartesiana da criação continuada. E quando Leibniz, ao criticar esse Deus que está condenado a mover o mundo "como o carpinteiro move seu machado ou como o moleiro dirige sua mó desviando as águas ou dirigindo-as para a roda" (LEIBNIZ, G.W. *De Ipsa Natura* – Opuscula philosophica selecta. Paris: Boivin, 1939, p. 92), opõe ao mundo cartesiano, incapaz de subsistir sem uma assistência contínua, um mundo físico dotado de uma *vis própria*, ele anuncia a crítica de todas as formas da recusa em reconhecer no mundo social uma "natureza", isto é, uma necessidade imanente, que só encontrará sua expressão muito mais tarde (isto é, muito precisamente na introdução aos *Príncipes de la philosophie du droit*, de Hegel).

ket que, como observa Polanyi, era realmente feito para impor a crença no determinismo[22].

A objetivação nas instituições garantiu a permanência e a acumulabilidade das aquisições, tanto materiais quanto simbólicas, que podem subsistir sem que os agentes tenham que recriá-las contínua e integralmente por uma ação expressa; mas, uma vez que os benefícios garantidos por essas instituições são o objeto de uma apropriação diferencial, ela também tende a garantir, inseparavelmente, a reprodução da estrutura da distribuição do capital que, sob suas diferentes espécies, é a condição dessa apropriação e, ao mesmo tempo, a reprodução da estrutura das relações de dominação e de dependência.

Paradoxalmente, é a existência de campos relativamente autônomos, que funcionam segundo mecanismos rigorosos e capazes de impor aos agentes sua necessidade, que faz com que os detentores dos meios de dominar esses mecanismos e de se apropriar dos benefícios materiais ou simbólicos produzidos por seu funcionamento podem *fazer a economia* das estratégias orientadas expressa e diretamente para a dominação das pessoas. Trata-se mesmo de uma economia, porque as estratégias que pretendem instaurar ou manter relações duráveis de dependência de pessoa a pessoa são, como já se viu, extremamente custosas, o que faz com que o meio devore o fim e que as ações necessárias para garantir a duração do poder contribuam para a sua fragilidade. É preciso empregar força para produzir o direito e pode acontecer que uma grande parte da força ali se perca[23].

O pundonor é política em estado puro. Ele leva a acumular riquezas materiais que não têm sua justificação "em si mesmas", isto

---

22. A existência de mecanismos capazes de garantir a reprodução da ordem política fora de qualquer intervenção expressa conduz, por sua vez, à aceitação de uma definição restrita da política e das práticas orientadas para a aquisição ou conservação do poder que exclui tacitamente a competição para o domínio dos mecanismos de reprodução. Por isso, quando ela se dá como objeto principal – como atualmente o que se chama a "ciência política" – a esfera da política legítima, a ciência social retoma por sua conta o objeto pré-construído que a realidade lhe impõe.

23. Por várias vezes foi indicado que a lógica que faz da redistribuição dos bens a condição da perpetuação do poder tende a frear ou a impedir a acumulação primitiva do capital econômico e o aparecimento da divisão em classes (cf., p. ex., WOLF, E. *Sons of the Shaking Earth*. Chicago: Chicago University Press, 1959, p. 216).

é, em sua função "econômica" ou "técnica", e que, no máximo, podem ser totalmente inúteis, como os objetos trocados em diversas economias arcaicas, mas que valem como *instrumentos de demonstração do poder pela exibição* – o que Pascal chama de "o exibir" –, como capital simbólico próprio a contribuir para a sua própria reprodução, isto é, para a reprodução e para a legitimação das hierarquias em vigor. A acumulação de riquezas materiais não é, em um tal contexto, senão um meio entre outros de acumular poder simbólico como *poder de fazer reconhecer o poder*: o gasto que se pode chamar demonstrativo, em oposição a "produtivo" (que pode significar "gratuito" ou "simbólico") representa, da mesma forma que outro gasto *visível*, sinais de riqueza reconhecidos na formação social considerada, uma espécie de autoafirmação legitimadora pela qual o poder se dá a conhecer e reconhecer. Ao se afirmar de maneira visível e pública, e ao se fazer aceitar como dotado do direito à visibilidade, em oposição a todos os poderes ocultos, escondidos, secretos, oficiosos, vergonhosos, inconfessáveis (como os da magia maléfica), e consequentemente *censurados*, o poder se apodera dessa forma elementar de institucionalização que é a oficialização. Mas somente a plena institucionalização pode permitir, mesmo sem fazer completamente a economia do "exibir", pelo menos não depender dele completamente para obter a crença e a obediência dos outros e para mobilizar sua força de trabalho ou sua força de combate: e tudo permite supor que, como no caso do feudalismo segundo Georges Duby, a acumulação de capital "econômico" torna-se possível quando aparece a possibilidade de garantir a reprodução do capital simbólico de forma durável e com um custo mínimo, e de continuar a guerra propriamente política pela posição, distinção, preeminência, por outros meios, mais "econômicos". Às relações entre agentes indissociáveis das funções que eles desempenham e que não podem perpetuar senão expondo-se, a institucionalização substitui as relações estritamente estabelecidas e juridicamente garantidas entre posições reconhecidas, definidas por sua *posição* em um espaço relativamente autônomo de posições e com existência própria, distinta e independente de seus ocupantes atuais e potenciais, eles próprios definidos por *títulos* que, como os títulos de nobreza, os títulos de propriedade ou os títulos escolares, os *autorizam* a ocupar essas posições[24]. Em oposição à autoridade pessoal, que não pode ser nem delegada nem transmitida hereditariamente, o título, como *medida de posição ou de ordem*, isto é, como instrumento formal de avaliação da posição dos agentes em uma *distribuição*, permite estabelecer relações de equivalência (ou de comensurabilidade) quase perfeita entre os agentes definidos como pretendentes à apropriação de uma classe particular de bens, propriedades imobiliárias, dignidades, encargos, privilégios, e esses bens, eles próprios classificados, que regulam assim, de maneira durável, as relações entre esses agentes do ponto de vista de sua ordem legítima de acesso a esses bens e aos grupos definidos pela propriedade exclusiva desses bens. Dessa maneira, por exemplo, ao dar o mesmo valor a todos os detentores do mesmo título e ao torná-los assim substituíveis, o sistema de ensino reduz ao máximo os obstáculos à circulação do capital cultural que resultam do fato de que ele está incorporado a um indivíduo singular (sem aniquilar, no entanto, os benefícios associados à ideologia carismática da pessoa insubstituível)[25]; ele permite relacionar o conjunto dos detentores de títulos (e também, negativamente, o conjunto daqueles que não o possuem) a um mesmo padrão, instaurando assim um *mercado unificado* de todas as capacidades culturais e garantindo a convertibilidade em moeda do capital cultural adquirido por meio de um gasto determinado de tempo e de trabalho. O título escolar, como a moeda, tem um valor convencional, formal, ju-

---

24. Uma história social da noção de título, cujos casos particulares são o título nobiliário ou escolar, deveria mostrar as condições sociais e os efeitos da passagem da autoridade pessoal (por exemplo, a *gratia*, consideração, influência, dos romanos) ao *título* ou, caso se deseje, da honra ao *jus honorum*: é assim que em Roma o uso dos títulos (por exemplo, *eques romanus*) que define uma *dignitas*, como posição oficialmente reconhecida no Estado (em oposição a uma simples qualidade pessoal), encontrou-se progressivamente submetido – da mesma forma que o uso das *insígnia* – aos controles minuciosos do uso ou do direito (cf. NICOLET, C. *L'ordre équestre à l'époque républicaine* – I: Définitions juridiques et structures sociales. Paris: [s.e.], 1966, p. 236-241).

25. Medida de posição, que indica a posição de um agente na estrutura da distribuição do capital cultural, o título escolar é socialmente percebido como garantia da possessão de uma quantidade determinada de capital cultural.

ridicamente garantido, portanto livre das limitações locais (diferentemente do capital não escolarmente certificado) e das flutuações temporais: o capital cultural que de alguma forma ele garante de uma vez por todas não necessita ser continuadamente provado. A objetivação operada pelo título e, de modo mais geral, por todas as formas de "poderes" (*credenciais*), no sentido de "prova escrita de qualificação que outorga crédito ou autoridade", é inseparável daquela que o direito garante ao definir *posições permanentes* independentes dos indivíduos biológicos que elas reivindicam e suscetíveis de ser ocupadas pelos agentes biologicamente diferentes, mas intercambiáveis do ponto de vista dos títulos que eles devem deter. A partir de então, as relações de poder e de dependência não se estabelecem mais diretamente entre pessoas; elas se instauram, na própria objetividade, entre instituições, isto é, entre títulos socialmente garantidos e cargos socialmente definidos e, por meio deles, entre os mecanismos sociais que produzem e garantem o valor social dos títulos e dos cargos e a distribuição desses atributos sociais entre os indivíduos biológicos.

O direito não faz senão consagrar simbolicamente, por um *registro* que eterniza e universaliza, o estado da relação de forças entre os grupos e as classes produzidas e garantidas praticamente pelo funcionamento desses mecanismos. Por exemplo, ele registra e legitima a distinção entre a função e a pessoa, entre o poder e seu detentor, assim como a relação que se estabelece em um dado momento do tempo entre os títulos e os cargos (em função do *bargaining power* dos vendedores e dos compradores de força de trabalho qualificada, isto é, escolarmente garantida) e que se materializa em uma distribuição determinada dos benefícios materiais e simbólicos atribuídos aos detentores (ou não detentores) de títulos. Assim, ele traz a contribuição de sua própria força, isto é, propriamente simbólica, à ação do conjunto dos mecanismos que permitem fazer a economia da reafirmação contínua das relações de força pelo uso declarado da força.

O efeito de legitimação da ordem estabelecida não incumbe somente, como se vê, aos mecanismos tradicionalmente considerados como pertencentes à ordem da ideologia, como o direito. O sistema de produção de bens culturais ou o sistema de produção dos produtores desempenham, além disso, isto é, pela própria lógica de seu funcionamento, funções ideológicas já que os mecanismos pelos quais contribuem para a reprodução da ordem social e para a permanência das relações de dominação permanecem ocultas. Como já foi mostrado em outro lugar, não é tanto por meio das ideologias que ele produz ou inculca que o sistema de ensino contribui para fornecer à classe dominante uma "teodiceia de seu próprio privilégio", mas sim por meio da justificação prática da ordem estabelecida que oferece ao dissimular sob a relação patente, que garante, entre os títulos e os cargos, a relação que *registra sub-repticiamente*, sob aparência de igualdade formal, entre os títulos obtidos e o capital cultural herdado, isto é, por meio da legitimação que dessa maneira ele traz à transmissão dessa forma de herança. Os efeitos ideológicos mais garantidos são aqueles que, para se exercer, não necessitam de palavras, mas do *laisser-faire* e do silêncio cúmplice[26].

Ainda que seja verdade que a violência simbólica é a forma branda e larvada que a violência toma quando a violência aberta é impossível, compreende-se que as formas simbólicas da dominação tenham progressivamente se enfraquecido à medida que se constituíam os mecanismos objetivos que, tornando inútil o trabalho de eufemização, tendiam a produzir as disposições "desencantadas" que seu desenvolvimento exigia[27]. Compreende-se também que o

---

26. Significa dizer, de passagem, que toda análise das ideologias no sentido restrito de discurso de legitimação, que não comporta uma análise dos mecanismos institucionais correspondentes, expõe-se a ser apenas uma contribuição suplementar à eficácia dessas ideologias: é o caso de todas as análises internas (semiológicas) das ideologias políticas, escolares, religiosas ou artísticas que esquecem que a função política dessas ideologias pode, em alguns casos, se reduzir pelo efeito de deslocamento e de desvio, de dissimulação e de legitimação, que elas produzem ao reproduzir, por falta, por omissão, em seus silêncios voluntariamente ou involuntariamente cúmplices, os efeitos dos mecanismos objetivos. É o caso, por exemplo, da ideologia carismática (ou meritocrática), forma particular do dom do "dom", que explica pela desigualdade dos dons naturais as possibilidades diferenciais de acesso aos títulos, reforçando assim o efeito dos mecanismos que dissimulam a relação entre os títulos obtidos e o capital cultural herdado.

27. Na luta ideológica entre os grupos (faixa etária ou classe sexual, por exemplo) ou as classes sociais para a definição da realidade, à violência simbólica, como a violência desconhecida e reconhecida, portanto legítima, se opõe a tomada de consciência do arbitrário que desapossa os dominantes de uma parte de sua força simbólica ao abolir o desconhecimento.

desenvolvimento das forças de subversão e de crítica que as mais brutais formas da exploração "econômica" suscitaram e a atualização dos efeitos ideológicos e práticos dos mecanismos que garantem a reprodução das relações de dominação determinam um *retorno* aos modos de acumulação fundados na conversão do capital econômico em capital simbólico, como todas as formas de redistribuição legitimadora, pública (política "social") ou privada (financiamento de fundações "desinteressadas", doação aos hospitais, às instituições escolares e culturais etc.) pelas quais os dominantes se garantem um capital de "crédito" que parece não dever nada à lógica da exploração[28] ou ainda a tesaurização de bens de luxo que atestam o gosto e a distinção de seu possuidor. A denegação da economia e do interesse econômico que, nas sociedades pré-capitalistas, se exercia primeiramente no próprio terreno das transações "econômicas", de onde foi necessário excluí-lo para constituir como tal "a economia", encontra assim seu refúgio de predileção na esfera da arte e da "cultura", lugar de puro consumo, de dinheiro certamente, mas também de tempo, ilhota de sagrado que se opõe de maneira ostentatória ao universo profano e cotidiano da produção, refúgio da gratuidade e do desinteresse que propõe, como em outros tempos a teologia, uma antropologia imaginária obtida pela denegação de todas as negações que a "economia" realmente opera.

---

28. Não é o sociólogo, mas um grupo de industriais americanos que, para dar conta do efeito das "relações públicas", forjaram a "teoria da conta bancária", que "exige que se façam depósitos *regulares e frequentes* no Banco da opinião pública (*Bank of Public Good-Will*) de maneira a poder retirar cheques dessa conta quando for necessário" (apud MacKEAN, F. *Party and Pressure Politcs*. Nova York: Houghton Mifflin Company, 1944). Poder-se-á consultar também GABLE, R.W. "N.A.M.: Influential lobby or Kiss of death?", *The Journal of Politics*, vol. 15, n. 2, mai./1953, p. 262 (sobre os diferentes modos de ação da N.A.M., ação sobre o grande público, ação sobre os educadores, eclesiásticos, líderes de clubes femininos, líderes agrícolas etc.). • TURNER, H.A. "How pressure groups operate". *The Annals of the American Academy of Political and Social Science*, vol. 319, set./1958, p. 63-72 (sobre a maneira como a própria organização aumenta no público sua estima e condiciona as atitudes de maneira a criar um estado da opinião pública tal que o público acolha favoravelmente os programas desejados pelo grupo).

9
A objetividade do subjetivo

A ordem estabelecida e a distribuição do capital, que é o seu fundamento, contribuem à sua própria perpetuação por meio de sua própria existência, isto é, pelo efeito simbólico que exercem assim que se afirmam pública e oficialmente e que são por isso mesmo des(conhecidas) e reconhecidas. Consequentemente, a ciência social não pode "tratar os fatos sociais como coisas", conforme o preceito durkheimiano, sem deixar escapar tudo o que devem ao fato de que são objetos de conhecimento (ainda que se trate de um desconhecimento) na própria objetividade da existência social. E ela deve reintroduzir em sua definição completa do objeto as representações primeiras do objeto, que primeiro teve que destruir para conquistar a definição "objetiva". Porque os indivíduos ou os grupos são objetivamente definidos não somente pelo o que são, mas também pelo que supostamente são, por um *ser percebido* que, embora dependa estreitamente de seu ser, não é jamais totalmente redutível a esse ser, a ciência social deve levar em conta as duas espécies de propriedades que lhe estão objetivamente vinculadas: por um lado, propriedades materiais que, começando pelo corpo, se deixam enumerar e medir como qualquer coisa do mundo físico, e, do outro, propriedades simbólicas que não são mais do que propriedades materiais quando são percebidas e apreciadas em suas relações mútuas, isto é, como propriedades distintivas[1].

---

1. É evidente que essa distinção indispensável tem algo de fictício: com efeito, a ciência só pode conhecer a realidade quando utiliza instrumentos lógicos de classificação e quando efetua de um modo consciente e controlado o equivalente das operações de classificação da prática ordinária. Sem dúvida os que fazem da crítica das representações individuais a condição do acesso a uma realidade "objetiva" absolutamente inacessível à experiência comum ("Nós acreditamos fecunda", diz Durkheim, "essa ideia de que a vida social deve se explicar não pela concepção dos que dela participam, mas pelas causas profundas que escapam à consciência") podem admitir, como o próprio Durkheim, que só se pode conhecer essa "realidade" utilizando instrumentos lógicos. Ocorre que não se poderia negar a afinidade particular que une o fisicalismo e a inclinação positivista em ver as classificações seja como recortes arbitrários e "operatórios" (à maneira das faixas etárias ou das faixas salariais), seja como o simples registro de recortes "objetivos" percebidos sob a forma de descontinuidades das distribuições ou de inflexões das curvas.

Semelhante realidade *intrinsecamente dupla* exige a superação da alternativa na qual se deixa encerrar a ciência social, a da física social e da fenomenologia social. A *física social* que se realiza muitas vezes em um economismo objetivista se dedica a perceber uma "realidade objetiva" absolutamente inacessível à experiência comum pela análise das relações estatísticas entre distribuições de propriedades materiais, expressões quantificadas da repartição do capital (sob suas diferentes espécies) entre os indivíduos que competem por sua apropriação. Quanto à *fenomenologia social* que registra e decifra as significações que os agentes produzem como tais por meio de uma percepção diferencial *dessas mesmas propriedades*, assim constituídas em signos distintivos, ela pode encontrar sua realização e seu limite em uma espécie de *marginalismo social*: "a ordem social" se encontra assim reduzida a uma classificação coletiva obtida pela adição dos julgamentos classificadores e classificados pelos quais os agentes classificam e se classificam ou, caso se prefira, pela agregação das representações (mentais) que uns se fazem das representações (teatrais) que os outros lhes dão e das representações (mentais) que estes se fazem deles.

    A oposição entre uma mecânica das relações de força e uma fenomenologia ou uma cibernética das relações de sentido não é jamais tão visível e visivelmente estéril quanto na teoria das classes sociais. Por um lado, as definições estritamente objetivistas que, assim como a vertente economista da teoria marxista, procuram o princípio da determinação das classes nas propriedades que nada devem à percepção ou à ação dos agentes (sem falar daquelas que identificam as classes às populações enumeráveis e separadas pelas fronteiras inscritas no real)[2];

---

2. Caso se deixem de lado as dúvidas existenciais que perseguem as adolescências burguesas (Sou um pequeno ou um grande burguês? Onde acaba a pequena burguesia e onde começa a grande?) e as dúvidas estratégicas dos que pretendem contar (ou descontar) os amigos e os adversários, "contar-se" ou "catalogar" (boa tradução, apesar de tudo, de *kathègoresthai*), a questão dos limites "reais" entre os grupos é quase sempre, na prática social, uma questão de política administrativa: a administração sabe (melhor do que os sociólogos) que o pertencimento às classes, nem que seja das mais formais categorias estatísticas, como as faixas etárias, é acompanhado de "vantagens" ou de obrigações, como o direito à aposentadoria, ou a obrigação do serviço militar; e que consequentemente as fronteiras entre os grupos assim delimitados são questões de lutas (luta, por exemplo, pela aposentadoria aos sessenta anos ou pela assimilação de uma determinada categoria de auxiliares à classe dos titulares) e que as classificações que estabelecem essas fronteiras representam instrumentos de poder.

por outro, as definições subjetivistas ou nominalistas, quer se trate da teoria weberiana do "grupo de *status*" que privilegia as propriedades simbólicas constitutivas do estilo de vida ou das análises empíricas que aspiram estabelecer se e como as classes existem na representação dos agentes ou ainda de todas as formas de marginalismo social que, ao fazer dos atos de autoridade e de submissão o princípio das estruturas de dominação e de dependência, concebem o mundo social, à maneira das filosofias idealistas, "como representação e vontade", nesse sentido próximos do *espontaneísmo político* que identifica a classe social (e particularmente o proletariado) a uma espécie de surgimento puro[3].

A visão objetivista não pode conquistar a verdade "objetiva" das relações entre as classes como relações de força senão com a condição de destruir tudo o que é de natureza a atribuir à dominação as aparências da legitimidade; mas lhe falta objetividade quando omite inscrever na teoria das classes sociais a verdade primeira contra a qual se construiu e em particular o véu de relações simbólicas sem as quais as relações de classe não poderiam, em mais de um caso, realizar-se em sua verdade "objetiva" de relações de exploração. Colocando de uma outra forma, ela esquece que o desconhecimento da verdade das relações de classe é parte integrante da verdade dessas relações. Quando, sendo apreendidas em função de um sistema de esquemas de percepção e de apreciação objetivamente atribuído às estruturas objetivas, elas são reconhecidas como legítimas, as diferenças arbitrárias que as distribuições estatísticas de propriedades registram tornam-se sinais de distinção (natural) que funcionam como um capital simbólico capaz de garantir uma *renda de distinção* tanto maior quanto mais raras (ou, ao contrário, menos acessíveis, "comuns", divulgadas, "vulgares"). Com efeito, o que constitui o valor das propriedades capazes de funcionar como capital simbólico, não é, ainda que tudo leve a crer no contrário, esta ou aquela ca-

---

3. É preciso dar um lugar à parte a todos aqueles que, para o bem da causa se colocam a partir do ponto de vista da física social, se apoiam na continuidade objetiva da maior parte das distribuições para recusar às classes sociais qualquer outra realidade diferente daquela de conceitos heurísticos ou de categorias estatísticas arbitrariamente impostas pelo pesquisador, único responsável segundo eles pela descontinuidade introduzida em uma realidade contínua.

racterística intrínseca das práticas ou dos bens considerados, mas seu *valor marginal* que, sendo função de seu número, tende necessariamente a diminuir com sua multiplicação e com sua divulgação[4]. Produto de uma luta na qual cada agente é ao mesmo tempo concorrente sem piedade e um juiz supremo (portanto, nos termos da velha alternativa, ao mesmo tempo *lupus* e *deus*), o capital simbólico ou os títulos que o garantem não pode ser defendido, principalmente em caso de inflação, senão por uma luta permanente para se igualar e se identificar (realmente, com o casamento, por exemplo, e com todas as formas de aliança pública e de agregação oficial, ou simbolicamente) ao grupo imediatamente superior e se distinguir do grupo imediatamente inferior.

> O mundo dos salões e do esnobismo como é descrito por Proust oferece uma bela ilustração dessas lutas por meio das quais os indivíduos ou os grupos se esforçam em modificar em seu proveito a ordem global das preferências, resultante do conjunto dos julgamentos que se confrontam e se cumulam continuamente no mercado dos valores simbólicos. O prestígio de um salão (ou de um clube) depende do rigor de suas exclusões (não se pode admitir uma pessoa pouco considerada sem perder em consideração) e da "qualidade" das pessoas recebidas, ela própria medida pela "qualidade" dos salões que as recebem: as altas e as quedas da bolsa dos valores mundanos, que os Echos[5] mundanos registram, são medidos por esses dois critérios, isto é, por um conjunto de matizes ínfimos, que exigem um olho treinado. Em um universo em que tudo é classificado, portanto classificador, os lugares onde, por exemplo, é necessário ser visto, restaurantes chiques, concursos hípicos, conferências, exposições, os monumentos e os espetáculos que devem ser vistos, Veneza, Florença, Bayreuth, os Balés russos, ou seja, os lugares exclusivos, onde é preciso ser admitido, salões e clubes chiques, somente o domínio perfeito das classificações (que os árbitros das elegâncias correm para "desclassifi-

---

[4]. Sobre as lutas pelos títulos nobiliários ou escolares, cf. BOURDIEU, P. *La distinction.* Op. cit., p. 180-185.

[5]. *Les Échos* é um jornal francês de informação econômica (N.T.)

car" "tirando-os da moda" assim que se tornam demasiado comuns) permite obter o melhor rendimento dos investimentos mundanos e evitar pelo menos de ser identificado aos grupos pouco cotados[6].

As lutas que se desenvolvem no próprio interior de espaços tão homogêneos, pelo menos para um observador estranho, que parecem criar a diferença *ex nihilo* trazem um desmentido absoluto à filosofia conservadora da história que, ao identificar a ordem à diferença, geradora de energia (isto é, conforme o credo liberal, de energia criadora, de espírito empreendedor etc.), denuncia e deplora tudo que ameaça a distinção como *entropia*, recaída no homogêneo, o indiferenciado, o indiferente. Essa visão "termodinâmica" do mundo, que inspira a obsessão pelo "nivelamento", da distribuição aleatória, da aniquilação na "média", na "massa", coexiste com o sonho da burguesia sem proletariado, encarnado hoje pela teoria do "emburguesamento da classe operária" ou da expansão das classes médias até os limites do universo social, que se alimenta da ideia que, quando a diferença diminui, a energia social, isto é, neste caso, a luta das classes diminui. De fato, contra a evidência fisicalista que quer que, em caso de distribuição contínua, a diferença seja tanto menor quanto maior é a proximidade na distribuição, as diferenças percebidas não são as diferenças objetivas e a *vizinhança social*, lugar da *última diferença*, tem todas as chances de ser também o ponto de maior tensão.

A distância objetiva mínima no espaço social pode coincidir com a distância subjetiva máxima: isso, entre outras razões, porque o mais "vizinho" é o que mais ameaça a identidade social, isto é, a diferença (e também porque o ajuste das esperanças às possibilidades tende a circunscrever na vizinhança imediata as pretensões subjetivas). O próprio da lógica do simbólico é transformar em diferen-

---

6. Também se poderia tomar como exemplo qualquer um dos subuniversos do campo de produção cultural, como o universo da pintura, em que o valor de cada artista se define em um semelhante jogo de julgamentos indefinidamente refletidos: o conhecimento perfeito do "jogo" (que não tem "regras" senão para os que dele não fazem parte, e por isso mesmo), condutas que é necessário adotar com os críticos, os *marchands*, os outros pintores, discussões que é necessário manter com os mesmos, pessoas que é preciso frequentar ou evitar, lugares (de exposição, em particular) onde é necessário estar ou fugir, grupos cada vez mais restritos que é necessário sucessivamente atravessar, também faz parte aqui das condições mais absolutas da acumulação do *valor fiduciário* que constitui a notoriedade.

ças absolutas, do tudo ou nada, as diferenças infinitesimais: é, por exemplo, o efeito de *fronteira jurídica* ou de *numerus clausus* (especialmente visível no concurso) que *institui entre dois indiscerníveis* (o herdeiro legítimo e o bastardo, o filho mais velho e o filho mais novo, o último colocado e o primeiro reprovado etc.) uma distinção absoluta e durável, em lugar de uma continuidade associada aos recortes diferentes sob diferentes pontos de vista. A luta pela diferença específica, a última diferença, mascara as propriedades genéricas, o gênero comum, as solidariedades "objetivas", a classe, que não existem senão para o olhar exterior do observador estranho e que o trabalho de "politização" que fazer surgir na consciência dos agentes superando os efeitos das lutas de competição: com efeito, além de pretenderam não abolir a classificação ou transformar seus princípios, mas modificar a posição na classificação, e que elas implicam por essa razão um reconhecimento tácito da classificação, as lutas de competição, que dividem os próximos, os vizinhos, os semelhantes, são a antítese mais perfeita e a negação mais eficaz da luta contra uma outra classe, na qual se constitui a classe.

Se a luta simbólica tende a se circunscrever na vizinhança imediata e se ela não pode jamais operar senão revoluções parciais, é também porque encontra seu limite, como já foi visto, na institucionalização dos índices de consagração e dos certificados de carisma como os títulos de nobreza ou os títulos escolares, marcas de respeito objetivadas que atraem as marcas de respeito, aparelho e aparato que têm como efeito não somente manifestar a posição social, mas também o reconhecimento coletivo que se lhe atribui unicamente pelo fato de autorizá-la a fazer semelhante exibição de sua importância. Esse reconhecimento oficial implica o direito e o dever ("noblesse oblige") de exibir oficial e publicamente a distinção nos signos distintivos, oficialmente codificados e garantidos (como as condecorações), de manter a posição designada adotando as práticas e os atributos simbólicos que lhe são associados. Os "grupos de *status*" apenas dão às estratégias de distinção uma forma institucional, e até mesmo codificada, ao controlar rigidamente as duas operações fundamentais da lógica social, *a união e a separação*, por onde pode advir o crescimento ou a diminuição da escassez, portanto do valor simbólico do grupo; e isso tanto no terreno propriamente simbólico, ao regular o uso de atributos simbólicos próprios a tornar visíveis as diferenças e a manifestar as posições, isto é, os signos distintivos da riqueza simbólica, como o vestuário ou a habitação, ou os emblemas do reconhecimento social, como todos os atributos da autoridade legítima, quanto nas trocas reais, que podem implicar uma forma de identificação ou, pelo menos, de reconhecimento mútuo, casamento, troca de dons ou de refeição ou simples comércio. As estratégias institucionalizadas de distinção pelas quais os "grupos de *status*" aspiram tornar permanentes e quase naturais, logo legítimas, as diferenças de fato, ao redobrar simbolicamente o efeito de distinção que está associado ao fato de ocupar uma posição rara na estrutura social, são a consciência de si da classe dominante.

Não existe universo social em que cada agente não deva contar, a todo o momento, com o valor fiduciário que lhe é atribuído e que define o que ele pode se permitir, isto é, entre outras coisas, os bens, eles próprios hierarquizados, que ele pode se apropriar ou as estratégias que ele pode adotar e que, para ter chances de ser reconhecidas, consequentemente eficazes simbolicamente, devem se situar na altura certa, nem muito alto nem muito baixo. Mas o grau ao qual as diferenças são objetivadas nas barreiras estatuárias e sancionadas por fronteiras jurídicas que impõem um limite real às aspirações em vez de se distinguir pelos simples limites estatísticos está no princípio de diferenças bastante importantes nas práticas simbólicas: tudo parece indicar que o lugar reservado às estratégias simbólicas não pode senão crescer, como as possibilidades de eficácia que lhe são objetivamente atribuídas, quando se vai das sociedades em que os limites entre os grupos adquirem a forma de fronteiras jurídicas e em que as manifestações da diferença são regidas por verdadeiras leis suntuárias, aos universos sociais em que – como nas classes médias americanas, que o interacionismo descreve – a indeterminação objetiva do valor fiduciário autoriza e favorece a pretensão (ou seja, a diferença entre o valor que o sujeito se reconhece e aquele que lhe é oficialmente ou tacitamente reconhecido) e as estratégias de blefe pelas quais ela pretende se realizar[7].

---

7. A visão do mundo social que o interacionismo propõe corresponde a um universo social com um fraquíssimo grau de institucionalização do capital simbólico, o das classes médias urbanas, com suas hierarquias múltiplas, confusas (é o caso dos títulos escolares "médios") e cambiantes, cuja incerteza objetiva é redobrada, para a consciência comum, pelo pouco grau de interconhecimento e a ausência correlativa do conhecimento mínimo das mais "objetivas" características econômicas e sociais.

De fato, a institucionalização da distinção, isto é, sua inscrição na realidade dura e durável das coisas ou das instituições, caminha junto com sua *incorporação*, que é o caminho mais seguro para a naturalização: quando elas são admitidas e adquiridas como normais, desde a primeira infância, as disposições distintivas têm todas as aparências de uma natureza naturalmente distinguida, diferença que encerra sua própria legitimação. Dessa forma, a renda de distinção se encontra redobrada por que a ideia de distinção suprema (portanto o benefício máximo) encontra-se associada à facilidade e ao natural na produção das condutas distinguidas, isto é, com um custo mínimo de produção. Assim, com a distinção que se diz natural ainda que, como a palavra diz, ela só exista na e pela relação distintiva com as disposições mais "comuns", isto é, estatisticamente mais frequentes, a teatralização legitimadora da qual sempre se acompanha o exercício do poder se estende a todas as práticas e em particular aos consumos, que não têm necessidade de ser inspirados pela busca da distinção para ser distintivos. A própria arte de viver dos detentores do poder contribui ao poder que o torna possível já que suas verdadeiras condições de possibilidade permanecem ignoradas e que ele pode ser percebido não somente como a manifestação legítima do poder, mas como o fundamento de sua legitimidade. Os "grupos de *status*" fundados em um "estilo de vida" e em uma "estilização da vida", não são, como acreditava Max Weber, uma espécie de grupo diferente das classes, mas classes dominantes *denegadas* ou, caso se queira, sublimadas e, dessa maneira, legitimadas.

   Se é preciso manifestar, contra o objetivismo mecanicista, que as formas simbólicas têm uma lógica e uma eficácia próprias que lhes outorga uma autonomia relativa em relação às condições objetivas apreendidas nas distribuições, também é necessário evocar, contra o subjetivismo marginalista, que a ordem social não é formada, à maneira do resultado de um voto ou de um preço de mercado, pela simples soma mecânica das ordens individuais. Na determinação da classificação coletiva e da hierarquia dos valores fiduciários atribuídos aos indivíduos e aos grupos, todos os julgamentos não têm o mesmo peso, e os dominantes estão em medida de impor a escala mais favorável das preferências a seus produtos (principalmente porque detêm um quase-monopólio de fato das instituições que, como o sistema escolar, estabelecem e garantem oficialmente as posições). Além do mais, a representação que os agentes se fazem de sua própria posição e da posição dos outros no espaço social (aliás, assim como a representação que dela oferecem, consciente ou inconscientemente, por suas práticas ou suas propriedades) é o produto de um sistema de esquemas de percepção e de apreciação que é ele mesmo o produto incorporado de uma condição (isto é, de uma posição determinada nas distribuições das propriedades materiais e do capital simbólico) e que se apoia não somente nos índices do julgamento coletivo, mas também nos indicadores objetivos da posição realmente ocupada nas distribuições que esse julgamento coletivo já leva em conta. Mesmo no caso limite do "mundo", lugar por excelência dos jogos da bolsa simbólicos, o valor dos indivíduos e dos grupos também não depende tão exclusivamente das estratégias mundanas quanto o sugere Proust ao escrever: "Nossa personalidade social é uma criação do pensamento dos outros"[8]. O capital simbólico daqueles que dominam o "mundo", Charlus, Bergotte ou a duquesa de Guermantes, supõe algo mais do que desprezos ou recusas, friezas ou gentilezas, sinais de reconhecimento e os testemunhos de descrédito, marcas de respeito ou de desprezo, em resumo, todo o jogo dos julgamentos cruzados. Ele é a forma exaltada de que se revestem realidades tão banalmente objetivas como as registradas pela física social, castelos ou terras, títulos de propriedade, de nobreza ou de universidade, quando são transfiguradas pela percepção encantada, mistificada e cúmplice, que define propriamente o esnobismo (ou em um outro nível, a pretensão pequeno-burguesa).

A alternativa da física social e da fenomenologia social não pode ser superada a não ser que se situe no princípio da relação dialética que se estabelece entre as regularidades do universo material das propriedades e dos esquemas classificatórios do *habitus*, esse produto das regularidades do mundo social para o qual e pelo qual existe um mundo social. É na dialética entre a condição de classe e o "senso de classe", entre as condições "objetivas", registradas nas distri-

---

8. PROUST, M. *A la recherche du temps perdu*. T. 1. Paris: Gallimard/Plêiade, p. 19. (Cf. tb. GOFMANN. "O indivíduo deve se apoiar sobre os outros para realizar sua imagem de si mesmo" In: GOFFMANN, E. Op. cit.).

buições, e as disposições estruturantes, elas próprias estruturadas por essas condições, isto é, em conformidade com as distribuições, que a estrutura da ordem contínua das distribuições se realiza sob uma forma transfigurada e irreconhecível na estrutura de ordem descontínua dos estilos de vida hierarquizados e nas representações e nas práticas de reconhecimento que o desconhecimento de sua verdade engendra[9]. Expressões do *habitus* percebidas de acordo com as categorias do *habitus*, as propriedades simbolizam a capacidade diferencial de apropriação, isto é, o capital e o poder social, e funcionam como capital simbólico, garantindo um benefício positivo ou negativo de distinção. A oposição entre a lógica material da escassez e a lógica simbólica da distinção (reunidas pelo uso saussuriano da palavra valor) constitui ao mesmo tempo o princípio da oposição entre uma dinâmica social, que não conhece senão relações de força, e uma cibernética social, atenta somente às relações de sentido, e o princípio de sua superação.

As lutas simbólicas são sempre muito mais eficazes (portanto realistas) do que pensa o economismo objetivista e muito menos do que deseja o puro marginalismo social: a relação entre as distribuições e as representações é ao mesmo tempo o produto e o desafio de uma luta permanente entre aqueles que, por causa da posição que ali ocupam, têm interesse em subverter as distribuições modificando as classificações em que elas se expressam e se legitimam ou, ao contrário, em perpetuar o desconhecimento, como conhecimento alienado que, ao aplicar ao mundo categorias impostas pelo mundo, apreende o mundo social como mundo natural. Conhecimento que, ao ignorar que produz o que reconhece, não quer saber que o que constitui o mais intrínseco charme de seu objeto, seu carisma, é ape-

---

9. A percepção individual e coletiva ou, mais exatamente, a percepção individual orientada pelas representações coletivas, tende a engendrar representações contrastadas, cada grupo tendendo a definir os valores aos quais associa seu valor em oposição aos valores dos outros grupos, superiores e principalmente inferiores, isto é considerados como tais: as representações (mentais) que os diferentes grupos se fazem das representações (teatrais) que se dão (intencionalmente ou não) os outros grupos, apresentam-se à observação como sistemas de oposições que reproduzem ao acentuá-las e aos simplificá-las (às vezes até a caricatura) as diferenças reais entre os estilos de vida, e que contribuem ao mesmo tempo a produzir divisões e a legitimá-las fazendo-as aparecer como fundadas na natureza.

nas o produto das inúmeras operações de crédito pelas quais os agentes atribuem ao objeto os poderes aos quais se submetem. A eficácia específica da ação subversiva consiste no poder de modificar pela tomada de consciência as categorias de pensamento que contribuem para orientar as práticas individuais e coletivas e em particular as categorias de percepção e de apreciação das distribuições.

> O capital simbólico não seria senão uma maneira de designar o que Max Weber chamou carisma se, prisioneiro da lógica das tipologias realistas, aquele que sem dúvida melhor compreendeu que a sociologia da religião era um capítulo, e não o menor, da sociologia do poder, não tivesse feito do carisma uma forma particular de poder em vez de ali ver uma dimensão de todo poder, isto é, um outro nome da legitimidade, produto do reconhecimento, do desconhecimento, da crença "em virtude da qual as pessoas que exercem a autoridade são dotadas de prestígio". Esnobismo ou pretensão são disposições de crentes, incessantemente perseguidos pelo medo da transgressão, da falta de tom ou pecado contra o gosto, e inevitavelmente dominados pelos poderes transcendentes aos quais se entregam unicamente por reconhecê-los, arte, cultura, literatura, alta-costura ou outros fetiches e pelos depositários desses poderes, árbitros arbitrários das elegâncias, costureiros, pintores, escritores ou críticos, simples criações da crença social que exercem um poder real sobre os crentes, quer se trate do poder de consagrar os objetos materiais transferindo sobre eles o sagrado coletivo ou do poder de transformar as representações daqueles que lhes outorgam seu poder.

Cada um dos estados do mundo social não é senão um equilíbrio provisório, um momento da dinâmica pela qual se rompe e se restaura sem cessar o ajuste entre as distribuições e as classificações incorporadas ou institucionalizadas. A luta, que está no princípio mesmo das distribuições, é inseparavelmente uma luta para a apropriação dos bens escassos e uma luta para a imposição da maneira legítima de perceber a relação de forças manifestada pelas distribuições, representação que pode, por sua eficácia própria, contribuir para a perpetuação ou para a subversão dessa relação de forças. As classificações, e a própria noção de classe social, não seriam uma questão tão decisiva na luta (das classes) se não contribuíssem para a existência das classes sociais ao acrescentar à eficácia dos mecanismos objetivos que determinam as distribuições e garantem sua reprodução o reforço que lhes proporciona o acordo dos espíritos que elas estruturam. O objeto da ciência social é uma realidade que engloba todas as lutas, individuais e coletivas, que pretendem conservar ou transformar a realidade, e em particular aquelas que têm como desafio a imposição da definição legítima da realidade e cuja eficácia propriamente simbólica pode contribuir à conservação ou à subversão da ordem estabelecida, isto é, da realidade.

Livro 2

Lógicas práticas

Prólogo

De todas as transformações da prática científica determinadas pela transformação da relação com o objeto ou, mais precisamente, a objetivação dessa relação, a mais clara é sem dúvida aquela que conduz ao rompimento com o juridismo declarado ou larvado e com a linguagem da regra e do ritual, que não expressa quase nada além dos limites vinculados à posição de observador estranho e principalmente a ignorância desses limites. De fato, as práticas ordinárias são tanto mais perfeitas socialmente, e consequentemente mais inconscientes, quanto menos as condições de produção das disposições das quais são o produto estão distantes das condições nas quais elas funcionam: o ajuste objetivo das disposições e das estruturas garante uma conformidade às exigências e às urgências objetivas que nada deve à regra e à conformidade consciente à regra, e uma aparência de finalidade que não implica de forma alguma a posição consciente dos fins objetivamente alcançados. Assim, a ciência social, paradoxalmente, não fala jamais tanto a linguagem da regra quanto no caso, precisamente, em que ela é a mais inadequada, isto é, na análise de formações sociais nas quais, por causa da constância ao longo do tempo das condições objetivas, a parte que pertence à regra na determinação real das práticas é particularmente reduzida, o essencial sendo confiado aos automatismos do *habitus*. O que leva a provar que, pelo menos neste caso, o discurso sobre o objeto expressa menos o objeto do que a relação com o objeto.

O movimento que conduz da regra à estratégia é o mesmo que conduz do pensamento "pré-lógico" ou "selvagem" ao corpo geômetra, corpo condutor atravessado de lado a lado pela necessidade do mundo social: aquele que leva a se situar no próprio princípio da prática para apreendê-la, como diz Marx, "como atividade humana concreta, como prática, de maneira subjetiva". Pode-se compreender que, na medida em que supera a distância que institui a prática como um *objeto*, colocado diante do observador como um corpo estranho, esse modo de pensamento permite se tornar o *sujeito teórico* da prática dos outros ou da sua própria, mas diferentemente do que creem os chantres do "vivido". Essa *apropriação* supõe todo trabalho necessário para objetivar primeiramente as estruturas objetivas ou incorporadas, para em seguida superar a distância inerente à objetivação, e para se tornar assim o sujeito de tudo que é diferente, em si e nos outros. Significa dizer que o trabalho científico oferece, neste caso, uma experiência estranha, aproximando o estranho sem lhe retirar nada de sua estranheza, pelo fato de autorizar a mais familiar familiaridade com o mais estranho do estranho e de obrigar ao mesmo tempo a uma distância, que é a condição de uma verdadeira apropriação, com o mais estranho do mais pessoal.

    A etnologia cessa então de ser essa espécie de arte pura, totalmente emancipada, pela virtude distanciadora do exotismo, de todas as suspeitas de vulgaridade vinculadas à política, para se tornar uma forma particularmente poderosa de socioanálise. Ao levar tão longe quanto possível a objetivação da subjetividade e a subjetivação da objetividade, ela obriga, por exemplo, a descobrir, nessa realização hiperbólica de todas as fantasias masculinas propostas pelo mundo cabila, a verdade do inconsciente coletivo que atormenta tanto os cérebros dos antropólogos e de seus leitores, pelo menos masculinos. A fascinação cúmplice ou horrorizada que essa descrição pode suscitar não deve dissimular, com efeito, que as mesmas discriminações que destinam as mulheres às ocupações contínuas, humildes e invisíveis, são instituídas, sob nossos próprios olhos (e ainda mais indiscutivelmente à medida que se desce na hierarquia social), tanto nas coisas quanto nos cérebros, e que não seria difícil encontrar no estatuto atribuído aos homossexuais (e talvez de modo mais geral aos intelectuais) o equivalente da imagem que os cabilas se fazem do "filho da viúva" ou do "rapaz das moças", expedido às mais femininas das tarefas masculinas.

    Produto da divisão do trabalho sexual tal como se encontra transfigurada em uma forma particular de divisão sexual do trabalho, a *di-visão do mundo* é a mais bem fundada das ilusões coletivas e, dessa maneira, objetivas: fundada nas diferenças biológicas, e principalmente naquelas que dizem respeito à divisão do trabalho de procriação e de reprodução, ela é também fundada nas diferenças econômicas, e principalmente naquelas que dependem da oposição entre o tempo de trabalho e o tempo de produção e que estão no fundamento da divisão do trabalho entre os sexos. De modo mais geral, não existe ordem social que não tenda a exercer uma ação simbólica orientada para a sua própria perpetuação ao fornecer realmente aos agentes disposições e, dessa forma, práticas e propriedades, começando pelas propriedades visíveis do corpo, que os princípios de divisão lhes reconhecem. Derivados da realidade social, esses princípios contribuem para a própria realidade da ordem social ao se realizar nos corpos, sob a forma de disposições que, produzidas pelas classificações, dão a aparência de um fundamento objetivo aos julgamentos classificatórios, como a inclinação das mulheres para as tarefas "humildes e fáceis" ou os pensamentos leves ou submissos e que ainda estão em ação em todas as práticas que pretendem, como a magia e muitas outras formas aparentemente mais liberais de revolta, realizar a intenção de subverter a ordem estabelecida nas práticas ou nos propósitos ordenados de acordo com os princípios derivados dessa ordem.

1
A terra e as estratégias matrimoniais

> *O beneficiário da maioridade, o filho primogênito, pertence à terra. Ela o herda.*
> MARX, K. *Ébauche d'une critique de l'économie politique.*

Se a maior parte das análises caracterizou o sistema sucessório bearnês pelo "direito de primogenitura integral", podendo favorecer tanto a moça quanto o rapaz, é porque o modo de perceber de sua cultura jurídica os condenava a apreender a outorga às mulheres não somente de uma parte da herança, mas também do estatuto de herdeiro como o traço distintivo desse sistema[1]; de fato, essa transgressão do princípio da prerrogativa masculina, instrumento principal da defesa dos interesses da linhagem, ou, o que significa a mesma coisa, do patrimônio, não representava senão um último recurso na defesa da linhagem e do patrimônio[2]. É somente no caso de força maior constituído pela ausência de qualquer descendente masculino que a necessidade de manter a qualquer preço o patrimônio na linhagem pode levar à solução do desespero que consiste em confiar a uma mulher a tarefa de garantir a transmissão do patrimônio, fundamento da continuidade da linhagem (é conhecido que o estatuto de herdeiro não cabe ao primogênito, mas ao primeiro me-

---

1. Este texto é uma versão profundamente revisada de um artigo que foi publicado pela primeira vez nos *Annales*, 4-5, jul.-out./1972, p. 1.105-1.125.
2. Os erros inerentes ao juridismo não são jamais tão evidentes quanto nos trabalhos dos historiadores do direito e do costume que toda sua formação e também a natureza dos documentos que utilizavam (como as atas notariais, combinação das precauções jurídicas produzidas pelos notários profissionais, conservadores de uma tradição erudita, e dos procedimentos efetivamente propostos pelos utilizadores de seus serviços) levavam a canonizar sob forma de regras formais as estratégias sucessórias e matrimoniais.

nino, mesmo quando este vem em último lugar pelo nascimento). O casamento de cada um de seus filhos, mais velho ou mais novo, rapaz ou moça, coloca para qualquer família um problema particular que ela não pode resolver senão tirando proveito de todas as possibilidades oferecidas pela tradição sucessória ou matrimonial para garantir a perpetuação do patrimônio. Todos os meios são bons para desempenhar essa função suprema e pode acontecer que se recorra às estratégias que as taxinomias do juridismo antropológico levariam a considerar como incompatíveis, ou porque se transgride o "princípio da predominância da linhagem", tão caro a Fortes, para confiar às mulheres a perpetuação do patrimônio, ou porque se tende a minimizar ou até mesmo a anular, ainda que por artifícios jurídicos, as consequências nefastas das concessões inevitáveis ao regime bilateral de sucessão, ou, de modo mais geral, porque as relações objetivamente inscritas na árvore genealógica sofram todas as manipulações necessárias para justificar *ex ante* ou *ex post* as reaproximações ou as alianças mais conformes ao interesse da linhagem, isto é, à proteção ou ao aumento de seu capital material ou simbólico.

Admitindo-se que o casamento da cada um dos filhos representa para uma família o equivalente de uma cartada em um jogo de cartas, observa-se que o valor dessa cartada (medida de acordo com os critérios do sistema) depende da qualidade do jogo, no duplo sentido, isto é, tanto da distribuição quanto das cartas recebidas, cuja força é definida pelas regras do jogo, e pela maneira, mais ou menos hábil, de utilizar essas cartas. Em outros termos, já que as estratégias matrimoniais pretendem sempre, pelo menos nas famílias mais favorecidas, fazer um "bom casamento" e não somente um casamento, isto é, maximizar os benefícios econômicos e simbólicos associados à instauração de uma nova relação, elas são comandadas em cada caso pelo valor do patrimônio material e simbólico que pode ser engajado na transação e pelo modo de transmissão que define os sistemas de interesses próprios aos diferentes pretendentes à propriedade do patrimônio ao lhes atribuir direitos diferentes sobre o patrimônio conforme seu sexo e sua ordem de nascimento. Em resumo, o modo de sucessão especifica, em função do sexo e da ordem de nascimento, as oportunidades matrimoniais que estão genericamente vinculadas aos descendentes de uma mesma família em função de sua posição social, marcada principalmente, mas não exclusivamente, pelo valor econômico de seu patrimônio.

Se ela tem por função primeira e direta fornecer os meios de garantir a reprodução da linhagem, portanto a reprodução da força de trabalho, a estratégia matrimonial deve também garantir a proteção da integridade do patrimônio e isso em um universo econômico dominado pela escassez de dinheiro. Uma vez que a parte de patrimônio tradicionalmente herdada e a compensação paga no momento do casamento são uma única coisa, é o valor da propriedade que comanda o montante do *adot* (de *adoutà*, fazer uma doação, dotar), este comanda por sua vez as ambições matrimoniais de seu detentor da mesma forma que o montante do *adot* exigido pela família do futuro cônjuge depende da importância de seus bens. Em consequência, pela mediação do *adot*, a economia rege as trocas matrimoniais, os casamentos tendem a se realizar entre famílias da mesma posição do ponto de vista econômico.

A oposição que separa da massa dos camponeses uma "aristocracia" distinta não somente por seu capital material, mas também por seu capital social que é medido pelo valor do conjunto dos parentes, nas duas linhagens e nas várias gerações[3], por seu estilo de vida que deve manifestar seu respeito aos valores de honra e pela consideração social da qual está envolvida, provoca a impossibilidade (de direito) de alguns casamentos considerados como más alianças. O estatuto das grandes famílias nunca é totalmente dependente nem totalmente independente de suas bases econômicas e, se a consideração do interesse econômico nunca está ausente na recusa da má aliança, uma "casa pequena" pode sangrar até morrer para casar uma de suas filhas com um "grande filho mais velho", enquanto que um filho mais velho de uma "grande casa" pode recusar um partido mais van-

---

3. Uma vez que os agentes possuem uma informação genealógica *total* em escala da área de casamento (o que supõe uma mobilização e uma atualização permanentes da competência), o blefe é quase impossível ("Ba. é muito grande, mas em sua família, ao lado de Au., ele é muito pequeno"), todo indivíduo podendo ser a qualquer momento lembrado de sua verdade objetiva, isto é do valor social (segundo os critérios nativos) do conjunto de seus parentes sobre várias gerações. O mesmo não acontece no caso de um casamento distante: "Aquele que se casa longe, como se diz, ou engana, ou é enganado (sobre o valor do produto.").

tajoso do ponto de vista econômico para se casar de acordo com a sua posição. Mas a margem de disparidade admissível permanece sempre restrita e, para além de um certo limite, as diferenças econômicas impedem de fato as alianças. Em resumo, as desigualdades de riqueza tendem a determinar pontos de segmentação particulares, no interior do campo dos parceiros possíveis que a cada indivíduo a posição de sua família na hierarquia social designa objetivamente.

O discurso jurídico, que de bom grado os informantes usam para descrever a norma ideal ou para dar conta de um caso singular tratado e reinterpretado pelo notário, reduz a regras formais as estratégias complexas e sutis às quais as famílias recorrem, únicas competentes (no sentido duplo da palavra) nesses assuntos: cada filho mais novo ou filha mais nova tem direito a uma parte determinada do patrimônio, o *adot* que, uma vez que geralmente é outorgado no momento do casamento, quase sempre em espécie a fim de evitar o esfacelamento da propriedade, e excepcionalmente sob a forma de uma parcela de terra (simples hipoteca sempre suscetível de ser anulada por meio do pagamento de uma soma fixada de antemão), é muitas vezes identificado de forma incorreta a um dote, ainda que não seja senão a contrapartida atribuída aos filhos mais novos em troca de sua renúncia à terra. Quando a família tem apenas dois filhos, a parte do mais novo é fixada em um terço do valor da propriedade. Em outros casos, sendo um quarto do valor da propriedade excluído da partilha e reservado ao mais velho, cada um dos mais novos recebe uma parte igual ao valor do resto dividido pelo número de filhos (o mais velho recebendo então um quarto mais uma parte)[4].

---

4. Procedia-se a uma estimativa tão precisa quanto possível da propriedade, recorrendo em caso de litígio aos especialistas locais, escolhidos pelas diferentes partes. Concordava-se com o preço da "jornada" (*journade*) de campos, bosques ou plantações semeadas, tomando como base de avaliação o preço de venda de uma propriedade do bairro ou de um vilarejo vizinho. Esses cálculos eram bastante exatos e, por isso, aceitados por todos. "Por exemplo, para a propriedade Tr., a estimativa foi de 30.000 francos (por volta de 1900). Havia o pai, a mãe e seis filhos, um rapaz e cinco moças. Ao mais velho, é atribuído o quarto, ou seja, 7.500 francos. Sobram 22.500 francos para serem divididos em seis partes. A parte das mais novas é de 3.750 francos, que pode se converter em 3.000 francos pagos em espécie e 750 francos pagos em roupa branca e enxoval, lençóis, panos, toalhas, camisolas, edredons, *lou cabinet* (o armário) sempre levado pela noiva" (J.-P. A.).

De fato, a partilha nunca constitui senão uma solução de desespero. A escassez extrema do dinheiro líquido (que dependia, pelo menos por uma parte, do fato de que a riqueza e o estatuto social eram medidos primeiramente pelo tamanho da propriedade) faz com que, a despeito da possibilidade fornecida pelo costume de escalonar os pagamentos em vários anos e às vezes até a morte dos pais, o pagamento da compensação às vezes se revelava impossível: era-se então obrigado a recorrer à partilha, por ocasião do casamento de um dos mais novos ou da morte dos pais, para pagar os *adots* ou saldá-los sob forma de terras, com a esperança de restaurar um dia a unidade do patrimônio, ao juntar o dinheiro necessário para a compra das terras vendidas[5].

Ainda que não se tenha pensado, no momento da pesquisa, em proceder a um interrogatório sistemático visando determinar a frequência das partilhas ao longo de um período dado, parece que seus exemplos são raros, até mesmo excepcionais e, ao mesmo tempo, fielmente conservados pela memória coletiva. Assim, conta-se que, por volta de 1830, a propriedade e a casa Bo (uma casa grande de dois andares, *a dus soulès*) foram divididas entre os herdeiros que não conseguiram estabelecer um acordo amigável: desde então, ela está inteiramente "cortada por valas e sebes". "Após a partilha, dois ou três casais viviam às vezes na mesma casa, cada um em seu canto e em seu pedaço das terras. Neste caso, o cômodo com a lareira sempre pertencia ao mais velho. É o caso das propriedades Hi., Qu., Di. Na casa de An., existem pedaços de terra que não foram jamais recuperados. Alguns puderam ser comprados em seguida, mas não todos. A partilha criava dificuldades terríveis. No caso da propriedade Qu., dividida entre três filhos, um dos mais novos tinha que dar a

---

5. Na aplicação do princípio segundo o qual os bens pertencem menos ao indivíduo do que à linhagem, a reintegração à linhagem [retrait lignager: ação pela qual um dos herdeiros pode retomar uma parte da propriedade que foi vendida com a condição de reembolsar integralmente o preço. (N.T.)] dava a todo membro da linhagem a possibilidade de entrar em posse de bens que pudessem ter sido alienados. "A "casa mãe" (*la maysou mayrane*) conservava os "direitos de retorno" (*lous drets de retour*) sobre as terras dadas como dote ou vendidas. Isto é, quando essas terras eram vendidas, sabia-se que tais casas tinham direitos e que eles lhes seriam propostos" (J.-P. A.).

volta no quarteirão para levar seus cavalos para um campo distante que lhe fora atribuído" (P.L.).

Mas a propriedade familial teria sido muito mal protegida caso a fórmula que define o montante do *adot* e, dessa maneira, o casamento tivesse sido imposto com o rigor de uma regra jurídica e se não tivessem sido conhecidos outros meios para afastar a ameaça da partilha, unanimemente considerada como uma calamidade. De fato, são os pais que, como se diz, "fazem o mais velho" e diferentes informantes afirmam que em uma época mais antiga o pai estava livre para decidir a seu modo o montante da indenização outorgada aos mais novos, as proporções não sendo fixadas por nenhuma regra; em todo caso, sabendo que em várias famílias os filhos e, particularmente, o jovem casal eram totalmente despossuídos, até a morte dos "velhos", de qualquer informação e, evidentemente, de qualquer controle das finanças familiais (os produtos de todas as transações importantes, como a venda de gado, eram confiadas à velha senhora da casa e "guardados" no armário), pode-se duvidar de que as regras jurídicas jamais tenham sido aplicadas ao pé da letra, exceto nos casos em que o direito e seus notários têm que conhecer, isto é, os casos patológicos, ou aqueles que o pessimismo jurídico produz por antecipação e que, *sempre* previstos nos contratos, são estatisticamente excepcionais[6]. Com efeito, o chefe de família sempre tem a liberdade de jogar com as "regras" (começando pelas do Código Civil) para favorecer, mais ou menos secretamente, um ou outro de seus filhos, com dons em dinheiro líquido ou com vendas fictícias. Nada seria mais ingênuo do que se deixar levar pela palavra "partilha" que às vezes é empregada para designar os "arranjos" de família destinados, ao contrário, a evitar a partilha da propriedade, como "a instituição do herdeiro", que se efetuava na maior parte das vezes de forma amigável por ocasião do casamento de um dos filhos, às vezes

---

[6]. Tudo leva a supor que as inúmeras proteções com as quais os contratos de casamento cercam o *adot* e que visam garantir a "inalienabilidade, imprescritibilidade e a não possibilidade de confisco" (cauções, "colocação" [Operação jurídica que determina a posição e a importância dos direitos de um credor em relação aos outros na repartição dos bens confiscados de um devedor comum (N.T)] etc.) são o produto da imaginação jurídica. Assim, a separação dos cônjuges, caso de dissolução da união cujos contratos estipulam que ele acarreta a restituição do dote, é praticamente desconhecida na sociedade camponesa.

por testamento (muitos assim fizeram, em 1914, no momento de partir para a guerra): após uma estimativa da propriedade, o chefe de família definia os direitos de cada um, os do herdeiro, que podia não ser o mais velho, e os dos mais novos que muitas vezes subscreviam de bom grado as disposições mais vantajosas para o herdeiro do que as do Código ou mesmo do costume e que, quando era seu casamento a ocasião desse procedimento, recebiam uma indenização cujo equivalente seria pago aos outros ou no momento de seu casamento ou com a morte dos pais.

O chefe de família podia sacrificar ao interesse do patrimônio a tradição que queria que o título de herdeiro fosse dado naturalmente ao primogênito dos rapazes: esse era o caso quando o mais velho era indigno de sua posição ou que houvesse uma vantagem real no fato de que um outro filho herdasse (por exemplo, no caso em que um mais novo pudesse facilmente favorecer por seu casamento a reunião de duas propriedades vizinhas). O pai detinha uma autoridade moral tão importante e tão fortemente aprovada por todo o grupo que o herdeiro de acordo com o costume não podia senão se submeter a uma decisão ditada pela preocupação de garantir a continuidade da casa e de lhe dar a melhor direção possível. O mais velho se encontrava automaticamente destituído de seu título caso viesse a deixar a casa, o herdeiro sendo sempre, como se vê claramente hoje, aquele filho que permanece na terra.

Porém, seria ainda se deixar pegar na armadilha do juridismo multiplicar os exemplos de transgressões anômicas ou reguladas das pretensas regras sucessórias: se não é garantido que "a exceção confirma a regra", ela tende, em todo caso, como tal, a autorizar *a existência* da regra. De fato, todos os meios eram bons para proteger a integridade do patrimônio e para afastar as virtualidades de divisão da propriedade e da família das quais cada casamento guardava a ameaça.

Os princípios que, pela mediação do *adot*, tendem a excluir os casamentos entre famílias demasiado desiguais, no final de uma espécie de cálculo implícito das melhores condições que pretende *maximizar o benefício material e simbólico* suscetível de ser oferecido pela transação matrimonial nos limites da independência econômica da família, combinam-se com os princípios que atribuem a supremacia aos homens e o primado aos mais velhos para definir as estratégias matrimoniais. O primado dos homens sobre as mulheres faz com que, se os direitos de propriedade podem às vezes se transmitir pelo intermédio das mulheres e uma vez que se pode abstratamente identificar a família (a "casa"), grupo monopolista definido pela apropriação de um conjunto determinado de bens, ao conjunto dos detentores de direitos de propriedade sobre o patrimônio, independentemente de seu sexo, o estatuto de herdeira não pode incumbir a uma mulher, como foi visto, senão como último recurso, isto é, na ausência de qualquer descendente do sexo masculino, as moças se vendo destinadas ao estatuto de mais novas, não importando sua ordem de nascimento, pela existência de um único rapaz, mesmo mais jovem; o que se compreende quando se sabe que o estatuto de "senhor da casa" (*capmaysouè*), depositário e garantidor do nome, do renome e dos interesses do grupo, implica não somente direitos sobre a propriedade, mas também o direito propriamente político de exercer a autoridade no interior do grupo e principalmente de representar e de engajar a família em suas relações com os outros grupos[7]. Na lógica do sistema, esse direito não pode incumbir senão a um homem, seja o mais velho dos agnados, ou na ausência, o marido da herdeira, herdeiro pelas mulheres que, ao se tornar o mandatário da linhagem, deve em alguns casos sacrificar até seu nome de família para a "casa" que dele se apropriou ao lhe confiar sua propriedade[8].

---

7. O chefe da "casa" tinha o monopólio das relações exteriores e, em particular, das transações importantes, as acertadas no mercado e, dessa forma, encontrava-se investido da autoridade sobre os recursos monetários da família e, assim, sobre toda sua vida econômica; frequentemente confinado em casa (o que contribuía para a redução de suas oportunidades de casamento), o mais novo não podia adquirir qualquer independência econômica a não ser que se constituísse (por exemplo, com o produto de uma pensão de guerra) um pequeno pecúlio desejado e respeitado.

8. Para se convencer da autonomia *relativa* dos direitos políticos em relação aos direitos de propriedade, basta considerar as formas que a gestão do *adot* toma. Ainda que a mulher fosse teoricamente proprietária do *adot* (a obrigação de restituir o seu equivalente em quantidade e em valor podendo sempre vir a ter efeito), o marido detinha o direito de usá-lo e podia, uma vez garantida a descendência, servir-se dele para dotar os mais novos (sendo, evidentemente, os limites ao seu direito de usufruto mais rígidos quando se trata de bens imobiliários e particularmente de terras). Por seu lado, tendo a herdeira sobre os bens dotais trazidos por seu marido direitos idênticos aos de um homem sobre o dote de sua mulher, seus pais desfrutavam das rendas dos bens trazidos por seu genro e exerciam sua administração enquanto fossem vivos.

O segundo princípio, o primado do mais velho sobre os mais novos, tende a fazer do patrimônio o verdadeiro sujeito das decisões econômicas e políticas da família. Ao identificar os interesses do chefe de família designado aos interesses do patrimônio, existem mais possibilidades de determinar sua identificação ao patrimônio do que por qualquer outra norma expressa e explícita. Afirmar a indivisibilidade do poder sobre a terra, atribuído ao mais velho, significa afirmar a indivisibilidade da terra e determinar ao mais velho que seja seu defensor e garantidor. (Prova de que o "direito de progenitura" é somente a afirmação transfigurada dos direitos do patrimônio sobre o mais velho, a oposição entre mais velhos e mais novos só é pertinente nas famílias dotadas de um patrimônio e ela perde qualquer significação entre os pobres, pequenos proprietários, trabalhadores agrícolas ou domésticos: "Não há nem mais velho nem mais novo, diz um informante, quando não há para se comer".) O arbitrário do ato pelo qual se *institui* herdeiro o mais velho dos filhos, atribuindo uma *distinção social* a uma diferença biológica, muitas vezes marcada por sinais visíveis de aparência natural, como a estatura, não é percebido como tal: é aparentemente a natureza que, por meio da ordem de nascimento, designa, desde a origem, aquele que pertence à terra e a quem a terra pertence; e a diferença de instituição tende, salvo exceção, a se transmudar em distinção natural, já que o grupo tem o poder de destinar à diferença objetiva, portanto subjetiva, aqueles que submete a um tratamento diferente, o mais velho e o mais novo, como em outro lugar o homem e a mulher, ou o nobre e o plebeu. A instituição do herdeiro, que, como todo ato de instituição, pertence à lógica da magia, não encontra sua plena realização senão pela virtude da *incorporação*: se, como diz Marx, o patrimônio se apropria de seu proprietário, se a terra herda aquele que a herda, é porque o herdeiro, o mais velho, é a terra (ou a empresa) feita homem, feita corpo, encarnada sob a forma de uma estrutura geradora de práticas conformes ao imperativo fundamental da perpetuação da integridade do patrimônio.

O privilégio atribuído ao mais velho, simples retradução genealógica do primado absoluto concedido à manutenção da integridade do patrimônio, e a prerrogativa reconhecida aos membros do sexo masculino da linhagem contribuem ao favorecimento de uma estrita homogamia ao proibir aos homens os "casamentos de baixo para cima" que a busca da maximização do benefício material e simbólico poderia suscitar: o mais velho não pode realizar um casamento demasiado alto, não apenas por medo de ter que um dia restituir o *adot*, mas também e principalmente porque sua posição na estrutura das relações de poder doméstico se encontraria ameaçada por esse *adot*; ele não pode realizar um casamento demasiado baixo, por medo de se desonrar com a má aliança e de se colocar na impossibilidade de dotar os mais novos. Quanto ao mais novo, ele deve evitar, mais do que o mais velho, os riscos e os custos materiais e simbólicos da má aliança, pode menos ainda, sem se expor a uma condição dominada e humilhante, entregar-se à tentação de realizar um casamento expressamente acima de sua condição[9].

Apesar do trabalho de inculcação exercido pela família e continuamente reforçado por todo o grupo que relembra permanentemente ao mais velho, principalmente de uma grande casa, os privilégios e os deveres vinculados à sua posição, a identificação do herdeiro com a herança nem sempre acontece sem conflitos e sem dramas e ela não exclui nem as contradições entre as disposições e as estruturas que podem ser vividas como conflitos entre o dever e o sentimento, nem tampouco as artimanhas destinadas a garantir a satisfação dos interesses individuais nos limites das conveniências sociais. É por isso que os pais que, em outros casos, poderiam eles próprios tirar proveito do costume para satisfazer suas inclinações (permitindo, por exemplo, ao seu filho favorito se constituir um pequeno pecúlio)[10], sentiam-se forçados a impedir as más alianças e a

---

9. Na medida em que oferecia às famílias camponesas uma das mais importantes ocasiões de realizar trocas monetárias e ao mesmo tempo trocas simbólicas próprias a afirmar a posição das famílias aliadas na hierarquia social e a reafirmar também essa hierarquia, o casamento que podia determinar o aumento, a conservação ou a dilapidação do capital material e simbólico estava sem dúvida no princípio da dinâmica e da estática de qualquer estrutura social, isso, evidentemente, nos limites da permanência do modo de produção.

10. Entre os subterfúgios empregados para favorecer um filho, um dos mais comuns consistia em lhe outorgar, muito antes de seu casamento, duas ou três cabeça de gado que, dadas em *gasalhes* (contrato amigável pelo qual se confia a um amigo fiel, depois de ter estimado o valor, uma ou várias cabeças de gado, sendo os produtos divididos entre os contratantes, bem como os benefícios e as perdas sobre a carne), traziam bons lucros.

impor, desprezando os sentimentos, as melhores uniões feitas para proteger a estrutura social ao proteger a posição da linhagem nessa estrutura, em resumo, obter do mais velho que pague o resgate de seu privilégio ao subordinar seus interesses próprios aos da linhagem: "Vi renunciar a um casamento por causa de 100 francos. O filho queria se casar. 'Como você vai pagar os mais novos? Se quer se casar (com aquela ali), vá embora!' Na casa de Tr., havia cinco mais novas; os pais mantinham um regime de favorecimento ao mais velho. Davam-lhe o melhor pedaço de carne de porco e todo o resto. O mais velho é muitas vezes mimado pela mãe até que comece a falar de casamento... Para as irmãs mais novas, nenhuma carne, nada. Quando chegou o momento de casar o mais velho, as três mais novas já estavam casadas. O rapaz amava uma moça que não tinha um centavo. O pai lhe disse: 'Quer se casar? Paguei (para) as mais novas, você tem que trazer dinheiro para pagar (para) as duas outras. A mulher não é feita para ser colocada no guarda-louça (ou seja, para ser exposta). Ela não tem nada; o que ela vai trazer?' O jovem se casou com uma moça E. e recebeu um dote de 5.000 francos. O casamento não deu certo. Ele começou a beber e se tornou decrépito. Morreu sem filhos"[11]. Aqueles que queriam se casar contra a vontade dos pais tinham como único recurso deixar a casa, correndo o risco de ser deserdado em benefício de um outro irmão ou irmã. Obrigado a estar à altura de sua posição, o mais velho de uma grande casa era o que menos podia recorrer a essa solução extrema: "O mais velho da casa Ba. não podia partir. Tinha sido o primeiro da aldeia a usar o casaco. Era um homem importante, um conselheiro municipal. Não podia partir. Além do mais, não era capaz de ganhar sua vida. Era demasiado 'assenhoreado' (*enmoussurit*, de *moussu*, monsieur [senhor])." Além disso, enquanto os pais fossem vivos, os direitos do herdeiro sobre a propriedade permaneciam virtuais, de

---

11. A continuação da história não é muito edificante: "Após algumas disputas, foi necessário devolver inteiramente o dote à viúva, que voltou para a sua casa. Pouco depois do casamento do mais velho, por volta de 1910, uma das mais novas tinha se casado, também com um dote de 2.000 francos. Durante a guerra, eles chamaram de volta a mais nova, que estava casada na casa de S. (propriedade vizinha), para tomar o lugar do mais velho. As outras, que viviam bem distante, ficaram demasiado descontentes com essa escolha. Mas o pai escolhera uma filha casada com um vizinho para aumentar seu patrimônio" (J.-P.A., 85 anos em 1960).

forma que nem sempre dispunha dos meios para manter sua posição e tinha menos liberdade que os mais novos de posição inferior: "'Você terá tudo' (*qu'at aberas tout*), diziam os pais e, enquanto isso, não lhe davam nada". Essa fórmula, muitas vezes pronunciada ironicamente, porque aparece como o símbolo do arbitrário e da tirania dos "velhos", conduz ao princípio das tensões engendradas por todo *modo de reprodução* que, como este, faz passar sem transição da classe dos herdeiros desprovidos à dos proprietários legítimos: trata-se de, com efeito, obter dos herdeiros que aceitem as servidões e os sacrifícios de um estado de minoridade prolongada em nome das gratificações distantes vinculadas à maioridade. E a autoridade parental, que constituía o instrumento principal da perpetuação da linhagem, podia se voltar contra seu fim legítimo e destinar ao celibato, único meio de se opor a um casamento recusado, os mais velhos que não podiam nem se revoltar contra o domínio de seus pais, nem renunciar aos seus sentimentos.

 O que nem sempre se obtém sem sofrimento para o herdeiro, privilegiado pelo sistema, como obtê-lo para os mais novos que a lei da terra sacrifica? Sem dúvida não se pode esquecer, como incitaria a fazê-lo a autonomização das estratégias matrimoniais, que as estratégias de fecundidade também podem contribuir para a resolução da dificuldade fazendo-a desaparecer, quando, com a cumplicidade do acaso biológico faz com que o primogênito seja um menino, pode-se confiar a sucessão a um filho único. Por isso a importância capital do acaso biológico que faz com que o primogênito seja um menino ou uma menina. No primeiro caso, o número de filhos pode ser limitado a somente esse, e não no outro. Se a vinda ao mundo de uma menina nunca é acolhida com entusiasmo ("quando nasce uma menina em uma casa, diz o provérbio, cai uma viga mestra") porque ela representa em todos os casos uma carta ruim, ainda que, circulando de baixo para cima, ignore os obstáculos sociais que se impõem ao menino e que ela pode, de fato e de direito, casar-se acima de sua condição: herdeira, isto é, filha única (caso bem raro, uma vez que sempre se espera ter um "herdeiro") ou a mais velha de uma ou de várias irmãs, ela não pode garantir a conservação e a transmissão do patrimônio senão expondo a linhagem, uma vez que em caso de casamento com o mais velho a "casa" se encontre de alguma forma anexada a uma outra e que, em caso de casamento com um mais novo, o poder doméstico é confiado (após a morte dos pais, pelo menos) a um estranho; irmã mais nova, só se pode casá-la, portanto dotá-la, porque não se pode desejar, como para um rapaz, nem que ela vá para longe, nem que permaneça na casa, celibatária, uma vez que a força de trabalho que pode fornecer não está à altura da carga que impõe[12].

Mas no caso em que a descendência tem pelo menos um rapaz, qualquer que seja sua posição: o herdeiro pode ser filho único ou não, nesse último caso, ele pode ter um irmão (ou vários) ou uma irmã (ou várias) ou um irmão e uma irmã (ou vários irmãos e/ou irmãs em proporções variáveis). Cada um desses jogos que oferece, por si, possibilidades bastante desiguais de sucesso à estratégia equivalente, autoriza diferentes estratégias desigualmente fáceis e desigualmente rentáveis. Quando o herdeiro é filho único[13], a estratégia matrimonial não teria outro desafio a não ser a obtenção, pelo casamento com uma rica filha mais nova, de um *adot* tao alto quanto possível, entrada de dinheiro sem contrapartida, se a busca da maximização do benefício material ou simbólico que pode ser esperado do casamento, ainda que por estratégias de blefe (sempre difíceis e arriscadas em um universo de interconhecimento quase perfeito), não encontrava seu limite nos riscos econômicos e políticos que um casamento desproporcional encerra ou, como se diz, de baixo para cima. O risco econômico é representado pela restituição de dote (*tournadot*) que pode ser exigido no caso em que o marido ou a esposa morra antes do nascimento de um filho e que provoca temores desproporcionais com sua probabilidade: "Suponhamos um homem que se case com uma moça de uma grande família. Ela lhe traz um dote de 20.000 francos. Seus pais lhe dizem: 'Só porque tu recebes 20.000 francos, tu acreditas que estás fazendo um bom negócio. De fato, tu te enganas. Tu recebeste um dote por contrato. Vais gas-

---

12. Poderia ocorrer em algumas famílias importantes que tinham os meios de se permitir esse aumento de carga, que se guardasse uma das filhas em casa. "Na casa de L., de D., Maria era a mais velha, poderia ter se casado. Tornou-se a mais nova e, assim como todas, empregada sem salário por toda a sua vida. Foi embrutecida. Não fizeram muita coisa para que se casasse. Assim, o dote permaneceu, tudo permaneceu. Ela cuidou dos pais."

13. O risco de ver a linhagem desaparecer por causa do celibato do mais velho é quase nulo no período orgânico do sistema.

tar uma parte. Podes sofrer um acidente. Como vais devolvê-lo se tiver que fazê-lo? Não poderás'". De modo geral, evitava-se tocar no *adot*[14]. O risco que se pode chamar político é sem dúvida mais diretamente levado em conta nas estratégias, porque diz respeito a um dos princípios fundamentais de todas as práticas: a dessimetria que a tradição cultural estabelece a favor do homem e que quer que se coloque no ponto de vista masculino para julgar um casamento ("de cima para baixo" sempre significando de modo implícito entre um homem de posição superior e uma mulher de posição inferior), fato que, deixando de lado os obstáculos econômicos, nada se opõe a que a mais velha de uma pequena família se case com um mais novo de uma grande família, ao passo que um mais velho de uma pequena família não pode se casar com uma mais nova de uma família importante. Colocando de uma outra forma, entre todos os casamentos que a necessidade econômica impõe, somente são plenamente reconhecidas as uniões em que a dessimetria que o arbitrário cultural estabelece a favor do homem é redobrada por uma dessimetria de mesmo sentido entre as situações econômicas e sociais dos esposos. Quanto mais o montante do *adot* é elevado mais a posição do cônjuge adventício se encontra reforçada. Ainda que, como se viu, o poder doméstico esteja relativamente independente do poder econômico, o montante do *adot* constitui um dos fundamentos da distribuição da autoridade no seio da família e, em particular, das forças respectivas da sogra e da nora no conflito estrutural que as opõem.

> De uma sogra autoritária, tinha-se o costume de dizer: "Ela não quer abandonar a concha", símbolo da autoridade do lar. A manutenção da concha é o apanágio da senhora da casa: no momento de passar à mesa, enquanto a panela ferve, ela coloca "as sopas" de pão na sopeira, ver-

---

14. Pago normalmente ao pai ou à mãe do cônjuge e, somente por exceção, isto é, no caso em que ele não tivesse mais seus pais, ao próprio herdeiro, o *adot* deveria se integrar ao patrimônio da família derivada do casamento; em caso de dissolução da união, ou de morte de um dos esposos, ele passava para as mãos dos filhos, caso houvesse, o cônjuge sobrevivente conservava o seu usufruto; ou então, no caso contrário, ele voltava para a família daquele que o havia trazido. Alguns contratos de casamento preveem que em caso de separação o sogro pode se contentar em pagar os juros do *adot* trazido pelo genro, que pode desejar voltar para sua casa após reconciliação.

sa ali o caldo e os legumes; quando todos estão sentados, ela coloca a sopeira sobre a mesa, mexe com a concha para molhar as sopas de pão, depois gira a concha em direção ao chefe de família (avô, pai ou tio) que se serve em primeiro. Durante isso, a nora está ocupada em outro lugar. Para lembrar à nora a sua posição, a mãe lhe diz: "Ainda não te dou a concha".

Assim, como senhora da casa, a mãe que, em outros casos, podia usar todos os meios em seu poder para impedir um casamento "de cima para baixo" era a primeira a se opor ao casamento de seu filho com uma mulher de uma condição demasiado alta (relativamente), consciente de que ela dobraria mais facilmente à sua autoridade uma moça de baixa extração do que uma dessas moças de uma grande família de quem se diz que elas "entram (como) senhoras da casa (*daune*)" em sua nova família (a evocação da contribuição inicial é o argumento último nas crises do poder doméstico no qual se denuncia a verdade "econômica", ordinariamente denegada: "Sabemos o que você trouxe!"; o desequilíbrio é às vezes de tal ordem que somente com a morte da sogra que se poderá dizer da jovem nora: "Agora ela é *daune*"). O risco de dessimetria não é jamais tão grande quanto no caso em que o herdeiro se casa com a mais nova de uma família numerosa: uma vez que a equivalência aproximativa (que a anfibologia da palavra *adot* testemunha) entre o *adot* pago por ocasião do casamento e a parte do patrimônio e, portanto, sendo todas as coisas iguais, entre os patrimônios que têm oportunidades de se unir, o *adot* de uma jovem originária de uma família rica, mas numerosa, pode não ser superior ao de uma moça que é a única mais nova de família média. O equilíbrio que então se estabelece aparentemente entre o valor do *adot* trazido e o valor do patrimônio da família pode dissimular uma discordância geradora de conflitos, na medida em que a autoridade e a pretensão à autoridade dependem tanto do capital material e simbólico da família de origem quanto do montante do dote. Assim, quando defende sua autoridade, ou seja, seus interesses de senhora da casa, com uma autoridade que também depende de seu aporte inicial (o que faz com que a cada casamento toda história matrimonial da linhagem seja engajada), a mãe apenas defende os interesses da linhagem contra as usurpações exteriores. Com efeito, o casamento "de baixo para cima" ameaça a preeminência que o grupo reconhece aos membros masculinos, tanto na vida social quanto no trabalho e nos assuntos domésticos[15].

O casamento do herdeiro com uma irmã mais velha levanta com a mais extrema acuidade a questão da autoridade política na família, principalmente quando existe uma dessimetria a favor da herdeira. Salvo no caso em que, ao associar dois vizinhos, ele reúne duas propriedade, esse tipo de casamento tende a instalar os cônjuges na instabilidade entre os dois lares, quando não ocorre a separação pura e simples das residências. (Por isso a reprovação unânime que ele suscita: "É o caso de Tr. que se casou com a jovem Da. Ele faz o vai-e-volta de uma propriedade à outra. Está sempre no caminho, está em todo lugar, nunca em sua casa. É preciso que o senhor esteja presente.") No conflito aberto ou latente a propósito da residência, o que está em jogo, aqui como em outro lugar, é a dominação de uma ou outra linhagem, é o desaparecimento de uma das duas "casas" e do nome que a ela está vinculado. (É significativo que, em todos os casos atestados, as propriedades uma vez reunidas se separaram, muitas vezes a partir da geração seguinte, cada um dos filhos recebendo uma delas como herança.)

Talvez porque a questão dos fundamentos econômicos do poder doméstico é ali abordada com mais realismo do que em outro lugar (conta-se que, para garantir sua autoridade sobre o lar, o noivo deveria colocar o pé sobre o vestido de casamento da noiva, se possível no momento da benção nupcial, enquanto que a noiva deveria dobrar o dedo de maneira a evitar que o noivo pudesse colocar completamente a aliança de casamento), talvez porque, ao mesmo tempo, as representações e as estratégias estão ali mais próximas da verdade objetiva, a sociedade bearnesa sugere que a sociologia da família, muitas vezes entregue aos bons sentimentos, poderia ser apenas um caso particular da sociologia política: a posição dos cônjuges nas relações de força domésticas e suas possibilidades de sucesso na concorrência pela autoridade familial, isto é, pelo monopólio do

---

15. A mãe está tão mais bem colocada para continuar o caminho aberto por seu casamento, isto é para casar seu filho em seu vilarejo ou em seu bairro de origem, e para reforçar dessa forma sua posição na família, quanto mais importante é o dote que ela trouxe.

exercício legítimo do poder nos assuntos domésticos, não são jamais independentes do capital material e simbólico (cuja natureza pode variar de acordo com as épocas e as sociedades) que detêm ou que trouxeram.

Mas, apesar de tudo, o herdeiro único permanece relativamente raro. Nos outros casos, é do casamento do mais velho que depende em boa parte o montante do *adot* que poderá ser pago aos mais novos, consequentemente o casamento que poderão realizar e até mesmo se poderão se casar: por isso a boa estratégia consiste, neste caso, em obter da família da esposa um *adot* suficiente para pagar o *adot* dos mais novos ou das mais novas sem ser obrigado a recorrer à partilha ou hipotecar a propriedade e sem fazer, no entanto, pesar sobre o patrimônio a ameaça de uma restituição de dote excessiva ou impossível. Significa dizer de passagem, contra a tradição antropológica que trata cada casamento como uma unidade autônoma, que cada transação matrimonial não pode ser compreendida senão como *um momento em uma série* de trocas materiais e simbólicas, o capital econômico e simbólico que uma família pode engajar no casamento de um de seus filhos depende em grande parte da posição que essa troca ocupa no conjunto dos casamentos dos filhos da família e do balanço dessas trocas. Isso pode ser visto quando o primeiro casado absorve todos os recursos da família. Ou então quando a mais nova se casa antes do mais velho, doravante mais difícil de "colocar" no mercado matrimonial porque suspeito de ter algum defeito oculto (dizia-se do pai, neste caso: "Ele impôs o jugo à jovem novilha – *l'anouille* – antes da novilha – *la bime*"). Apesar das aparências, a situação é bastante diferente dependendo se o mais velho tem uma irmã (ou irmãs) ou um irmão (ou irmãos): se, como o indicam espontaneamente todos os informantes, o *adot* das moças é quase sempre superior aos dos rapazes, o que tende a aumentar suas possibilidades de casamento, porque não há outra saída, como se viu, senão casar essas bocas inúteis, e o mais rapidamente possível. O caso dos mais novos oferece mais liberdade. Primeiramente, a abundância, e até mesmo a superabundância de mão de obra que sua presença cria na família, suscitam uma fome de terra que não pode senão beneficiar o patrimônio. Consequentemente a pressa em se casar o mais novo (ou, talvez, nas grandes famílias, o primeiro mais novo) é menor do que para a irmã mais nova ou mesmo para a mais velha. É possível, e é o caso mais normal, e o mais conforme aos seus interesses, se não o mais conforme aos interesses da linhagem, casá-lo com uma herdeira. Se ele se casa em uma família da mesma posição (o caso mais frequente), em resumo, se traz um bom *adot* e se ele se impõe pela sua força de produção e de reprodução (o provérbio o diz com muito mais realismo: "Se for um franguinho, nós o comeremos; se for um galo, ficaremos com ele"), ele é honrado e tratado como o verdadeiro senhor; caso contrário, isto é, quando se casa "de baixo para cima", deve sacrificar tudo à sua nova casa, seu *adot*, seu trabalho e algumas vezes seu nome (Jean Casenave tornando-se, por exemplo, "Yan dou Tinou", Jean da casa Tinou), mediante uma transgressão julgada de forma demasiado severa do princípio da prerrogativa masculina cujo limite é o casamento entre o criado e a patroa. Uma vez que, por um lado, raros eram aqueles que não recuavam diante dos revezes do casamento com uma mais nova, às vezes chamada "estéril" (*esterlou*) ou "casamento da fome com a vontade de comer" (aos quais os mais pobres só conseguiam escapar colocando-se com suas mulheres como "domésticos com casa e comida", e, por outro lado, que a possibilidade de fundar um lar mesmo permanecendo na casa paterna era um privilégio reservado ao mais velho, os mais novos que não conseguiam se casar com uma herdeira por causa de seu *adot*, às vezes aumentado com um pequeno pecúlio laboriosamente acumulado (*lou cabau*), não tinham outra escolha senão a emigração para uma cidade ou para a América e a esperança de uma atividade e de um estabelecimento, ou o celibato e a condição de criado, em sua casa ou na casa dos outros (para os mais pobres).

Nunca é demais afirmar que não se tem pressa em casar os mais novos; existe pouco empenho, e, em um universo de dirigismo matrimonial, esse *laissez-faire* basta para enfraquecer de modo bastante considerável suas possibilidades de casamento. Pode-se até mesmo subordinar a entrega do *adot* à condição de que o mais novo consinta em trabalhar junto ao mais velho durante um certo número de anos, ou acertar com ele verdadeiros contratos de trabalho, ou mesmo lhe fazer esperar um aumento de sua parte da herança. Mas havia muitas outras maneiras para um mais novo de se tornar celibatário, desde o casamento não realizado até o hábito insensível que o fazia "passar da idade" do casamento, com a cumplicidade das famílias, consciente ou inconscientemente levadas a manter a serviço da casa, pelo menos por um tempo, esse "criado sem salário". Por caminhos opostos, aquele que partia para ganhar sua vida na cidade ou que ia fazer fortuna na América e aquele que permanecia em casa, trazendo sua força de trabalho sem aumentar o custo do lar e sem diminuir a propriedade, contribuíam para a proteção do patrimônio. (O mais novo tinha em princípio, o usufruto vitalício de sua parte, que, caso permanecesse celibatário, iria após a sua morte para o herdeiro.)

Assim o mais novo é, caso se permita a expressão, a *vítima estrutural*, isto é, socialmente designada, portanto resignada, de um sistema que envolve em todo um luxo de proteções a "casa", entidade coletiva e unidade econômica, entidade coletiva definida por sua unidade econômica. A adesão inculcada desde a infância aos valores tradicionais e à divisão costumeira das tarefas e dos poderes entre os irmãos, o apego ao patrimônio familiar, à casa, à terra, à família e, talvez, principalmente aos filhos do mais velho, podem levar inúmeros mais novos a aceitar essa vida que, segundo a fórmula soberbamente funcionalista de Le Play, "oferece a quietude do celibato com as alegrias da família". Já que tudo os incita a investir e mesmo a superinvestir em uma família e em um patrimônio que têm todas as razões para considerar como seus, os mais novos caseiros representam (do ponto de vista da "casa", isto é, do sistema) o limite ideal do criado que, muitas vezes tratado como "membro da família", vê sua vida privada invadida e de certa forma anexada pela vida familiar de seu patrão, encontra-se consciente ou inconscientemente encorajado a investir uma parte importante de seu tempo e de suas afeições privadas em sua família de empréstimo e em particular nas crianças e deve pagar a maior parte do tempo com a renúncia ao casamento a segurança econômica e afetiva garantida pela participação na vida familiar.

> Conta-se que às vezes, no caso em que o mais velho não tinha filhos ou morria sem descendentes, pedia-se ao mais velho dos mais novos, que permaneceu celibatário, que se casasse a fim de garantir a continuidade da linhagem. Sem que se trate de uma verdadeira instituição, era relativamente frequente o casamento do mais novo com a viúva, que ele acaba herdando, do mais velho (levirato). Depois da guerra de 1914-1918, os casamentos desse tipo

foram bem numerosos: "As coisas eram arranjadas. Em geral, os pais forçavam nesse sentido, no interesse da família, por causa dos filhos. E os jovens aceitavam. Os sentimentos não tinham vez" (A.B.).

As formas larvadas, ou melhor, *denegadas*, da exploração, e especialmente aquelas que tomam emprestado uma parte de sua eficácia à lógica específica das relações de parentesco, isto é, à experiência e à linguagem do dever e do sentimento, devem ser apreendidas em sua ambiguidade essencial: a visão desencantada que reduz brutalmente essas relações à sua verdade "objetiva" não é menos falsa, rigorosamente, do que a visão que, à maneira de Le Play, só retêm a representação subjetiva, isto é, mistificada, da relação; o desconhecimento da verdade "objetiva" da relação de exploração faz parte da verdade completa dessa relação que não pode se realizar como tal senão *na medida* em que é desconhecida. Ainda que a economia das trocas entre os cônjuges ou entre os ascendentes e os descentes, que se vive e se expressa apenas na denegação e na sublimação e que, por isso, está predisposta a servir de modelo a todas as formas brandas (paternalistas) de exploração, possa ser reduzida ao modelo teórico da relação "objetiva" entre os detentores dos meios de produção e os vendedores de força de trabalho, ela obriga a perceber que a própria verdade "objetiva" dessa relação não teria sido tão difícil de conquistar e de impor se fosse em todos os casos a verdade da relação subjetiva com o trabalho, com todas as formas de *investimento* na própria atividade, as gratificações materiais e simbólicas que ela oferece, o que está em jogo especificamente na profissão e as relações profissionais e até mesmo, em muitos caos, o apego à empresa ou ao seu proprietário.

Compreende-se quão artificial e simplesmente extrínseco é o questionamento sobre as relações entre as estruturas e os sentimentos: os indivíduos e mesmo as famílias podem não reconhecer senão os critérios mais abertamente confessáveis, como a virtude, a saúde e a beleza das moças, a dignidade e o ardor pelo trabalho dos rapazes, sem no entanto parar de observar, sob esses disfarces, os critérios realmente pertinentes, isto é, o valor do patrimônio e o montante do *adot*. Se o sistema pode funcionar na maior parte dos casos tendo como base critérios menos pertinentes do ponto de vista dos princípios reais de seu funcionamento, é primeiramente porque a educação familial tende a garantir uma correlação bastante estreita entre os critérios fundamentais do ponto de vista do sistema e as características primordiais aos olhos dos agentes: da mesma forma que o mais velho de uma grande casa está mais do que qualquer outro inclinado às virtudes que fazem "o homem de honra" e o "bom camponês", da mesma forma a "grande herdeira" ou a "boa mais nova" não poderia se permitir a pequena virtude que é deixada às moças de uma pequena família. Além do mais, a primorosa educação, reforçada por todas as experiências sociais, tende a impor esquemas de percepção e de apreciação, em uma palavra *gostos*, que se aplicam, entre outros objetos, aos parceiros potenciais e que, mesmo fora de qualquer cálculo propriamente econômico ou social, tendem a afastar a má aliança: o amor socialmente aprovado, portanto predestinado ao sucesso, não é senão esse amor pelo seu próprio destino social, que reúne os parceiros socialmente predestinados por caminhos aparentemente aleatórios e arbitrários de uma eleição livre. E os casos patológicos, sempre excepcionais, em que a autoridade deve se afirmar expressamente para reprimir os sentimentos individuais, não devem fazer com que se esqueçam todos os casos em que a norma pode permanecer tácita porque as disposições dos agentes estão objetivamente ajustadas às estruturas objetivas, essa "conveniência" espontânea dispensando de todo apelo às conveniências.

    A linguagem da análise, e os próprios propósitos dos informantes que, escolhidos por sua lucidez especial, são levados à lucidez pelo questionamento, não devem enganar. Aqui como ali, os agentes obedecem aos impulsos do sentimento ou às injunções do dever mais do que aos cálculos do interesse, mesmo quando, ao fazê-lo, se adéquam à economia do sistema de obrigações e de exigências cujo produto são suas disposições éticas e afetivas. A verdade denegada da economia das trocas entre parentes não se expressa abertamente senão por ocasião das crises que têm precisamente como efeito fazer ressurgir o cálculo continuamente reprimido ou sublimado na generosidade cega do sentimento. Essa verdade objetiva (ou objetivista) permanece uma verdade parcial, nem mais nem menos verdadeira do que a experiência encantada das trocas ordinárias. As ações que aspiram superar a *contradição específica* desse sistema e, mais precisamente, as ameaças que todo casamento faz pesar sobre a propriedade, e por meio dela sobre a linhagem, por causa das indenizações devidas aos mais novos correm o risco de determinar o esfacelamento do patrimônio, isto é, a mesma contradição que o privilégio atribuído ao mais velho tem como função evitar, não são, como a linguagem inevitavelmente empregada para descrevê-las poderia levar a crer, procedimentos que a imaginação jurídica inventa para contornar o direito, nem mesmo estratégias sabiamente calculadas, à maneira dos "golpes" de esgrima ou do xadrez. É o *habitus* que, como o produto das estruturas que tende a reproduzir e porque, mais precisamente, implica a submissão "espontânea" à ordem estabelecida e às ordens dos guardiões dessa ordem, isto é, aos anciões, encerra o princípio das soluções, fenomenalmente muito diferentes, limitação dos nascimentos, emigração ou celibato dos mais novos etc., que, em função de sua posição na hierarquia social, de sua posição na família, de seu sexo, os diferentes agentes trazem às antinomias práticas engendradas pelos sistemas de exigências que não são automaticamente compatíveis. Indissociáveis das estratégias sucessórias, das estratégias de fecundidade, ou mesmo das estratégias pedagógicas, isto é, do conjunto das *estratégias de reprodução* biológica, cultural e social que todo grupo coloca em ação para transmitir à geração seguinte, mantidos ou aumentados, os poderes e os privilégios herdados, as estratégias matrimoniais não têm por princípio nem a razão calculadora nem as determinações mecânicas da necessidade econômica, mas as disposições inculcadas pelas condições de existência, espécie de instinto socialmente constituído que leva a viver como necessidade inelutável do dever ou como chamado irresistível do sentimento as exigências objetivamente calculáveis de uma forma particular de economia.

2
Os usos sociais do parentesco

> *Existem as respostas ordinárias da rotina codificada, o breviário dos usos e costumes, dos valores admitidos, que constitui uma espécie de saber inerte. Acima, existe o nível da invenção, que é o domínio do* amusnaw *(o sábio), capaz não somente de colocar em prática o código admitido, mas também de adaptá-lo, modificá-lo, e até mesmo de revolucioná-lo.*
> MAMMERI, M. *Diálogo sobre a poesia oral na Cabília.*

Quase-incesto legítimo, o casamento com a prima paralela patrilinear (*bent âam*, a filha do irmão do pai)[1], não pode aparecer "como uma espécie de escândalo"[2], de acordo com os termos de Claude Lévi-Strauss, senão com referência às taxinomias da tradição etnológica: ao questionar a noção de *exogamia*, que é a condição da reprodução de linhagens separadas e da permanência e da identificação cômoda das unidades consecutivas, ele opõe um temível desafio tanto às teorias dos grupos de unifiliação quanto à teoria da aliança de casamento, que constrói o casamento como troca de uma mulher contra uma mulher que supõe o tabu de incesto, isto é, o imperativo da troca. Enquanto que a regra de exogamia distingue nitidamente grupos de alianças e grupos de filiação que, por definição, não podem coincidir, a linhagem genealógica se encontrando ao

---

1. Esse texto propõe uma análise nova de alguns dos dados inicialmente apresentados detalhadamente em um artigo, escrito em colaboração com Abdelmalek Sayad, a propósito da obra organizada por PERISTIANY, J. *Mediterranean Family Structure*. Cambridge: Cambridge University Press, 1972.
2. Cf. LÉVI-STRAUSS, C. Le problème des relations de parente. In: BERQUE, J. (org.). *Systèmes de parenté*. Paris: École Pratique des Hautes Études, 1959, p.13-14 [intervenção com entrevistas interdisciplinares sobre as sociedades muçulmanas].

mesmo tempo definida de modo claro, uma vez que todos os poderes, os privilégios e os deveres se transmitem ou em linha materna ou em linha paterna, a endogamia tem como efeito apagar a distinção entre as linhagens: dessa forma, no caso limite de um sistema que estaria realmente fundado no casamento com a prima paralela, um indivíduo determinado se vincularia ao seu avô paterno tanto por seu pai quanto por sua mãe. Mas, por outro lado, ao escolher conservar no seio da linhagem a prima paralela, essa quase irmã, o grupo se privaria ao mesmo tempo de receber mulheres do exterior e de assim contrair alianças. Portanto, é obrigatório se perguntar se basta observar nesse tipo de casamento a exceção (ou a "aberração") que confirma a regra ou organizar as categorias de percepção que o fizeram surgir para lhe encontrar um lugar, isto é, um nome, ou se, muito pelo contrário, é preciso contestar radicalmente as categorias de pensamento que produzem esse *impensável*. Assim, por exemplo, basta observar que, legítimo no caso de uma sociedade provida de grupos exogâmicos e que distingue rigorosamente entre parentes paralelos e cruzados, o uso da noção de "preferência de casamento" não se justifica mais no caso de uma sociedade que não conhece grupos exogâmicos? Ou realmente é preciso ir mais longe e encontrar nessa exceção uma razão para questionar não somente a própria noção de prescrição ou de preferência, e, mais geralmente, a noção de *regra* e de *comportamento governado por regras* (no sentido duplo de conforme objetivamente às regras e de determinado pela obediência às regras), mas também a noção de grupo definido genealogicamente, entidade cuja identidade social seria tão invariante e unívoca quanto os critérios de sua delimitação e que atribuiria a cada um de seus membros uma identidade social igualmente distinta e fixada uma vez por todas.

A inadequação da linguagem da prescrição e da regra é tão evidente no caso do casamento patrilateral que não se pode deixar de pensar nos questionamentos de Rodney Needham sobre as condições de validade, talvez jamais preenchidas, de uma tal linguagem, que não é outra senão a do direito[3]. Mas esse questionamento sobre

---

3. NEEDHAM, R. "The formal analysis of prescriptive patrilateral crosscousin marriage". *Southwester Journal of Anthropology*, 14, 1958, p. 199-219.

o estatuto epistemológico de conceitos de uso tão comum quanto os de regra, de prescrição ou de preferência, não pode deixar de atingir a *teoria da prática* que eles pressupõem: pode-se considerar, mesmo de forma implícita, a "álgebra de parentesco", como dizia Malinowsky, como uma teoria das práticas de parentesco e do parentesco "prático" sem postular tacitamente que existe uma relação dedutiva entre os nomes de parentesco e as "atitudes de parentesco"? E pode-se oferecer uma significação antropológica a essa relação sem postular que as relações reguladas e regulares entre os parentes são o produto da obediência às regras que, ainda que um último escrúpulo durkheimiano leve a chamá-las "jurales" (*jural*) mais do que jurídicas ou legais, devem comandar a prática à maneira das regras do direito?[4] Pode-se, por fim, fazer da definição genealógica dos grupos o único princípio do recorte das unidades sociais e da atribuição dos agentes a esses grupos, postulando assim implicitamente que os agentes são definidos sob todos os pontos de vista e de uma vez por todas por seu pertencimento ao grupo e que, para ser mais rápido, *o grupo define os agentes e seus interesses* mais do que os agentes definem *alguns* grupos em função de seus interesses?

O estado da questão

As teorias mais recentes do casamento com a prima paralela, a de Fredrik Barth e a de Robert Murphy e de Léonard Kasdan, no entanto, diametralmente opostas, têm em comum o fato de fazer intervir *funções* que a teoria estruturalista ignora ou coloca entre parênteses, quer se trate de funções econômicas como a conservação do patrimônio na linhagem, ou de funções políticas como o reforço da

---

4. Sobre a relação dedutiva que une os nomes de parentesco ou o sistemas das denominações às atitudes de parentesco, cf. RADCLIFFE-BROWN, A.R *Structure and Function in Primitive Society*. Londres: [s.e.], 1952, p. 62 [trad. francesa: Paris: De Minuit, 1968]. • *African Systems of Kinship and Marriage*, 1960, p. 25. • LÉVI-STRAUSS, C. *Anthropologie structural*. Paris: Plon, 1958, p. 46. Sobre o termo de *jural* e o seu emprego por Radcliffe-Brown, cf. DUMONT, L. *Introduction à deux théories d'anthropologie sociale*. Paris: Mouton, 1971, p. 41: as relações "jurales" são aquelas "que são o objeto de prescrições precisas, formais, quer se trate de pessoas ou de coisas".

integração da linhagem[5]. E não se compreende como poderiam fazer de uma outra forma sob pena de abandonar à absurdidade um casamento que não cumpre manifestadamente a função de troca ou de aliança comumente reconhecida no casamento com a prima cruzada[6]. Barth insiste no fato de que o casamento endogâmico "contribui de modo determinante" para reforçar a linhagem mínima e para fazer dela um grupo integrado na luta entre facções. Pelo contrário, Murphy e Kasdan, que recriminam Barth por explicar a instituição pelos "objetivos conscientemente almejados pelos atores individuais", isto é, mais precisamente, pelos interesses do chefe da linhagem em se vincular aos seus sobrinhos, situados em pontos de segmentação virtuais, relacionam esse tipo de casamento à sua "função estrutural", ou seja, contribuir para a "fissão extrema das linhagens agnáticas e, pela endogamia, ao isolamento e ao enclausuramento das linhagens em si mesmas". Claude Lévi-Strauss está perfeitamente fundado para dizer que as duas posições opostas querem dizer exatamente a mesma coisa: de fato, a teoria de Barth, que faz desse casamento um meio de reforçar a unidade da linhagem e de limitar sua tendência ao fracionamento, e a de Murphy, que vê ali o princípio de uma busca da integração em unidades mais amplas, englobando em última instância todos os árabes e fundadas na invocação de uma origem comum, estão de acordo para admitir que o casamento com a prima paralela não pode se explicar em uma lógica pura do sistema

---

5. BARTH, F. "Principles of social organization in southern Kurdistan". *Universitets Ethnografiske Museum Bulletin*, 7, 1953. Oslo. • MURPHY, R.F. & KASDAN, L. "The structure of parallel cousin marriage". *American Anthropologist*, 61, fev./1959, p. 17-29.

6. A maior parte dos analistas antigos retomava a explicação nativa segundo a qual o casamento endogâmico tinha como função manter a propriedade na família, evidenciando, de forma justa, a relação que une o casamento ao costume sucessorial. A essa explicação, Murphy e Kasdan objetam justamente que a lei corânica que concede à mulher a metade da parte de um rapaz só é raramente observada e que a família poderia em todo caso contar com a herança trazida pelas moças importadas (GRANQVIST, H. "Marriage conditions in a palestinian village". *Commentationes Humanarum Societas Scientiarium Fennica*, vol. 3, 1931. • ROSENFIELD. "An analysis of marriage statistics for a moslem and christian arab village". *International Archives of Ethnography*, 48, 1957, p. 32-62).

das trocas matrimoniais e remete necessariamente às funções externas, econômicas ou políticas[7].

Jean Cuisenier apenas extrai as consequências dessa constatação em uma construção que tenta dar conta das discordâncias já levantadas por todos os observadores entre o "modelo" e as práticas, bem como das funções externas, pelo menos econômicas, das trocas matrimoniais: "É o próprio pensamento nativo que coloca no caminho de um modelo explicativo. Este representa, com efeito, as alianças estabelecidas em um grupo a partir de uma oposição fundamental entre dois irmãos, dos quais um deve se casar no sentido da endogamia para manter no grupo sua consistência, e o outro no sentido da exogamia para dar ao grupo alianças. Essa oposição entre dois irmãos se encontra em todos os níveis do grupo agnático; ela expressa, em uma linguagem genealógica habitual ao pensamento árabe, uma alternativa representável de acordo com o esquema de uma 'ordem parcial', em que os valores numéricos de a e b são respectivamente 1/3 e 2/3. Se a é a escolha da endogamia, b a escolha da exogamia, e se as ramificações da árvore dicotômica são seguidas a partir da raiz, a escolha de a no nível mais superficial dos círculos genealó-

---

[7]. Essas duas teorias têm principalmente em comum aceitar uma definição indiferenciada da função do casamento assim reduzida à função *para o grupo em seu conjunto*. Assim, por exemplo, Murphy e Kasdan escrevem: "A maior parte das explicações do casamento entre primos paralelos são explicações pelas causas e pelas motivações, segundo as quais a instituição deve ser compreendida em referência aos objetivos conscientes dos protagonistas individuais. Não buscamos explicar a origem do costume, mas tendo sido tomada como um dado de fato, nós nos esforçamos em analisar sua função, isto é, seu papel no interior da estrutura social beduína, e revelou-se que o casamento dos primos paralelos contribui para a extrema fissão das linhagens agnáticas na sociedade árabe e, pela endogamia, enquista os segmentos patrilineares" (MURPHY, F. & KASDAN, L. Op. cit., p. 27). Aqueles que explicam as estratégias matrimoniais pelos seus efeitos – por exemplo, a fissão e a fusão de Murphy e Kasdan são efeitos que não se ganha nada em designar pelo nome de função – não estão menos distantes da realidade das práticas do que aqueles que invocam a eficácia da regra. Dizer que o casamento entre primos paralelos tem uma função de fissão ou de fusão sem se perguntar *para quem* e *por quê* e em que medida (que seria necessário medir) e sob quais condições, é recorrer, claro que de forma vergonhosa, a uma explicação pelas *causas finais* em vez de se perguntar como as condições econômicas e sociais características de uma formação social impõem a busca da satisfação de um tipo determinado de interesses que ela própria conduz para a produção de um tipo determinado de efeitos coletivos.

gicos é a escolha da prima paralela (um terço dos casos)"[8]. Poderia haver a tentação de creditar a esse modelo o fato de que se esforça em dar conta dos dados estatísticos, diferentemente das teorias tradicionais do "casamento preferencial" que se contentam com a constatação da divergência, imputada aos fatores secundários, demográficos, por exemplo, entre a "norma" (ou a "regra") e a prática[9]. Mas, quando se observa que basta se dar uma definição mais ou menos restritiva dos casamentos assimiláveis ao casamento com a prima paralela para se afastar, para mais ou para menos, da porcentagem providencial (36% = 1/3?) que, integrado com um propósito nativo, engendra um "modelo teórico", não é difícil de se convencer que o modelo só é tão perfeitamente ajustado aos fatos porque foi construído por *ajustamento*, isto é, inventado *ad hoc* para explicar um artefato estatístico, e não elaborado a partir de uma teoria dos princípios de produção das práticas. Existe, como dizia Leibniz, uma equação para a curva de cada rosto. E, pelos tempos que correm, sempre se encontrará algum matemático para demonstrar que duas primas paralelas de uma mesma terceira são paralelas entre si.

Mas, a intenção de submeter as genealogias à análise estatística tem pelo menos a virtude de revelar as mais fundamentais propriedades da genealogia, esse instrumento de análise que jamais é tomado como objeto de análise. Observa-se de imediato o que pode ter de estranho o projeto de calcular as taxas de endogamia em um caso em que, como aqui, é a própria noção de *grupo endogâmico* que está em questão, portanto, a base de cálculo.

---

8. CUISENIER, J. "Endogamie et exogamie dans le mariage arabe". *L'Homme*, II, 2, mai.-ago./1962, p. 80-105.

9. "Sabe-se há muito tempo, e as simulações em computador empreendidas por K. Kundstadter e sua equipe acabaram por demonstrá-lo, que as sociedades que preconizam o casamento entre alguns tipos de parentes não conseguem se conformar à norma senão em um número reduzido de casos. A taxa de fecundidade, e de reprodução, o equilíbrio demográfico dos sexos, a pirâmide das idades, não oferecem jamais uma boa harmonia e a regularidade exigidas para que, no grau prescrito, cada indivíduo tenha a garantia de encontrar no momento do casamento um cônjuge apropriado, ainda que a nomenclatura de parentesco seja suficientemente extensiva para confundir graus de mesmo tipo, mas desigualmente distantes e que o são muitas vezes a ponto de a noção de uma descendência comum se tornar muito teórica" (LÉVI-STRAUSS, C. *Les structures élémentaires de la parente*. 2. Edição. Paris: Mouton, 1968, p. XVII).

Jean Cuisenier, que acompanha aqui Claude Lévi-Strauss observando que "do ponto de vista estrutural, pode-se tratar como equivalente o casamento com a filha do irmão do pai ou o casamento com a filha do filho do pai"[10], escreve: "Acontece o contrário quando *Ego* se casa com a neta de seu tio paterno ou com a filha do tio-avô paterno. Do ponto de vista estrutural, essas uniões são assimiláveis, uma ao casamento com a filha do tio paterno, a outra ao casamento com a neta do tio-avô paterno" (CUISENIER, J. Op. cit., p. 84). Quando ele combina o nominalismo que consiste em tomar a coerência do sistema das denominações pela lógica prática das disposições e das práticas com o formalismo de uma estatística fundada nos recortes abstratos, o etnólogo é conduzido a operar manipulações genealógicas que têm seu equivalente prático nos procedimentos que os agentes empregam para mascarar as discordâncias entre suas práticas matrimoniais e a representação ideal que se fazem delas ou a imagem oficial que delas pretendem dar (eles podem assim, para as necessidades da causa, subsumir sob o nome de prima paralela não somente a filha do tio paterno, mas também as primas patrilineares em segundo ou mesmo em terceiro grau, como, por exemplo, a filha do filho do irmão do pai ou a filha do irmão do pai do pai ou ainda a filha do filho do irmão do pai do pai, e assim por diante; são conhecidas também as manipulações que fazem com o vocabulário do parentesco quando, por exemplo, utilizam o conceito de *âamm* como termo de gentileza suscetível de ser dirigido a todo parente patrilinear mais velho). O cálculo das "taxas de endogamia" por nível genealógico, intersecção irreal de "categorias" abstratas, leva a tratar como idênticos por uma abstração de segunda ordem indivíduos que, ainda que estejam situados no mesmo nível da árvore genealógica, podem ter idades bastante diferentes e cujos casamentos, por essa mesma razão, puderam ser concluídos em conjunturas diferentes que correspondem aos estados diferentes do mercado matrimonial; ou, ao contrário, tratar como diferentes casamentos genealogicamente separados, mas cronologica-

---

10. LÉVI-STRAUSS, C. "Le problème des relations de parenté". Op. cit., p. 55.

mente simultâneos – um homem podendo, por exemplo, se casar ao mesmo tempo que um de seus tios.

Seria preciso se contentar com recortes abstratamente operados *no papel*, isto é, sob o olhar de genealogias que têm a mesma extensão que a memória do grupo, ela própria função em sua estrutura e extensão das *funções* atribuídas pelo grupo àqueles que ela memoriza e esquece? Vendo no esquema da linhagem uma representação ideológica à qual os beduínos recorrem para se dar uma "compreensão primeira" de suas relações presentes, E.L. Peters[11] observa que esse esquema ignora as relações de força reais entre os segmentos equivalentes genealogicamente, que esquece as mulheres e que trata como simples "acidentes contingentes" os mais fundamentais fatores ecológicos, demográficos e políticos[12]. Ou realmente é preciso retomar os recortes que os próprios agentes operam em função de critérios que não são necessariamente genealógicos? Mas é para descobrir que as possibilidades de que um indivíduo faça um casamento socialmente considerado como assimilável ao casamento com a *bent âamm*, são tanto maiores quanto maior é a linhagem "prática", isto é, praticamente mobilizável (e também, ao mesmo tempo, o número de parceiros potenciais) e que são mais fortes as pressões e

---

11. PETERS, E.L. "Some structural aspects of the feud among the camel-herding Bedouin of Cyrenaica". *Africa*, vol. XXXVII, n. 3, jul./1967, p. 261-282. Murphy não dizia outra coisa, mas sem extrair suas consequências, quando observava que as genealogias e a manipulação das genealogias têm como função principal favorecer a integração vertical de unidades sociais que o casamento com a prima paralela tende a dividir e a encerrar em si mesmas.

12. De fato, as genealogias mais rigorosamente controladas apresentam lacunas sistemáticas: a força da lembrança sendo proporcional ao valor que o grupo atribui a cada indivíduo no momento da recolecção, as genealogias conservam melhor os homens (e, por conseguinte, seus casamentos), principalmente quando produziram uma numerosa descendência masculina, do que as mulheres (salvo, evidentemente, quando estas se casaram no interior da linhagem); elas registram os casamentos próximos melhor do que os casamentos distantes, mais os casamentos únicos do que a série completa de todos os casamentos contraídos por um mesmo indivíduo (poligamia, novos casamentos múltiplos após divórcios e viuvez). E tudo leva a crer que linhas inteiras podem ser esquecidas pelos informantes quando o último representante morreu sem descendência masculina (dando assim razão à teoria nativa que faz de todo nascimento uma *ressurreição* e do indivíduo sem descendência masculina alguém que ninguém "evocará" – como são evocados os espíritos – e ressuscitar).

mais prováveis as urgências capazes de levá-lo ou obrigá-lo a se casar dentro da linhagem. Quando a indivisão é rompida e que nada vem evocar e manter a relação genealógica, a filha do irmão do pai pode não estar mais próxima, no espaço social praticamente apreendido, do que qualquer outra prima patrilateral (ou mesmo matrilateral); pelo contrário, uma prima mais distante no espaço genealógico pode ser o equivalente prático de uma *bent âamm* quando os dois primos fazem parte de uma mesma "casa" fortemente unida, vivendo em indivisão total, sob a condução de um ancião. E quando os informantes repetem com muita insistência que hoje se casa menos dentro da linhagem do que se casava antigamente, talvez sejam simplesmente vítimas de uma ilusão suscitada pelo enfraquecimento das grandes famílias indivisas.

As funções das relações e o fundamento dos grupos.

Não basta, como fazem os observadores mais bem informados, passar prudentemente da noção de casamento preferencial com a prima paralela à noção de "endogamia de linhagem" e buscar nessa linguagem vaga e distinguida uma maneira de escapar aos problemas que a noção de endogamia levanta, os mesmos problemas que o conceito demasiado familiar de *grupo* encerra. É preciso se perguntar primeiro o que se encontra implicado no fato de definir um grupo pela relação genealógica que une seus membros e somente por isso, então tratar (implicitamente), o parentesco como condição necessária e suficiente da unidade de um grupo. De fato, levantar realmente a questão das *funções* das relações de parentesco ou, de modo mais brutal, da utilidade dos parentes, significa logo perceber que os usos do parentesco que podem ser chamados genealógicos são reservados às situações oficiais, nas quais desempenham uma função de ordenação do mundo social e de legitimação dessa ordem. Razão pela qual se opõem às outras espécies de usos práticos das relações de parentesco, que são eles mesmos um caso particular de utilização das *relações*. O esquema genealógico das relações de parentesco que o etnólogo constrói apenas reproduz a representação *oficial* das estruturas sociais, representação produzida pela aplicação de um princípio de estruturação que não é *dominante* senão *sob um determinado ponto de vista*, isto é, em certas situações e tendo em vista algumas funções.

Relembrar que as relações de parentesco são algo que se faz e com as quais se faz algo, não significa apenas, como as taxinomias vigentes poderiam levar a crer, substituir uma interpretação "funcionalista" por uma interpretação "estruturalista"; significa questionar radicalmente a teoria implícita da prática que conduz a tradição etnológica a apreender as relações de parentesco "sob a forma de objeto ou de intuição", como diz Marx, mais do que sob a forma das práticas que as produzem, reproduzem-nas ou as utilizam em referências às funções necessariamente práticas. Se tudo o que se refere à família não estivesse cercado de denegações, não haveria necessidade de relembrar que as relações entre os próprios ascendentes e descendentes não existem e não subsistem senão mediante um trabalho incessante de manutenção e que existe uma *economia das trocas materiais e simbólicas entre as gerações*. Quanto às relações de aliança, é apenas quando são registradas como *fato realizado*, à maneira do etnólogo que estabelece uma genealogia, que se pode esquecer de que elas são o produto de estratégias orientadas para a satisfação de interesses materiais e simbólicos e organizadas em referência a um tipo determinado de condições econômicas e sociais.

Falar de endogamia e querer mesmo, em uma louvável intenção de rigor, medir seus graus significa agir como se existisse uma definição puramente genealógica da linhagem ao passo que cada adulto do sexo masculino, em qualquer nível que se encontre na árvore genealógica, representa um ponto de segmentação potencial, suscetível de ser atualizado em função de um uso social particular. Quanto mais se situa o ponto de origem distante no tempo, e no *espaço* genealógico – e nada impede, nesse espaço abstrato, regressar ao infinito –, mais se recuam as *fronteiras* da linhagem e mais a potência *assimiladora* da ideologia genealógica aumenta, mas em detrimento de sua virtude *distintiva* que, ao contrário, aumenta quando se aproxima da origem comum. É assim que o uso que se pode fazer da expressão *ath* (os descendentes de, aqueles de...) obedece a uma lógica posicional totalmente semelhante àquela que caracteriza os usos da palavra *cieng* segundo Evans-Pritchard: o mesmo indivíduo podendo, de acordo com a circunstância, a situação, o interlocutor, de acordo, portanto, com a *função* assimiladora e distintiva da denominação, dizer-se membro dos Ath Abba, isto é, de uma "casa" (*ak-

ham), a unidade mais restrita, ou, no outro extremo, dos Ath Yahia, isto é, de uma tribo (*âarch*), o grupo mais amplo. O relativismo absoluto que atribuía aos agentes o poder de manipular sem qualquer limite sua própria identidade social ou a dos adversários ou dos parceiros que pretendem assimilar ou excluir manipulando os limites da classe da qual ambos fazem parte teria pelo menos o mérito de romper com o realismo ingênuo que não sabe caracterizar um grupo a não ser como uma população definida por *fronteiras* diretamente visíveis. De fato, a estrutura de um grupo (e consequentemente a identidade social dos indivíduos que o compõem) depende da função que está no princípio de sua constituição e de sua organização. É isso que esquecem aqueles mesmos que se esforçam em escapar à abstração genealógica ao opor a linha de unifiliação (*descent line*) e a linha local (*local line*) ou a linha diagramática local (*local descent group*), porção de um conjunto de unifiliação que a unidade de residência autoriza a agir coletivamente como grupo[13]. Os efeitos da distância espacial também dependem da função em vista da qual se instaura a relação social: ainda que se possa admitir, por exemplo, que a utilidade potencial de um parceiro tende a diminuir com a distância, deixa de ser assim sempre que, como no caso do casamento de prestígio, o benefício simbólico é ainda maior por ser a relação estabelecida entre pessoas mais distantes; da mesma forma, se a unidade de residência contribui para a integração do grupo, a unidade que atribui ao grupo sua mobilização em vista de uma função comum contribui para minimizar o efeito da distância. Em resumo, ainda que se possa teoricamente considerar que existem tantos grupos possíveis quanto funções, ocorre que não se pode apelar a qualquer um em qualquer ocasião, não mais do que não se pode oferecer seus serviços a qualquer um para qualquer objetivo. Portanto, para fugir ao relativismo sem cair no realismo, pode-se colocar que as constantes do campo dos parceiros ao mesmo tempo utilizáveis de fato, porque espacialmente próximos, e úteis, porque socialmente influentes, fazem com que cada grupo de agentes incline-se a manter a existência, mediante um trabalho contínuo de manutenção, de uma rede privilegiada de relações práticas que compreende não somente

---

13. DUMONT, L. Op. cit., p. 122-123.

o conjunto das relações genealógicas mantidas em funcionamento, aqui chamadas *parentesco prático*, mas também o conjunto das relações não genealógicas que podem ser mobilizadas para as necessidades ordinárias da existência, aqui chamadas *relações práticas*.

    A negociação e a celebração do casamento fornecem uma boa ocasião para se observar tudo o que separa, na prática, o parentesco oficial, uno e imutável, definido de uma vez por todas pelas normas protocolares da genealogia, do parentesco prático, cujas fronteiras e definições são tão numerosas e variadas quanto os utilizadores e as ocasiões de utilizá-lo. É o parentesco prático que faz os casamentos; é o parentesco oficial que os celebra. Nos casamentos ordinários, os contatos que precedem o pedido oficial (*akht'ab*) e as negociações menos confessáveis, que tratam daquilo que a ideologia oficial pretende ignorar, como as condições econômicas do casamento, o estatuto oferecido à mulher na casa de seu marido, as relações com a mãe do marido, são deixados aos personagens menos qualificados para representar o grupo e para engajá-lo, sempre suscetíveis, portanto, de serem recusados, ou uma velha, muita vezes uma espécie de profissional desses contatos secretos, uma parteira ou qualquer outra mulher habituada a se deslocar de um vilarejo a outro. Nas negociações difíceis entre grupos distantes, a declaração das intenções (*assiwat' wawal*) incumbe a um homem conhecido e prestigioso que pertence a uma unidade bastante distante e distinta do grupo de tomadores para aparecer como *neutra* e estar em posição de agir junto com um personagem que ocupa quase a mesma posição em relação ao grupo dos doadores (amigo ou aliado mais do que parente): a pessoa assim mandatada evita proceder de forma expressa e se organiza para encontrar uma ocasião aparentemente fortuita (o acaso que implica uma denegação da intenção, consequentemente do cálculo) para encontrar uma pessoa situada "ao lado da jovem" e para lhe revelar as intenções da família interessada. Quanto ao pedido oficial (*akht'ab*), ele é apresentado pelo menos responsável dos responsáveis pelo casamento, isto é, o irmão mais velho e não o pai, o tio paterno e não o avô etc., acompanhado, principalmente se ele for jovem, de um parente de uma outra linhagem. São sempre os homens mais próximos do noivo e os mais prestigiosos (como, por exemplo, em um primeiro momento, o irmão mais velho e o tio materno, depois, em um segundo momento, o tio paterno e um dos notáveis do grupo, e depois os mesmos acompanhados de vários notáveis, aqueles do grupo e aqueles do vilarejo bem como do *t'aleb*, aos quais se juntarão mais tarde os marabutos do vilarejo, depois o pai acompanhado dos notáveis dos vilarejos próximos e até mesmo da tribo vizinha etc.) que apresentam sua solicitação (*ah'allal*) aos homens mais distantes genealógica e espacialmente da família da noiva. No final, são os maiores e os mais distantes parentes da moça que intercedem junto ao pai e à mãe da moça da parte dos parentes mais próximos e mais prestigiosos do rapaz que, por sua vez, os solicitaram. Enfim, a aceitação (*aqbal*) é proclamada diante do maior número de homens e levada ao conhecimento do mais eminente dos parentes do rapaz pelo mais eminente dos parentes da moça que foi chamado para apoiar o pedido. Se, à medida que as negociações avançam e se encaminham para o sucesso, o parentesco prático pode ceder lugar ao parentesco oficial, a hierarquia sob o ponto de vista da *utilidade* sendo quase que exatamente o inverso da hierarquia sob o ponto de vista da legitimidade genealógica, é primeiramente porque não se tem interesse em engajar de imediato parentes que, por sua posição genealógica e social, comprometeriam demais seus mandantes – e tanto menos que a situação de inferioridade conjuntural que está vinculada à posição de solicitador se associa muitas vezes a uma superioridade estrutural, uma vez que o homem se casa muito mais de cima para baixo. É também porque não se pode pedir para qualquer pessoa que se coloque na posição de solicitador exposto a uma recusa e, ainda mais, que entre em negociações pouco gloriosas, muitas vezes desgastantes, às vezes desonrosas para as duas partes (como a prática chamada *thajâalts* e que consiste em comprar em troca de dinheiro a intervenção de parentes da moça pedida em casamento junto aos parentes responsáveis pela decisão). É, finalmente, porque, na fase *útil* das negociações, a busca da eficácia máxima orienta as escolhas para as pessoas conhecidas por sua habilidade ou por sua autoridade particular junto à família procurada ou por suas boas relações com uma pessoa capaz de influenciar a decisão. E é natural que aqueles que realmente "fizeram" o casamento tenham que se contentar, na fase oficial, com o lugar que lhes é designado não por sua utilidade, mas por sua posição na genealogia, encontrando-se desse modo destinados, como se diz no teatro, a "representar papéis coadjuvantes" em benefício dos "grandes papéis".

Assim, para esquematizar, o parentesco de representação se opõe ao parentesco prático como o oficial se opõe ao não oficial (que engloba o oficioso e o escandaloso); o coletivo ao particular; o público, explicitamente codificado em um formalismo mágico ou quase jurídico, ao privado, mantido em estado implícito, ou seja, oculto; o ritual coletivo, prática sem sujeito, suscetível de ser realizado por agentes intercambiáveis, porque coletivamente comissionados, à estratégia, orientada para a satisfação dos interesses práticos de um agente ou de um grupo de agentes particulares. As unidades abstratas que, sendo o produto de um simples recorte teórico, como aqui a linha de unifiliação (ou, acolá, a faixa de idade), estão disponíveis para todas as funções, isto é, para nenhuma em particular, não têm existência prática senão por e para os usos mais *oficiais* do parentesco: o parentesco de *representação* não é outra coisa senão a representação que o grupo se faz de si mesmo e a representação quase teatral que ele se dá de si mesmo ao agir conforme à representação que tem de si mesmo. Em oposição, os grupos práticos não existem senão por e para as funções particulares em vista das quais são *efetivamente mobilizados* e não subsistem senão porque foram mantidos em funcionamento por sua própria utilização e por todo um trabalho de manutenção (do qual fazem parte as trocas matrimoniais que eles tornam possíveis) e porque se baseiam em uma comunidade de disposições (habitus) e de interesses como aquela que funda a indivisão do patrimônio material e simbólico.

Caso aconteça que o conjunto oficial dos indivíduos suscetíveis de ser definidos pela mesma relação com o mesmo ascendente situado no mesmo nível (qualquer) da árvore genealógica constitua um grupo prático, é porque nesse caso os recortes com base genealógica recobrem unidades fundadas em outros princípios, ecológicos (vizinhança), econômicos (indivisão) e políticos. Que o valor *descriti-*

vo do critério genealógico seja tanto maior quanto mais próxima é a origem comum e mais restrita a unidade social, isso não significa necessariamente que sua *eficácia unificadora* cresça correlativamente: de fato, como se verá, a relação mais estreita genealogicamente, aquela que une os irmãos, é também o lugar da mais forte tensão e somente um trabalho de todos os instantes pode manter a solidariedade. Em resumo, a simples relação genealógica jamais predetermina completamente a relação entre os indivíduos que ela une. A extensão do parentesco prático depende da aptidão dos membros da unidade oficial em superar as tensões engendradas pela concorrência dos interesses no interior da empresa indivisa de produção e de consumo e em manter relações práticas conformes à representação oficial que se dá qualquer grupo que se pensa como grupo integrado, em acumular, portanto, vantagens que qualquer relação prática oferece e os benefícios simbólicos garantidos pela aprovação socialmente atribuída às práticas conforme à representação oficial das práticas, isto é, ao ideal social do parentesco.

Todas as estratégias pelas quais os agentes pretendem *regularizar-se*, e colocar assim a regra de seu lado, estão aí para lembrar que as representações, e em particular as taxinomias de parentesco, têm uma eficácia que, ainda que puramente simbólica, nem por isso é absolutamente menos real. É como instrumento de conhecimento e de construção do mundo social que as estruturas de parentesco desempenham uma função política (à maneira da religião ou de qualquer outra representação oficial). Os termos de endereçamento e de referência são antes de tudo *categorias de parentesco*, no sentido etimológico de imputações coletivas e públicas (*katègoreisthai* que significa originalmente acusar publicamente, imputar alguma coisa a alguém na frente de todos), coletivamente aprovadas e atestadas como evidentes e necessárias: por isso, eles encerram o poder mágico de *instituir fronteiras* e de *constituir grupos*, por declarações *performativas* (basta pensar em tudo o que encerra uma expressão como "é tua irmã", único enunciado prático do tabu do incesto), investidas de toda força dos grupos que contribuem para fazer.

O poder simbólico dos categoremas jamais é tão bem visto quanto no caso dos *nomes próprios*, que, como emblemas que concentram todo o capital simbólico de um grupo prestigioso, colocam em jogo uma intensa concorrência: apropriar-se desses indícios da posição genealógica (fulano, filho de sicrano, filho de beltrano etc.), é de alguma forma se apropriar de um *título* que dá direitos privilegiados sobre o patrimônio do grupo. Dar a um recém-nascido o nome de um ancestral importante não é somente realizar um ato de piedade filial, mas predestinar de alguma forma o filho assim designado a "ressuscitar" o ancestral epônimo, isto é, suceder-lhe em suas tarefas e em seus poderes. (Aqui como ali, o estado presente das relações de força e de autoridade comanda o que será a representação coletiva do passado: essa projeção simbólica das relações de força entre indivíduos e grupos em competição também contribui para reforçar essas relações de força atribuindo aos dominantes o direito de professar a memória do passado mais apropriado para legitimar seus interesses presentes.)

> Prefere-se evitar dar a um recém-nascido o nome de um parente ainda vivo: significaria "ressuscitá-lo" antes que esteja morto, lançar-lhe um desafio injurioso e, algo mais grave, uma maldição; isso mesmo quando a ruptura de indivisão é consagrada pela partilha solene do patrimônio ou em consequência do esfacelamento da família em razão da emigração para a cidade ou para a França. Um pai não pode dar seu nome a seu filho e quando um filho leva o nome de seu pai é porque este morreu deixando-o "no ventre de sua mãe". Mas, tanto nesse domínio como em outros, não faltam escapatórias e subterfúgios. Pode acontecer que se mude um nome inicialmente atribuído a uma criança, a fim de lhe dar um que se tornou disponível pela morte de seu pai ou de seu avô (o primeiro nome, que a mãe e as mulheres da família continuam utilizando, permanece então reservado aos usos privados). Pode acontecer que o mesmo nome seja dado sob formas ligeiramente diferentes a várias crianças, mediante uma adição ou uma supressão (Mohand Ourabah em vez de Rabah ou o contrário), ou uma ligeira alteração (Beza em vez de Mohand Ameziane, Hamimi ou Dahmane em vez de Ahmed). Da mesma maneira, evita-se designar uma criança com o mesmo nome de seu irmão mais velho, algumas associações de nomes demasiado próximos ou derivados de um mesmo nome são muito considerados (Ahcène e Elhocine, Ahmed ou Mohamed, Meziane e Moqrane etc.), principalmente se um deles é o de um ancestral.

Os nomes mais prestigiosos, assim como as terras mais nobres, são o objeto de uma concorrência regulada e o "direito" a se apropriar do nome mais cobiçado, porque proclama de forma contínua a relação genealógica com o ancestral cuja memória é conservada pelo grupo e fora do grupo, é distribuído de acordo com uma hierarquia análoga àquela que rege as obrigações de honra em caso de vingança ou os direitos sobre uma terra do patrimônio em caso de venda: assim, o nome que se transmite em linha patrilinear direta, o pai não pode dar a uma criança o nome de seu próprio *âamm* ou de seu próprio irmão (*âamm* da criança) se estes últimos deixaram filhos já casados, portanto em condição de retomar o nome de seu pai para um de seus filhos ou netos. Aqui como em outros lugares, a linguagem cômoda da norma e da obrigação (deve, não pode etc.) não deve enganar: assim, pôde-se ver um irmão mais novo se aproveitar de uma relação de força favorável para dar a seus filhos o nome de um irmão prestigioso, morto e que deixou apenas filhos pequenos que depois dedicaram seu pundonor a se reapropriar, com o risco de confusões, o nome do qual se consideravam os legítimos detentores. A concorrência é particularmente evidente quando vários irmãos desejam retomar para seus filhos o nome de seu pai: ao passo que a preocupação em não deixar um nome abandonado recomenda que ele seja atribuído ao primeiro dos meninos que venha a nascer após a morte de seu portador, o mais velho pode adiar sua atribuição a fim de dá-lo a um de seus netos, em vez de deixá-lo para o filho de um de seus irmãos mais jovem, saltando assim um nível genealógico. Mas também pode acontecer, ao contrário, que na ausência de qualquer descendência masculina um nome corra o risco de cair em deserdação e que a tarefa de "ressuscitá-lo" incumba primeiramente aos colaterais, e depois mais amplamente a todo o grupo que manifesta assim que sua integração e sua riqueza em homens o colocam em posição de retomar os nomes de todos os ascendentes diretos e de ainda por cima reparar as supressões acontecidas em outro lugar[14].

---

14. É assim que uma das funções do casamento com a filha de *âamm*, quando este morre sem descendência masculina, é permitir à filha de velar para que o nome de seu pai não desapareça.

As categorias de parentesco instituem uma realidade. O que comumente se chama conformismo é uma forma de sentimento do real (ou, caso se prefira, um efeito daquilo que Durkheim chamava "conformismo lógico"). A existência de uma verdade oficial que, tendo todo o grupo a seu lado, como é o caso em uma sociedade pouco diferenciada, tem a objetividade daquilo que é coletivamente reconhecido, define uma forma de interesse específico, vinculada à conformidade com o oficial. O casamento com a prima paralela tem para si toda a realidade do ideal. Se, caso se leve muito a sério o discurso nativo, corre-se o risco de considerar a verdade oficial como a norma da prática, caso dele muito se desconfie, corre-se o risco de subestimar a eficácia específica do oficial e de se impedir compreender as estratégias da segunda ordem pelas quais se pretende, por exemplo, garantir-se os benefícios associados à conformidade ao dissimular as estratégias e os interesses sob as aparências de obediência à regra[15].

O estatuto verdadeiro das taxinomias de parentesco, princípios de estruturação do mundo social que, como tais, desempenham sempre uma função política, jamais é tão bem observado quanto nos usos diferentes que os homens e as mulheres podem fazer do mesmo campo de relações genealógicas, principalmente em suas "leituras" e em seus "usos" diferentes das relações de parentesco genealogicamente equívocas (que a estreiteza do espaço matrimonial torna bastante frequentes). Em todas os casos de relação genealogicamente equívoca, pode-se sempre aproximar o parente mais distante ou se aproximar dele acentuando-se o que une, enquanto que se pode

---

15. Dessa maneira, os atos aparentemente mais ritualizados da negociação matrimonial e as manifestações cerimoniais que acompanham a celebração do casamento e que, por sua maior ou menor solenidade, têm como função secundária declarar a significação social do casamento (sendo a cerimônia, em geral, tanto mais solene quanto) mais elevadas na hierarquia social e mais distantes no espaço genealógico são as famílias unidas no casamento), representam muitas das tantas ocasiões de empregar estratégias que pretendem manipular o sentido objetivo de uma relação que não é jamais completamente unívoca, seja ao se escolher o inevitável e ao se conformar escrupulosamente às conveniências, seja ao se mascarar a significação objetiva do casamento sob ritual destinado a celebrá-lo.

manter à distância o parente mais próximo alçando ao primeiro plano o que separa. O que está em jogo nessas manipulações, que seria ingênuo considerar como fictícias sob pretexto de que não enganam ninguém, não é outra coisa senão a definição dos *limites práticos do grupo*, que dessa forma se pode introduzir, de acordo com as necessidades, além ou aquém daquele que se pensa anexar ou excluir. Pode-se ter uma ideia dessas habilidades quando se consideram os usos do termo *khal* (no sentido estrito, irmão da mãe): pronunciado por um marabuto em intenção de um camponês plebeu e leigo, ele expressa a vontade de se distinguir marcando, nos limites da cortesia, a ausência de qualquer relação de parentesco legítima; entre os camponeses, pelo contrário, essa forma de se dirigir manifesta a intenção de instaurar uma relação mínima de familiaridade ao se invocar uma distante e hipotética relação de aliança.

É a leitura oficial que o etnólogo aceita quando, por exemplo, assimila a um casamento entre primos paralelos a relação entre primos paralelos patrilinear em segundo grau do qual um – ou a fortiori os dois, nos casos em que houve troca de mulheres entre filhos de dois irmãos – é ele mesmo derivado de um casamento com o primo paralelo. A leitura masculina, isto é, dominante, que se impõe com uma urgência particular em todas as situações públicas, oficiais, em resumo, em todas as relações de honra em que o homem honrado fala a um homem honrado, privilegia o aspecto mais nobre, mais digno de ser proclamado publicamente, de uma relação com várias faces: ela incorpora cada um dos indivíduos que se trata de situar aos seus ascendentes patrilineares e, pelo intermédio destes, aos ascendentes patrilineares que lhes são comuns. Ela recalca o outro percurso possível, às vezes mais direto, muitas vezes mais cômodo, aquele que se estabelece pelas mulheres: dessa forma, a conveniência genealógica exige que se considere que Zoubir casou-se em Aldja a filha do filho do irmão do pai de seu pai ou a filha da filha do irmão de seu pai em vez da filha do irmão de sua mãe, ainda que essa relação esteja de fato na origem desse casamento (caso 1); ou ainda, citando um outro caso tomado emprestado à mesma genealogia, ela pretende que se veja em Khedoudja a filha do filho do irmão do pai do pai de seu marido Ahmed, em vez de tratá-la como uma prima cruzada (filha da irmã do pai), o que ela também é (caso 2). A leitura herética, que privilegia as relações pelo lado das mulheres, excluídas do discurso oficial, é reservada às situações privadas, quando não à magia que, assim como a injúria, designa o homem destinado a seus malefícios como "filho de sua mãe": com exceção dos casos em que mulheres falam das relações de parentesco de uma mulher com outras mulheres e no qual a linguagem do parentesco pelo lado das mulheres se impõe como evidente, essa linguagem pode também acontecer na mais íntima esfera da vida familial, isto é, nas conversações de uma mulher com seu pai e com seus irmãos ou com seu marido, com seus filhos ou, a rigor, com o irmão de seu marido, que reveste então o valor de uma afirmação da intimidade do grupo dos interlocutores.

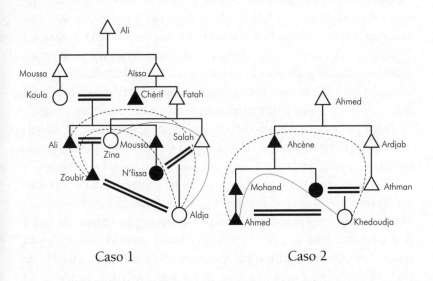

Caso 1   Caso 2

Mas a multiplicidade das leituras encontra um fundamento objetivo no fato de que casamentos idênticos unicamente sob o ponto de vista da genealogia podem ter significações e funções diferentes, até mesmo opostas, de acordo com as estratégias nas quais se encontram inseridos e que não podem ser retomadas senão por meio da reconstituição do sistema completo das trocas entre os dois grupos associados e do estado em um dado momento do tempo dessas relações. Assim que se deixa de levar em consideração unicamente as propriedades genealógicas dos casamentos para se interessar pelas estratégias e pelas condições objetivas que as tornaram possíveis e necessárias, isto é, pelas funções individuais e coletivas que desempenharam, não se pode deixar de perceber que dois casamentos entre primos paralelos podem não ter nada em comum conforme tenham sido concluídos com o avô paterno comum ainda vivo e, eventualmente, por intermédio dele (com o consentimento dos dois pais, ou "por cima deles") ou, ao contrário, pelo acordo direto entre os dois irmãos; neste último caso, conforme tenham sido concluídos quando os futuros esposos ainda eram crianças ou, ao contrário, quando já estavam em idade de se casar (sem falar do caso em que a moça já passou da idade); conforme os dois irmãos trabalhem e vivam separadamente ou que tenham mantido a indivisão total das propriedades (terra, gado e outros bens) e da economia doméstica ("caldeirão comum"), sem falar do caso em que não mantêm senão as aparências da indivisão; conforme é o mais velho (*dadda*) que dá sua filha para o seu irmão mais novo ou, ao contrário, que toma sua filha, a diferença de idade e principalmente de ordem de nascimento podendo estar associada às diferenças de posição social e de prestígio; conforme o irmão que dá sua filha a um herdeiro do sexo masculino ou que é desprovido de descendência masculina (*amengur*); conforme os dois irmãos estejam vivos no momento da conclusão do casamento ou apenas um dos dois e, mais precisamente, conforme o sobrevivente seja o pai do rapaz, protetor designado da moça que ele toma para seu filho (principalmente se ela não tem irmão adulto) ou, ao contrário, o pai da moça que pode fazer uso de sua posição dominante para proceder dessa maneira a uma captação de genro. E, só para acrescentar um pouco mais de ambiguidade a esse casamento, não é raro que a obrigação de se sacrificar para se constituir em "véu de vergonhas" e para proteger aquela filha suspeita ou que caiu em desgraça incumba a um homem do ramo mais pobre da linhagem, cuja presteza em desempenhar um dever de honra em relação à filha de seu *âamm* ou mesmo em exercer seu "direito" de membro do sexo masculino da linhagem é fácil, útil e louvável[16].

> Na prática, o casamento com a prima paralela apenas se impõe de forma absoluta em caso de força maior, como o da filha do *amengur*, aquele que "falhou", que não teve herdeiro do sexo masculino. Neste caso o interesse e o dever se conjugam: o irmão do amengur e seus filhos herdarão de toda maneira não somente a terra e a casa daquele que "falhou" mas também as obrigações em relação às suas filhas (em particular no caso de viuvez ou de repúdio); por outro lado, esse casamento é a única forma de afastar a ameaça que o casamento com um estranho (*awrith*) poderia causar à honra do grupo e talvez ao patrimônio A obrigação de se casar com a prima paralela também se impõe no caso em que uma moça não encontrou um marido ou, pelo menos, um marido digno da família. "Quem tem uma filha e não a casa deve suportar a vergonha." A relação entre irmãos exclui que se possa recusar a sua filha quando um irmão, sobretudo o mais velho, a pede para o seu filho: neste caso limite em que o tomador é ao mesmo tempo o doador, na condição de equivalente e de substituto do pai, pode-se apenas cogitar em se esquivar, assim como no caso em que o tio pede sua sobrinha para um outro com quem tinha se engajado; ainda mais, casar sua filha sem informá-los e consultá-los seria ofender gravemente seus irmãos, e o desacordo do irmão, muitas vezes invocado para justificar uma recusa, nem sempre é um pretexto ritual. Os imperativos de solidariedade são ainda mais rigorosos e a recusa é impensável quando é o pai da moça que, infringindo todos os usos (sempre é o homem que "pede" em casamento), a oferece

---

16. As desgraças físicas e mentais apresentam um problema extremamente difícil para um grupo que não atribui qualquer estatuto social a uma mulher sem marido e até mesmo a um homem sem mulher (o próprio viúvo tem que se apressar em concluir um novo casamento). E isso ainda mais quando são percebidas e interpretadas por meio das categorias mítico-rituais: concebe-se o sacrifício que representa, em um universo em que pode acontecer que se repudie uma mulher porque supostamente traz má sorte, o casamento com uma mulher canhota, caolha, manca ou corcunda (essa deformidade que representa a inversão da gravidez) ou simplesmente, franzina e raquítica, presságios de esterilidade ou de maldade.

para seu sobrinho, por meio de uma alusão o mais discreta possível, ainda que, para ousar semelhante transgressão, corra o risco de se prevalecer de uma relação tão forte entre irmãos bastante unidos. Ocorre que, a honra e a desonra sendo indivisas, os dois irmãos têm o mesmo interesse em afastar a ameaça que representa a mulher que se casa tarde ao "cobrir a vergonha antes que ela se revele" ou, na linguagem do interesse simbólico antes que se desvalorize o capital simbólico de uma família incapaz de colocar suas filhas no mercado matrimonial[17]. Significa dizer que, mesmo nessas situações limites em que a escolha da prima paralela se impõe com um rigor extremo, não é preciso apelar para a regra ética ou jurídica para dar conta de práticas que são o produto de estratégias consciente ou inconscientemente orientadas para a satisfação de um determinado tipo de interesses materiais ou simbólicos.

Os informantes não param de evocar, por suas próprias incoerências e contradições, que um casamento não se deixa jamais definir completamente em termos genealógicos e que ele pode revestir significações e funções diferentes e mesmo opostas de acordo com as condições que o determinam; que o casamento com a prima paralela pode representar o pior ou o melhor conforme seja percebido como eletivo ou forçado, isto é, conforme a posição relativa das famílias na estrutura social. Ele pode ser o melhor ("casar com a filha de *âamm*, é ter o mel na boca"), e não somente do ponto de vista mítico, mas no plano das satisfações práticas, uma vez que é menos

---

17. Porém, também aqui, se conhece todas as espécies de acomodamento e, claro, de estratégias. Se no caso da terra, o parente mais bem colocado pode se sentir perseguido pelos parentes menos próximos, desejosos de garantir o benefício material e simbólico fornecido por uma compra tão meritória, ou, no caso da vingança de honra, por aquele que está pronto a substituí-lo e a tomar para si a vingança e a honra que ela oferece, o mesmo não acontece no caso do casamento e recorre-se a toda espécie de subterfúgios para se esquivar: já aconteceu de o filho fugir, com a cumplicidade de seus pais, fornecendo a estes a única desculpa admissível mediante o pedido de um irmão; sem chegar a esse meio extremo, é frequente que a obrigação de casar as filhas desprezadas recaia sobre os "parentes pobres" que, presos por toda espécie de obrigações, estão presos a todas as obrigações. E não há melhor prova da *função ideológica* do casamento com a prima paralela (ou com qualquer prima da linhagem paterna, por mais distante que ela seja) que o uso que se pode dele fazer, em semelhantes casos, da representação exaltada desse casamento ideal.

oneroso econômica e socialmente – as maquinações, as transações e os custos materiais e simbólicos se encontram reduzidos ao mínimo – e ao mesmo tempo o mais seguro; emprega-se, para opor o casamento próximo ao casamento distante, a própria linguagem pela qual se opõe a troca entre camponeses às transações do mercado[18]. Pode ser também a pior das uniões ("O casamento dos 'tios paternos' – *azwaj el laâmum* – pesa em meu coração; peço-te, ó meu Deus, livre-me desse infortúnio")[19] e também a menos prestigiosa ("Vieram amigos que te superam, tu permaneces, tu que és negro") todas as vezes que se impõe como única solução. Em resumo, a incoerência aparente do discurso dos informantes atrai de fato a atenção sobre a ambiguidade prática de um *casamento unívoco genealogicamente* e, ao mesmo tempo, sobre as manipulações do sentido objetivo da prática e de seu produto que essa combinação da ambiguidade e da univocidade autoriza e favorece.

    Um exemplo bastará para dar uma ideia das desigualdades econômicas e simbólicas que podem se dissimular sob a relação genealógica entre primos paralelos classificatórios, e também para atualizar as estratégias propriamente *políticas* que se cobrem da legitimidade dessa relação. Os dois cônjuges pertencem à "casa de Belaïd", grande família, tanto por sua quantidade (uma dezena de homens em idade de trabalhar e umas quarenta pessoas) quanto por seu capital econômico. Uma vez que a

---

18. "Dá-se o trigo, traz-se a cevada." "Dá-se nozes a quem não tem dentes." "Modele com a sua argila a sua progenitura, se você não recebe um caldeirão, receberá um cuscuzeiro." Entre os elogios ao casamento com a prima paralela que se pôde reunir, guardaremos estes aqui, particularmente típicos: "Ela não te pedirá muito para si mesma e não será necessário fazer despesas importantes para o casamento." "Ele fará o que quiser com a filha de seu irmão e dela não virá qualquer mal. E a unidade se reforçará com seu irmão, de acordo com a recomendação que seu pai lhe fazia sobre a fraternidade (*thaymats*): 'Não escutem suas mulheres'." "A estrangeira te desprezará; ela será um insulto para os teus ancestrais, considerando que os dela são mais nobres do que os teus. Enquanto que a filha do teu *âamm*, teu avô e o dela são um, ela jamais dirá 'maldito seja o pai de teu pai!' 'A filha de teu *âamm* não te abandonará. Se você não tiver chá, ela não reclamará e, mesmo que morra de fome na tua casa, ela suportará e jamais se lamentará de ti'."

19. HANOTEAU, A. *Poésies populaires de la Kabylie du Djurdjura*. Paris: Impériale, 1867, p. 475.

indivisão não passa de uma indivisão recusada, as desigualdades que separam as "partes" virtuais e as contribuições respectivas das diferentes linhagens são fortemente experimentadas: é dessa forma que a linha dos descendentes de Ahmed, de onde vem o rapaz, é infinitamente mais rica em homens do que a linha de Youcef, de onde vem a moça e que, correlativamente, é mais rica em terras. Da riqueza em homens, considerada como força de reprodução, portanto como promessa ainda maior de uma riqueza em homens, são correlativas, desde que se saiba valorizar esse capital, todo um conjunto de vantagens das quais a mais importante é a autoridade na condução dos assuntos internos e externos da casa: "A casa dos homens", como se diz, "supera a casa dos bois." A posição eminente dessa linha se designa porque soube e pôde retomar os nomes dos ancestrais distantes da família e que conta entre seus membros Ahcène que representa o grupo em todos os grandes encontros externos, conflitos ou solenidades, e Ahmed, o "sábio", aquele que por suas mediações e conselhos, garante a unidade do grupo. O pai da moça, Youcef, encontra-se totalmente excluído do poder, não tanto por causa da diferença de idade que o separa de seus tios (Ahcène e Ahmed), uma vez que os filhos de Ahmed, no entanto bem mais jovens do que ele, são associados às decisões, mas principalmente porque ele próprio se excluiu da competição entre os homens, de todas as contribuições excepcionais e mesmo, em uma certa medida, do trabalho da terra (filho único e, ainda por cima, "filho de viúva", mimado como a única esperança da linhagem por todo um entorno de mulheres, mantido pela escola distante dos jogos e das atividades das outras crianças, manteve-se ao longo de sua vida em uma posição marginal: primeiro engajado no exército, depois trabalhador agrícola no estrangeiro, ele se prevalece da posição favorável garantida pela possessão de uma parte importante do patrimônio em relação a um escasso número de bocas para alimentar para, desde o seu retorno ao vilarejo, se isolar nos trabalhos de vigilância, jardinagem e de proteção, trabalhos que exigem menor iniciativa e engajam menos responsabilidade, em resumo, os menos mas-

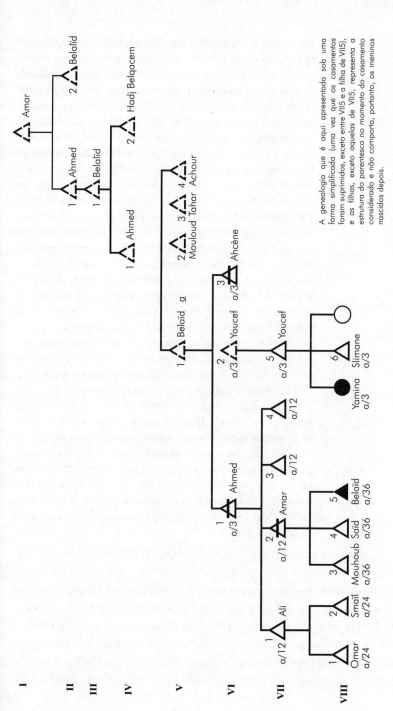

A genealogia que é aqui apresentada sob uma forma simplificada (uma vez que os casamentos foram suprimidos, exceto entre VII5 e a filha de VII5), e as filhas, exceto aquelas de VII5, representa a estrutura do parentesco no momento do casamento considerado e não comporta, portanto, os meninos nascidos depois.

291

culinos dos trabalhos masculinos). Estes são alguns dos exemplos que é preciso levar em conta para compreender a função política, interna e externa, do casamento de Belaïd, último filho de Amar, ele próprio filho de Ahmed, tio de Youcef, com a filha desse Youcef, Yamina, sua prima paralela classificatória (filha do filho do irmão do pai do pai): com esse casamento, que os detentores do poder, Ahmed o sábio e Ahcène o diplomata, concluíram, como é de costume, sem consultar Youcef, deixando sua mulher protestar em vão contra uma união pouco proveitosa, a linha dominante reforça sua posição, estreitando seus laços com a linha rica em terras e isso sem ferir seu prestígio aos olhos do exterior, uma vez que a estrutura do poder doméstico nunca é declarada do lado de fora. Assim, a verdade completa dessa união reside em sua dupla verdade. A imagem oficial, aquela de um casamento entre primos paralelos que pertencem a uma grande família preocupada em manifestar sua unidade mediante uma união bem feita tanto para reforçá-la quanto para testemunhar seu apego à mais sagrada das tradições ancestrais, coexiste sem contradição, mesmo entre os estranhos ao grupo, sempre bastantes informados, nesse universo de interconhecimento, para não serem jamais iludidos pelas representações que lhes são dadas, com o conhecimento da verdade objetiva de uma união que sanciona a *aliança* forçada entre duas unidades sociais bastantes apegadas uma à outra negativamente, para o melhor ou para o pior, isto é, genealogicamente, por serem obrigadas a unir suas riquezas complementares. E se poderiam multiplicar infinitamente os exemplos desse duplo jogo da má-fé coletiva.

Não existe caso em que o sentido objetivo de um casamento seja tão fortemente marcado a ponto de não deixar lugar para o travestismo simbólico. Assim o casamento daquele que se chama *mechrut* ("que é sob condição") e pelo qual um homem desprovido de descendência masculina dá sua filha em casamento a um "herdeiro" (*awrith*) com a condição de que este venha morar em sua casa, apenas nos contos ou nos livros de etnografia adquire a forma dessa espécie de compra de um genro, admitido por sua força de produção e de reprodução, que os princípios, mecanicamente aplicados, da visão oficial do mundo levariam a considerá-lo como tal[20]. Aqueles que falam sobre isso, em qualquer região que seja, têm razão em dizer que essa forma de casamento, desconhecida entre eles, não se encontra senão em outras regiões: com efeito, o exame mais atento das genealogias e das histórias de família não permite descobrir um único caso que seja perfeitamente conforme à definição ("eu te dou minha filha, mas tu virás para a minha casa"). No entanto, pode-se de forma bastante legítima afirmar que não existe uma família que não tenha um *awrith*, mas disfarçado sob a imagem oficial do "associado" ou do "filho adotivo": a palavra *awrith*, o "herdeiro", não é um eufemismo oficial que permite nomear decentemente o inominável, isto é, um homem que não poderia ser definido, na casa que o acolhe, senão como o marido de sua mulher? É evidente que o homem de honra, conhecedor dos usos, pode contar com a cumplicidade benévola de seu próprio grupo quando se esforça em disfarçar como adoção uma união que, sob a forma cínica do contrato, representa a inversão de todas as formas honrosas de casamento e que, dessa maneira, é tão desonrosa para *awrith* ("ele é a noiva", como se diz) quanto para os parentes bastante interessados em dar sua filha a essa espécie de criado sem salário. E como o grupo não se apressaria a entrar no jogo das mentiras interessadas que tendem a dissimular que não soube encontrar o meio honroso de evitar ao *amengur* que recorresse a esse meio extremo para evitar a "falência" de sua família?

---

20. A paixão dos juristas pelas *sobrevivências* de parentesco matrilinear os levou a se interessar pelo caso do *awrith*, que perceberam, para falar em sua língua, como um "contrato de adoção de um homem maior de idade" (cf., para a Argélia, BOUSQUET, G.H. "Note sur le mariage mechrouth dans la région de Gouraya". *Revue Algérienne*, jan.-fev./1934, p. 9-11. • LEFÈVRE, L. *Recherche sur la condition de la femme kabyle*. Alger: Carbonel, 1939. Para o Marrocos, MARCY, G. "Le mariage en droit coutumier zemmoûr". *Revue Algérienne, Tunisienne et Marocaine de Législation et Jurisprudence*, jul./1930. • "Les vestiges de la parenté maternelle berbère". *Revue Africaine*, 85, 1941, p. 187-211. • Capitaine Bendaoud: "L'adoption des adultes par contrat mixte de mariage et de travail chez les Beni Mguild". *Revue Marocaine de Législation, Doctrine, Jurisprudence Chérifiennes*, 2, 1935, p. 34-40. • Capitaine Turbet: "L'adoption des adultes chez les Ighezrane". *Revue Marocaine...* Op. cit. 2, 1935, p. 40; 3, 1935, p. 41.

As estratégias de segunda ordem que tendem a transmutar relações úteis em relações oficiais, a fazer, portanto, com que práticas que em realidade obedecem a outros princípios pareçam se *deduzir* da definição genealógica, atingem além disso um fim imprevisto, ao oferecer uma representação da prática que parece feita para confirmar a representação que o etnólogo "ritualista" se faz espontaneamente da prática. O recurso à *regra*, esse refúgio da ignorância, permite que se economize essa espécie de contabilidade completa dos custos e dos benefícios materiais e principalmente simbólicos que encerra a razão e a razão de ser das práticas.

O ordinário e o extraordinário

Longe de obedecer a uma norma que designaria, no conjunto do parentesco oficial, este ou aquele cônjuge obrigado, a conclusão dos casamentos depende diretamente do estado das relações práticas de parentesco, relações pelo lado dos homens utilizáveis pelos homens, relações pelo lado das mulheres utilizáveis pelas mulheres, e do estado das relações de força no interior da "casa", isto é, entre as linhagens unidas pelo casamento concluído na geração precedente, que inclinam e autorizam a cultivar um ou outro campo de relações.

Caso se admita que uma das funções principais do casamento é o de reproduzir as relações sociais das quais é o produto, compreende-se imediatamente que as diferentes espécies de casamento que podem ser distinguidos quando se toma como critério tanto as características objetivas dos grupos reunidos (sua posição na hierarquia social, seu distanciamento no espaço etc.) quanto as características da própria cerimônia e em particular sua solenidade, correspondem de forma muito estreita às próprias características das relações sociais que as tornaram possíveis e que tendem a reproduzir. O parentesco oficial, publicamente nomeado e socialmente reconhecido é o que torna possíveis e necessários os casamentos oficiais que lhe proporcionam a única ocasião de se mobilizar praticamente como grupo e de assim reafirmar sua unidade, ao mesmo tempo tão solene e artificial quanto as ocasiões de sua celebração. É no parentesco prático, isto é, no campo das relações *incessantemente* utilizadas e assim reativadas para novas utilizações, que se tramam os casamentos ordinários destinados por sua própria frequência à insignificância do não marcado e à banalidade do cotidiano. A lei geral das trocas quer que um grupo consagre à reprodução das relações oficiais uma parte de seu trabalho de reprodução tanto mais importante quanto mais alto estiver situado na hierarquia social, mais rico, portanto, em relações dessa espécie: como consequência os pobres, que não têm muito para gastar em solenidades, tendem a se contentar com casamentos ordinários que o parentesco prático lhes garante, ao passo que os ricos, isto é, os mais ricos em parentes, exigem mais e sacrificam mais a todas as estratégias mais ou menos institucionalizadas que pretendem garantir a manutenção do capital social, das quais a mais importante é sem qualquer dúvida o casamento extraordinário com "estranhos" de grande prestígio.

Entre as deformações inerentes à etnologia espontânea dos informantes, a mais insidiosa reside sem dúvida no fato de que ela atribui um lugar desproporcional aos casamentos *extraordinários* que se distinguem dos casamentos ordinários por uma marca positiva ou negativa. Além dessas espécies de *curiosa* que muitas vezes são oferecidas ao etnólogo pelos informantes de boa vontade, como o casamento por troca (*abdal*, dois homens "trocam" entre si suas irmãs), por "adição" (*thirni*, dois irmãos se casam com duas irmãs, a segunda "sendo acrescida" à primeira, o filho se casa com a irmã ou mesmo com a filha da segunda mulher de seu pai) ou ainda o levirato, caso particular dos casamentos por "reparação" (*thiririth*, de *err*, tomar ou retomar), o discurso nativo privilegia os casos extremos: o casamento entre os primos paralelos, o mais realizado miticamente, e o casamento que une os grandes de duas tribos ou de dois clãs diferentes, o mais realizado politicamente.

> É dessa forma que o conto, discurso semirritualizado com função didática, simples paráfrase em forma de parábola do provérbio ou do ditado que lhe serve de moral, retém exclusivamente os casamentos marcados e marcantes. Em primeiro lugar, os diferentes tipos de casamento com a prima paralela, quer tenham como objetivo preservar uma herança política ou impedir a extinção de uma linhagem (no caso da filha única). E, em seguida, as mais flagrantes más alianças, como o casamento do coruja macho com a filha da águia, modelo puro do casamento de baixo para cima (no sentido social, mas também no sentido mítico, o alto se opondo ao baixo como o dia, a luz, a felicidade, a pureza, a honra, opõem-se à noite, à escuridão, ao infortúnio, à sujeira e à desonra) entre um

homem situado embaixo da escala social, um *awrith*, e uma mulher vinda de uma família superior, na qual a relação de assistência tradicional se encontra invertida em razão da discordância entre as posições dos cônjuges nas hierarquias social e sexual. Foi aquele que deu, neste caso o mais alto, que deve socorrer aquele que tomou, neste caso o mais baixo: é a águia que deve levar nas costas o seu genro, o coruja macho, para lhe evitar uma derrota humilhante na competição com as aguietas; situação escandalosa que o provérbio "dar-lhe sua filha e lhe acrescentar o trigo" denuncia.

Contra essas representações oficiais, a observação e a estatística estabelecem que, em todos os grupos observados, as uniões sem dúvida mais frequentes são os casamentos ordinários, estabelecidos muitas vezes pela iniciativa das mulheres, no espaço do parentesco ou das relações práticas que os tornam possíveis e que contribuem para reforçar.

Assim, por exemplo, em uma grande família do vilarejo de Aghbala na Pequena Cabília, dos 218 casamentos masculinos (o primeiro para cada indivíduo), 34% foram contratados com famílias situadas fora dos limites da tribo; somente 8%, concluídos com grupos mais distantes tanto espacial quanto socialmente, apresentam todas as marcas de casamento de prestígio: aconteceram em uma única família que pretende se distinguir das outras linhagens por meio de práticas matrimoniais originais; os outros casamentos distantes (26%) apenas renovam as relações já estabelecidas (relações "pelo lado das mulheres" ou "pelos tios maternos", continuamente alimentadas por ocasião dos casamentos, das partidas e dos retornos de viagem, dos lutos e, às vezes, até mesmo dos grandes trabalhos). Dois terços dos casamentos (66%) são concluídos no espaço da tribo (composta por nove vilarejos): quando se excluem as alianças com o clã rival, bastante raras (4%), que sempre têm uma significação política (principalmente para as antigas gerações), por causa do antagonismo tradicional que opõe os dois grupos, as outras uniões entram na classe dos casamentos ordinários. Ao passo que quando se conta 17% de casamentos nas outras linhagens e 39% no campo das relações práticas, somente 6% das uniões são concluídas no interior da linhagem, isto é, 4% *com a prima paralela* e 2% com uma outra prima (os dois terços das famílias consideradas tendo, além disso, rompido a indivisão)[21].

Concluídos entre famílias unidas por trocas frequentes e antigas, esses casamentos ordinários fazem parte daqueles sobre os quais não há nada a dizer, como de tudo daquilo que nunca deixou de ser assim, daqueles que não têm outra função, fora a reprodução biológica, senão a reprodução das relações sociais que os tornam possíveis[22]. Esses casamentos, que são geralmente celebrados sem cerimônia, são para os casamentos *extraordinários*, concluídos pelos homens entre vilarejos ou tribos diferentes ou, mais simplesmente, fora do parentesco usual e, por isso, sempre selados com cerimônias solenes, o que as trocas da vida ordinária são para as trocas extraordinárias das ocasiões extraordinárias que incumbem ao parentesco de representação.

Os casamentos extraordinários têm em comum excluir as mulheres. Mas diferentemente do casamento entre primos paralelos que, sendo acertados entre irmãos ou entre homens da linhagem, com a bênção do patriarca, se distingue por isso e somente por isso[23] dos casamentos ordinários, impensáveis sem a intervenção das mulheres, o casamento distante se dá oficialmente como político: concluído fora do campo das relações usuais, celebrado com cerimônias que mobilizam vastos grupos, ele não tem justificação senão po-

---

21. Ao final de uma recente pesquisa, Ramon Bassagana e Ali Sayad (Op. cit., 1974) encontraram, nos Ath Yenni, uma taxa ínfima (2/610) de casamentos com a prima paralela ou com um agnado próximo (6/610) e uma proporção significativamente mais elevada de casamentos com a filha do tio materno (14/610) ou um aliado próximo (58/610).

22. Um testemunho particularmente significativo: "Assim que ela teve seu primeiro filho, Fátima se deu então ao trabalho de lhe procurar sua futura esposa; ela experimentava várias escolhas, olhos abertos em todas as ocasiões, na casa dos vizinhos, entre os familiares próximos, no vilarejo, na casa dos amigos, nas bodas, nas peregrinações, na fonte, no exterior e até mesmo nas condolências aonde ela deve aparecer: foi assim que casou todos os seus filhos sem problema e sem perceber" (Yamina Aït Amar Ou Said, 1960).

23. Caso se deixe de lado a idealização mítica (o sangue, a pureza, o dentro etc.) e a exaltação ética (honra, virtude etc.) que envolvem o casamento puramente agnático, não se diz dos casamentos ordinários o mesmo que se diz dos casamentos com a prima paralela. Assim, por exemplo, o casamento com a filha da irmã do pai é considerado como capaz de garantir, da mesma forma que o casamento com a prima paralela, a concórdia entre as mulheres e o respeito da esposa para com os parentes de seu marido (seu *khal* e sua *khalt*); isso com um custo mínimo, uma vez que a tensão criada pela rivalidade implicitamente desencadeada por qualquer casamento entre grupos estrangeiros em relação ao estatuto e às condições de existência oferecidas à jovem esposa não tem a possibilidade de se instalar, nesse grau de familiaridade.

lítica, como, em última instância, os casamentos destinados a selar uma paz ou uma aliança entre os "cabeças" de duas tribos[24]. Mais comumente, ele é o casamento do mercado, lugar neutro, de onde as mulheres estão excluídas e onde as linhagens, os clãs e as tribos, sempre desconfiadas, se encontram. Ele é "publicado" no mercado pelo leiloeiro, diferentemente dos outros casamentos que, ao reunir apenas os parentes, excluem os convites solenes. Ele trata a mulher como um instrumento político, como uma espécie de sinal, ou como uma moeda de troca, apropriada para fornecer benefícios simbólicos. Ocasião de proceder à exibição pública e oficial, perfeitamente legítima, portanto, do capital simbólico da família, de oferecer, caso se possa dizer, uma *representação* de seu parentesco, e dessa forma aumentar esse capital, mediante gastos bastante importantes, ele obedece, em todos os momentos, a busca da acumulação do capital simbólico (ao passo que o casamento com um estranho afastado de seu grupo e refugiado em um vilarejo é totalmente desconsiderado, o casamento com um estranho que mora longe é prestigioso, porque testemunha a extensão da influência da linhagem; da mesma forma, ao contrário dos casamentos ordinários que seguem as "trilhas" antigas, os casamentos políticos não são e não podem ser repetidos, porque a aliança se desvalorizaria ao se tornar ordinária). Ainda por essa razão, ele é fundamentalmente masculino e opõe muitas vezes o pai à mãe da moça, menos sensível ao benefício simbólico que pode oferecer e mais atenta aos inconvenientes que ele apresenta para sua filha destinada à condição de exilada (*thaghribth*, a exilada, a desviada para o oeste)[25]. Na medida em que, pelo intermédio das famílias e das linhagens direta-

---

24. Esses casamentos extraordinários escapam às pressões e às convenções que pesam sobre os casamentos ordinários (principalmente pelo fato de não terem "continuação"). Com exceção dos casos em que o grupo vencido (clã ou tribo) dava ao grupo vencedor uma mulher e em que os dois grupos, para significar que não havia nem vencedor nem vencido, procediam a uma troca de mulheres, também podia acontecer que o grupo vencedor desse uma mulher ao outro sem nada pedir em troca, o casamento unia então não as famílias mais poderosas, mas uma pequena família do grupo vencedor a uma grande família do outro grupo.

25. "O casamento distante é o exílio"; "casamento fora, casamento de exílio" (*azwaj ibarra, azwaj elghurba*), dizem muitas vezes as mães cuja filha foi dada a um grupo estrangeiro no qual ela não tem nenhum conhecido (*thamusni*) e menos ainda um parentesco distante; também é o que canta a noiva que fez esse casamento de exílio: "Ó montanha, abre a porta para a exilada. Para que ela veja sua terra natal. A terra estrangeira é irmã de morte. Para o homem como para a mulher."

mente envolvidas, põe em relação vastos grupos, ele é de lado a lado oficial e não existe nada na celebração que não seja rigidamente ritualizado e magicamente estereotipado: isso sem dúvida porque o que está em jogo é tão grave, os riscos de ruptura tão numerosos e tão importantes, que não se pode entregá-lo completamente à improvisação regulada dos *habitus* orquestrados.

A intensidade e a solenidade dos atos rituais aumentam quando se vai dos casamentos concluídos na família indivisa ou no parentesco prático aos casamentos extraordinários, ocasiões de apreender em sua forma mais perfeita um cerimonial que se encontra reduzido à sua mais simples expressão quando o casamento se situa no universo ordinário. Os casamentos concluídos no submercado privilegiado (aquele do *akham*) que a autoridade do ancião e a solidariedade dos agnados constituem em uma zona franca da qual logo se encontram excluídas qualquer sobreoferta e qualquer concorrência, distinguem-se por um custo incomparavelmente mais baixo em relação aos casamentos extraordinários. A maior parte do tempo, a união se impõe como algo certo e, quando não é assim, a intercessão discreta das mulheres da família basta para realizá-la. A celebração do casamento é reduzida ao estritamente necessário. Em primeiro lugar, as despesas (*thaqufats*) acarretadas pela recepção do cortejo nupcial na família da moça são bastante reduzidas; a cerimônia de *imensi*, na qual será entregue o dote, reúne apenas os mais importantes representantes das duas famílias que se aliam (ou seja, uma vintena de homens); o enxoval da noiva (*ladjaz*) se reduz a três vestidos, dois lenços e alguns pequenos objetos (um par de calçados, um *haïk*); o montante do dote, negociado de antemão em função do qual os pais da moça devem comprar no mercado para dotar sua filha (um colchão, um travesseiro, uma mala, aos quais se acrescentam os cobertores, produtos do artesanato familiar, que passam de mãe para filha), é entregue sem grande cerimônia e sem blefe nem camuflagem; quanto aos custos da boda, organiza-se para limitá-los ao mínimo fazendo coincidir a festa com o Aïd: o carneiro tradicionalmente sacrificado nessa ocasião cobre as necessidades da boda, e é grande o número de convidados que, presos em suas casas nessa ocasião, se desculpam. A esses casamentos ordinários que a velha moral camponesa cerca de elogios (em contraste com os casamentos que, como "aquele das filhas de viúvas", ultrapassam os limites socialmente reconhecidos a cada família), os casamentos extraordinários se opõem sob todos os pontos de vista. Para conceber a ambição de buscar em um lugar distante uma esposa, é preciso estar predisposto a isso pelo hábito de manter relações fora do ordinário, pela posse, portanto, de aptidões, em particular linguísticas, que são indispensáveis nessas ocasiões; também é preciso dispor de um bom capital de relações distantes, particularmente dispendiosas, que somente as informações seguras podem fornecer e procurar os mediadores necessários para a conclusão do projeto. Em resumo, para poder mobilizar esse capital no momento certo, é preciso ter investido muito e há muito tempo. Assim, por exemplo, considerando-se apenas este caso, os chefes de família de marabutos a quem se pede que sirvam de intercessores são pagos de mil maneiras: o taleb do vilarejo e, evidentemente, o personagem religioso de posição mais elevada que participa do cortejo (*iqafafen*) são vestidos com roupas e calçados novos pelo "mestre da boda" e os dons que lhe são tradicionalmente oferecidos, em dinheiro por ocasião das festas religiosas, em víveres por ocasião das colheitas, são de alguma forma proporcionais à importância do serviço prestado; o carneiro do Aïd que lhe é oferecido naquele ano é apenas uma das compensações pela "vergonha" que ele incorreu indo auxiliar um leigo (que, por mais poderoso que seja, não detém "em seu coração" a ciência corânica) e consagrando o casamento por sua fé e sua ciência. O acordo concluído, a cerimônia do "engajamento" (*asarus*, a entrega do sinal, *thimristh*), que funciona como rito de apropriação (*aâayam*, a designação ou ainda *aâallam*, a marcação, semelhante àquele da primeira parcela cultivada, ou melhor, *amlak*, a apropriação da mesma forma que se apropria da terra), é como se fosse uma boda. A essa cerimônia se chega carregado de presentes não somente em intenção da noiva (que recebe o "sinal" que lhe é destinado, uma joia de valor, e dinheiro de todos os homens que a veem naquele dia – *thizri*-), mas também em intenção de todas as outras mulheres da casa; acrescentam-se víveres (sêmola, mel, manteiga etc.), cabeças de gado, que serão degoladas e consumidas pelos convidados ou constituídas como um capital que pertence à noiva. São muitos os que dela participam, os homens da família que anunciam sua força pelos tiros de fuzil que dão como no dia do casamento. Todas as festas celebradas entre essa festa e a boda representam muitas das inúmeras ocasiões de trazer para a noiva (*thislith*) a sua "parte": grandes famílias separadas por uma grande distância, não podem se contentar com a troca de alguns pratos de cuscuz; nela são incluídos presentes à altura daqueles que se unem. Concedida, isto é, "dada", "apropriada" e "evocada" pelas múltiplas "partes" que lhe foram reservadas, a moça nem por isso está adquirida: torna-se um pundonor oferecer à sua família o tempo que lhe convir esperar e fazer esperar. A celebração do casamento constitui evidentemente o ponto culminante do enfrentamento simbólico dos dois grupos e também o momento dos gastos mais importantes. É mandado para a família da moça *thaqufats*, ou seja, dois quintais de sêmola e pelo menos meio de farinha, animais (vivos) em abundância – e se sabe que eles não serão inteiramente consumidos –, mel (20 litros), manteiga (10 litros). Cita-se um casamento em que foram conduzidos até a casa da moça um vitelo, cinco carneiros vivos e uma carcaça de carneiro (*ameslukh*). A bem da verdade, a delegação dos *iqafafen* era composta por quarenta homens carregando fuzis, aos quais é preciso acrescentar todos os parentes e todos os notáveis que por sua idade estão dispensados de atirar, ou seja, uma cinquentena de homens. O enxoval da noiva que neste caso pode ter até trinta peças se duplica com as outras peças oferecidas às outras mulheres da família. E quando muitas vezes se ouve dizer que entre grandes não há *chrut* (condições exigidas pelo pai para sua filha antes de conceder sua mão), é porque o estatuto das famílias constitui por si só uma garantia de que as "condições" já explicitamente estipuladas serão, em todo caso, superadas. O ritual da cerimônia da entrega do dote é a ocasião de um enfrentamento total dos dois grupos no qual o que está em jogo economicamente é também um indício de capital simbólico e, dessa forma, um pretexto. Exigir um dote alto por sua filha ou pagar um dote alto para casar seu filho, significa nos dois casos afirmar seu prestígio e, desse modo, adquirir prestígio:

ambos pretendem provar o que "valem", seja mostrando por que preço os homens de honra, que sabem julgar, avaliam sua aliança, seja manifestando com grandiosidade o valor que se dão mediante o preço que estão dispostos a pagar para terem parceiros dignos deles. Por uma espécie de barganha invertida, que se dissimula sob a aparência de uma barganha ordinária, os dois grupos concordam tacitamente para aumentar o montante do dote, porque têm o mesmo interesse em elevar esse indício indiscutível do valor simbólico de seus produtos no mercado das trocas matrimoniais. E não existe proeza mais louvada do que aquela do pai da esposa que, no final de uma barganha acirrada, restitui solenemente uma parte importante da soma recebida. Quanto mais a parte devolvida era importante, mais se recebia em honra, como se, ao coroar a transação com um gesto generoso, se pretendesse converter em troca de honra uma barganha que não podia ser tão abertamente acirrada apenas porque a busca da maximização do benefício material ali se dissimulava sob a justa de honra e sob a busca da maximização do benefício simbólico[26].

---

26. Produtos de estratégias elaboradas, da qual são esperadas alianças, os casamentos distantes representam uma espécie de investimento a curto e a longo prazo, pelo qual se pretende manter ou aumentar o capital social, principalmente por meio da qualidade social dos "tios maternos" que eles oferecem: compreende-se que se evite desfazê-los levianamente, as relações mais antigas e mais prestigiosas sendo evidentemente as mais bem protegidas contra a ruptura desconsiderada. Em caso de repúdio inevitável, recorre-se a toda espécie de subterfúgios para que se evite dilapidar o capital de alianças. Pode acontecer que se vá "suplicar" aos pais da mulher repudiada para que a devolvam, invocando a juventude, o descuido, a brutalidade verbal, a irresponsabilidade de um marido jovem demais para saber apreciar o preço das alianças, ou o fato de que a fórmula não foi pronunciada três vezes, mas uma única, por descuido, sem testemunhas. O divórcio torna-se uma simples rusga (*thutchh'a*). Chega-se até a oferecer a celebração de uma nova boda (com *imensi* e enxoval). Se o repúdio se revela definitivo, existem várias maneiras de se "separar": quanto mais o casamento foi importante, solene, mais se "investiu", mais interesse, portanto, em proteger as relações com aqueles de quem se separa e mais a ruptura é discreta; não se exige o dote imediatamente, da mesma forma que ele não é recusado (o repúdio "gratuito" sendo uma ofensa grave), espera-se mesmo que a mulher se case novamente; evita-se fazer contas rígidas demais e associar ao regulamento do divórcio testemunhas, principalmente estranhos.

Quanto ao casamento com a prima paralela, ele deve a posição eminente que ocupa no discurso nativo e, consequentemente, no discurso etnológico, ao fato de que é o mais perfeitamente conforme à representação mítico-ritual da divisão do trabalho entre os sexos, e, em particular, da função atribuída ao homem e à mulher nas relações entre os grupos. Primeiro, porque constitui a mais radical afirmação da recusa em reconhecer a relação de afinidade como tal, isto é, quando ela não se apresenta como um simples *redobramento* da relação de filiação: "a mulher, dizem, não une nem separa" (é conhecida a liberdade que é – teoricamente – deixada ao marido de repudiar sua esposa, a situação quase estrangeira que é aquela da esposa exógena enquanto não produziu um descendente do sexo masculino e às vezes muito tempo depois e, por fim, a ambivalência da relação entre o sobrinho e o tio materno). Gosta-se de louvar o efeito próprio do casamento entre primos paralelos, a saber, o fato de que os filhos que dele surgiram ("aqueles cuja extração é sem mistura, cujo sangue é puro") podem estar vinculados à mesma linhagem ao passar pelo pai ou pela mãe ("ali onde tinha sua raiz, ele buscou seus tios maternos" –, *ichathel, ikhawel* –; ou ainda, em árabe, "seu tio materno é seu tio paterno" – *khalu āammu*). Sabendo, além do mais, que a mulher é o meio pelo qual a impureza e a desonra ameaçam se introduzir na linhagem ("a vergonha", dizem, "é a moça" e o genro é às vezes chamado "o véu das vergonhas")[27], observa-se também que a melhor, ou a menos má das mulheres, é a mulher originária dos agnados, a prima paralela patrilinear, a mais masculina das mulheres – cujo limite, impossível produto de uma imaginação patriarcal, é Atena, saída da *cabeça* de Zeus. "Case-se com a filha de teu *āamm*: ainda que te mastigue, pelo menos ela não te engolirá." A prima paralela patrilinear, mulher cultivada e endireitada, opõe-se à prima paralela matrilinear, mulher natural, torta, maléfica e impura, como o *feminino-masculino* se opõe ao *feminino-feminino*, isto é, segundo a estrutura (do tipo a : b:: $b_1 : b_2$) que organiza também o es-

---

27. A precocidade do casamento se explica em parte dessa maneira: a moça é a própria encarnação da vulnerabilidade do grupo. Por isso o pai não tem outra preocupação senão se livrar muito cedo dessa ameaça ao colocá-la sob a proteção de um outro homem.

paço mítico da casa ou do calendário agrário[28]. Compreende-se que o casamento com a filha do irmão do pai seja abençoado entre todos e apropriado para atrair as bênçãos sobre o grupo. Ele deveria representar o papel de um rito de abertura da estação dos casamentos, encarregado, como o rito homólogo em matéria de cultivo, de exorcizar a ameaça contida no contato do masculino e do feminino, do fogo e da água, do céu e da terra, da relha e do sulco, sacrilégio inevitável[29].

Não existe informante, nem etnólogo, que não professe que, nas regiões árabes e berberes, todo rapaz tem um "direito" sobre sua prima paralela; "Se o rapaz quer a filha do irmão de seu pai, ele tem um *direito* sobre ela. Mas, se não quer, ele não é consultado. É como a terra." Ainda que ele esteja infinitamente mais próximo da realidade das práticas do que o juridismo etnológico que nem mesmo suspeita a homologia entre a relação com as mulheres da linhagem e a relação com a terra, essa narrativa de um informante mascara a relação real, infinitamente mais complexa, que une um indivíduo à sua prima paralela. De fato, o pretenso direito sobre a filha do irmão do pai pode ser um *dever*, que obedece aos mesmos princípios que a obrigação de vingar um parente ou de reaver uma

---

28. J. Chellod relata que "na linguagem trivial de Alep as prostitutas são chamadas as "filhas da tia materna", cita também um provérbio sírio no qual se manifesta a mesma desaprovação em relação ao casamento com a filha da irmã da mãe: "Por causa de seu caráter impuro, ele se casou com a filha de sua tia materna" (CHELLOD, J. "Le mariage avec la cousine parallèle das le système arabe". *L'homme*, jul.-dez./ 1965, n. 3/4, p. 113-173). Da mesma forma na Cabília, para expressar a ausência total de relação genealógica, diz-se: "O que tu és para mim? Nem mesmo o filho da filha da irmã de minha mãe – mis 'illis khalti."

29. Pode-se observar uma confirmação indireta da significação atribuída ao casamento entre primos paralelos no fato de que o personagem que era encarregado de abrir solenemente os cultivos, ação homóloga do casamento inaugural, não representava *nenhum papel político* e que sua função era puramente *honorífica* ou, caso se prefira, *simbólica*, isto é, ao mesmo tempo ínfima e respeitada. Esse personagem é designado sob os nomes de *amezwar* (o primeiro), *aneflus* (o homem de confiança) ou ainda *aqdhim* (o ancião), *amghar* (o velho), *amasâud* (o afortunado) ou, mais precisamente, *amezwar, aneflus, amghar nat-yuga* (o primeiro, o homem de confiança, o velho da parelha de bois ou do arado); o termo mais significativo, porque diz explicitamente a homologia entre o cultivo e o casamento, é *bulâaras*, o homem da boda (cf. LAOUST, E. *Mots et choses berberes* – Notes de linguistique et d'ethnographie. Paris: Challamel, 1920).

terra familial cobiçada por estranhos e que não se impõe rigorosamente senão em circunstâncias bastante excepcionais. O fato de que, no caso da terra, o direito de preempção (*achfaâ*) seja formulado e codificado pela tradição jurídica erudita (dotada de uma autoridade institucionalizada e garantida pelos tribunais) bem como pelo "costume" (*qanun*) não implica de forma alguma que se possa fazer da regra jurídica ou costumeira o princípio das práticas efetivamente observadas em matéria de circulação das terras: a venda de uma terra do patrimônio sendo primeiramente um assunto interno à linhagem, o recurso às autoridades que transmudam a obrigação de honra em obrigação de direito (tratando-se da assembleia do clã ou do vilarejo) é absolutamente excepcional e a invocação do direito ou do costume de *chafaâ* (ou *achfaâ*) quase sempre se inspira nos princípios que não têm nada a ver com aqueles do direito, como a intenção de *desafiar* o comprador pedindo a anulação de uma venda de terra considerada como ilegítima, e que comandam a maior parte das práticas de compra e de venda das terras. A obrigação de se casar com uma mulher que está em uma situação semelhante àquela da terra não cultivada, abandonada por seus donos (*athbur*, a moça, *el bur*, não cultivado) impõe-se somente com menos urgência do que a obrigação de comprar uma terra colocada a venda por um dos membros do grupo ou de comprar novamente uma terra que caiu em mãos estranhas, terra mal defendida e mal possuída, e com infinitamente menos força do que o imperativo de não deixar sem vingança o assassinato de um membro do grupo. Em todo caso, a imperatividade do dever é função da posição dos agentes na genealogia e também, evidentemente, *de suas disposições*: assim, no caso da vingança, a obrigação de honra pode se tornar um direito à honra aos olhos de alguns (o mesmo assassinato sendo às vezes vingado duas vezes) enquanto que outros se esquivam ou não se decidem senão sob pressão; no caso da terra, o interesse material em reaver sendo evidente, a hierarquia dos direitos à honra e das obrigações de compra é ao mesmo tempo mais visível e muitas vezes mais transgredida, o que não acontece sem provocar conflitos e transações bastante complexas entre os membros da família que se sentem obrigados a comprar, mas não o podem e aqueles que têm menos direitos-deveres de comprar, mas possuem os meios de fazê-lo.

De fato, contra toda a tradição etnológica, que apenas retoma por sua conta a teoria oficial (isto é, conforme aos interesses masculinos) segundo a qual todo homem dispõe de uma espécie de direito de preempção sobre sua prima paralela (conforme a representação oficial que atribui ao homem a superioridade, a iniciativa, portanto, em todas as relações entre os sexos), é preciso relembrar que o casamento com a prima paralela pode em alguns casos se impor com uma necessidade que nem por isso é aquela da regra genealógica.

Na prática, com efeito, esse casamento ideal é muitas vezes uma escolha *forçada* que, às vezes, se esforça em oferecer como a escolha ideal, fazendo assim da necessidade uma virtude, e que, como se viu, é com frequência encontrada nas mais pobres linhagens ou nas mais pobres das linhagens dominantes (os clientes). Ele é em todo caso a ação de grupos caracterizados por uma forte vontade de afirmar sua *distinção*, porque sempre tem como efeito objetivo reforçar a integração da unidade mínima e, correlativamente, sua distinção em relação às outras unidades. Predisposto por sua ambiguidade a representar o papel de bom casamento do pobre, ele oferece uma saída elegante a todos aqueles que, à maneira do nobre arruinado incapaz de marcar de outra forma senão no terreno simbólico sua preocupação de não derrogar, pretendem encontrar na afetação do rigorismo um meio de afirmar sua distinção, como uma certa linha separada de seu grupo de origem e preocupada em manter sua originalidade, uma certa família que, como de praxe, pretende afirmar as marcas distintivas de sua linhagem por meio de uma oferta bem maior (é quase sempre o caso de uma família particular nas comunidades dos marabutos), um certo clã que pretende marcar sua distinção em relação ao clã oposto mediante uma observação rigorosa das tradições (é o caso dos Aït Madhi em Aït Hichem) etc. Uma vez que pode aparecer como o mais sagrado casamento e, em algumas condições, o mais "distinguido", ele é a forma de casamento extraordinário que se pode oferecer com um custo mínimo, sem ter que gastar com a cerimônia, entrar em negociações arriscadas e oferecer um dote importante demais: por isso não existe maneira mais bem-sucedida de fazer da necessidade uma virtude e de fazer conforme o que está prescrito.

Mas um casamento qualquer que seja não adquire seu sentido senão em relação ao conjunto dos casamentos compossíveis (isto é, mais concretamente, em relação ao campo dos parceiros possíveis); em outros termos, ele se situa em um *continuum* que vai do casamento entre primos paralelos ao casamento entre membros de tribos diferentes: esses dois casamentos marcam os pontos de intensidade máxima dos dois valores que todo casamento se esforça de maximizar, ou seja, de um lado, a integração da unidade mínima e a segurança e, do outro lado, a aliança e o prestígio, isto é, a abertura para fora, para os estranhos. A escolha entre a fusão e a fissão, entre o dentro e o fora, entre a segurança e a aventura, impõe-se a propósito de cada casamento: se ele garante o máximo de integração ao grupo mínimo, o casamento com a prima paralela não faz senão redobrar a relação de filiação pela relação de aliança, desperdiçando assim, por essa espécie de redundância, o poder de criar alianças novas que o casamento representa; o casamento distante, ao contrário, não pode oferecer alianças prestigiosas senão ao sacrificar a integração da linhagem e a relação entre os irmãos, fundamento da unidade agnática. É o que repete de forma obsessiva o discurso nativo. O movimento centrípeto, isto é, a exaltação do dentro, da segurança, da autarquia, da excelência do sangue, da solidariedade agnática, sempre atrai, mesmo que seja para se opor, o movimento centrífugo, a exaltação da aliança de prestígio. Sob as aparências do imperativo categórico sempre se dissimula o cálculo de máximo e de mínimo, a busca do máximo de aliança compatível com a manutenção ou o reforço da integração entre os irmãos. Isso se observa na sintaxe do discurso, que é sempre a da *preferência*: "Mais vale proteger *seu pundonor (nif)* que revelá-lo aos outros"; "eu não sacrifico *adhrum* (a linhagem) ao *aghrum* (o pão)". "O dentro é melhor do que o fora." "Primeira loucura (audácia, golpe arriscado): dar a filha de *âamm* aos outros homens; segunda loucura: ir ao mercado sem bens; terceira loucura: rivalizar com os leões no alto das montanhas." Esse último ditado é o mais significativo, uma vez que, sob a aparência de uma condenação absoluta do casamento distante, ele reconhece expressamente a lógica na qual se situa, a da façanha, a da proeza, a do prestígio. É preciso um prestígio louco e uma audácia louca para ousar ir ao mercado sem dinheiro com a intenção de ali comprar, como é preciso uma coragem louca para desafiar os leões, os estranhos corajosos aos quais os fundadores da cidade devem arrancar sua mulher, de acordo com as inúmeras lendas de origem.

Estratégias matrimoniais e reprodução social

As características de um casamento e, em particular, a posição que ocupa em um ponto determinado do *continuum* que vai do casamento político ao casamento com a prima paralela dependem dos fins e dos meios das estratégias coletivas dos grupos interessados. O resultado de cada uma das partidas do jogo matrimonial depende, por um lado, do capital material e simbólico de que dispõem as famílias presentes, de sua riqueza em instrumentos de produção e em homens, considerados ao mesmo tempo como força de produção e de reprodução e também, em um estado antigo, como força de combate e, dessa maneira, como força simbólica e, por outro lado, da competência que permite aos responsáveis por essas estratégias de tirar o melhor proveito desse capital, o domínio prático da lógica econômica (no sentido mais amplo) sendo a condição da produção das práticas consideradas como "razoáveis" no grupo e positivamente sancionadas pelas leis objetivas do mercado dos bens materiais ou simbólicos.

A estratégia coletiva que conduz a este ou àquele "lance" (no caso do casamento ou em qualquer outro domínio da prática) não é outra coisa senão o produto de uma combinação das estratégias dos agentes interessados que tende a atribuir a seus respectivos interesses o peso correspondente à sua posição no momento considerado na estrutura das relações de força no interior da unidade doméstica. É notável, com efeito, que as negociações matrimoniais sejam realmente assunto de todo o grupo, cada um representando seu papel em seu momento e podendo por essa razão contribuir ao sucesso ou ao fracasso do projeto: são primeiramente as mulheres, encarregadas dos contatos oficiosos e revogáveis, que permitem iniciar as negociações semioficiais sem arriscar qualquer ofensa humilhante; são os notáveis mais representativos do parentesco de representação que, agindo como fiadores expressamente *mandatados* da vontade de seu grupo e como porta-vozes explicitamente autorizados, trazem sua mediação e sua intercessão ao mesmo tempo que um magnífico testemunho do capital simbólico de uma família capaz de mobilizar homens tão prestigiosos; definitivamente, são os dois grupos em sua totalidade que intervêm na decisão ao submeter os projetos matrimoniais a uma discussão apaixonada, os relatórios sobre a acolhida dada às proposições dos delegados e a orientação que deve ser dada às negociações ulteriores. Significa dizer, em honra dos etnólogos que se consideram satisfeitos quando caracterizaram um casamento somente por sua determinação genealógica, que por meio da representação quase teatral que cada grupo oferece de si mesmo por ocasião do casamento, os dois grupos procedem a uma *pesquisa sistemática* que pretende estabelecer o universo completo das variáveis características não somente dos dois cônjuges (idade e principalmente diferença das idades, história matrimonial anterior, ordem de nascimento, relações de parentesco teórico e prático com o detentor da autoridade na família etc.), mas também de sua linhagem: as negociações e as transações de toda espécie que os grandes casamentos distantes supõem são uma ocasião de exibir e de medir o capital de honra e de homens de honra de que dispõem as duas linhagens, a qualidade da rede de alianças com a qual podem contar e dos grupos aos quais são tradicionalmente opostas, a posição da família em seu grupo – informação particularmente importante, porque a exibição de parentes prestigiosos pode dissimular uma posição dominada em um grupo eminente – e o estado das relações que mantém com os outros membros de seu grupo, isto é, o grau de integração da família (indivisão etc.), a estrutura das relações de força e de autoridade na unidade doméstica (e, em particular, quando se trata de casar uma filha, no universo feminino) etc.

Em uma formação social orientada para a reprodução simples, isto é, para a reprodução biológica do grupo e a produção da quantidade de bens necessários à sua subsistência e, indissociavelmente, para a reprodução da estrutura das relações sociais e ideológicas nas quais e pelas quais se realiza e se legitima a atividade de produção, as estratégias das diferentes categorias de agentes cujos interesses podem se opor no interior da unidade doméstica (entre outras ocasiões, durante o casamento) têm como princípio os sistemas de interesses que lhe são objetivamente designados pelo sistema das disposições características de um *modo de reprodução* determinado. Essas disposições que orientam a fecundidade, a filiação, a residência, a herança e o casamento em referência à mesma função, isto é, a reprodução biológica e social do grupo, são objetivamente concertadas[30]. Em uma economia caracterizada pela distribuição relativamente igual dos meios de produção (muitas vezes possuídos em indivisão pela linhagem) e pela escassez e pela estabilidade das forças produtivas que excluem a produção e a acumulação de importantes excedentes, o desenvolvimento, portanto, de uma diferenciação econômica nitidamente marcada, a exploração familial tem por objetivo a manutenção e a reprodução da família, não a produção de valores. Em tais condições, a abundância de homens constituiria sem dúvida uma sobrecarga se, ao adotar um ponto de vista estritamente econômico, fossem vistos ali somente "braços" e, ao mesmo tempo, "ventres" (isso ainda mais que a Cabília sempre conheceu uma mão de obra flutuante de pobres que, na época dos grandes trabalhos, se constituem em equipes que vão de vilarejo em vilarejo). De fato, a insegurança política que se mantém a si mesma ao engendrar as disposições exigidas pela resposta à guerra, à rixa, ao roubo ou à vingança estava sem dúvida no princípio da valorização dos homens como "fuzis", isto é, não somente como força de trabalho, mas também como força de combate: a terra não vale senão pelos homens que a cultivam, mas que também a defendem. Se o patrimônio da linhagem, que o nome simboliza, define-se não somente pela possessão da terra e da casa, bens preciosos, portanto vulneráveis, mas pela possessão dos meios de garantir sua proteção, isto é, os homens, é porque a terra e as mulheres não são jamais reduzidas ao estatuto de simples instrumento de produção ou de reprodução e, menos ainda, de mercadorias ou mesmo de "propriedades": as agressões contra esses bens inseparavelmente materiais e simbólicos são agressões contra seu senhor, contra seu *nif*, isto é, sua "potência", seu *sertal* qual o grupo o define. A terra alienada, assim como a violação ou o assassinato não vingados, representam formas diferentes da mesma ofensa, que provocam em todos os casos a mesma respos-

---

30. Em um tal sistema, os fracassos dos mecanismos de reprodução, isto é, a *má-aliança* matrimonial, a *esterilidade* que provoca o desaparecimento da linhagem, a *ruptura da indivisão* constituem, sem dúvida, os fatores principais das transformações da hierarquia econômica e social.

ta do pundonor: da mesma forma que se "redime" o assassinato, mas na lógica da sobrevalorização simbólica, atingindo se for possível a pessoa mais próxima do assassino ou o notável mais visado do grupo, da mesma forma se "redime" a *qualquer preço* uma terra ancestral, mesmo que pouco fértil, para apagar esse desafio permanente lançado ao pundonor do grupo; isso porque, na lógica do desafio, a melhor terra, técnica e simbolicamente, é a mais integrada ao patrimônio, assim como o homem por meio do qual se pode atingir da forma mais solene, portanto mais cruel, o grupo, é aquele que é o seu melhor representante. A moral da honra é a expressão transfigurada dessa lógica econômica; mais geralmente, ela é a moral do interesse das formações sociais, dos grupos ou das classes cujo patrimônio, como aqui, ocupa um importante lugar no capital simbólico.

>Faz-se uma diferença categórica entre o *nif*, o pundonor, e a *h'urma*, a honra, o conjunto daquilo que é *h'aram*, isto é, proibido, o que faz a vulnerabilidade do grupo, o que ele possui de mais sagrado (e ao mesmo tempo entre o desafio, que atinge somente o pundonor, e o ultraje sacrílego). O simples desafio lançado ao pundonor (*thirzi nennif*), o fato de desafiar; *sennif*, pelo *nif*, nossa! eu te desafio!) distingue-se da ofensa que atenta contra a honra. Ridiculariza-se a atitude de um certo novo rico que, para tentar reparar um atentado contra a *h'urma*, desafiou seu ofensor a vencê-lo em uma corrida ou a espalhar pelo chão mais notas de mil francos do que ele, confundindo assim a ordem do desafio e a ordem da ofensa. O atentado contra a *h'urma* tende a excluir as evasivas ou os arranjos como a *diya*, compensação paga pela família do assassino à família da vítima. Daquele que o aceita, diz-se: "É um homem que aceitou comer o sangue de seu irmão; para ele, apenas a barriga conta." No caso de uma ofensa, tenha sido ela cometida indiretamente ou por distração, a pressão da opinião é tal que não existe outra escolha a não ser a vingança ou a desonra e o exílio.
>
>Somente a vigilância escrupulosa e ativa do *pundonor* (*nif*) é capaz de garantir a integridade da *honra* (*h'urna*) – exposta por natureza, como sagrada, ao ultraje sacrílego – e de procurar *a consideração e a respeitabilidade* concedidas àquele que possui pundonor suficiente para manter sua honra ao abrigo da ofensa. A *h'urma* no sentido de sa-

grado (h'*aram*), o *nif*, a h'*urma* no sentido de respeitabilidade, são inseparáveis. Quanto mais uma família é vulnerável, mais deve possuir de *nif* para defender seus valores sagrados e maiores são o mérito e a consideração que a opinião lhe atribui; assim, longe de contradizer ou de proibir a respeitabilidade, a pobreza não faz senão redobrar o mérito daquele que, ainda que particularmente exposto ao ultraje, consegue impor o respeito. Reciprocamente, o pundonor não tem significação e função senão em um homem para quem existem coisas que merecem ser defendidas. Um ser desprovido de sagrado (como o solteiro) poderia se dispensar do pundonor, porque de uma certa forma ele seria invulnerável. O que é h'*aram* (isto é, exatamente, tabu) é essencialmente o sagrado esquerdo, a h'*urma*, isto é, o dentro e mais precisamente o universo feminino, o mundo do secreto, o espaço fechado da casa, em oposição ao fora, ao mundo aberto da praça pública, reservado aos homens. O sagrado direito são essencialmente "os fuzis", isto é o grupo dos agnados, dos "filhos do tio paterno", todos aqueles cuja morte deve ser vingada pelo sangue e todos aqueles que têm que realizar a vingança do sangue. O fuzil é a encarnação simbólica do *nif* do grupo agnático, do *nif* entendido como aquilo que pode ser desafiado e aquilo que permite aceitar o desafio. Assim, à passividade da h'*urma*, de natureza feminina, se opõe a suscetibilidade ativa do *nif*, a virtude masculina por excelência. É, em definitivo, do *nif* como capacidade de combate (física ou simbólica) que depende a defesa do patrimônio material e simbólico do grupo, que faz ao mesmo tempo sua potência e sua vulnerabilidade.

 Os homens constituem uma força política e simbólica que é a condição da proteção e da expansão do patrimônio, da defesa do grupo e de seus bens contra as usurpações da violência, assim como da imposição de sua dominação e da satisfação de seus interesses; dessa forma, a única ameaça contra a potência do grupo, com exceção da esterilidade das mulheres, é a fragmentação do patrimônio material e simbólico que resulta da discórdia dos homens. Daí as estratégias de fecundidade que pretendem produzir o maior número de homens possível e o mais rápido possível (pela precocidade do casamento) e as estratégias educativas que, ao inculcar uma adesão exaltada à linhagem e aos valores de honra, expressão transfigurada da relação objetiva entre os agentes e seu patrimônio material e simbólico sempre ameaçado, concorrem para reforçar a integração da linhagem e para desviar para o exterior as disposições agressivas. "A terra é cobre (*neh'as*); os braços, prata." A própria ambiguidade desse ditado – *neh'as* significa também ciúme – introduz ao princípio da contradição que o costume sucessório engendra ao *vincular* ao patrimônio, *por herança em partes iguais*, todos os homens disponíveis, mas ameaçando ao mesmo tempo a terra ancestral de esfacelamento em caso de divisão igual entre os herdeiros demasiado numerosos, e principalmente ao colocar no próprio coração do sistema o princípio de uma competição pelo poder sobre a economia e a política domésticas: competição e conflito entre o pai e os filhos, que esse modo de transmissão do poder mantém sob tutela enquanto o patriarca vive (inúmeros casamentos entre primos paralelos sendo concluídos pelo "velho" sem que os pais sejam consultados); competição e conflito entre os irmãos ou entre os primos que, a menos que também se tornem pais, são inevitavelmente destinados a se descobrir interesses antagonistas[31]. As estratégias dos agnados são dominadas pelo antagonismo entre os benefícios simbólicos da unidade política e da indivisão econômica que a garante e os benefícios materiais da ruptura, incessantemente relembrados pelo espírito de cálculo que, recalcado nos homens, pode se expressar de modo mais aberto nas mulheres, estruturalmente inclinadas a ser menos sensíveis aos benefícios simbólicos proporcionados pela unidade política e mais livres de se prender aos benefícios propriamente econômicos.

    O empréstimo entre mulheres é considerado como a antítese da troca de honra; e, de fato, ele está mais próximo da verdade econômica da troca do que o comércio masculino. Daquele que, ao contrário do homem de honra que se preocupa em não desperdiçar seu capital de "cré-

---

31. E, de fato, os códigos de usos e de costumes que sem exceção preveem sanções contra aquele que se torna o assassino daquele de quem deve herdar testemunham que os conflitos abertos eram frequentes: "Se um indivíduo mata um parente (de quem é herdeiro) injustamente e para herdá-lo, a *djemaa* tomará todos os bens do assassino" (Qanun de la tribu des Iouadhien. Apud. HANOETEAU, A. & LETOURNEUX, A. *La Kabylie et les coutumes kabyles*. T. III. Paris, Nationale, 1873, p. 432; cf. tb. p. 356, 358, 368).

dito", pede emprestado com muita facilidade, principalmente dinheiro, e que, de tanto empalidecer de vergonha todas as vezes que pede um empréstimo, tem o rosto "amarelo", diz-se que "para ele, o empréstimo é parecido ao das mulheres". A oposição entre as duas "economias" é tão marcada que a expressão *err arrt'al*, empregada também para expressar o fato de realizar a vingança, significa *restituição de dom*, troca, na linguagem dos homens, ao passo que significa "devolver o empréstimo" na linguagem das mulheres. As condutas de empréstimo são efetivamente mais frequentes e mais naturais entre as mulheres que emprestam e tomam emprestado qualquer coisa para qualquer uso; decorre que a verdade econômica, contida no toma-lá-dá-cá, aflora mais nitidamente nas trocas femininas que conhecem os prazos precisos ("até o nascimento de minha filha") e o cálculo preciso das quantidades emprestadas.

Em resumo, os interesses *simbólicos e políticos* ligados à unidade da propriedade territorial, à extensão das alianças, à força material e simbólica do grupo dos agnados, e aos valores de honra de prestígio que fazem a grande casa (*akham amoqrane*), militam a favor do reforço dos laços comunitários; ao contrário, como o mostra o fato de que a frequência das rupturas de indivisão não cessou de crescer com a generalização das trocas monetárias e com a difusão (correlativa) do espírito de cálculo, os interesses *econômicos* (no sentido estrito), principalmente aqueles que dizem respeito ao consumo, levam à ruptura de indivisão[32]. Mesmo nos casos em que o detentor do poder doméstico preparou há muito tempo sua sucessão pela manipulação das aspirações, pela orientação de cada um dos irmãos para a "especialidade" que lhe convinha na divisão do trabalho doméstico, a competição pelo poder interno é quase inevitável, e ela não pode se sublimar na competição de honra senão por meio de um

---

32. O enfraquecimento das forças de coesão, que é correlativa do desmoronamento do curso dos valores simbólicos, e o reforço das forças de disrupção que está vinculado ao aparecimento de fontes de rendas monetárias e à crise consecutiva da economia camponesa, conduzem à recusa da autoridade dos anciões, da vida camponesa naquilo que ela tem de austero e de frugal, e à pretensão de dispor do benefício de seu trabalho para consagrá-lo aos bens de consumo mais do que aos bens simbólicos, capazes de aumentar o prestígio ou brilho da família.

controle incessante dos homens sobre si mesmos e do grupo sobre cada um deles; mas as forças de coesão que constituem a indivisão da terra e a integração da família – instituições que se reforçam mutuamente – chocam-se continuamente com as forças de fissão como o "ciúme" suscitado pela distribuição desigual dos poderes ou das responsabilidades ou ainda a discordância entre as contribuições respectivas à produção e ao consumo ("o trabalho do laborioso foi consumido por aquele que está apoiado na parede")[33]. Em geral, a autoridade sobre a repartição dos trabalhos, o controle das despesas e a gestão do patrimônio, ou sobre as relações exteriores da família (alianças etc.), incumbe de fato ou de direito somente a um, que se apropria assim dos benefícios simbólicos proporcionados pelas idas ao mercado, pela presença nas assembleias de clã ou nas reuniões mais excepcionais de notáveis da tribo etc. E isso sem falar do fato de que essas tarefas têm como efeito dispensar aquele que as assume dos trabalhos *contínuos*, que não suportam nem prazo, nem interrupção, isto é, os menos nobres.

Objetivamente unidos, para o pior ou quem sabe para o melhor, os irmãos são subjetivamente divididos, até mesmo na solidariedade: "Meu irmão", dizia um informante, "é aquele que defenderia minha honra se meu pundonor viesse a me faltar, aquele, portanto, que me salvaria da desonra, mas me envergonhando". "Meu irmão", dizia um outro, relatando os propósitos de um conhecido seu, "é aquele que se eu morresse, poderia se casar com minha mulher e que seria louvado por isso." A homogeneidade do modo de produção dos *habitus* (isto é, das condições materiais de existência e da ação pedagógica) produz uma homogeneização das disposições e dos interesses que, longe de excluir a concorrência, pode em alguns casos engendrá-la ao inclinar aqueles que são o produto das mesmas condições de produção a reconhecer e a buscar os mesmos bens,

---

[33]. Sem tomar partido sobre o sentido da relação entre esses fatos, pode-se notar que as "doenças de *ciúme* agudo" (amargo) são objeto de uma atenção extrema da parte dos pais e em particular das mães, que dispõem de todo um arsenal de ritos curativos e profiláticos (para expressar um ódio irredutível, evoca-se o sentimento do menino que, brutalmente privado da afeição de sua mãe pela vinda de um recém-nascido, está magro e pálido como o moribundo ou o "constipado").

cuja escassez pode estar vinculada a essa concorrência. Agrupamento monopolista definido, como diz Max Weber, pela apropriação exclusiva de um tipo determinado de bens (terras, nomes etc.), a unidade doméstica é o lugar de uma concorrência por esse capital, ou melhor, pelo poder sobre esse capital que ameaça continuamente destruir esse capital ao destruir a condição fundamental de sua perpetuação, isto é, a coesão do grupo doméstico.

Peça chave da estrutura familial, a relação entre os irmãos também é o seu ponto mais fraco que todo um conjunto de mecanismos pretende manter e reforçar[34], começando pelo casamento entre primos paralelos, resolução ideológica, às vezes realizada na prática, da *contradição específica desse modo de reprodução*. Se o casamento com a prima paralela é um assunto de homens[35], conforme aos interesses dos homens, isto é, aos interesses superiores da linhagem, concluído muitas vezes à revelia das mulheres e *contra sua vontade* (quando as esposas dos dois irmãos não se entendem bem, uma não desejando introduzir em sua casa a filha da outra, a outra não querendo colocar sua filha sob a autoridade de sua cunhada), é porque pretende neutralizar praticamente os princípios de divisão entre os homens. Isso é tão natural que a recomendação ritual do pai a seus filhos: "Não ouçam sua mulher, permaneçam unidos entre si!" parece natural: "Casem seus filhos entre si." Com efeito, tudo acontece como se essa formação social tivesse que se atribuir oficialmente essa pos-

---

34. É significativo que as coletâneas de usos e de costumes que não intervêm senão excepcionalmente na vida doméstica favoreçam explicitamente a indivisão (*thidukli bukham* ou *zeddi*): "As pessoas que vivem em associação de família, se eles brigam, não pagam multa. Se eles se separam, pagam como os outros" (HANOTEAU, A. & LETOURNEUX, A. Op. cit., III, p. 423).

35. Eis uma descrição típica da conclusão dessa espécie de casamento: "Ele ainda não tinha começado a andar quando seu pai o casou. Uma noite, após ter ceado, Arab foi até à casa de seu irmão mais velho (*dadda*). Eles conversaram. A mulher de seu irmão tinha sua filha sobre seus joelhos; a menina começou a estender os braços em direção do seu tio que a pegou dizendo: 'Que Deus faça desta aquela de Idir! Não é assim *dadda*, você não vai recusar?' Seu irmão lhe respondeu: 'O que você quer, cego? A luz! Se você me retira a preocupação que ela me proporciona, que Deus te livre de tuas preocupações. Eu a dou com seu grão e sua palha, por nada!'" (Yamina Aït Amar Ou Said. Op. cit.).

sibilidade recusada pela maior parte das sociedades como incestuosa, para resolver ideologicamente a tensão que ela traz em seu próprio centro. Com certeza, ter-se-ia compreendido melhor a exaltação ao casamento com a *bent âamm* (prima paralela) caso se tivesse percebido que *bent âamm* acabou por designar o inimigo ou, pelo menos, o inimigo íntimo e que a intimidade se diz *thabenâammts*, "aquela dos filhos do tio paterno". É preciso que se evite subestimar a contribuição que o sistema de valores e os esquemas do pensamento mítico-ritual trazem à redução simbólica das tensões, daquelas principalmente que percorrem a unidade agnática, quer se trate das tensões entre irmãos ou das tensões entre gerações.

Se não é preciso insistir na função de legitimação da divisão do trabalho e do poder entre os sexos desempenhada por um sistema mítico-ritual inteiramente dominado pelos valores masculinos, é sem dúvida menos evidente que a estruturação social da temporalidade, que organiza as representações e as práticas e cujos ritos de passagem são a mais solene reafirmação, desempenha uma função política ao manipular simbolicamente os *limites de idade*, isto é, os limites entre as idades, mas também os limites impostos às diferentes idades. O recorte mítico-ritual introduz no curso contínuo da idade descontinuidades absolutas, socialmente e não biologicamente constituídas (como o são os sinais corporais de envelhecimento), marcadas pelo simbolismo dos atributos cosméticos e vestuários, decorações, ornamentos ou insígnias, pelos quais se expressa e se evoca a representação dos usos do corpo que convêm a cada idade social ou, ao contrário, inconvenientes, porque próprios a deslocar o sistema das oposições entre as gerações (como os ritos de juventude, inversão perfeita dos ritos de passagem). As representações sociais das diferentes idades da vida e das propriedades que lhe são atribuídas por definição expressam, em sua lógica própria, as relações de força que se estabelecem entre as faixas de idade e das quais contribuem para reproduzir ao mesmo tempo a união e a divisão pelas divisões temporais apropriadas para produzir ao mesmo tempo a continuidade e a ruptura. Dessa forma, elas fazem parte dos instrumentos institucionalizados de manutenção da ordem simbólica e, dessa maneira, dos mecanismos de reprodução da ordem social cujo próprio funcionamento serve aos interesses daqueles que ocupam uma posição dominante na estrutura social, os homens de idade madura[36].

De fato, as forças de coesão técnicas e simbólicas se encarnam na pessoa do ancião, *djedd*, cuja autoridade se funda no poder de deserdação e na ameaça de maldição e, principalmente, na adesão aos valores simbólicos pela *thadjadith* (de *djedd*, pai do pai, o conjunto dos ascendentes comuns àqueles que se prevalecem de um mesmo ancestral, real ou mítico), a comunidade de origem e de história que funda as unidades oficiais. O patriarca garante o equilíbrio entre os irmãos por meio de sua própria existência, uma vez que concentra todos os poderes e todos os prestígios, e também, claro, ao manter entre eles (e suas esposas) a mais estrita igualdade tanto no trabalho (as mulheres garantindo, por exemplo, uma por vez o trabalho doméstico, preparação das refeições, transporte da água etc.) quanto no consumo. Não é por acaso que a crise sobrevém com tanta frequência quando morre o pai cujos filhos estão na idade adulta e que nenhum deles dispõe de uma autoridade afirmada (em virtude da diferença de idade ou de qualquer outro princípio). Mas ao nível da unidade doméstica bem como nas unidades mais amplas, clã ou tribo, a força relativa, extremamente variável, das tendências à fusão e à fissão depende primordialmente da relação que se instaura entre o grupo e as unidades exteriores, a insegurança que fornece um princípio de coesão negativo capaz de compensar a deficiência dos princípios positivos[37], "Eu detesto meu irmão, mas também odeio aquele que o odeia."

---

36. Que seja pelo intermediário de seu direito sobre a herança, que se presta a toda espécie de utilizações estratégicas, desde a ameaça de deserdação até o simples atraso da transmissão efetiva dos poderes, ou pelo intermédio do monopólio das negociações matrimoniais, que lhes é oficialmente reconhecido e que autoriza também toda espécie de estratégias, os anciões dispõem de meios de jogar com os limites socialmente reconhecidos da juventude. (Será encontrada uma análise das estratégias pelas quais os chefes de casa nobre mantêm seu herdeiro no estado de "jovem", destinado às aventuras perigosas, longe da casa paterna. In: DUBY, G. *Hommes et structures du Moyen Âge*. Paris/La Haye: Mouton, 1973, p. 213-225, especialmente p. 219.)

37. J. Chelhod lembra com muita razão que todas as observações estão de acordo sobre o fato de que a tendência ao casamento endogâmico que é mais marcado nas tribos nômades em perpétuo estado de guerra do que nas tribos sedentárias, tende a reaparecer ou se acentuar em caso de ameaça de guerra ou de conflito (CHELLOD, J. Op. cit.) Da mesma forma, na Cabília, aqueles que perpetuam a indivisão – ou as aparências da indivisão – invocam muitas vezes o perigo que existiria em se separar enquanto as famílias rivais permanecem unidas.

Se for verdade que o casamento representa uma das ocasiões principais de conservar, de aumentar ou de diminuir (pela má aliança) o capital de autoridade que atribui uma forte integração e o capital de prestígio vinculado a uma rede de aliados extensa (*nesba*), ocorre que todos os membros da unidade doméstica que intervêm na conclusão do casamento não reconhecem no mesmo nível seus interesses particulares no interesse coletivo da linhagem. A tradição sucessória que exclui a mulher da herança, a visão mítica do mundo que não lhe atribui senão uma existência diminuída e jamais lhe outorga a plena participação no capital simbólico de sua linhagem de adoção, a divisão do trabalho entre os sexos que a destina às tarefas domésticas, deixando ao homem as funções de representação, tudo concorre para identificar os interesses dos homens aos interesses materiais e principalmente simbólicos da linhagem, isso tanto mais completamente quanto maior é a autoridade que eles detêm no seio do grupo dos agnados. E, de fato, os casamentos de homens que são o casamento com a prima paralela e o casamento político testemunham sem qualquer equívoco que os interesses dos homens estão mais diretamente identificados aos interesses oficiais da linhagem e que suas estratégias obedecem mais diretamente à preocupação de reforçar a integração da unidade doméstica ou a rede de alianças da família. Quanto às mulheres, não é por acaso que os casamentos pelos quais são responsáveis pertencem à classe dos casamentos ordinários ou, mais exatamente, que se lhes deixe somente a responsabilidade por esses casamentos[38]: sendo excluídas do parentesco de representação, elas se encontram remetidas ao parentesco prático e aos usos práticos do parentesco, investindo na procura de um partido para seu filho ou sua filha mais realismo econômico (no sentido

---

38. Ocorre que a "velha" (*thamgharth*), que consegue se imiscuir, a favor das negociações secretas, em um casamento inteiramente ajustado pelos homens, faça prometer a *thislith*, sob pena de impedir o casamento, de lhe deixar toda a autoridade na casa. Os filhos suspeitam muitas vezes de sua mãe, não sem razão, de lhes dar como esposa moças que elas facilmente poderão dominar.

estrito) do que os homens[39]. É, sem dúvida, quando se trata de casar uma filha que os interesse masculinos e femininos têm mais possibilidades de divergir: não somente porque a mãe é menos sensível do que o pai à "razão de família" que leva a tratar a filha como *instrumento* de reforço da integração do grupo dos agnados ou como moeda de troca simbólica que permite instaurar alianças prestigiosas com os grupos estrangeiros, é também porque, ao casar sua filha em sua própria linhagem e ao intensificar assim as trocas entre os grupos, ela tende a reforçar sua posição na unidade doméstica. O casamento do filho coloca antes de tudo para a velha senhora da casa a questão de sua dominação sobre a economia doméstica, de forma que seu interesse não se encontra ajustado àquele da linhagem senão negativamente, na medida em que, ao tomar uma moça no mesmo lugar em que foi tomada, ela segue o caminho traçado pela linhagem e na medida, principalmente, em que o conflito entre as mulheres resultante de uma má escolha ameaçaria no final a unidade do grupo dos agnados.

> O casamento do filho é muitas vezes a ocasião de um enfrentamento, necessariamente larvado, uma vez que a mulher não pode ter uma estratégia oficial, entre a mãe e o pai, ele tendendo a privilegiar o casamento na linhagem, isto é, aquele que a representação mítica, legitimação ideológica da dominação masculina, apresenta como o melhor, ela orientando para a sua própria linhagem seus movimentos secretos, cujos resultados seu marido será convidado, na hora certa, a sancionar oficialmente. As mulheres não empregariam tanta engenhosidade e tantos esforços na exploração matrimonial que a divisão do trabalho entre os sexos com muita frequência deixa a elas, pelo menos até o momento em que se pode instaurar

---

39. Os casamentos dos pobres (principalmente em capital simbólico) são para aqueles dos ricos, *mutatis mutandis*, o que os casamentos de mulheres são para os casamentos dos homens. Os pobres, como se sabe, não devem se mostrar exigentes em matéria de honra. "A única coisa que falta ao pobre é se mostrar ciumento." Significa dizer que, à maneira das mulheres, eles levam menos em conta as funções simbólicas e políticas do casamento do que as funções *práticas*, dando, por exemplo, muito mais atenção às qualidades pessoais da noiva e do noivo.

o diálogo oficial entre os homens, se o casamento de seus filhos não encerrasse a virtualidade da subversão de seu poder. Com efeito, a mulher importada, na medida em que está vinculada ao pai de seu marido – e isso pelo lado de seu pai, e de modo mais geral pelo lado de um homem, ou pelo de sua mãe – ou a mãe de seu marido e, mais uma vez, pelo lado de seu pai ou pelo de sua mãe, detém um peso muito diferente na relação de força com a mãe de seu marido (*thamgharth*), essa relação também varia, evidentemente, conforme o vínculo genealógico da "velha" com os homens da linhagem (isto é, com o pai de seu marido). Dessa forma, a prima paralela patrilinear imediatamente se encontra em uma posição de força quando deve tratar com uma "velha" estranha à linhagem, enquanto que, ao contrário, a posição da "velha" pode se encontrar reforçada, em suas relações com *thislith*, mas também, indiretamente, em sua relações com seu próprio marido, quando *thislith* é a filha de sua própria irmã e, ainda mais, de seu próprio irmão. De fato, os interesses do "velho" não são necessariamente antagônicos aos da "velha": consciente do interesse apresentado pela escolha de uma mulher plenamente dedicada a uma "velha" dedicada ela mesma à linhagem, ele poderá autorizá-la a procurar em sua linhagem uma moça dócil. Além do mais, toda a estrutura das relações práticas entre os pais estando presente em cada relação particular, ele poderá deliberadamente escolher tomar para seu filho a filha de sua própria irmã (prima cruzada patrilinear) ou mesmo encorajar, sem deixar transparecer, sua mulher a casá-lo com a filha de seu irmão (prima cruzada matrilinear) em vez de reforçar a influência de um irmão já dominante (por sua idade ou seu prestígio) ao aceitar tomar sua filha (prima paralela patrilinear).

O interesse dos homens se impõe mais completamente quanto mais forte é a integração do grupo dos agnados (é o que se dá a entender indiretamente quando, entre os argumentos a favor da indivisão, invoca-se o fato de que ela permite uma melhor vigilância das mulheres) e que a linhagem do pai é no mínimo igual na hierarquia social àquela da mãe. Com efeito, há um certo exagero em se pretender que toda a história matrimonial do grupo está presente nas discussões internas a propósito de cada projeto de casamento: o interesse da linhagem, isto é, o interesse masculino, que determina que se evite colocar um homem em uma posição dominada no interior da família casando-o com uma moça de condição nitidamente superior à sua – o homem, dizem, pode elevar a mulher, mas não o inverso; dá-se (uma moça) a um superior ou a um igual, toma-se (uma moça) na casa de um inferior –, tem, portanto, muito mais possibilidades de se impor se aquele que tem a responsabilidade (pelo menos oficial) do casamento não se casou, ele mesmo com alguém de condição superior à sua. De fato, todo um conjunto de mecanismos, entre os quais o montante do dote e os gastos com as bodas, tanto mais pesados quanto mais prestigioso é o casamento, tendem a excluir as alianças entre grupos demasiado desiguais sob o ponto de vista do capital econômico e simbólico: os casos, frequentes, em que a família de um dos dois cônjuges é rica em uma espécie de capital – por exemplo, em homens – enquanto que a outra possui muito mais uma outra espécie de riqueza – por exemplo, a terra – não constituem exceções, muito pelo contrário. "As pessoas se aliam, dizem, entre iguais."

Em resumo, a estrutura das relações objetivas entre os parentes responsáveis pela decisão matrimonial, como homem ou mulher e como membro desta ou daquela linhagem, contribui para definir a estrutura da relação entre as linhagens unidas pelo casamento projetado[40]. De fato, seria mais justo dizer que a relação determinante, entre a linhagem do indivíduo que deve se casar e a linhagem que oferece um parceiro possível, é sempre intermediada pela estrutura das relações de poder doméstico. Com efeito, para caracterizar completamente a relação multidimensional e multifuncional entre os dois grupos, não basta levar em conta a distância espacial e a distância econômica e social que se estabelece entre eles no momento do casamento, sob o ponto de vista do capital econômico e também do capital simbólico (medido pelo número de homens e de homens de

---

40. O valor da moça no mercado matrimonial é de alguma forma uma projeção direta do valor socialmente atribuído às duas linhagens da qual ela é o produto. Isso se vê claramente quando o pai teve filhos de vários casamentos: ao passo que o valor dos moços é independente do valor da mãe, o das moças é tanto maior quanto a mãe pertence a uma linhagem mais alta e ocupa uma posição mais forte na família.

honra, pelo grau de integração da família etc.); é preciso também fazer intervir o estado, no momento oportuno, da contabilidade de suas trocas materiais e simbólicas, isto é, toda a história das trocas oficiais e extraordinárias, realizadas ou pelo menos consagradas pelos homens, como os casamentos, mas também trocas oficiais e ordinárias, continuamente garantidas pelas mulheres, com a cumplicidade dos homens e às vezes à sua revelia, mediação pela qual se preparam e se realizam as relações objetivas que predispõem dois grupos a se unir.

> Se o capital econômico é relativamente estável, o capital simbólico é mais frágil: o desaparecimento de um chefe de família prestigioso, sem falar da ruptura de indivisão, basta, em alguns casos, para afetá-lo fortemente. Correlativamente, toda a representação que a família pretende dar de si própria e os objetivos que ela atribui aos seus casamentos – aliança ou integração – acompanham as flutuações da fortuna simbólica do grupo. Assim, no espaço de duas gerações, uma certa grande família, cuja situação econômica estava, no entanto, melhorando, passou de casamentos de homens, uniões dentro do parentesco masculino próximo ou uniões extraordinárias, aos casamentos ordinários, muitas vezes tramados pelas mulheres, em suas próprias redes de relações: essa mudança de política matrimonial coincidiu com a morte dos dois irmãos mais velhos, a ausência prolongada dos homens mais velhos (que foram para a França) e o enfraquecimento da autoridade da "velha", que se tornou cega. Além do mais, a sucessão da "velha", aquela que faz reinar a ordem e o silêncio ("a obediência à velha é silêncio"), não tendo sido garantida, a estrutura das relações entre as esposas reflete a estrutura das relações entre os esposos, deixando vaga a posição de senhora da casa: os casamentos, nessas condições, tendem a ir para as respectivas linhagens das diferentes mulheres.

As características estruturais que definem genericamente o valor dos produtos de uma linhagem no mercado das trocas matrimoniais são evidentemente especificadas por características secundárias tais como o estatuto matrimonial do indivíduo que deve se casar, sua idade, sexo etc. Assim, as estratégias matrimoniais do grupo e o casamento que pode disso resultar variam da água para o vinho conforme se o homem que deve se casar é um solteiro "em idade de se casar" ou, ao contrário, tendo já "passado da idade", ou um homem já casado que procura uma coesposa, ou ainda um viúvo ou um divorciado que procura se casar novamente (a situação ainda varia caso ele tenha ou não filhos de seu primeiro casamento). Para uma moça, os princípios de variação são os mesmos, com a diferença de que a *desvalorização* provocada pelos casamentos anteriores é infinitamente maior (por causa do preço vinculado à virgindade, embora na realidade uma reputação de "homem que repudiou" seja pelo menos tão prejudicial quanto uma fama de "mulher a ser repudiada").

> Esse é somente um dos aspectos da dessimetria entre a situação da mulher e a do homem diante do casamento: "O homem", dizem, "é sempre um homem qualquer que seja o seu estado; cabe a ele escolher." Tendo a iniciativa da estratégia, ele pode esperar, pois está certo de encontrar uma esposa, mesmo que deva pagar o resgate desse atraso casando-se com uma mulher que já foi casada, ou de estatuto social inferior, ou portadora de alguma enfermidade. A moça sendo tradicionalmente "pedida" e "dada" em casamento, seria o cúmulo do ridículo para um pai procurar um partido para sua filha. Outra diferença, "o homem pode esperar a mulher (que ela tenha idade), a mulher não pode esperar o homem": aquele que deve colocar as mulheres pode jogar com o tempo para perpetuar a vantagem conjuntural que a sua posição de solicitado lhe oferece, mas nos limites restritos, sob pena de ver seu produto desvalorizado como suspeito de ser "invendável" ou apenas pelo efeito do envelhecimento. Uma das mais importantes pressões é a urgência do casamento, que tende evidentemente a enfraquecer o jogo. Uma das razões para apressar o casamento é a idade avançada dos pais, pois desejam assistir a boda de seus filhos e ter uma nora para se ocupar deles, ou o medo de ver dada a um outro a moça procurada (para evitar isso, os pais "apresentam um calçado", "que marca" assim a moça desde sua tenra idade, e às vezes até fazem dizer a *fatih'a*). O filho único também é casado cedo, para que perpetue a linhagem o mais rapidamente possível. O benefício simbólico que proporciona o fato de se casar novamente, após

um divórcio, antes do antigo cônjuge, muitas vezes leva cada um dos cônjuges a concluir um casamento precipitado, os casamentos assim contratados têm poucas possibilidades de ser estáveis, o que explica que alguns homens ou mulheres sejam "destinados" a repetidos casamentos. Porém, mais uma vez, a dessimetria é tão grande sob esse ponto em relação ao homem que, divorciado ou viúvo, é obrigado a se casar novamente, enquanto que a mulher divorciada é desvalorizada pelo fracasso do casamento e que a viúva, mesmo ainda muito jovem, é excluída do mercado matrimonial por seu estatuto de mãe obrigada a criar o filho de seu marido, principalmente quando se trata de um menino: "uma mulher não pode permanecer (viúva) para uma outra mulher", dizem da viúva que, tendo apenas filhas, é encorajada a se casar enquanto que, mãe de meninos, ela é louvada por seu sacrifício, tanto mais meritório quanto mais jovem e que ela se expõe assim a suportar a condição de estranha entre as irmãs de seu marido e as esposas dos irmãos de seu marido. Mas sua situação varia ainda se deixou a família de seu marido abandonando os filhos ou se voltou com seus filhos para sua própria família (caso em que é menos livre, portanto menos fácil de se casar). Alternativa interessante, ela pode, segundo o caso, ser tomada como esposa pela família de seu marido (o que representa a conduta *oficial*, particularmente recomendada se ela tem filhos homens) ou dada em casamento pela família de seu pai (prática mais frequente quando não tem filhos) ou dada em casamento pela família de seu marido. É difícil determinar o universo das variáveis (entre as quais, sem dúvida, as tradições locais), que determinam a "escolha" de uma ou outra dessas estratégias.

    Mas é preciso ter em mente, contra a tradição que trata cada casamento como uma unidade isolada, que a colocação no mercado matrimonial de cada um dos filhos de uma mesma unidade familial (isto é, segundo o caso, dos filhos do mesmo pai ou dos netos do mesmo avô) depende do casamento de todos os outros e, portanto, varia em função da *posição* (definida principalmente pela ordem de nascimento, pelo sexo e pela relação com o chefe de família) de cada um dos filhos no interior da *configuração* particular do conjunto dos filhos que devem se casar, ela própria caracterizada por seu tamanho e sua estrutura de acordo com o sexo. Assim, quando se trata de um homem, sua situação é tanto mais favorável quanto maior é a relação de parentesco que o une ao detentor estatuário da autoridade sobre o casamento é mais estreita (ela pode ir daquela do filho com o pai, àquela do irmão mais novo com o mais velho, ou mesmo à relação entre primos distantes). Além do mais, ainda que não se reconheça oficialmente qualquer privilégio ao mais velho (rapazes, evidentemente), tudo concorre a favorecê-lo em detrimento dos irmãos mais novos, a casá-lo primeiro e o melhor possível, isto é, de preferência fora, os mais novos estando destinados à *produção* mais do que às *trocas* do mercado ou da assembleia, ao trabalho da terra mais do que à política exterior da casa[41]. Sua situação é, todavia, muito diferente dependendo se é o mais velho de vários rapazes ou se, sendo filho único ou seguido de várias moças, carrega todas as esperanças da família.

> A "psicologia espontânea" descreve perfeitamente "o rapaz das moças" (*aqchich bu thaqchichin*) que, mimado e paparicado pelas mulheres da família sempre inclinadas a mantê-lo perto delas por mais tempo do que os outros rapazes, acaba se identificando ao destino social que lhe preparam, tornando-se uma criança frágil e doentia, "comido por suas inúmeras irmãs demasiado cabeludas": e as mesmas razões que conduzem a poupar e a proteger de mil maneiras esse produto demasiado precioso e demasiado raro para que o deixem correr o mínimo risco, evitando-lhe os trabalhos agrícolas e dando-lhe uma educação mais longa, separando-o assim de seus camaradas por causa de uma linguagem mais refinada, roupas mais limpas, uma alimentação mais sofisticada, levarão a lhe garantir um casamento precoce. Ao contrário, quanto mais a moça tem irmãos, maior é o seu preço, guardiões de sua honra (particularmente de sua virgindade) e aliados potenciais de seu futuro marido. É assim que os contos narram o ciúme que a moça inspira aos seus sete irmãos, sete

---

41. Da mesma forma, quando duas irmãs têm quase a mesma idade, salvo caso de força maior (enfermidade, doença etc.), evita-se de dar a mais jovem antes que a mais velha esteja casada ou já prometida.

vezes protegida como um "figo entre as folhas": "Uma moça que tivesse a felicidade de ter sete irmãos poderia estar orgulhosa e *os pretendentes não faltariam*. Ela estaria *certa de ser procurada e apreciada*. Casada, seu marido, os pais de seu marido, toda a família e mesmo os vizinhos e as vizinhas a *respeitariam*: não tinha ela sete homens ao seu lado, não era ela a irmã de sete irmãos, sete *protetores*? Ao menor desentendimento, eles viriam restabelecer a ordem e, se sua irmã fosse *culpada* ou se ela viesse a ser *repudiada, retoma-la-iam em sua casa, envolta em cuidados*. *Nenhuma desonra poderia atingi-la*. Ninguém ousaria penetrar na *cova dos leões*."

Enquanto que a família que tem muitas filhas, principalmente mal "protegidas" (pelos rapazes), portanto pouco cotadas porque oferecem menos aliados e vulneráveis, está em uma posição desfavorável e se vê obrigada a contrair dívidas com as famílias que recebem suas mulheres, a família rica em homens dispõe de uma maior liberdade de jogo: ela pode escolher colocar cada um dos rapazes de maneira diferente de acordo com a conjuntura, aumentar as alianças graças a um deles, reforçar a integração graças a um outro e mesmo ter os favores de um certo primo que tem apenas filhas ao lhe tomar uma para o seu terceiro filho. Nesse caso, a habilidade do responsável pode agir livremente e conciliar, como em um jogo, o inconciliável, o reforço da integração e a ampliação das alianças. Ao contrário, aquele que tem apenas filhas ou que tem um número grande está condenado às estratégias *negativas* e toda sua habilidade deve se limitar a estender o mercado manipulando a relação entre o campo dos possíveis parceiros e o campo dos concorrentes possíveis, opondo o próximo e o distante, o pedido do próximo ao pedido do estranho (para recusá-lo sem ofensa ou para fazer esperar), de maneira a se reservar a escolha do mais nobre.

Está-se longe, como se vê, do universo puro, porque infinitamente empobrecido, das "regras de casamento" e das "estruturas elementares do parentesco". Tendo definido o sistema dos princípios a partir dos quais os agentes podem produzir (e compreender) as práticas matrimoniais reguladas e regulares, poder-se-ia exigir uma análise estatística das informações pertinentes estabelecer os pesos das variáveis estruturais ou individuais que lhes correspondem objetivamente. De fato, o importante, é que a prática dos agentes torna-se inteligível assim que se pode construir o sistema dos princípios que eles colocam em prática quando localizam de maneira imediata os indivíduos sociologicamente casáveis em um estado dado do mercado matrimonial; ou, mais precisamente, quando, a propósito de um homem determinado, eles designam, por exemplo, algumas mulheres que, no interior do parentesco prático, de alguma forma lhe são *prometidas*, e aquelas que, no máximo, lhe são *permitidas* – e isso de maneira tão clara e tão indiscutível que qualquer desvio em relação à trajetória mais provável, um casamento em uma outra tribo, por exemplo, é ressentida como um desafio lançado à família em questão, mas também a todo o grupo.

3
O demônio da analogia

> *Por seu destino e por sua forma, a colher se presta admiravelmente à figuração do gesto que traduz o desejo que se tem em ver a chuva cair. O gesto inverso, que consiste em virar uma colher deve provocar, por assim dizer mecanicamente, uma ação contrária. Dessa maneira age a mulher de um fqih, na casa dos Mtougga, a fim de conjurar uma chuva que ameaça cair."*
> LAOUST, E. *Mots et choses berbères.*

> *Creio que fiz uma descoberta teológica...*
> *- Qual?*
> *- Quando se mantêm as mãos viradas para baixo (upside down), obtém-se o contrário daquilo pelo qual se reza .*
> SCHULZ, C.M. *There's No One Like you, Snoopy.*

A objetivação dos esquemas do *habitus* nos saberes codificados transmitidos como tal é muito desigual conforme os campos da prática: a frequência relativa dos ditados, dos interditos, dos provérbios e dos ritos fortemente regulados diminui quando se vai das práticas que estão vinculadas à atividade agrícola ou que lhe estão diretamente associadas, como a tecedura, a cerâmica e a cozinha, às divisões da jornada ou aos momentos da vida humana, sem falar dos domínios aparentemente abandonados ao arbitrário, como a organização interna da casa, as partes do corpo, as cores ou os animais. Ainda que estejam entre os aspectos mais codificados da tradição cultural, os preceitos do costume que regem a distribuição das atividades no tempo variam fortemente de acordo com os lugares e, no mesmo lugar, de acordo com os informantes[1]. E ainda se encontra aqui a oposição entre os saberes oficiais, os mais marcados, aliás, pelas interferências com a tradição islâmica (e, atesta a conivência entre a etnologia e todas as formas de juridismo, os mais fortemente representados nas recoleções etnográficas) e toda espécie de saberes ou de práticas oficiosos ou secretos, e até mesmo clandestinos que, ainda que sejam o produto próprio dos mesmos esquemas geradores, obedecem a uma outra lógica. O que se chama "o cálculo dos momentos" (*lawqat lah'sab*) é mais especialmente atribuído aos notáveis, isto é, aos homens mais velhos das famílias mais respeitadas, a quem cabe relembrar a data das grandes cerimônias coletivas, ritos oficiais e imperativos que, assim como os ritos agrários, engajam todo o grupo porque desempenham uma única e mesma função para todos os membros do grupo, ou estabelecer e impor o dia do início das colheitas ("Quando as espigas de trigo estão maduras", diz um informante de Aïn Aghbel, 'os notáveis se reúnem e estabelecem o dia da ceifa. Este será um dia de festa'; eles realizam um *acordo*. Todos começam no mesmo dia"). Pelo contrário, é entre as mulheres mais velhas (e os ferreiros) que muitas vezes é encontrada a maior competência em matéria de magia privada, ritos menores, destinados a satisfazer fins privados, como os ritos de magia maléfica ou curativa ou de magia amorosa, que acionam, muitas vezes, um simbolismo bastante transparente e estratégias rituais bastante simples como a transferência do mal para uma pessoa ou um objeto.

---

1. Muitos observadores (LÉVI-PROVENÇAL, 1918; LAOUST, 1920; HASSLER, 1942; GALAND-PERNET, 1958) revelaram as incertezas de todas as referências calendárias que resultam do fato de que muitos ritos e práticas agrárias foram superficialmente islamizados, os marabutos sendo muitas vezes invocados como especialistas e intervindo muitas vezes em inúmeros ritos agrários como os pedidos de chuva. Hassler é, ao que eu saiba, o único a notar as variações de acordo com os lugares e de acordo com os informantes: "O calendário tal qual nós o apresentamos oferece uma visão de conjunto do ano cabila, mas *de acordo com as tribos e muitas vezes, de acordo com as pessoas questionadas*, em uma mesma tribo, os detalhes diferem ou são ignorados" (HASSLER, 1942).

Assim que se começa a estabelecer um "calendário" sinótico que acumula os traços atestados com maior frequência e que revelam as mais importantes variantes (em vez de apresentar o registro daquilo que foi realmente obtido junto a um informante particular), percebe-se que "períodos" idênticos recebem nomes diferentes e que, ainda com mais frequência, nomes idênticos recobrem "períodos" de comprimentos bastante variáveis e situados em datas diferentes de acordo com as regiões, tribos, vilarejos e até mesmo informantes[2]. É preciso, portanto, se abster de ver outra coisa além de um *artefato* teórico no esquema que reúne sob uma forma reduzida e sinótica a informação acumulada por um trabalho de recolecção inicialmente orientado pela intenção semiconsciente de cumular todas as produções registradas para construir essa espécie de *partição não escrita* em que todos os "calendários" recolhidos seriam como muitas execuções imperfeitas e empobrecidas. Todavia, o esquema sinótico[3] e a exposição linear que explicita seu conteúdo ao exibir sucessivamente "momentos" e "períodos" (e ao tratar como "variantes" as "lições" concorrentes), ainda que sejam perfeitamente inadequados teoricamente, são úteis por duas razões diferentes: primeira, eles proporcionam um meio econômico de oferecer ao leitor uma informação reduzida aos traços pertinentes e ordenada de acordo com um princípio de ordem ao mesmo tempo familiar e imediatamente visível; segundo, eles permitem fazer ver algumas dificuldades que surgem do esforço para acumular e linearizar as informações disponíveis e tornar sensível o caráter artificial do "calendário-objeto" cuja ideia, admitida como normal, orientou todas as

---

2. Aqui foi adotado uniformemente o presente de narração para descrever práticas que, presentes em um determinado momento do tempo na memória dos informantes, desapareceram da prática de modo mais ou menos completo e há mais ou menos tempo.

3. O esquema sinusoidal se impôs, porque permite evidenciar os pontos de retorno ou, caso se prefira, os *limiares* (primavera, outono) apresentando ao mesmo tempo os momentos marcados do ano agrário a um só tempo como os pontos ordenados de uma sequência linear e orientada (do outono para o verão, isto é, do oeste para o leste, da noite para a manhã etc.) ou como os pontos de um círculo que se pode obter ao dobrar a figura de acordo com o eixo XY.

recolecções de ritos, de provérbios ou de práticas, começando pelas minhas[4].

Uma questão tão aparentemente anódina quanto "e depois?", pela qual se convida um informante a situar dois "períodos" um em relação ao outro em uma duração contínua e que não faz senão enunciar aquilo que o esquema cronológico faz implicitamente, tem como efeito induzir uma relação à temporalidade em tudo contrária àquela que se investe praticamente na utilização ordinária de termos temporais e de noções que, como aquela de "período", não são nada evidentes. Prova, por exemplo, que *eliali*, citado por todos os informantes, não é um "período de quarenta dias" (diz-se somente: "entramos no *eliali*"), mas uma simples escansão da duração, os diferentes informantes lhe atribuem durações e datas diferentes: um deles até situa o primeiro dia de *ennayer* ao mesmo tempo no meio do inverno e no meio de *eliali* embora não

---

4. Uma vez que a intenção própria dessa exposição, não pareceu útil oferecer para cada rito, lenda, símbolo, ditado ou provérbio, a lista (aliás, necessariamente incompleta) das referências aos autores que os mencionam e proceder a uma espécie de crítica filológica que seria necessário para determinar em que medida as diferentes observações se recobrem totalmente ou em parte (seja por empréstimo, declarado ou não, seja pela recolecção separada, no mesmo lugar ou em lugares diferentes etc.), no que elas se completam, se contradizem etc. Portanto, será suficiente dar aqui a lista dos livros ou dos artigos nos quais se encontram ou se reencontram (a redundância sendo evidentemente enorme) algumas das informações (limitadas ao espaço cabila) que foram utilizadas nessa reconstrução (acrescentando-se aquelas dos livros ou artigos consultado a título comparativo, na base da hipótese de uma unidade cultural, que contém informações ou interpretações úteis): ANÔNIMO, B.E.I., 1934. • ANÔNIMO, F.D.B., 1954. • BALFET, 1955. • BOULIFA, 1913. • CALVET, 1957. • CHANTRÉAUX, 1941. • DALLET, 1953. • DEVULDER, 1951; 1957. • GENEVOIS, 1955; 1962; 1967; 1969; 1972. • HASSLER, 1942. • HÉNINE, 1942. • LANFRY, 1947. • LAOUST, 1918; 1920; 1921. • VINCENNES, 1953. • MARCHAND, 1939. • MAURY, 1939. • OUAKLI, 1933. • PICARD, 1958. • RAHMANI, 1933; 1935; 1936; 1938; 1939-1941; 1939-1942. • ROLLAND, 1912. • SERVIER, 1962; 1964. • SCHOEN, 1960. • YAMINA (Aït Amar ou Said), 1952. Para a comparação, foi especialmente consultado: Basset, 1922. • BEN CHENEB, 1905. • BIARNAY, 1909; 1924. • BOURRILLY, 1932. • DESTAING, 1907; 1911. • GALAND-PERNET, 1958; 1969. • GAUDRY, 1929. • LAOUST, 1912; 1918. • LÉVI-PROVENÇAL, 1918. • MARÇAIS & GUIGA, 1925. • MENOUILLARD, 1910. • MONCHICOURT, 1915. • TILLION, 1938. • WESTERMARCK, 1911; 1926 (estas referências remetam à bibliografia no final do livro).

coloque *eliali* no meio (geométrico) do inverno, provando desse modo que a apreensão prática da estrutura que lhe leva a pensar *eliali* como o inverno do inverno vence sua razão calculadora. (Essa lógica se encontra na crença segundo a qual alguns "períodos", aliás, benéficos, comportam um momento funesto, cuja localização se ignora, e durante o qual convém evitar algumas ações, o "período" não sendo assim senão o campo de incerteza entre duas marcas.)[5]

Além da forma que o questionamento deve tomar para fazer surgir uma sucessão ordenada de respostas, tudo na relação da própria pesquisa trai a disposição "teórica" daquele que questiona, convidando aquele que é questionado a adotar também uma postura quase teórica: uma vez que exclui toda referência ao emprego e às condições de emprego das marcas temporais, a questão substitui tacitamente as marcas descontínuas, utilizadas para fins práticos, o calendário como objeto predisposto a acontecer como uma totalidade que existe fora de suas "aplicações" e independentemente das necessidades e dos interesses de seus utilizadores. Assim se explica que, fora das oposições primordiais como *eliali* e *es'maïm*, os informantes que são convidados a dizer o calendário restituem muitas vezes em prioridade aquilo que podem mobilizar séries eruditas como *mwalah'*, *swalah'* e *fwatah'* ou *izegzawen*, *imellalen* e *iquranen*. Em resumo, ao excluir tacitamente qualquer referência ao interesse prático que pode ter em cada caso uma pessoa particular – um homem ou uma mulher, um adulto ou um pastor, um agricultor ou um ferreiro etc. – em recortar o ano tal

---

5. É o caso de um "período" de frio assustador, *laâdidal*, do qual não se sabe em que momento ele se situa (evocado por um informante do Djurdjura, ele também é mencionado em uma canção que as mulheres cantam enquanto trabalham no moinho de farinha: "Se para mim *laâdidal* são como as noites de *h'ayan*, você dirá aos pastores que se refugiem no vilarejo"). É também, segundo diferentes informantes do Djurdjura, ao longo de uma noite que não se conhece que, durante o mês de *jember*, a água se transforma em sangue: caso se bela dela se pode morrer ou se tem sede durante todo o dia. Da mesma forma, *nisan*, mês benéfico, possui um momento funesto (*eddhagh*), desconhecido de todos (ou conhecido somente por alguns raros camponeses que conservam zelosamente seu segredo) e durante o qual qualquer árvore ou qualquer animal picado (e derramando sangue) morreria logo. Essa é uma ilustração exemplar da dialética da miséria e da insegurança que engendram o ritual mágico que, destinado a combatê-los, contribui de fato a redobrá-los.

maneira e em utilizar esta ou aquela marca temporal, constrói-se, sem sabê-lo, um *objeto* que não existe senão pela construção inconsciente de si mesma e de suas operações[6].

É, com esse efeito inevitável da construção gráfica que é preciso ter sempre no espírito ao "ler" o esquema apresentado abaixo e seu comentário, simples *descrições estenográficas*, destinadas a permitir ao leitor de se dar com um custo mínimo uma visão de conjunto das práticas que o modelo gerador deverá reproduzir.

> **O calendário e a ilusão sinótica**
>
> A maior parte dos informantes faz espontaneamente começar o ano no outono (*lakhrif*). Alguns deles situam o início dessa estação por volta de primeiro de setembro, outros por volta de 15 de agosto do calendário juliano, no dia chamado "a porta do ano" (*thabburth usugas*) que marca a entrada no período úmido, após a canícula de *es'maïm*: nesse dia, cada família sacrifica um galo e as associações os contratos são renovados. De fato, outros informantes situam a "porta do ano" na aberturas dos cultivos (*lah'lal natsh' arats* ou *lah'lal n thagersa*) que marca a virada mais decisiva do período de transição.
>
> O "período" consagrado aos cultivos (muitas vezes chamado *lah'lal*, mas também *h'artadem*) começa com a abertura dos cultivos (*awdjeb*), precedido pelo sacrifício de um boi comprado em comum (*thimechretb*) cuja carne é dividida entre todos os membros do clã (*adhrum*) ou do vilarejo. Cultivos e semeaduras, que começam assim que a cerimônia de abertura (que é ao mesmo tempo um rito de chuva) foi realizada e assim que a terra está suficientemen-

---

[6]. De um modo mais geral, a cumplicidade que o etnólogo obtém, no fundo tão facilmente, quando se interessa aos mais fundamentais temas culturais resulta do fato de que a atividade intelectual que suas questões provocam em seus informantes pode lhes aparecer como idêntica àquela a qual se consagram espontaneamente e de onde já saiu a melhor parte das produções culturais que eles lhe oferecem: provérbios, ditados, enigmas, sentenças, poemas gnômicos etc.

1 O *"calendário" abstrato*

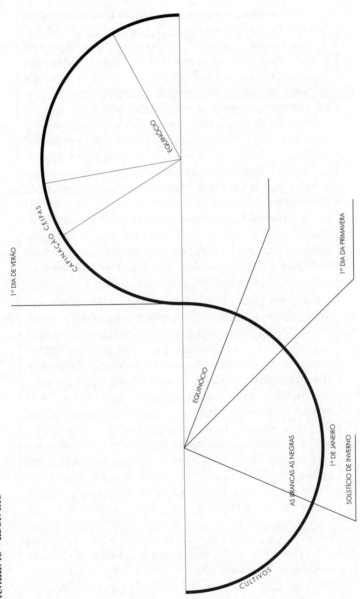

335

te úmida, podendo se prolongar até meados de dezembro, ou mesmo além, segundo as regiões ou os anos.

Na realidade, é sem dúvida abusivo falar de período a respeito de *lah'lal*: esse termo (e a unidade temporal que lhe corresponde) define-se praticamente, no universo da estação úmida, em oposição a *lakhrif* (cultivos e semeaduras se opõem então à colheita e à secagem dos figos, aos trabalhos de cultivo no *thabh'irth*, a horta de verão, e a *laâlaf*, cuidados especiais dados aos bois debilitados pela debulha a fim de prepará-los para os cultivos); mas ele também pode se definir, no mesmo universo, por oposição a *eliali*, momento vazio do inverno; em uma lógica diferente, também pode se opor a todos os outros períodos considerados lícitos para um tipo determinado de trabalhos que, efetuados fora desses momentos, seriam *h'aram* (ilícito): por exemplo, *lah'lal lafth*, período lícito para as semeaduras de nabos (a partir do 17º dia do outono, 3 de setembro do calendário juliano), *lah'lal yifer*, período lícito para a retirada das folhas das figueiras (fim de setembro), etc.

O inverno (*chathwa*) começa, de acordo com os informantes, em 15 de novembro ou em 1º de dezembro, sem qualquer rito especial (o que tende a mostrar que a oposição entre o outono e o inverno é pouco marcada); outros informantes dizem até mesmo que não se pode conhecer o primeiro dia do inverno. O coração do inverno é chamado *eliali*, as noites, período de quarenta dias no qual quase todos os informantes distinguem duas partes iguais, *eliali thimellaline*, as noites brancas, e *eliali thiberkanine*, as noites negras, distinção que, como testemunha a extensão de suas aplicações, é o produto de um princípio de divisão absolutamente abstrato e formal ainda que os informantes encontram para ele justificações nas variações climáticas. Assim que os trabalhos do outono se encerram é a estação morta que, como tal, se opõe a *es'maïm*, o tempo morto da estação seca, ou então, como se viu, a *lah'lal*, tempo de plena atividade, mas que também se opõe sob uma outra relação à transição entre o inverno e a primavera (*es-sbaât* ou *essubuâ*, as "setenas"); ainda sob um outro ponto de vista à transição entre o inverno e a primavera (*es-sbaât* ou *essubuâ*, as setenas"), ainda sob um outro ponto de vista, são as "grandes noites" (*eliali kbira*) em oposição às "pequenas noites" (*eliali esghira*) de fevereiro e de março, às "noites do pastor" e às "noites de H'ayan". Situado no coração do inverno, o primeiro dia de *ennayer* (janeiro) é marcado por todo um conjunto de ritos de renovação e de impedimentos (em particular a varredura e a tecedura) que alguns informantes estendem a todo o período dos *issemaden* (os frios) que cobre a passagem de dezembro a janeiro.

O fim de *eliali* é marcado pela celebração ritual de *el âazla gennayer*, a separação de *ennayer*: a vida apareceu na superfície da terra, os primeiros brotos aparecem nas árvores, é a abertura (*el ftuth'*). O cultivador vai aos campos plantar os ramos de loureiro-rosa que têm o poder de expulsar *maras*, a larva branca, dizendo "Sai, ó larva branca! O khammes te quebrará os rins!" (segundo outros informantes – Collo –, esse rito é realizado no primeiro dia da primavera). Nesse mesmo dia, antes do nascer do sol, dirige-se, dizem, ao estábulo e se grita na orelha dos bois: "Boa notícia, Ennayer acabou!". Alguns informantes dizem *âazri*, o solteiro, para *âazla*, a separação "porque a partir dessa data a primavera se aproxima e os casamentos começam a ser celebrados" por uma espécie de jogo de palavras que recobre sem dúvida um jogo com as raízes míticas. É o início de um longo período de transição e de espera que é recoberto por uma terminologia tão rica quanto confusa: se o outono, como o diz um informante, "é um todo", a passagem do inverno para a primavera é um mosaico de momentos mal definidos e quase todos maléficos cujos nomes variam.

É assim que o termo *thimgharine*, as velhas, ou *thamghart*, a velha (nomes que evocam a lenda dos dias de empréstimo que narra como, ao emprestar alguns dias do período seguinte, o inverno – ou janeiro, ou fevereiro etc. – pôde castigar uma velha – ou uma cabra, ou um negro – que o havia desafiado), ou o nome de *amerdil*, o emprestado, que designa ou o momento da passagem de um mês a um outro (de dezembro a janeiro, ou de janeiro a fevereiro ou de fevereiro a março e mesmo de março a abril em Ain Aghbel), ou o momento da passagem do inverno à primavera. *H'usum*, nome erudito de origem árabe que se refere a uma surata do Alcorão, é utilizado geralmente com *h'ayan* (ou *ah'gan*) para designar a passagem de *furar* a *maghres*. (Sem esquecer que o fato de reunir um conjunto de traços presentes em uma região sob a forma de uma série constitui já uma operação sincrética absolutamente artificial, as três séries principais foram colocadas no esquema: 1) *imirghane, amerdil, thamghart, ah'gan* ou *thiftirine, nisan*; 2) *thimgharine, há'yan, nisan*; 3) *el mwalah', el qwarah', el swalah', el fwatah', h'usum, natah', nisan*, que corresponderiam, simplificando bem, à Cabila do Djurdjura, à pequena Cabila, e por fim, às regiões mais islamizadas ou aos informantes letrados).

Mas a lógica mágica que quer que o momento mais desfavorável de um período globalmente incerto não possa jamais ser exatamente situado, faz com que os termos de *thimgharine* ou de *h'usum*, períodos eminentemente desfavoráveis, são às vezes utilizados para designar todo o período de transição de fim de janeiro a meados de março: nesse caso, se lhes faz englobar as quatro "semanas" que recortam o mês de fevereiro e cujo conjunto é chamado *es-sbaât* (os sete): *el mwalah'* (às vezes chamado *imirghane*), os salgados, *el qwarah'*, os picantes, *el swalah'*, os benéficos, *el fwatah'*, os abertos; essa série semierudita é muitas vezes chamada *ma, qa, sa, fin*, por um procedimento mnemotécnico empregado pelos marabutos e que consiste em designar cada uma das denominações por sua inicial; é também às suas virtudes mnemotécnicas que a série das divisões do início do verão – *izegzawen, iwraghen, imellalen, iquranen* –, às vezes também designada pela primeira consoante radical dos nomes berberes que as exprimem, *za, ra, ma, qin*, deve ser quase sempre citada pelos informantes. Encontra-se aqui diante de uma dessas dicotomias semieruditas, análogas àquela das noites de janeiro, que sempre têm uma tentativa de racionalização: os dois primeiros períodos, nefastos, acontecem no fim do inverno, os dois últimos, benéficos, na primavera. Da mesma maneira, os informantes que localizam *h'usum* nas duas semanas situadas a cavalo em janeiro e fevereiro, concentrando nele todos os traços característicos do período em seu conjunto, distinguem uma primeira semana, temida, e uma outra, mais favorável. Da mesma maneira ainda, inúmeros informantes (principalmente na Cabila do Djurdjura) distinguem dois *ah'gan* (ou *h'ayan*), *ah'gan bu akli, h'ayan* do negro, sete dias de frio intenso durante os quais todos os trabalhos são suspensos, e *ah'gan u hari*, *h'ayan* do homem livre, sete dias durante os quais "tudo revive sobre a terra".

Durante a "semana de *h'ayan*" (primeira semana de março), a vida cumpre sua obra. Não se deve atrapalhar seu trabalho indo aos campos ou aos pomares. Outros impedimentos de *h'ayan* e de *h'usum*: os cultivos, o casamento, as relações sexuais; trabalhar à noite; moldar e cozer a cerâmica; trabalhar a lã, tecer. A Aïn Aghbel, durante o período de *el h'usum* é rigorosamente proibido trabalhar a terra, é o *el faragh* (o vazio); é nefasto "começar uma construção, celebrar um casamento ou dar uma festa, comprar um animal". De modo geral, abstém-se de qualquer atividade que engaja o futuro. Entre os animais, também o crescimento parece encerrado: procede-se ao desmame (*el h'iyaz*) no final da semana de *h'ayan*, o dia do equinócio da primavera (*adhwal gitij*, o prolongamento do sol). Bate-se em um tambor para fazer barulho e impedir que os bois, que, nesse dia, compreendem e entendem a linguagem dos humanos, ouçam o que se diz sobre o "prolongamento dos dias", pois "eles ficariam com medo de trabalhar mais". Por causa de sua posição, *h'usum* (ou ainda *h'ayan*) se encontra investido de um caráter inaugural e augural muito semelhante àquele que, durante o dia, é atribuído à manhã: por exemplo, quando não chove, os poços não encherão durante todo o ano; quando chove, é sinal de abundância; quando neva no início, haverá muitos ovos de perdiz; por isso é a ocasião de ações propiciatórias (distribuição de esmolas) e adivinhatórias.

Uma vez decorridos os dias da velha e *h'usum*, considera-se que o rebanho está salvo: é *el fwatah'*, o tempo das saídas e dos nascimentos, tanto sobre a terra cultivada quanto no rebanho, onde os filhotes não precisam mais temer os rigores do inverno. O primeiro dia da primavera (*thafsuth*) já foi festejado, a festa do verde e da infância. Todo o ritual desse dia inaugural de um período augural é colocado sob o signo da *alegria* e dos objetos que trazem sorte e prosperidade. As crianças saem nos campos ao encontro da primavera. Eles comerão do lado de fora uma sêmola de cereais torrados e de manteiga. O cuscuz servido nesse dia (*seksu wadhris*) é cozido no vapor de um caldo que contém *adhris*, a tápsia, planta que faz inchar. As mulheres abandonam os interditos dos cultivos e tingem as mãos com hena. Em grupos elas vão procurar urze para fazer vassouras cujo nome eufemístico é *thafarah'th* de *farah'*, a alegria, e que, fabricadas na alegria, trarão a alegria.

Os dias são mais longos. Não há muito trabalho a ser feito (com exceção dos trabalhos nos figueirais); é preciso esperar que a vida faça seu trabalho: "Em março", como se diz na Grande Cabila, "vá olhar suas colheitas e olhe bem"; e em outros lugares: "o sol da floração" (aquela das leguminosas e principalmente das favas, tão esperadas) "esvazie o aduar". As provisões estão esgotadas, o prolongamento dos dias é tão mais sentido quanto maior é a interdição de entrar nos campos (*natah'* não tendo ainda acabado), ainda menos se alimentar de favas e de ervas comestíveis. Daí os provérbios: "Março (*maghres*) escala como uma costela"; "Os dias de março são dias de sete merendas".

Com *natah'* ou *thiftirine* se encerra o tempo de transição. Esses termos, ambos de origem árabe, que designam com diferença de alguns dias o mesmo período, são raramente conhecidos dos camponeses da Cabila do Djurdjura (em que *h'ayan*, ou melhor, no falar local, *ah'gan*, foi deslocado para essa época). Durante *natah'*, "as árvores se agitam e se entrechocam"; teme-se o excesso de chuva e faz tão frio que "o javali treme". Como *h'usum* não se deve entrar nos campos cultivados e nos pomares (sob pena de causar a morte de uma pessoa ou de um animal). *Natah'* também é a estação do despertar da natureza, do desabrochar das culturas, da vida e dos casamentos. É (com o outono) o momento das bodas (segundo uma tradição letrada, "todos os seres vivos sobre a terra se casam"; recomenda-se às mulheres estéreis que comam caldo de ervas colhidas durante *natah'*) e das festas campestres. Por um procedimento familiar, alguns informantes dividem *thiftirine* ou *natah'* em um período desfavorável no mês de março ("os difíceis"), e um outro favorável ("os fáceis") no mês de abril.

Situado durante *natah'* no dia chamado retorno de *azal*, cuja data varia segundo as regiões por causa da diferença do clima (no mês de março, depois do desmame, ou um pouco mais tarde, em abril, no momento da tosa ou pouco depois, o limite extremo sendo no início de maio), a passagem da estação úmida à estação seca se marca por uma mudança do ritmo da atividade diurna: a partir desse dia, o rebanho que, até então, saia tarde pela manhã e voltava relativamente cedo, sai bem cedo de manhã e retorna no final da manhã para passar no vilarejo no momento chamado *azal* (palavra que designa o pleno dia, o dia claro, em oposição à noite e à manhã e mais precisamente o momento mais quente, dedicado ao repouso, da jornada), depois sai novamente no início da tarde e retorna no por de sol.

A época do mau tempo está definitivamente encerrada: doravante os campos *verdes* e as hortas estão prestes a receber os raios do sol. Entra-se no ciclo do seco e do amadurecimento; com *ibril*, mês particularmente benéfico ("abril, dizem, é uma descida"), começa um período de facilidade e de relativa abundância. Os trabalhos são retomados em todos os lugares: nos campos onde, o tempo crítico do crescimento já passou, pode-se proceder à capinação, a única atividade importante, e nas hortas onde se colhem as primeiras favas. Durante o período de *nisam*, cuja chuva benéfica, boa para trazer a fecundidade e a prosperidade a tudo o que vive, é evocada por toda espécie de ritos, procede-se à tosquia das ovelhas e se marca a ferro e fogo os cordeiros do ano. O fato de que *nisan*, como todos os períodos de transição, *natah'*, por exemplo, é um período ambíguo, mal definido sob o ponto de vista da oposição entre o seco e o úmido, se expressa aqui não na divisão em dois períodos, um fasto e outro nefasto, mas pela existência de momentos nefastos (como *eddbagh*) que ninguém sabe exatamente onde eles se situam e durante os quais é preciso evitar podar ou enxertar as árvores, celebrar as bodas, caiar as casas, montar o tear, colocar os ovos para chocar etc.

Quando se acaba o período chamado *izegzawen*, "os verdes", as últimas marcas de verdura desaparecem pouco a pouco no campo; os cereais, até então "tenros" (*thaleqaqth*) como o bebê que acabou de nascer, amarelecem. Os nomes das décadas ou semanas que recortam o mês de *magu* (ou *mayu*) designam as sucessivas aparências dos campos de cereais: após *izegzawen*, vêm *iwraghen*, os amarelos, *imellalen*, os brancos, *iquranen*, os secos. O verão (*anebdhu*) de fato começou. Os trabalhos característicos da estação úmida, cultivos (das figueiras) e semeaduras, ainda toleradas durante "os verdes", são absolutamente banidos do período chamado "os amarelos". A única preocupação é proteger as colheitas que amadurecem contra os perigos que as ameaçam (geada, pássaros, gafanhotos etc.) jogando-se pedras, gritando (*ah' ah'i*) ou com espantalhos. Os ritos coletivos de expulsão (*as'ifedh*) aos quais também se recorre para transferir as forças maléficas para fora do território que se quer proteger, em uma gruta, em um arbusto ou em um monte de pedras, depois de tê-las "fixado" em objetos (bonecas) ou animais (por exemplo, um casal de pássaros) destinados ao sacrifício, não são senão a aplicação do esquema da transferência do mal que é colocado em prática na cura de um bom número de doenças – febre, loucura como "possessão" por um *djin* ou esterilidade – ou nos ritos praticados com data fixa, em alguns vilarejos.

De acordo com a maior parte dos informantes, o primeiro dia do verão se situa em 17 do mês de *magu*. Da mesma maneira que os atos de fecundação são excluídos do mês de maio, também o sono é excluído do primeiro dia do verão: toma-se cuidado em não dormir durante o dia sob pena de se ficar doente ou de se perder a coragem ou o sentido de honra (cuja sede é o fígado). Sem dúvida é pela mesma razão que a terra retirada nesse dia é usada nos ritos mágicos que pretendem determinar o enfraquecimento ou a destruição do pundonor (*nif*) nos homens ou da independência que torna os animais rebeldes ao adestramento. No último dia dos *iquranen* chamado "uma brasa caiu na água", expressão que evoca a têmpera do ferro, ação própria do ferreiro, todos devem ter começado a ceifa (*essaïf*) que se encerra por volta de *insla*, o dia do solstício de verão (24 de junho), e em todos os lugares são acesas fogueiras. Atribui-se à fumaça, reunião do seco e do úmido que se obtém queimando o úmido (plantas, ramos e ervas verdes arrancadas nos lugares úmidos como os álamos ou o loureiro-rosa), o poder de "fecundar" as figueiras, identificando assim as fumigações e a caprificação. No final da debulha e do joeiramento começam os quarenta dias de *es'maïm*, a canícula, período durante o qual os trabalhos são interrompidos, assim como durante *eliali* ao qual ele sempre se opõe (por exemplo, muitas vezes se diz que se houver muito siroco durante *es'maïm* haverá neve e frio durante *eliali*).

Em oposição à ceifa e à debulha, *lakhrif* aparece como um tempo morto do ano agrário, ou melhor, do ciclo do grão. É também um período consagrado ao repouso e às celebrações que a abundância autoriza: ao grão recentemente colhido se acrescentam os figos, as uvas e os diversos legumes frescos, tomates, pimentões, abóboras, melões etc. Às vezes se faz começar *lakhrif* já em meados de agosto, em *thissemtith* (de *semti*, começar a amadurecer), momento em que aparecem os primeiros figos maduros e em que se instaura a proibição (*el h'aq*) de colher os figos, sob pena de multa. Quando chega *ichakhen* (*ichakh lakhrif, lakhrif* se generalizou), a colheita está a todo vapor, reunindo homens, mulheres e crianças; em primeiro de outubro, situa-se *lah'lal yifer*, momento em que se é autorizado a desfolhar as figueiras (*achraw*, de *chrew*, desfolhar) para alimentar os bois. Essa data marca o sinal da "retirada da vida" à qual todos se consagram durante as *iqachachen* (as "últimas"), destinadas à limpeza total das hortas, dos pomares e dos campos, com *thaqachachth lakhrif* (os últimos frutos são derrubados e as folhas das árvores retiradas) e "a limpeza da horta". Todos os traços de vida que se tinham perpetuado nos campos após a ceifa tendo assim desaparecido, a terra está pronta para os cultivos.

A fórmula geradora

O diagrama e seu comentário não valem apenas pelas comodidades de uma exposição mais rápida e mais econômica: eles não se distinguiriam das mais ricas recolecções anteriores senão pela *quantidade* e pela *densidade* da informação *pertinente* que reúnem se sua virtude sintética e sinótica não permitisse levar mais adiante tanto o controle lógico quanto a atualização simultânea assim como a coerência e as incoerências. Com efeito, a intenção propriamente "estruturalista" de construir a rede das relações constitutivas do sistema das práticas e dos objetos rituais como "sistema de diferenças", quando existe um esforço em realizá-lo até o fim, tem como *efeito paradoxal* arruinar a ambição que ali se encontra implicada: encontrar a atestação da validade dessa espécie de autointerpretação do real na coerência e na sistematicidade da interpretação e da realidade interpretada. A mais rigorosa análise não pode manifestar *toda a coerência possível* dos produtos do senso prático senão fazendo surgir ao mesmo tempo os *limites* dessa coerência, e obrigando assim a questionar o funcionamento dessa espécie de senso analógico que produz práticas e obras menos lógicas do que desejaria o panlogismo estruturalista e mais lógicas do que a evocação incoativa e incerta do intuicionismo gostaria de acreditar.

A prática ritual encontra seu princípio na necessidade de *re-unir* de maneira *sócio-lógica*, isto é, da única maneira ao mesmo tempo lógica e legítima dado um arbitrário cultural determinado, os contrários que a *sócio-lógica* separou (como, por exemplo, os ritos de cultivo ou de casamento) ou em dividir de maneira *sócio-lógica* o produto dessa *re-união* (como nos ritos de ceifa). A visão do mundo é uma divisão do mundo, que se baseia no princípio de divisão fundamental, distribuindo todas as coisas do mundo em duas classes complementares. Introduzir a ordem significa introduzir a distinção, significa dividir o universo em entidades opostas, aquelas que a especulação primitiva dos pitagóricos já apresentava sob a forma de "colunas de contrários" (*sustoichiai*). O limite faz surgir a diferença e as coisas diferentes "por uma instituição arbitrária", como dizia Leibniz ao traduzir o *ex instituto* da escolástica, ato propriamente mágico que supõe e produz a crença coletiva, isto é, a ignorância de seu próprio arbitrário; ela constitui as coisas separadas como separadas e por uma distinção absoluta, que não pode ser ultrapassada senão por um outro ato mágico, a transgressão ritual. *Natura non facit saltus*: é a magia da *instituição* que, no *continuum* natural, rede do parentesco biológico ou mundo natural, introduz o corte, a divisão, *nomos*, a fronteira que estabelece o grupo e seu costume singular ("verdade aquém dos Pirineus, erro além"), a necessidade arbitrária (*nomô*) pela qual o grupo se constitui como tal ao instituir aquilo que o une e o separa. O ato cultural por excelência é aquele que consiste em traçar a *linha* que produz um espaço separado e delimitado, como o *nemus*, bosque sagrado dado naturalmente aos deuses, o *templum*, espaço delimitado pelos deuses, ou simplesmente a casa que, com o limiar, *limen*, lugar perigoso onde o mundo se subverte, onde se inverte o signo de toda coisa, fornece o modelo prático de todos os *ritos de passagem*[7]. Se, como bem viu Arnold Van Gennep, o que todos os ritos de passagem têm em comum é que visam regrar magicamente a ultrapassagem de um limite mágico em que, como no limiar de uma casa, o mundo "gira"[8].

O senso do limite, que separa, e do *sagrado*, que é separado, é indissociável do senso da transgressão regulada, portanto legítima, do limite que é a forma por excelência do ritual: o princípio da organização do mundo está ainda no fundamento das ações rituais que pretendem tornar lícitas, ao negá-las, as transgressões necessárias ou inevitáveis dos limites. Todos os atos que desafiam a *diacrisis* originária são atos críticos, que fazem com que todo o grupo corra perigo e, primeiro, aquele que os realiza *para* o grupo, isto é, em seu lugar, em seu nome e em seu favor. As transgressões do limite (*thalasth*) ameaçam a ordem do mundo natural e do mundo social: "cada um por si", dizem, "a galinha canta (à maneira do galo) sobre sua cabeça", isto é, por sua conta e risco (ela será degolada). O arco-íris ou a mistura de granizo, de chuva e de sol, que é chamada a "boda do chacal" é um outro caso de união contra a natureza, isto é, contrária à classificação, à maneira do casamento do chacal e da camela, evocado em um conto como forma exemplar da má aliança. O limite por excelência, aquele que separa os sexos, não sofre em ser transgredido. Desse modo, aquele que foge ao combate se vê subme-

---

7. Substitui-se por *eufemismos*, e particularmente em presença de pessoas vulneráveis, ameaçadas em sua vida porque situadas *em um limiar* entre dois estados como, por exemplo, recém-nascidos, recém-casados, crianças recentemente circuncidadas (GENEVOIS, 1955), todas as palavras que encerram uma ideia de *corte*, de finitude, de encerramento: acabar, substituída por "ser feliz" ou "se tornar rico", estar acabado, quando se trata da ceifa, das provisões, do leite, substituída por uma expressão que significa "Há abundância", morrer, apagar, partir, quebrar, retomar, fechar (cf. a fórmula ritual que a mulher pronuncia em intenção de seu marido quando ele sai para o mercado: "Corte, e brotará novamente, que Deus torne as coisas fáceis e abertas", GENEVOIS, 1968, I, p. 81). Da mesma forma se evitam todos os termos que evocam uma violência contra a vida, como a palavra sangue que é substituída por água, durante os quarentas dias que seguem o parto ou o nascimento de uma criança. É por isso que ela implica a imposição de um limite, de um corte (não se corta o pão com uma faca), que a operação de mensuração é envolvida por toda espécie de eufemismos e de precauções mágicas: o dono evita operar ele próprio a medição da colheita e a confia a uma khammès ou a um vizinho (que o faz em sua ausência); usam-se expressões eufemísticas para evitar alguns números: pronunciam-se fórmulas rituais como: "Que Deus não nos meça suas generosidades!"

8. VAN GENNEP, A. *Les rites de passage*. Paris: Emile Nourry, 1909, p. 17.

tido a um verdadeiro ritual de degradação: amarrado *pelas mulheres* – o mundo invertido –, que lhe amarram um *lenço*, atributo tipicamente feminino, em volta da cabeça, untam-no com *fuligem*, arrancam-lhe os pelos da barba e do *bigode*, símbolo do *nif*, "para que no dia seguinte seja visível que uma mulher vale mais do que ele", ele é conduzido diante da assembleia, que solenemente o exclui do mundo dos homens (BOULIFA, 1913, 278-279). Considerado como *lkhunta*, isto é, neutro, hermafrodita, assexuado, ou seja, excluído do universo do pensável e do nominável, ele é reduzido a nada, à maneira desses objetos que se joga, para dele se livrar totalmente e para sempre, no túmulo de um estrangeiro ou no limite entre dois campos[9].

O caráter temível de toda operação de reunião dos contrários é relembrado particularmente a respeito da têmpera do ferro, *asqi*, que também significa caldo, molho e envenenamento: *seqi*, regar, ensopar o seco, é unir o seco e o úmido na ação de regar com o molho o cuscuz, é unir o quente e o frio, o fogo e água, o seco e o úmido na têmpera do ferro (*seqi uzal*), é derramar a "água queimada" e fervente – (*seqi essem*), o veneno (e também, segundo Dallet, imunizar magicamente contra o veneno). A têmpera do ferro é um ato terrível de violência e de artimanha, realizado por um ser terrível e velhaco, o ferreiro, cujo ancestral, Sidi-Daoud, era capaz de manter em suas mãos o ferro vermelho e de punir os maus pagadores estendo-lhes com um ar inocente um de seus produtos anteriormente superaquecido. Excluído das trocas matrimoniais – "ferreiro filho de ferreiro" é uma injúria –, o ferreiro, produtor de todos os instrumentos de violência, relha de arado, mas também facas, foices, machados com

---

9. Em Aït Hichem, a terra contida no prato no qual se recolhe o sangue da criança circuncidada era retirada *no limite entre dois campos* e então devolvida a esse lugar (mesma observação em Rahmani, 1949, que indica que o prato que recebeu o sangue serve de alvo para o tiro). É conhecido o papel que representa em muitos ritos de expulsão do mal a terra tomada *entre os limites*, lugar que, situando-se fora do espaço pensável, fora das divisões produzidas pelos princípios da divisão, representa o *fora absoluto*. O "túmulo do estrangeiro" ou do homem morto sem descendência, um desses outros lugares fora do espaço para aonde se expulsa o mal, representa muito mais a morte absoluta, sem retorno, o estrangeiro (*aghrib*) não sendo apenas aquele que está de alguma maneira duas vezes morto, isto é, morto a oeste, no poente, lugar da morte, mas também aquele que, morto em terra estrangeira, no exílio (*elghoba*) não encontrará ninguém que venha ressuscitá-lo (*seker*).

dois gumes e enxó, não participa da assembleia, mas sua opinião é levada em consideração quando se trata de guerra ou de violência.

Não se aventura sem perigo na encruzilhada das forças antagonistas. Pede-se à circuncisão (*khatna* ou *th'ara*, muitas vezes substituídos por eufemismos construídos com base em *dher*, ser limpo) a proteção que, como o sugere Durkheim[10], é necessária para enfrentar as forças terríveis que o sexo da mulher[11] encerra e, sobretudo, aquelas que estão inscritas no ato de reunião dos contrários. Da mesma maneira, o lavrador se cobre com um boné de lã branca, se calça com *arkasen*, sandálias de couro que não devem entrar na casa, para evitar que se torne o lugar de encontro entre o céu e a terra e de suas forças antagonistas no momento em que os coloca em contato[12]. Quanto ao ceifadeiro, ele coloca um avental de couro que certamente se assemelha ao do ferreiro (SERVIER, 1962, p. 217) e cujo sentido se ilumina completamente quando se sabe que, segundo Devaux, ele também era usado nos combates (DEVAUX, 1859, p. 46-47).

As mais fundamentais ações rituais são de fato *transgressões denegadas*. O rito deve resolver por uma operação socialmente aprovada e coletivamente assumida, isto é, em conformidade com a intenção objetiva da própria taxinomia que a faz surgir, a contradição específica que a dicotomia originária torna inevitável ao constituir como separados e antagonistas princípios que devem ser reunidos para que seja assegurada a reprodução do grupo: por uma *denegação prática*, de forma alguma individual como aquela descrita por Freud, mas coletiva e pública, ele pretende neutralizar as forças perigosas que a transgressão do limite sagrado pode desencadear, a violação do *h'aram* da mulher ou da terra que o limite produziu.

---

10. DURKHEIM, E. *Les formes élémentaires de la vie religieuse*: le système totémique en Australie. Paris: Alcan, 1912, p. 450.

11. É conhecido o uso do cauri, símbolo da vulva, como instrumento de profilaxia homeopática contra o mau-olhado: a visão da vulva é considerada como portadora de azar (cf. a injúria que se pratica entre mulheres e que consiste em levantar seu vestido, *chemmer*). Conhece-se também o poder destruidor que é atribuído ao sangue menstrual. Esse é um dos fundamentos do temor pela mulher.

12. Ao contrário, durante a capinação e a respiga, as mulheres que participam das coisas terrestres vão para os campos com os pés nus.

Entre as proteções mágicas que são postas em ação em todas as ocasiões em que a reprodução da ordem vital exige a transgressão dos limites que estão na própria base dessa ordem, e em particular todas as vezes que é preciso cortar, matar, em resumo, interromper o curso natural da vida, existem primeiramente os personagens ambivalentes, todos igualmente desprezados e temidos, agentes da violência que, como os instrumentos de violência que utilizam, a faca, a foice etc., podem também afastar o mal e proteger contra a violência, negros, ferreiros, açougueiros, medidores de grãos, velhas mulheres que, participando por natureza das forças maléficas que se trata de enfrentar ou de neutralizar, estão predispostos a representar o papel de barreiras mágicas, interpondo-se entre o grupo e as forças perigosas que a divisão engendra (corte) ou a reunião (cruzamento) contranatural: quase sempre é o ferreiro que é preposto aos atos sacrílegos e sagrados de corte, degola do boi do sacrifício ou circuncisão (ou ainda castração das mulas), e até mesmo acontece que se lhe confie a abertura dos cultivos; em um vilarejo da Pequena Cabila, a pessoa encarregada de abrir os cultivos, último descendente daquele que encontrou na terra, no lugar onde havia caído um raio, um pedaço de ferro com o qual fez a relha do seu arado, é encarregada de operar todos os atos de violência com o ferro e o fogo (circuncisão, escarificação, tatuagem etc.). De modo mais geral, aquele que é encarregado de fazer a abertura solene dos cultivos e que às vezes é chamado "o homem da boda", age como delegado do grupo e como bode expiatório designado para enfrentar os perigos inerentes à transgressão[13]. E a função primeira do sacrifício, realizado publicamente e coletivamente, por ocasião das grandes transgressões, durante os cultivos ou a montagem do tear (em que se unta com o sangue de um animal sacrificado a corrente e o montante superior do tear – Anônimo, F.D. B, p. 64), é ainda o de afastar o infortúnio encerrado na transgressão[14]. Mas como se pode observar particularmente bem no caso da degola do boi sacrificado ou no corte do últi-

---

13. Sem dúvida é preciso compreender na mesma lógica a defloração ritual tal como é praticada em algumas sociedades.

14. Se *qibla*, mulher velha que tem em comum com o ferreiro o fato de poder enfrentar os perigos vinculados ao entrecruzamento dos contrários, senta-se sobre o cilindro inferior do tear para mantê-lo enquanto se enrola a toalha de fios sobre o cilindro superior.

mo feixe, é sempre a própria ritualização que tende a transmutar o assassinato inevitável em sacrifício obrigado ao denegar o sacrílego em sua própria realização.

A transgressão mágica da fronteira instaurada pela lógica mágica não se imporia tão imperativamente se os contrários reunidos não fossem *a própria vida*, e sua dissociação em assassinato, condição de vida; se eles não representassem a reprodução, a substância e a subsistência, terra e mulher fecundadas, dessa forma arrancadas à *esterilidade* mortal que é aquela do princípio feminino quando é abandonado a si mesmo. De fato, a união dos contrários não abole a oposição e os contrários, quando são reunidos, eles se opõem tanto quanto, mas de forma diferente, manifestando a verdade dupla da relação que os une, ao mesmo tempo antagonismo e complementaridade, *neikos* e *philia*, e aquilo que poderia aparecer como sua "natureza" dupla se fosse pensado fora dessa relação. É assim que a casa que possui todas as características negativas do mundo feminino, escuro, noturno, e que é, sob esse ponto de vista, o equivalente do túmulo ou da moça, muda de sentido quando se torna aquilo que também é, o lugar por excelência da coabitação e do casamento dos contrários que, à maneira da esposa, a "lamparina do interior", encerra sua própria luz[15]: quando se acaba de colocar o telhado em uma casa nova, é à lamparina de casamento que se pede para trazer a primeira luz. Todas as coisas recebem assim propriedades diferentes, conforme são apreendidas no estado de união ou de separação, sem que nenhum desses dois estados possa ser considerado como sua verdade, do qual a outra não seria senão uma forma alterada ou mutilada. É assim que a natureza cultivada, o sagrado esquerdo, o feminino-masculino ou masculinizado, como a mulher ou a terra fecundada, opõe-se não somente ao masculino em seu conjunto – em estado de união ou de separação – mas também e principalmente à natureza natural, ainda selvagem e indomada – a moça e a terra não cultivada – ou que voltou ao natural deformado e maléfico que é o seu fora do casamento – o campo ceifado ou a velha feiticeira, com suas artimanhas e suas traições, que a aproximam do chacal.

---

15. Como se viu, a dualidade da mulher se retraduz na lógica das relações de parentesco sob a forma da oposição entre a prima paralela patrilinear e a prima paralela matrilinear.

2 Esquema sinótico das oposições pertinentes

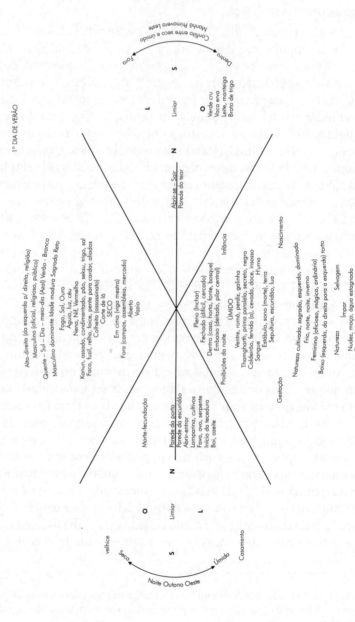

Essa oposição entre um feminino-feminino e um feminino-masculino é atestada de mil maneiras. A mulher feminina por excelência é aquela que não depende de nenhuma autoridade masculina, que, sem marido, sem filhos, não tem honra (*h'urma*); estéril, ela participa do que não é cultivado (a mulher estéril não deve plantar na horta nem transportar as sementes) e do mundo selvagem; ela se relaciona com a natureza indomada, com as forças ocultas. Tendo também parte com tudo o que é retorcido (*aâwaj*, torcer; "ela é de uma madeira ruim", "de uma maneira retorcida") e com tudo o que é de esquerda e que se deforma (atribuem-lhe *thiâiwji*, a destreza e a habilidade suspeitas que também caracterizam o ferreiro), ela é predisposta à magia, e especialmente àquela que emprega a mão esquerda, a mão cruel e fatal (um "golpe de canhoto" é um golpe mortal), e procede por giros *da direita para a esquerda* (em oposição ao homem que emprega a mão direita, a mão do juramento, e vira da esquerda para a direita). Ela também é especialista na arte de "torcer o olhar" (*abran walan*), de maneira dissimulada, na direção oposta àquela em que se encontra a pessoa a quem deseja mostrar sua desaprovação ou seu descontentamento – *abran*, virar da direita para a esquerda, dobrar (a língua), voltar para trás, em resumo voltar no sentido errado, se opõe a *qeleb*, voltar (as costas), inverter, como um movimento discreto, furtivo, passivo, uma dissimulação feminina, um golpe "torto", um procedimento mágico, a uma agressão manifesta, aberta, direta, masculina. Limite negativo da mulher, a velha, que condensa todas as propriedades negativas da feminidade (isto é, tudo o que, na mulher, suscita o terror dos homens, tão característico das sociedades "masculinas"), tem também por limite a velha feiticeira (*stut*) que se multiplicam nos contos (LACOSTE-DUJARDIN, 1970, 333-337) e a quem se atribuem poderes extraordinários ("sem dentes, ela devora as favas; cega, tece o algodão; surda, traz as notícias de todos os lugares"). Enquanto que ao envelhecer os homens ganham em sabedoria, as mulheres ganham em maldade. Ainda que, "não servindo mais para esse baixo mundo" (por não serem mais tocadas pela sexualidade), elas possam (fazer a prece cotidiana) (ANÔNIMO, 1964). As discórdias entre mulheres são muitas vezes atribuídas às velhas estranhas à família (são chamadas de "a ruína da casa"). O homem que vela pela boa harmonia de sua casa as afastam; e elas evitam frequentar as famílias nas quais a autoridade existe (*elhiba*).

A velha livre e estéril, que não tem mais "modos", leva à plena realização as virtualidades inscritas em qualquer mulher. Como o jovem broto que, deixado a si mesmo, cresce para a esquerda e que não é redirecionado para a direita (ou para o correto) senão por meio de uma distorção, de um "nó" ("a mulher é um nó na madeira"), toda mulher participa da natureza diabólica da mulher feminina, em particular durante o período menstrual, em que não deve preparar as refeições, trabalhar na horta, plantar, rezar ou jejuar. "A mulher, dizem, é como o mar" (onde se acumulam as imundices). *Elkhalath*, nome coletivo dado à "gente feminina", é também o vazio, o nada, o deserto, a ruína.

A prerrogativa que é atribuída ao princípio masculino e que lhe permite impor seus efeitos em toda união faz com que, diferentemente do feminino-feminino, o masculino-masculino não é jamais condenado abertamente, apesar da reprovação que pesa sobre certas formas do excesso das virtudes masculinas em estado puro, como o "pundonor (*nif*) do diabo" (do qual uma das encarnações é o ruivo[16], que espalha em todos os lugares a cizânia, que não tem bigode, que não é visto como companheiro no mercado e que, no julgamento final, quando todo mundo perdoa as ofensas, se recusa à indulgência etc., ou, de uma outra maneira, o *amengur*, o homem sem descendência masculina).

A divisão fundamental atravessa o mundo social de lado a lado desde a divisão do trabalho entre os sexos e, por meio delas, a divisão do ciclo agrário em períodos de trabalho e períodos de produção, até as representações e os valores, passando pelas práticas ritu-

---

16. É conhecido que o ruivo e o vermelho – em particular sob a forma da hena – são associados à virilidade (basta lembrar a colocação da hena às vésperas das grandes cerimônias da virilidade, casamento, circuncisão); o boi do sacrifício (do qual se espera que traga a chuva) não deve ser ruivo.

ais. São os mesmos esquemas práticos, inscritos no mais profundo das disposições corporais, que estão no princípio da divisão do trabalho e dos ritos ou das representações próprias a reforçá-la ou a justificá-la[17]. O trabalho empírico que estabelece as "colunas de contrários" sobre as quais repousa cada sistema cultural em sua singularidade arbitrária, isto é, histórica, permite recuperar o princípio da separação fundamental, *nomos* originária que se é tentado a pensar como situado na origem, em uma espécie de ato inicial de *constituição*, de instauração, de instituição, e que é de fato instituído em cada um dos atos ordinários da prática ordinária, como aqueles que a divisão do trabalho entre os sexos regula, essa espécie de criação continuada, ao mesmo tempo inconsciente e coletiva, estando no princípio de sua duração e de sua transcendência em relação às consciências individuais.

Pode-se explicar a distribuição das atividades entre os sexos (como aparece no quadro sinótico abaixo) combinando três oposições cardeais: a oposição entre o movimento para dentro (e, secundariamente, para baixo) e o movimento para fora (ou para o alto); a oposição entre o úmido e o seco; a oposição entre as ações contínuas e que pretendem fazer durar e gerar os contrários reunidos e as ações breves e descontínuas que pretendem unir os contrários ou separar os contrários reunidos. Não há necessidade de retornar à oposição entre o dentro, a casa, a cozinha, ou o movimento para o dentro (posto de lado) e o fora, o campo, o mercado, a assembleia ou o movimento para fora, entre o invisível e o visível, o privado e o público etc. A oposição entre o úmido e o seco, que recobre parcialmente a precedente, oferece à mulher tudo o que tem relação com a

---

[17]. "Todos os dias eles passeiam e fazem o bom cuscuz. As mulheres têm o cuscuz grosseiro (*abelbul*)" (PICARD, 1968, p. 139). Os cantos de mulheres, e em particular as reclamações que acompanham a moagem do grão, estão repletos de tais declarações. Mas é principalmente na magia, arma de luta dominada, que permanece submetida às categorias dominantes ("O inimigo do homem é a mulher"; "é a rivalidade das mulheres que o matou sem que ele estivesse doente"), que se expressa a resistência das mulheres à dominação masculina. Assim, por exemplo, para reduzir o homem ao estado de asno (*aghiul*, palavra tabu substituída por um eufemismo tomado ao árabe), isto é, ao estado de escravo privado de vontade, as mulheres utilizam um coração de asno seco, salgado e moído como poção mágica.

água, o verde, a erva, a horta, os legumes, o leite, a madeira, a pedra, a terra (ela capina com os pés descalços e amassa a argila das cerâmicas ou das paredes internas com as mãos nuas). Mas a última oposição, a mais importante do ponto de vista da lógica ritual, distingue os atos masculinos, enfrentamentos curtos e perigosos com as forças liminares, cultivo, ceifa, degola do boi, que fazem uso dos instrumentos fabricados pelo fogo e que se acompanham de ritos profiláticos, e os atos femininos de gestação e de gestão, cuidados contínuos que almejam garantir a continuidade, cozimento dos alimentos (análogos à gestação), criação das crianças e dos animais (que implica limpeza, transporte do adubo cujo odor debilita o gado e a criança, varrição), tecedura (concebida em um de seus aspectos como a criação de uma vida), gestão das reservas, ou mera colheita, muitas das tantas atividades que se acompanham de simples ritos propiciatórios. Extremamente vulnerável em si mesma, isto é, em sua vida e em sua fecundidade ("a mulher grávida tem um pé neste mundo e um pé no outro"; "seu túmulo está aberto da concepção até o quadragésimo dia após o parto"), e nas vidas que ela tem sob sua responsabilidade, as das crianças, do gado, da horta, a mulher, guardiã dos contrários reunidos, isto é, da vida, deve gerar e proteger a vida ao mesmo tempo técnica e magicamente.

> Incessantemente ameaçadas como guardiãs da vida, as mulheres são responsáveis por todas as práticas mágicas destinadas a proteger a vida (por exemplo, todos os ritos de *asfel* contra o mau-olhado). Todos os ritos que praticam têm como intenção *prolongar* a vida pelas quais são responsáveis e o poder gerador que carregam (a esterilidade sempre é atribuída a elas). Para evitar a morte da criança que ela carrega, a mulher grávida faz abluções ao lado de uma cadela que foi separada de seus filhotes. Quando uma mulher perdeu uma criança em tenra idade, ela se asperge com água no estábulo e as roupas do bebê são enterradas perto do túmulo assim como a enxada que serviu para enterrá-las (é "vender a enxada"; deseja-se à mãe que perdeu uma criança: "Que essa enxada seja irremediavelmente vendida!"). *A contrario*, todos os atos vinculados à fertilidade (plantar, passar hena nas mãos do noivo, *isli*, pentear a noiva, *thislith*, tocar aquilo que

3 A divisão do trabalho entre os sexos

Trabalhos masculinos	Trabalhos femininos
DENTRO Alimentar os animais à noite (Tabu da vassoura)	**Guardar** as reservas, a água, tomar conta das reservas, prender os animais que voltam dos campos **Cozinhar** (cozinha, fogo, caldeirão, cuscuz, alimentar as crianças, os animais [vacas, galinhas]) Cuidar das crianças **Varrer** (manter limpo) **Tecer** (e fiar a lã) **Moer** **Amassar** a terra (cerâmica e rebocar as paredes) **Ordenhar** a vaca (fazer manteiga)
FORA **Colocar** o rebanho para fora Ir ao mercado **Trabalhar** os campos (longe, aberto, amarelo, cereais) Lavrar (relha, calçados) Semear Ceifar (foice, avental) Debulhar Peneirar	Cuidar da horta (próximo, fechado, verde, legumes) (tabu do terreiro)
Transportar e erguer as vigas ("tarefa árdua" dos homens) e fazer o telhado transportar o adubo até os campos no lombo de animal	**Transportar** as sementes, o adubo (nas costas), a água, a lenha, a pedra e a água ("tarefa árdua" das mulheres) para a construção da casa)
Derrubar (subir nas árvores e varejar as olivas, derrubar as árvores – para a casa) **Cortar** a lenha, o diss (fabricar os utensílios de cozinha de madeira com um machado ou faca)	**Coletar** (colheita) as olivas (tabu da vara), os figos, os frutos, a lenha (galhos, ramos, baraços) e amarrar (os feixes) Respigar Capinar (pés nus, vestidos com cauda)
Degolar	**Esmagar** as olivas com os pés (cf. amassar) (tabu da degola) **Amassar** a argila (para a casa e o terreiro – com esterco) com a mão (depois de tê-lo extraído)

deve se multiplicar e aumentar) são proibidos à mulher estéril. Também pertence à mulher afastar os perigos que advêm pelas palavras: para a criança bem como para a horta, fala-se por eufemismos, até mesmo por antífrase ("que negrinho", se dirá de uma criança) para não desafiar a sorte (por uma espécie de *húbris* ou de jactância) e não causar inveja aos outros, atraindo dessa forma o mau-olhado, isto é, o olhar ávido e despeitado do *desejo invejoso*, principalmente feminino, que traz azar e ao qual as mulheres, como depositárias e guardiãs da vida, estão particularmente expostas (aquele, dizem, que vê uma vaca e a considera bela e gostaria de possuí-la, torna-a doente; os cumprimentos são perigosos: a inveja se expressa pelos elogios). "As hortas", dizem, "gostam do segredo (*esser*) e da gentileza." O eufemismo, que é *bênção*, se opõe à maldição, à blasfêmia. A palavra do caluniador é perigosa "como a mulher que monta o tear" (único caso em que a mulher opera um *cruzamento*, correndo um perigo análogo ao do homem na ceifa ou no cultivo). É também a mulher que aplica os antídotos mágicos, que pertencem ao universo do fogo e do seco, da concupiscência úmida (o mau-olhado, *thit'* às vezes também se diz *nefs*), como as fumigações odorantes, as tatuagens, a hena, o sal e todos os produtos amargos, assa foetida, loureiro-rosa, alcatrão etc., que são empregados para separar, distanciar, afastar (DEVULDER, 1957, p. 343-347).

Assim, a oposição entre o descontínuo masculino e o contínuo feminino se encontra tanto na ordem da reprodução – com a oposição entre a concepção e a gestação – quanto na ordem da produção, com a oposição, que estrutura o ciclo agrário, entre o *tempo de trabalho* e o *tempo de produção*, destinado à gestação e à gestão dos processos naturais. "As ocupações do homem, um suspiro e acabou. Para a mulher, sete dias se passam e suas ocupações não terminaram" (GENEVOIS, p. 69). "A mulher segue seu marido; ela termina o que ele vai deixando para trás"; "o trabalho da mulher é leve (*fessus*), mas incessante". É pelo intermédio da divisão entre os sexos de um trabalho que é inseparavelmente técnico e ritual que a estrutura da prática e das representações rituais se articula com a estrutura da produção: os grandes momentos do ano agrícola, aqueles que

Marx designa como *períodos de trabalho*[18], e nos quais os homens operam a reunião dos contrários ou a separação dos contrários reunidos, isto é, os atos *propriamente agrícolas* (em oposição aos atos de simples *colheita*, e preferência deixado às mulheres), são marcados por ritos de licitação coletivos absolutamente diferentes, por sua gravidade, sua solenidade e sua imperatividade, dos ritos profiláticos e propiciatórios que, durante todo o resto do *período de produção*, em que o grão, como a cerâmica colocada para secar ou a criança no ventre de sua mãe, sofre um processo puramente natural de transformação, são realizados principalmente pelas mulheres e pelas crianças (os pastores) e que têm como função *ajudar a natureza que trabalha* (cf. esquema 4).

Não há necessidade de mostrar como, pelo intermédio da divisão do trabalho técnico e ritual entre os sexos, o quadro de valores masculinos e femininos está vinculado à oposição fundamental do ano agrário: o preço que, quando se trata de um rapaz, é dado aos valores de virilidade e de combatividade se compreende quando se sabe que o homem, particularmente no cultivo, na ceifa e no ato sexual, é aquele que, para produzir a vida e os meios de satisfazer as necessidades

---

18. MARX, K. *O Capital*, II. Paris: Gallimard/Pléiade, p. 655 [Seção 2, cap. VII: "Temps de travail et temps de production"]. O calendário agrário reproduz sob uma forma transfigurada os ritmos do ano agrícola, isto é, mais precisamente os próprios ritmos climáticos retraduzidos na alternância entre o *tempo de trabalho* e o *tempo de produção* que confere sua estrutura ao ano agrícola. O regime das chuvas é caracterizado pela oposição entre a estação fria e chuvosa, que vai de novembro a abril – o máximo das precipitações, situado em novembro e dezembro, sendo seguido por uma diminuição em janeiro e por um aumento, que pode se fazer mais ou menos esperar ou faltar completamente, em fevereiro ou março – e a estação quente e seca, que vai de maio a outubro – com um mínimo de chuvas em junho, julho e agosto, e uma retomada, muito esperada, em setembro. A dependência em relação ao clima era evidentemente muito estreita por causa da pouca força de tração disponível – para os cultivos – e da precariedade das técnicas utilizadas – arado, foice. Da mesma forma, o equipamento simbólico que os ritos podem utilizar depende evidentemente dos produtos da estação (ainda que em alguns casos se façam reservas, por exemplo, de romãs expressamente para as necessidades do ritual); mas os esquemas geradores permitem encontrar substitutos e tirar proveito das necessidades e das obrigações externas na própria lógica do rito (assim se explica a concordância perfeita entre a razão técnica e a razão mítica que se observa em mais de um caso, por exemplo, na orientação da casa).

4 O ano agrícola e o ano mítico

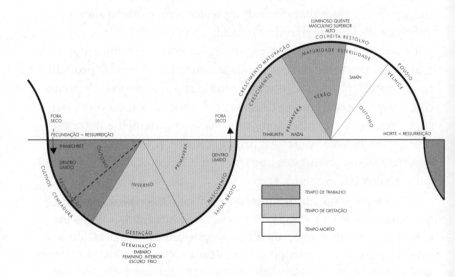

mais vitais, deve, por uma violência própria desencadear a violência, operar a reunião dos contrários ou a separação dos contrários reunidos; inversamente, a mulher, destinada às tarefas contínuas de gestação e de gestão, é logicamente chamada às virtudes negativas de proteção, de reserva, de segredo, que definem a *h'urma*.

A fronteira mágica, como se vê, está em todo lugar, ao mesmo tempo nas coisas e nos corpos, isto é, na ordem das coisas, na natureza das coisas, na rotina e na banalidade do cotidiano. Explicar também é relembrar o que a narrativa cega leva a esquecer, "história contada por um idiota, repleta de barulho e de furor, que não significa nada", assim como a evocação mística que transforma em uma espécie de liturgia inspirada a rotina um pouco mecânica e maníaca dos trabalhos e dos dias, os rosários de palavras estereotipadas que exprimem pensamentos pré-pensados (como: "dizem", "como dizem", "nós dizemos", que pontuam os discursos de informantes), os lugares comuns nos quais se sente bem, ao mesmo tempo em sua casa e como todos os outros, as séries de atos pré-formados, mais ou menos maquinalmente operados. É preciso ter consciência de que a simples descrição opera uma mudança de estatuto a todas as palavras ou ações sensatas sem intenção de sentido de que é feita a ordem ordinária e que, somente pela virtude do discurso, tornam-se proposições meditadas e atos premeditados; e que esse efeito se exerce muito especialmente sobre todos os gestos do ritual que, eternizados e banalizados pela "estereotipização mágica", como diz Weber, traduzem em movimentos impensados, virar à direita ou à esquerda, colocar de cabeça para baixo, entra ou sair, atar ou cortar, as mais características operações da lógica ritual, unificar, separar, transferir, inverter.

"Naquele dia, o pastor sai de manhã bem cedo para retornar a *azal*. Ele colhe um pouco de todas as ervas selvagens [...]. Com elas faz um buquê chamado também *azal* que será suspenso acima da soleira. Durante esse tempo, a senhora da casa preparou um pudim de leite [...]" (HASSLER, 1942). Por trás de cada uma dessas frases ordinárias de uma descrição ordinária como esta, é preciso saber não apenas descobrir um sentido que não é conscientemente dominado pelos agentes, mas também ver uma cena banal da vida cotidiana, um velho sentado diante de sua porta enquanto sua nora prepara o pudim de leite, os animais que retornam, a mulher que as prende, o rapaz que chega com um punhado de flores nas mãos, que colheu com a ajuda de sua avó, a mãe que as pega e as coloca acima da porta, tudo acompanhado de palavras ordinárias ("deixe-me ver", "muito bem, elas são lindas", "tenho fome" etc.) e de gestos ordinários.

E, sem dúvida, nada revelaria melhor a função e o funcionamento práticos dos princípios sociais de divisão do que uma descrição ao mesmo tempo realista e evocadora da transformação brusca e total da vida cotidiana que se opera no "retorno do *azal*". Tudo, sem exceção, nas atividades dos homens, das mulheres, das crianças, se encontra bruscamente mudado pela adoção de um novo ritmo temporal: as saídas do rebanho, claro, mas também o trabalho dos homens e a atividade doméstica das mulheres, o lugar onde se cozinha (é o momento em que se *retira o fogo* para instalar o *kanun*[19] no pátio), as horas de repou-

---

19. Kanun: é uma cavidade circular de aproximadamente 15cm de profundidade e 20cm de diâmetro. Em torno do kanun são dispostas em triângulo três grandes pedras destinadas a receber os utensílios [N.T].

so, o lugar onde se fazem as refeições, a própria natureza da alimentação, o momento e o itinerário dos deslocamentos e dos trabalhos das mulheres no exterior da casa, o ritmo das reuniões da assembleia dos homens, das cerimônias, das preces, das reuniões fora do vilarejo, dos mercados.

Na estação úmida, pela manhã, antes *doh'a*, todos os homens se encontram no vilarejo: com exceção da reunião que acontece às vezes às sextas-feiras após a prece coletiva, é sempre é momento que acontece a assembleia do clã e todas as comissões de conciliação (a respeito de partilhas, de repúdios etc.); é ainda nessas horas que são lançados, do alto do minarete, os chamados que dizem respeito ao conjunto dos homens (como a convocação aos trabalhos coletivos). É nos arredores de *doh'a* que o pastor sai com seu rebanho e que os homens partem para os campos ou para as hortas, seja para realizar os grandes trabalhos sazonais, como os cultivos ou a preparação da terra, ou para se dedicar às pequenas atividades que preenchem as "estações mortas" do ano ou da jornada agrária (arrancar as ervas, escavar e limpar as fossas, coleta da lenha ou extração das raízes etc.). Quando a chuva, a neve ou o frio impede todo trabalho nos campos ou que a terra, demasiado molhada, não pode ser pisada sem prejuízo para a colheita futura ou para os cultivos vindouros, quando o mau estado das estradas e o medo de ficar retido longe de casa suspendem as relações tradicionais com o exterior, o imperativo que impõe aos homens que se mantenham fora durante o meio da jornada os reúne todos na casa comum, para além das próprias divisões. Nessa época do ano, com efeito, não falta um homem no vilarejo onde os habitantes do *azib* – aldeia – se recolhem desde *thaqachachth* (fim de outubro).

A refeição da noite (*imensi*) é servida bem cedo, assim que os homens, despojados de seus mocassins e de suas roupas de trabalho, tiraram um momento de repouso. Ao cair da noite, todos já regressaram aos seus lares, com exceção daqueles que têm que fazer a prece da noite na mesquita onde geralmente se antecipa a última prece (*el âicha*) para dizê-la ao mesmo tempo que a do *maghreb*. Uma vez que os homens fazem todas as refeições no interior da casa (com exceção do lanche), as mulheres, despossuídas de seu espaço próprio, esforçam-se em reconstruir um universo separado ao fazer os preparativos da refeição do lado da parede da sombra, à tarde, durante a ausência dos homens, e ao evitar atrair a atenção, mesmo quando se apressam, ou se deixar surpreender sem ocupação: o tear, que permanece montado durante toda a estação úmida, oferece-lhes uma espécie de véu atrás do qual elas podem se isolar, assim como um álibi de uma atividade sempre disponível. Mesmas estratégias na utilização do espaço do vilarejo: a presença dos homens impede a mulher de ir até a fonte durante toda a manhã, ainda mais que os riscos de cair as obrigam a tomar algumas precauções especiais; é, portanto, a "velha" que, pela manhã, garante o aprovisionamento de água e que, na falta de uma menina, defende das galinhas e dos animais a esteira sobre a qual são estendidos os grãos ou as olivas que esperam para ir para a prensa ou para o moinho.

O recolhimento do grupo sobre si mesmo, e também sobre seu próprio passado, sobre suas tradições – com as narrativas e os contos das longas noites passadas na peça reservada aos homens – se opõe à abertura para fora da estação seca[20]. O despertar do vilarejo, bastante discreto na estação úmida, é acompanhado, desde o retorno de *azal*, de muito barulho e de agitação: aos passos das mulas que anunciam a passagem dos que vão ao mercado sucede a trepidação dos rebanhos que saem em uma sequência ininterrupta, depois a martelação dos cascos dos asnos, que assinala a partida dos homens para os campos ou para a floresta. Nos arredores de *doh'a*, o jovem pastor recolhe seu rebanho e uma parte dos homens retorna ao vilarejo para fazer o repouso do meio da jornada. O chamado do muezim para a prece do *ed-dohor* é o sinal da segunda saída do dia. Em menos de meia hora, o vilarejo se esvazia, quase que totalmente desta vez: pela manhã, as

---

20. A estação úmida é a época dos ensinamentos *orais*, nos quais se forja a memória do grupo. Na estação seca, essa memória é agida e enriquecida pela participação nos atos e nas cerimônias que selam a unidade do grupo: é no verão que as crianças fazem o aprendizado prático de suas tarefas futuras de camponeses e de suas obrigações de homens de honra.

mulheres estavam retidas em casa por seus afazeres domésticos e principalmente pela inconveniência que haveria em se repousar do lado de fora, no meio da jornada (*lamqil*), sob uma árvore, à maneira dos homens, ou em se apressar no caminho de volta para estar em casa, como convém a uma mulher, nesse momento reservado à intimidade; ao contrário, de tarde, são poucas, exceto em algumas ocasiões, que não acompanham os homens: são primeiramente as "velhas" que, depois de ter dado suas ordens a uma de suas noras, aquela a quem cabe a vez de preparar a refeição da noite, vão dar sua contribuição aos trabalhos e afirmar à sua maneira sua autoridade, visitando as hortas, observando as negligências dos homens – o pedaço de madeira que ficou para trás, o punhado de forragem que caiu ao longo da estrada ou o galho abandonado sob uma árvore – e trazendo, de noite, em cima da jarra de água fresca recolhida na fonte da horta, um maço de ervas, de folhas de uva ou milho, para os animais domésticos. São também as jovens esposas que, sobretudo durante a colheita dos figos, acompanham seus maridos para recolher os frutos que eles varejaram, separá-los e dispô-los sobre as esteiras e que voltam de noite, caminhando alguns passos atrás deles, sós ou acompanhadas pela "velha".

Assim, a dupla saída delimita *azal*, espécie de tempo morto, no sentido forte do temo, que cada um tem o dever de respeitar: tudo é silencioso, tenso, austero; é o "deserto" nas ruas. A maior parte dos homens está dispersa fora do vilarejo, alguns moram no *azib* (aldeia), outros ficam retidos permanentemente longe da casa pelos cuidados exigidos pela horta e pela parelha de bois que estão na engorda, outros vigiam o secador de figos (toda família teme, nessa estação, não conseguir reunir seus homens em caso de urgência). Não se sabe a quem, ao homem ou à mulher, pertence nesse momento o exterior. Portanto, ambos se abstêm de ocupá-lo. Aquele que se aventura nas ruas a essa hora tem algo de suspeito. Os raros homens que não permaneceram nos campos dormindo sob uma árvore fazem sua sesta estendidos aqui ou acolá, à sombra de um alpendre ou de uma cerca, diante da mesquita, nas pedras planas, ou no interior, no pátio da casa ou, quando dispõem, em um cômodo separado. Sombras furtivas saem de uma casa, atravessam a rua, entram em uma outra: são as mulheres que, também desocupadas, aproveitam que a presença dos homens é bastante discreta para se reunir ou se visitar. Apenas os jovens pastores que retornaram ao vilarejo com seu rebanho animam com suas brincadeiras – *thigar*, luta com golpes dos pés, *thighuladth*, tiro ao alvo com pedras, *thimristh*, a "pose", espécie de jogo de damas etc. –, os cruzamentos periféricos e os lugares de reuniões secundárias.

A partição fundamental

Somente um modelo gerador ao mesmo tempo muito poderoso e muito simples permite escapar à alternativa do intuicionismo e do positivismo sem cair na interpretação interminável à qual se dedica o estruturalismo quando, por não remontar aos princípios geradores, ele não pode senão reproduzir interminavelmente as operações lógicas que são muitas das tantas de suas atualizações contingentes. Conhecendo o princípio de divisão fundamental (cujo paradigma é a oposição entre os sexos), pode-se novamente engendrar, portanto *compreender completamente*, todas as práticas e todos os símbolos rituais a partir de dois esquemas operatórios que, como processos naturais culturalmente constituídos na e pela prática ritual, são inseparavelmente lógicos e biológicos como os processos naturais que eles pretendem reproduzir (no duplo sentido) quando são pensados na lógica mágica: por um lado, a *reunião dos contrários separados*, cujas atualizações exemplares são o casamento, o cultivo ou a têmpera do ferro e que engendra a vida, como uma reunião realizada dos contrários, e, por outro lado, a *separação dos contrários reunificados*, destruição e condenação à morte, com, por exemplo, o sacrifício do boi e a ceifa como assassinatos denegados[21]. Essas duas ope-

---

21. Os operadores fundamentais, unir e separar, são o equivalente prático de preencher e esvaziar: casar-se, é *âammar*, estar cheio. Lugar de convergência das quatro direções, o cruzamento é o símbolo do cheio masculino, a companhia (*elwans*), que, por um lado, se opõe ao vazio do campo e da floresta (*lakhla*), à solidão, ao medo, ao "selvagem" (*elwah'ch*) e, por outro lado, ao cheio feminino (*laāmara*), o vilarejo ou a casa; o que equivale a representar um papel em alguns ritos que visam garantir a fertilidade feminina.

rações, reunir o que a partição fundamental – *momos*, divisão e lei, lei de partição, princípio de divisão – separa, o masculino e o feminino, o seco e o úmido, o céu e a terra, o fogo (ou os instrumentos fabricados pelo fogo) e a água, e separar o que a transgressão ritual, cultivo ou casamento, condição de toda vida, reuniu, têm em comum seu caráter de sacrilégios inevitáveis, de transgressões ao mesmo tempo necessárias e contranaturais de um limite ao mesmo tempo arbitrário e necessário. Em resumo, basta se dar o princípio de divisão fundamental e essas duas classes de operações para re-produzir o conjunto das informações pertinentes em uma *descrição construída*, perfeitamente irredutível à enumeração interminável e, no entanto, incompleta dos ritos e das variantes que oferece à maior parte das análises anteriores sua aura extravagante ou mística.

    A partição original, que opõe o masculino e o feminino, o seco e o úmido, o quente e o frio, está no princípio da oposição, sempre citada pelos informantes, entre os dois tempos fortes, *eliali*, as noites, tempo do úmido e do feminino, ou melhor, dos contrários reunidos, do masculino no feminino, do feminino domesticado, da casa cheia, da mulher e da terra fecundadas, e *esmaïm*, a canícula, tempo do seco e do masculino em estado puro, o estado separado, dois momentos que condensam, levando-os à sua mais alta intensidade, as propriedades da estação seca e da estação úmida. Em torno desses dois polos, os ritos se organizarão em duas classes: por um lado, os ritos de licitação, que pretendem denegar ou eufemizar a violência inerente a todos os atos que operam a união dos princípios antagonistas, no cultivo, na têmpera do ferro, no ato sexual, ou, ao contrário, a separação dos contrários reunidos, pelo assassinato, a ceifa ou o corte do tecido; por outro lado, os ritos propiciatórios que almejam garantir ou facilitar as transições insensíveis e sempre ameaçadas entre os princípios opostos, a gerar a vida, isto é, os contrários reunidos, e fazer com que os elementos e os homens respeitem "a ordem do tempo" (*chronus taxis*), isto é, a ordem do mundo: feminilização do masculino, no outono, com os cultivos, as semeaduras e os ritos de chuva que os acompanham, masculinização do feminino, na primavera, com a separação progressiva do grão e da terra que se termina pela ceifa.

    Se o período chamado *eliali*, "as noites", é invocado por todos os informantes e sempre em relação com *esmaïm*, a canícula, é primeiro porque o inverno do inverno e o verão do verão concentram de alguma forma todas as oposições que estruturam o mundo e o ano agrário. O período de quarenta dias que deve representar o tempo que a semente, enterrada no outono, leva para germinar, é o exemplo por excelência desses tempos vazios em que nada acontece, em que todos os trabalhos estão suspensos e que não são marcados por qualquer rito importante (salvo alguns ritos de previsões).

É principalmente durante o primeiro dia de *ennayer* (situado no meio de *eliali*, no limite entre as noites "negras" e as noites "brancas") e por ocasião dos ritos de renovação que marcam o início do novo ano (substituição das três pedras do fogão, caiação das casas) e que têm como centro a casa – e o *kanun* – que as práticas de adivinhação são as mais numerosas: por exemplo, desde a aurora os carneiros e as cabras são chamados, sendo considerado de mau agouro quando uma cabra, animal associado ao feminino-feminino, assim como a velha (os dias da velha são também chamados "dias da cabra"), aparece em primeiro; untam-se com uma pasta de argila molhada as pedras do fogão, considerando-se que o ano será úmido se pela manhã elas ainda estiverem úmidas, e inversamente. O que se compreende não somente por causa do papel *inaugural* do primeiro dia de *ennayer*, mas também porque se encontra então em um período de *espera* e de incerteza em que não se pode fazer nada senão tentar antecipar o porvir: é por isso que os ritos de prognosticação relativos à vida familiar e principalmente à colheita do ano em curso são semelhantes àqueles cujo objeto é a mulher grávida.

O campo fecundado, devidamente protegido – à maneira da mulher[22] – por uma cerca de espinhos (*zerb*), limite sagrado que produz o sagrado, o tabu (*h'aram*) é o lugar de um trabalho misterioso e imprevisível que não se pode perceber do exterior e que é semelhante ao *cozimento* dos grãos de trigo e das favas no caldeirão ou ao trabalho de gestação que se realiza no ventre da mulher. Esse tempo é realmente o inverno do inverno, a noite da noite. Homólo-

---

22. *Ehdjeb* é proteger, dissimular, esconder, enclausurar (a mulher): de onde *leh'djubeya*, enclausuramento da mulher (GENEVOIS, 1969, II, p. 73).

go da noite, o inverno é o tempo do repouso dos bois no *estábulo*, noite e norte da casa, e das relações sexuais: como o javali[23], a perdiz, cujos ovos são símbolos de fecundidade, acasala-se durante *eliali*. É o momento em que o mundo natural está entregue às forças femininas de fecundidade das quais nunca se sabe ao certo se são perfeitamente e definitivamente masculinizadas, isto é, cultivadas e domesticadas. Os retornos ofensivos do inverno, do frio e da noite, estão ali para relembrar essa violência oculta da natureza feminina que sempre ameaça se voltar para o mal, para a esquerda, para a terra virgem, para a esterilidade da natureza natural. Na "controvérsia entre o inverno e o homem" (Anônimo, F.D.B., 1947), o inverno é apresentado como uma mulher (o nome da estação, *chathwa*, sendo tratado como um nome feminino personificado) e, sem dúvida, uma *velha*, encarnação das forças maléficas de destruição e de morte ("Teu gado, eu o matarei, ela diz. Quando me levantar, as facas começarão o trabalho"), de desordem e de divisão, que deve renunciar aos seus apetites de violência e mostrar mais moderação e clemência, em consequência de sua derrota em sua luta com o homem. Essa espécie de mito de origem relembra que o inverno, como a mulher, é duplo: existe nele a mulher puramente feminina, não mesclada, não domada, que a velha encarna, vazia, seca, estéril, isto é, o princípio feminino reduzido pela velhice à sua verdade puramente negativa (os retornos do mau tempo são às vezes explicitamente atribuídos à ação maléfica das "velhas" deste ou daquele vilarejo da tribo ou das tribos vizinhas, isto é, das feiticeiras que têm cada uma seu dia da semana); mas há também a mulher domada e domesticada, a mulher plena e plenamente mulher, e a fertilidade, o trabalho de gestação e de germinação, que a natureza fecundada pelo homem realiza. Toda a *natureza cultivada*, a terra onde são enterradas as sementes, mas também o ventre da mulher, é o lugar de uma luta semelhante àquela que opõe o frio e as trevas do inverno às forças de luz da primavera, da abertura, da saída (fora da terra, do ventre, da *casa*), com as quais o homem é conivente. É nessa lógica que é preciso compreender os "dias da velha", momento de transição e de

---

23. Se for "em *eliali* que o javali se acasala", "é em *ah'gan*, como dizem, que treme a coxa do javali"; ou ainda em *en-natah*', às vezes chamado "os três dias do tremor do javali".

ruptura entre o inverno e a primavera (ou entre dois meses do inverno): uma velha, que carrega diversos nomes, insulta um dos meses do inverno (janeiro, fevereiro ou março) ou a própria velha Inverno, desafiando-a a causar prejuízo aos seus animais; o mês (ou o inverno) pede ao seu vizinho que lhe empreste um ou vários dias para castigar a velha (GALAND-PERNET, 1958, p 44 e bibliografia). Em todas as lendas dos dias de empréstimo (*amerdil*, o emprestado), que, sem dúvida, não são apenas uma maneira de explicar os retornos inesperados do mau tempo, é um ser participante da natureza, mesmo do inverno, muitas vezes uma velha (como ela mesmo Inverno), uma *cabra* (OUAKLI, 1933; HASSLER, 1942), ou um *negro*, que é sacrificado pelo inverno ou, sem dúvida, segundo a lógica do bode expiatório, *sacrificado ao inverno*: esse sacrifício é aquilo que é necessário pagar para que a velha feiticeira Inverno aceite, pelo próprio fato de exigir ao período seguinte o empréstimo de alguns dias, respeitar os *limites* que lhe são impostos.

> Essa hipótese encontra uma afirmação no fato de que, em uma lenda recolhida em Aït Hichem, o papel da velha é representado por um *negro*, personagem desprezado e maléfico. Distinguindo no período chamado *ah'ayan* um período benéfico chamado *ah'ayan u h'uri* (*ah'ayan* do homem livre, do branco) durante o qual se pode semear e plantar, e um período maléfico chamado *ah'ayan bu akli* (*ah'ayan* do negro), semana de frio e de geadas durante a qual os trabalhos se encerram, um informante evocava uma lenda que diz respeito à *transgressão dos limites* constitutivos da ordem social: um negro queria se casar com a filha de um homem branco; preocupado em evitar essa união ímpia, o pai pediu ao pretendente que permanecesse durante sete dias sob uma cascata para se branquear. O negro suportou a prova durante seis dias: no sétimo, Deus, que era hostil a esse casamento, desencadeou uma chuva acompanhada de um arco-íris (como para o casamento do chacal) e de uma geada que mataram o negro (existe uma variante dessa lenda em BOURRILLY, 1932). De acordo com uma variante recolhida em Aïn Aghbel, é uma velha que, invertendo a divisão ordinária dos papéis e transgredindo os limites atribuídos às diferentes idades, pede a seus filhos que a casem: estes lhe propõem resistir ao frio durante sete noites e ela acaba

morrendo. Mais uma vez é um casamento contranatural que é invocado no conto intitulado "o casamento do chacal": esse animal que, como a velha ímpia ou a cabra impudica, encarna a desordem natural, a natureza não domesticada ("ele não tem casa"), faz um casamento fora de sua espécie, contranatural com a camela e, ainda por cima, não celebra as bodas: aqui também, o céu envia granizo e tempestade, como se a transgressão dos limites temporais que fazem a ordem natural não pudesse se justificar senão pela necessidade de impedir ou de castigar uma transgressão dos limites sociais. Na maior parte das variantes, a velha se caracteriza por sua intemperança verbal, que a leva ao desafio, ao insulto, à injúria e a essa forma de *húbris* que consiste em presumir do porvir, a ultrapassar o limite por excelência, que é temporal ("adeus, tio Ennayer, você saiu sem me fazer nada"). Mas, principalmente, feia, má, estéril, selvagem, que ultrapassa os limites da decência (nessa lenda, a velha de *ennayer* urina nas crianças; seu substituto, a cabra, sempre tem a cauda erguida sem pudor, o ventre achatado e vazio, os dentes vorazes e destruidores, que ressecam), ela é predisposta a enfrentar as forças más das quais participa e que se trata de devolver ao passado, de exorcizar, nos períodos inaugurais e liminares; em resumo, neste ponto semelhante ao negro e ao ferreiro, ela é inteiramente designada para combater o mal com o mal (como, aliás, faz durante a montagem do tear), para conduzir, em nome do grupo, o combate contra o inverno, seu *alter ego*, no qual ela se sacrifica ou é sacrificada.

Es'maïm, a canícula, é para a estação seca exatamente o que *eliali* é para a estação úmida: esse tempo morto que se opõe a *essaïf*, a ceifa, assim como, no interior da estação úmida, *eliali*, outro tempo morto, se opõe a *lah'lal*, os cultivos, apresenta no mais alto grau todas as propriedades da estação seca. Entra-se no reino *puro e estéril* do verão (portanto do fogo, do seco, do sal) com o mês de maio, considerado como desfavorável a todos os atos de procriação, portanto, aos casamentos (os casamentos de maio são destinados à ruptura e a todas as calamidades; "a maldita vassoura de maio" é o exato oposto da vassoura benigna do "primeiro dia de primavera": ela traz a ruína, o vazio e a esterilidade para a casa ou para o estábulo onde ela é utilizada). Os ritos que marcam o "primeiro dia de verão"[24] e, muito mais, aqueles do solstício de verão, *insla*, situado no início de *es'maïm*, tatuagens, escarificações curativas ou preventivas realizadas com um bastão de loureiro-rosa, retirado do buquê de *azal* (como a cila, *thiberwaq*, que marca as *separações* entre os campos), aplicações preventivas de um ferro vermelho sobre a cabeça, perfuração das orelhas das meninas, sangrias praticadas nos animais e nos homens etc., colocam em ação o ferro e o fogo e os instrumentos fabricados pelo fogo ou que lhe são associados, relha, foice, pente para cardar a lã e punhal (e também o carvão do ferreiro, atiçador) que são empregados para cortar, fatiar (em particular a garganta dos animais sacrificados e dos homens), perfurar, queimar, sangrar, e também para afastar as potências maléficas que pertencem ao reino do úmido, como os *djnun*. A noite de *insla*, ao longo da qual se acende o fogo estéril e purificador, na casa, no meio do rebanho, nos pomares, nos campos, pertos das colmeias, no terreiro etc., é destinada à esterilidade: a mulher, dizem, não pode conceber e as crianças nascidas nesse dia também estão condenadas à esterilidade (assim como os casamentos então celebrados)[25]. O tempo do seco é também o tempo do sal, do alimento assado e apimentado, viril e virili-

---

24. De acordo com Westermarck, o dia 17 de maio é chamado *el mut-el ardh*, a morte da terra. E ele relata toda uma série de tradições que têm em comum manifestar o caráter ressecante da jornada (por exemplo, o fato de que caso se durma, perde-se a afeição por sua mulher). Ele também observa que os sacrifícios feitos naquele dia são particularmente eficazes.

25. Segundo Destaing, os Beni Snous tinham costume de colocar nas hortas (lugar da cultura feminina) no momento de *insla* um caldeirão *virado para baixo* (símbolo do úmido e do negro do inverno) cujo fundo era untado de cal (branqueamento do negro). O esquema da reviravolta e da inversão é praticado em todos os ritos que pretendem obter uma mudança radical, e em particular uma passagem brutal do seco ao úmido, e principalmente do úmido ao seco. As operações de inversão – cujo equivalente verbal é a mentira absurda, às vezes empregada para obter uma inversão do curso das coisas – aquelas que por exemplo se realizam para obter uma mudança de tempo, distinguem-se das transgressões na medida em que ainda reconhecem a ordem invertida. Elas sempre têm como princípio o fato de arrancar um objeto ou um animal de seu *lugar natural* e de sua *posição normal* para provocar uma tensão cuja resolução é o efeito previsto (por exemplo, para obter a chuva, coloca-se uma tartaruga, com as patas para cima, em uma árvore – DESTAING, 1907, p. 254). O *limiar* que por si é inversão é um dos lugares de predileção desses ritos; o mesmo acontece até com um *espelho*. Esse esquema é também o que permite pensar toda reviravolta do pró e do contra, toda inversão; assim, de alguém que mente descaradamente, dizem: "ele colocou o leste no oeste".

zante, como as ervas secas que o temperam, do pão e do azeite ("o sol queima como o azeite") que é para o alimento do verão o que a manteiga é para o alimento da primavera.

O sal está fortemente associado ao seco e à virilidade: as palavras que significam estar quente também significam estar condimentado, forte, viril ("Sou aquele que come os alimentos salgados e rejeita os alimentos insossos", diz um canto de guerra do Rif – Biarnay, 1915), em oposição ao insosso, sem condimento, sem inteligência (salgam-se os bebês para evitar que sejam insosso, sem charme, imbecis). Os alimentos salgados e condimentados são especialmente destinados ao homem, porque geradores de coragem e de virilidade (é por isso que se coloca uma pitada de sal na roupa do menino quando seu pai o leva, pela primeira vez, ao mercado). Masculino e seco, o sal resseca e esteriliza o que é úmido (por exemplo, ele seca o leite da vaca). Por isso, ele é símbolo de *esterilidade*. Nos ritos de exorcismo em que se utiliza o sal, diz-se: "Da mesma maneira que o sal não cresce, que a infelicidade não cresça em mim"; "também o sal não pode ter raízes na terra, que aqui não cresçam nem as preocupações nem os aborrecimentos". Daquele que age levianamente, diz-se: "Ele acredita semear o sal", ele pensa que seus atos são sem consequências.

Es'maïm que apresenta no estado puro, sem mistura nem atenuações, todos as características do verão, é para o ano o que *azal* (o momento mais quente do dia), mais precisamente o "meio de *azal*" é para a jornada. Como *azal*, *es'maïm*, o deserto (*lakhla*) dos campos ceifados, o tempo do ferro e do fogo, da violência e da morte (o fio da espada, *s'emm*), é o tempo masculino por excelência.

Limiares e passagens

Os períodos de transição têm todas as propriedades do *limiar*, limite entre dois espaços, onde os princípios antagonistas se enfrentam e onde o mundo se inverte. Os limites são lugares de luta: limites entre os campos que são o lugar ou a ocasião de lutas bem reais (como um certo refrão conhecido por todos que evoca os velhinhos que "deslocam os limites"); limites entre as estações, com, por exemplo, a luta entre o inverno e a primavera; limiar da casa, onde se chocam as forças antagonistas e onde se operam todas as *mudanças de estado* vinculadas à passagem do interior para o exterior (são todas as "primeiras saídas" da mulher que acabou de dar à luz, da criança, do leite, do bezerro etc.) ou do exterior para o interior (como a primeira entrada da recém-casada, conversão do não cultivado em fecundidade); limite entre o dia e a noite (fala-se da "hora em que a noite e o dia se combatem"). Os ritos associados a esses momentos obedecem também ao princípio da maximização do benefício mágico: eles pretendem garantir a concordância da cronologia mítica e da cronologia climática, com seus saltos e seus caprichos, fazendo com que a chuva chegue em um determinado ponto no tempo dos cultivos, acompanhando ou acelerando caso necessário a passagem do seco ao úmido no outono, ou da umidade ao seco na primavera, em resumo, tratando de precipitar a vinda dos benefícios trazidos pela estação que se inicia, tentando ao mesmo tempo conservar tanto quanto possível os benefícios vinculados à estação que se termina.

O outono é o lugar em que o curso do mundo dá meia-volta, em que tudo fica de cabeça para baixo, o masculino no feminino, a semente nas entranhas da terra, os homens e os animais na casa, a luz (com a lamparina) nas trevas, o seco no úmido, até a reviravolta que, na primavera, colocará tudo em ordem esse mundo invertido, abandonado um momento ao domínio do princípio feminino, ventre, mulher, casa, noite. E o consumo imita visivelmente essa inversão paradoxal: engendrada de acordo com o esquema do molhar o seco, a alimentação do outono é feita de produtos secos (cereais, legumes secos, carne seca) que são fervidos na água, sem condimentos, no caldeirão ou, o que dá no mesmo, são cozidos no vapor ou que são aumentados com fermento. A mesma intenção objetiva faz parte também de todos os ritos que, no outono, são destinados a favorecer a chuva, isto é, a descida do seco masculino, da semente fecundante, na unidade feminina da terra: o sacrifício de um boi (*thimechereth*), que não deve ser ruivo, cor associada ao seco ("o boi ruivo deixa sua parte abandonada", dizem a respeito do ruivo preguiçoso) ou à abertura dos cultivos (*awdjeb*) que, como tal imita ritualmente a união temível dos contrários, é por si uma invocação da chuva.

Nas situações de infortúnio em que a lógica do desespero se impõe com uma força particular, as práticas destinadas a invocar a passagem do seco ao úmido ao fazer intervir a atração que o seco exerce sobre o úmido (como na invocação coletiva, na qual velhos carregando uma concha vestida de boneca vão ao vilarejo mendigar farinha – cf. PICARD, 1968, p. 302ss.) ou ao operar inversões e reviravoltas (na região de Collo, faz-se uma prece coletiva usando roupas colocadas do avesso) muitas vezes tomam a forma de ritos de súplica e de sacrifício, nos quais se oferece em tributo a miséria e o sofrimento, até mesmo a vida. Assim, em Sidi Aïch, as famílias *pobres* se reúnem para implorar pela chuva. Escolhe-se uma *viúva* virtuosa, vestida com uma túnica *suja*, que é colocada em um asno *magro*, e que, escoltada pelas *crianças* e pelos *pobres*, vai mendigar (gesto de miseráveis) de casa em casa. Ela é aspergida. Faz-se uma refeição coletiva em que se come um cuscuz que contém favas amassadas, chamado *tatiyaft* (rito encontrado em diferentes lugares sob formas simplificadas: por exemplo, são três velhos de uma família tratada como se fosse de marabutos que vão recolher os dons). O rito de suplicação destinado a *causar pena* (e ao mesmo tempo atrair a umidade sobre o seco e a esterilidade, a velha) encontra sua realização com a cerimônia chamada "pedido de misericórdia": em Aïn Aghbel, em caso de seca prolongada, a assembleia se reunia; designava um homem piedoso; submetiam-no aos ritos mortuários (lavagem, mortalha etc.) e deitavam-no na mesquita, com o rosto virado para o leste. O imame dizia a prece, levavam-no para sua casa e ele morria (GENEVOIS, 1962, conta também que Si Lhadj Azidan ofereceu sua vida por seu vilarejo, Tawrirt n-At-Mangellat). Esse rito representa sem dúvida o limite de todas as práticas coletivas, das quais os jogos com bola, como a *kura*, enfrentamentos simbólicos entre o seco e o úmido, do leste com o oeste, que dão lugar a terríveis violências, são um caso particular, e que parecem ter como função realizar *a oferenda dos sofrimentos e das humilhações* que eles infligem aos que *sofrem a dor designados*, em geral velhos, ou que se infligem mutuamente. Essa espécie de batalha coletiva, chamada *awadjah* (a humilhação pública), cujo mesmo informante de Aïn Aghbel fazia a narrativa: após uma prece dirigida pelo taleb e reservada aos homens, a assembleia pede em segredo a dois ou três homens e a duas ou três mulheres (evitando escolher o marido e a mulher) que conduzam o jogo; os homens se vestem de mulher (inversão), fabricam com dois pedaços de madeira uma boneca que vestem de mulher (com um lenço na cabeça); as mulheres se vestem como homens e fazem um manequim de homem. Eles saem de suas casas, primeiro as mulheres, e os habitantes da *zeriba* (clã) lhes batem com golpes de bastão ou de pedras (às vezes de machado); as mulheres lhes arranham o rosto (de onde, dizem, o nome dado à cerimônia, *awadjah*, de *wadjh*, o rosto). Se o jogo começa de manhã, não se almoça ao meio-dia. Quando se encontra um desses travestis, deve-se ou lhe jogar água e lhe dar um golpe (com o pé ou mão), ou na falta da água, colocar uma moeda em sua manga, ou pelo menos lhe bater. Quanto às mulheres fantasiadas, elas esperam até que tenham recebido alguma coisa. E isso sempre em silêncio. Os homens mascarados (mas não as mulheres) podem devolver os golpes, mas sempre sem falar. Segue-se uma batalha geral que se prolonga até o cair da noite.

 Der fato, mais do que outono, dominado pela ruptura que os cultivos marcam e pela lógica própria da fecundação, que se entrecruza com o trabalho ritual de umidificação do seco, a primavera é uma interminável transição, sempre suspensa e ameaçada, entre o úmido e o seco, que começa logo após *eliali*; ou melhor, uma luta incerta, marcada por incessantes inversões, entre os dois princípios. Diante desse combate, semelhante àquele que travam, pela manhã, as trevas e a luz, os humanos são condenados à ansiedade do espectador impotente: de onde, talvez, o florescimento dos termos calendários que descrevem quase todos estados do tempo ou das culturas. Nesses tempos, de espera, em que o destino das sementes depende de uma natureza feminina e ambígua, em que o homem não pode intervir sem perigo, a atividade é bastante reduzida, assim como o poder dos humanos sobre os processos, germinação ou gestação, que lhes escapam: incumbe à *mulher*, predisposta ao papel de parteira, de oferecer à natureza em trabalho uma espécie de assistência ritual e técnica, por exemplo, com a capinação, única atividade agrária que é exclusivamente feminina. Análogo ao trabalho da *horta*, essa *colheita do verde* (chama-se *waghzaz*, da família de *azegzaw*, o verde, o cru, a erva verde e crua, por exemplo os dentes-de-leão, que as mulheres colhem nos campos cultivados por ocasião da capinação e que são comidos crus), que se pratica com os pés nus e com a enxada, com o corpo *encurvado* em direção à terra, se opõe tanto aos cultivos quanto à ceifa, atividades de defloração ou de assassinato, que não podem incumbir a uma mulher (nem tampouco a um canhoto)[26].

O momento dito "a separação em ennayer" (*el âazla gennayer*), está associado à ideia de ruptura. Há "separação" nos campos: alguns procedem ao ritual da expulsão de "Maras" plantando nos campos ramos de loureiro-rosa. Há a "separação" na vida, com o primeiro corte de cabelos dos meninos. Esse tempo de ruptura é para o ciclo do grão o que para o ciclo da vida são os ritos que pretendem garantir a masculinização progressiva do menino, na origem coisa feminina, que começam desde o nascimento, e em particular todas as cerimônias que marcam as etapas da *passagem* ao mundo masculino, como a primeira entrada no mercado, ou o primeiro corte de cabelos, e que encontrarão sua coroação com a circuncisão.

> Todos os ritos de separação apresentam analogias evidentes, a despeito das variações de detalhe, uma vez que colocam em prática o mesmo esquema, ou seja, cortar, separar, e um conjunto de objetos próprios a simbolizar essas operações (faca, punhal, relha, moeda etc.)[27]. Dessa

---

26. A mulher que, em caso de força maior, é obrigada a realizar essas ações propriamente masculinas, deve se submeter a precauções rituais: segundo uma observação de Servier (1962, p. 124), uma mulher obrigada a trabalhar na lavoura coloca um punhal em sua cintura e calça os *arkasen* e, segundo Biarnay 1924, p. 47), as mulheres que, no Marrocos, eram obrigadas a sacrificar um animal, outra atividade proibida a uma mulher, deveriam colocar uma colher – símbolo fálico – entre suas coxas, sob suas roupas.

27. Durante a saída da noiva para fora de sua casa, manifesta-se simbolicamente o corte com sua família de origem (e muito especialmente com seu pai) colocando-lhe uma túnica (trazida pela família do noivo), colocando em seu calçado dinheiro (dado pelo pai do noivo), pendurando em seu pescoço uma faca (emprestada pelo pai do noivo) e recomendando-lhe que evite se virar e falar. Enquanto seu pai lhe faz beber água na concha de suas mãos, canta-se uma canção cuja variante é cantada também durante a primeira saída do menino para o mercado, por ocasião da circuncisão, quando se coloca o véu na mulher recém-casada e quando se coloca hena em suas mãos, outras tantas passagens e rupturas.

forma, após o nascimento, a criança é colocada à direita de sua mãe, ela própria deitada sobre o lado direito e são colocados entre os dois um pente de cardar, uma grande faca, uma relha, uma das pedras do fogão e um pote cheio de água (o informante que atribuía a alguns objetos mencionados funções transparentes – a faca "para que ele seja combativo", a relha "para que ele trabalhe a terra" – indicava que somente a presença do *aço*, e não de um ou outro dos objetos dessa matéria, é considerada como indispensável). Segundo uma outra fonte, coloca-se dinheiro, uma telha, aço, uma grande pedra plana e uma cabaça cheia de água (GENEVOIS, 1968). Até a sua primeira saída de casa, o menino está sob a proteção feminina, simbolizada pelas pequenas vigas, que cessará assim que ele tiver ultrapassado o *limiar*. Portanto, para essa primeira saída escolhe-se um período favorável, ou no momento dos cultivos e a criança conduzida aos campos, irá tocar o cabo do *arado*, ou na primavera (de preferência o dia inaugural da estação).

A importância do primeiro corte de cabelos está vinculada ao fato de que os cabelos, femininos, são um dos elos simbólicos que liga a criança ao mundo materno. É ao pai que incumbe fazer o primeiro corte de cabelos (com a navalha, instrumento masculino), o dia da "separação em *ennayer*" (*el âazla gennayer*), rito que o pai realizava pouco antes de conduzi-lo pela primeira vez ao mercado, isto é, em uma idade situada entre seis e dez anos; das crianças menores, o pai cortava somente o cabelo da têmpora direita[28].

Quando chegava o momento para a criança acompanhar pela primeira vez seu pai ao mercado, em uma idade variável segundo as famílias e segundo a posição particular da criança dentro da família, ela era vestida com roupas

---

[28]. Colocavam-se os cabelos da criança em um prato da balança e o equivalente em dinheiro no outro; essa soma servia para comprar carne ou então constituir um pecúlio que a criança utilizava por ocasião de seu primeiro mercado para comprar carne. Aliás, o pai cortava o pedaço da orelha de uma cabra, que se tornava, assim como seus filhotes, a propriedade do menino. As mulheres da vizinhança traziam ovos, e a mãe fazia pães com ovos. A festa tinha um caráter familial, e cada um lhe dava a importância que queria.

novas e seu pai lhe colocava na testa uma faixa de seda. Ele recebia um *punhal*, um *cadeado* e um pequeno *espelho*; no capuz de sua túnica, sua mãe colocava um ovo fresco. Ele partia no lombo de uma mula, precedendo seu pai. Na porta do mercado, ele quebrava o ovo (ato viril, realizado também por ocasião da abertura dos cultivos), abria o cadeado e se olhava no espelho, operador da inversão ("para que, dizia-se, mais tarde ele possa ver tudo o que se passa no mercado"). Seu pai o guiava pelo mercado, apresentando-o a uns e a outros e lhe comprando toda espécie de guloseimas. Ao retornar, eles adquiriam uma cabeça de boi, sem dúvida um símbolo fálico (como os chifres) associado ao *nif* – "para que ele se torne uma "cabeça" do vilarejo" – e compartilhavam como todos os parentes uma refeição de festa.

Todos os traços característicos dessa transição difícil se concentram de alguma forma na série dos *momentos críticos*, como h'*usum* e *natah'*, tempo de crise em que todas as forças más do inverno parecem se reanimar para colocar em perigo uma última vez o crescimento e a vida, ou *nisan*, considerado como benéfico, mas não isento de ameaças, períodos ambíguos que, mesmo para os piores, encerram a esperança do melhor e, para os melhores, a ameaça do pior. Tudo se passa como se cada uma carregasse em si o conflito que persegue toda a estação. E também a incerteza do porvir que faz com que esses períodos augurais (e em particular h'*usum* ou o primeiro dia da primavera) sejam destinados, como a manhã, aos ritos de prognosticação e às práticas inaugurais.

Essa ambiguidade está inscrita na própria estação: a primavera é crescimento e infância, dedicada à alegria, como o primeiro dia da estação: *thafsuth*, a primavera, se vincula à raiz FS, *efsu*, desfazer (as pilhas de engradados de figos), desembaraçar, esticar (a lã) e no passivo, germinar, desabrochar (as flores), eclodir, abrir-se, colocar em forma de espigas (LAOUST, 1920; DALLET, 1953, n. 714; SERVIER, 1962, p. 151). Mas é também a vulnerabilidade e fragilidade, como tudo o que se inicia. Ele é para o verão o que o verde e o cru (*azegzaw*), o tenro (*thalaqaqth*), broto de trigo ou bebê, e os produtos verdes, cujo consumo é considerado como destruição por antecipação (*aâdham*), são para os produtos terminados, amarelos (*iw-*

raghen), maduros, secos, endurecidos[29]. Como mãe, depositária e guardiã dos contrários reunidos, a mulher se encontra logicamente predisposta a todas as tarefas que consistem em proteger o que "cresce", o que é verde e tenro; é a ela que pertence vigiar o crescimento dos filhotes dos humanos ou dos animais, a manhã da vida, esperança ameaçada. É conhecido que, além da capinação, a coleta das ervas e dos legumes da horta lhe incumbe e também o cuidado da vaca, a ordenha do leite e a fabricação da manteiga, produto feminino, que se opõe ao óleo como o dentro ou o úmido e o fora ou o seco.

A primavera é o momento da horta e das leguminosas (*asafruri*), e em particular das favas, das quais uma parte é consumida verde; o tempo do leite que produz em abundância um rebanho alimentado de forragem verde, no estábulo ou na proximidade da casa, e que se consome sob todas suas formas (soro, coalhada, manteiga, queijo etc.). E a intenção de ter tudo ao mesmo tempo, de segurar ao mesmo tempo, como as crianças de Platão, tanto um quanto outro, de manter pelo maior tempo possível o *equilíbrio* entre as forças contrárias, que define a vida, de entrar no seco, como o desejavam os ritos de separação, mas conservando o úmido e impedindo o seco de exaurir o leite e a manteiga, afirma-se explicitamente nesse rito, praticado no dia de *azal*, em que a mulher enterra diante da entrada do estábulo um saquinho que contém cominho, benjoim e índigo dizendo: "Ó verde, devolve o *equilíbrio*, ela (a manteiga) não partirá e não penderá." Essa intenção também se observa muito claramente em todos os ritos associados à vaca e ao leite quer se trate de *fazer durar* evitando o *desperdício* (a sesta de *azal*, dia do dia, seco do seco, é o momento mais favorável ao roubo do leite). É assim que, combatendo o seco pelo seco, a senhora da casa que quer proteger a vaca, o bezerro e o leite das pessoas que tem o "olhar salgado", isto é, seco e ressecante (sal é sinônimo de esterilidade: "semear o sal"), recolhe um punhado de terra no lugar que o bezerro tocou ao cair e, misturando-a com sal, farinha de trigo e sete espinhos (picante é o

---

29. *Azegzaw* designa o azul, o verde e o cinza; ele pode qualificar uma fruta (verde), uma carne (crua), os trigos (em erva), um céu de chuva cinza (ele qualifica muitas vezes o céu nas invocações cantadas por ocasião dos ritos de chuva: PICARD, 302), cinza como o boi do sacrifício do outono (SERVIER, 1962, p. 74, 368). *Azegzaw* traz felicidade: oferecer algo verde, sobretudo de manhã, dá sorte.

equivalente de condimentado, de salgado) de espinheiro ou de figueira de Barbaria, faz um maço que ela amarra no chifre de uma vaca, e depois na batedeira; da mesma forma, durante os três dias que se seguem ao parto, ela evita tirar o *fogo*; ela não pode tirar o soro senão no quarto dia, depois de ter colocado algumas gotas na borda do *fogão* e no limiar e jogado uma *brasa* no recipiente que recebe o soro destinado a ser distribuído aos vizinhos (RAHMANI, 1936). Assim como para "devolver o leite" a uma vaca de quem ele foi retirado, ela pega, entre outras coisas, uma foice, uma relha do arado, arruda, um grão de sal, uma ferradura, um anel de aço e um fuso que ela faz girar sete vezes acima da vaca pedindo o retorno do leite e da manteiga (GENEVOIS, 1968, II, p. 77).

> Entre os ritos que as mulheres realizam para a proteção das crianças, os mais típicos são aqueles chamados os ritos de associação do mês (*thucherka wayur*) e que têm como finalidade defender a criança contra os ritos de transferência do mal (*aqlab*) que a mãe de uma criança nascida no mesmo mês pode realizar: as mulheres, diz um informante, vigiam aquelas com as quais dividem o mês (*icherqen ayur*). Com medo de que a outra envie todas os infortúnios ao seu bebê, cada uma dirá esforçando-se em ser a primeira a descobrir a parte de cima do rosto: "Eu te devolvo a transferência" (*aqlab*, a mudança). De uma criança que é assim atingida, se diz: "Ele me foi transformado, virado no mau sentido". Para se premunir, as duas mulheres podem dividir o pão, comprometendo-se assim em uma não trair a outra. Uma mulher que foi vítima de *aqlab* e que descobriu a causa de seu infortúnio assa trigo sobre *bufrah'* (o prato enegrecido) *colocado de cabeça para baixo*, isto é virado na direção errada, e vai jogá-lo às escondidas no telhado da casa da outra mulher dizendo: "Eu te devolvo aquilo que você me deu". O rito chamado *thuksa thucherka wayur*, o fato de retirar a associação do mês, é praticado no 3º, no 7º, no 14º, no 30º, e no 40º dias após o nascimento (dias chamados de "associação do mês"). Prepara-se um pó feito de cominho, incenso, alume, sal, "noz da associação" (*ladjuz ech-cherk*), *sanjar*, hena; coloca-se durante toda a noite na cabeceira da criança um ovo em uma tigela cheia de água. De manhã, na hora da primeira refeição se é uma

menina, no meio do dia se é um menino (diz-se: "A menina é a manhã", ela tem a obrigação de acolher bem logo; "o menino é a noite", pode-se contar com ele a longo prazo), a parteira mistura o pó e a água da tigela, o ovo servindo de batedor, e com o ovo mergulhado nessa solução traça um círculo em volta de todas as articulações; ela traça também um linha que vai de uma têmpora à outra na testa e uma outra que vai do meio da testa ao queixo recitando uma fórmula ritual. É o mesmo rito que, com diferentes variantes, é praticado durante os outros "dias de associação" (por exemplo, no 14º dia planta-se cem espinhos de tojo em um bambu do tamanho da criança e joga-se tudo em um riacho; no 30º dia plantam-se cem grãos de trigo em uma cebola que será plantada nos limites entre duas parcelas de terra). A parteira procede da mesma forma (com um ovo aspergido com o sangue do carneiro sacrificado) no dia de Aïd. De fato, a *thucherka* designa todos os impedimentos, os obstáculos que se opõem à sorte, ao casamento, ao sucesso, ao êxito. Assim, para uma moça que não consegue se casar, a parteira "corta" a *thucherka*; é ela quem desfaz a *thucherka* nas vésperas do casamento lavando a noiva em uma grande bacia.

O lugar preciso do limiar, onde a ordem das coisas se inverte "como um crepe em uma travessa", encontra-se explicitamente marcado, com o "retorno de *azal* (*tharurith wazal*), ponto de divisão entre a estação seca e a estação úmida, em que o ano bascula: o ritmo da jornada de trabalho – definido pela saída do rebanho – muda, e com ele, como já se viu, toda a existência do grupo. É o momento em que se *retira o fogo* para instalar o *kanun* no pátio. O rebanho e o jovem pastor, a doméstica ocupada em recebê-lo, em ordenhar e em manipular o leite, introduzem nos ritos elementos que participam do seco mais do que do úmido. O rebanho para de ser alimentado com erva tenra e verde vinda dos campos cultivados para ir pastar as plantas selvagens e secas. As ervas, as flores, os galhos que o pastor traz por ocasião de seu primeiro retorno na hora de *azal* e que formam o buquê também chamado *azal* e ritualmente colocado acima do limiar, feto, ládano, rosáceas, tomilho, lentisca, galhos de figueira macho, aspargo, olmo, tápsia, freixo, murta, rosmarino, urze, giesta, em resumo "tudo o que o vento agita no campo" (RAHMANI, 1936; YAMINA, 1952), são o produto selvagem da terra não cultivada – e não o produto, mesmo parasitário, da terra cultivada como as plantas que as mulheres coletam durante a capinação. A mudança é ainda mais visível na alimentação: os pratos especiais do "retorno de *azal*" atribuem um importante lugar ao leite, como no período anterior, mas é consumido de preferência cozido ou fervido.

A transgressão denegada

Os tempos de separação em que os princípios antagonistas estão de alguma forma em estado puro, como a canícula, ou ameaçam voltar, como o inverno, e os tempos de transição, em que o seco retorna ao úmido, ao outono, e em que o úmido retorna ao seco, à primavera, processos entre si opostos, mas em que a reunião e a separação se operam fora de qualquer intervenção humana, se opõem por sua vez, mas de outra forma, aos tempos em que a reunião dos contrários e a separação dos contrários reunidos tomam uma forma crítica porque incumbem ao próprio homem. A oposição entre os ritos propiciatórios, quase exclusivamente femininos, dos períodos de transição e os ritos de licitação, que se impõem imperativamente a todo o grupo, e primeiramente aos homens, durante os períodos de intervenção, ceifas e cultivos, retraduz, com efeito, na lógica específica do ritual a oposição, que atribui sua estrutura ao ano agrário, entre o tempo de trabalho e o tempo de gestação (isto é, o resto do ciclo de produção), durante o qual o grão sofre o processo puramente natural de transformação[30].

Os ritos que acompanham os cultivos ou o casamento têm como função tornar lícito, ao dissimulá-la, a colisão entre os dois princípios opostos, *coïncidentia oppositorum*, operada pela ação do camponês que é obrigado a forçar a natureza, praticar violação e violência, usando instrumentos que por si são temíveis, uma vez que produzi-

---

30. Pode-se se ver uma prova *a contrário* do elo entre o ritual e a transgressão sacrílega no fato de que um certo número de atividade é realizado com um acompanhamento muito reduzido de ritos: são todas as atividades de *colheita* (figos e olivas), às quais se pode anexar a capinação e o trabalho na horta, a tosa dos carneiros, a plantação das figueiras, a debulha ou o bater do leite. Assim, os ritos que envolvem as árvores são ao mesmo tempo bem pouco numerosos, muito variáveis e muito "transparentes" (como todos os ritos "facultativos"): por exemplo, contra a "tristeza" das oliveiras, unta-se seus troncos com hena para "torná-las felizes", pendura-se uma cabeça de asno em seus galhos etc.

dos pelo ferreiro, mestre do fogo: a relha, a faca, a foice. Trata-se de transformar em ações rituais sabiamente eufemizadas as ações objetivamente sacrílegas que consistem em separar, cortar, dividir (com a ceifa, o corte do fio da tecedura, a degola de um boi durante o sacrifício) o que a natureza (isto é, o *nomos*, a taxinomia) reuniu[31] ou, ao contrário, em reunir – com a têmpera do ferro, o casamento ou o cultivo – o que a natureza (isto é, a taxinomia) separou. As transgressões sacrílegas podem ser delegadas a um ser inferior, ao mesmo tempo temido e desprezado, que, agindo como sacrificador e bode expiatório, "retira o infortúnio"[32]: é o caso com a têmpera do ferro atribuída ao ferreiro, ou a degola do boi dos sacrifícios coletivos, confiada ao ferreiro ou a um negro. E quando elas devem ser assumidas por aqueles mesmos que são os responsáveis e os beneficiários, como a defloração da esposa, a abertura do primeiro sulco, o corte do último fio do tecido e a ceifa do último feixe, elas são transfiguradas por uma encenação coletiva que pretende lhes impor uma significação coletivamente proclamada, a de um sacrifício, que é o exato oposto de sua verdade socialmente reconhecida, consequentemente não menos objetiva, a de um assassinato. Toda a verdade da magia e da crença coletiva está encerrada nesse jogo da dupla verdade objetiva, nesse duplo jogo com a verdade, pelo qual o grupo, responsável de toda objetividade, de alguma forma mente a si mesmo, produzindo uma verdade que tem como sentido e função negar uma verdade conhecida e reconhecida por todos, mentira que não enganaria ninguém se todos não estivessem decididos a *se* enganar.

No caso da ceifa, a verdade social que se trata de denegar coletivamente é sem ambiguidade: a ceifa (*thamegra*) é um assassinato (*thamgert'*, designa a garganta, a morte violenta, a vingança; e *amgar*, a foice) ao final do qual a terra, fecundada pelos cultivos, é despojada dos produtos que carregou até a sua maturidade. O ritual do

---

31. A circuncisão, a poda das árvores, assim como as escarificações e as tatuagens, participam da lógica da purificação, na qual os instrumentos fabricados pelo fogo desempenham uma função benéfica de exorcismo, como os fogos de *insla*, mais do que da lógica do assassinato.

32. A família que é encarregada da abertura dos cultivos ocupa uma posição que não é menos ambígua do que aquela do ferreiro (nunca se fala de *efal* a seu respeito) e sua função de barreira mágica não lhe garante um lugar elevado na hierarquia do prestígio e da honra.

último feixe, do qual se têm inúmeras descrições, sem dúvida porque atraiu a atenção em decorrência das análises frazerianas[33] e, portanto, quase o mesmo tanto de variantes, sempre consiste, em seu princípio, em negar simbolicamente o assassinato inevitável do campo ou do "espírito do grão" (ou "do campo"), princípio de sua fecundidade, ao transfigurá-la em sacrifício destinado a garantir a ressurreição da vida sacrificada e ao acompanhá-la sempre com diferentes tributos compensatórios que parecem ser substitutos da vida do próprio "senhor do campo": como no caso da tecedura em que se justifica o sacrifício que precede o corte ao enunciar explicitamente o princípio "uma vida contra uma vida", situa-se de fato na lógica da vingança do sangue (*thamgert'*), uma "garganta" contra uma "garganta", e o "senhor do campo" é exposto a pagar com sua vida a vida que retira do campo ao *degolar* o último feixe, ato que sempre lhe incumbe (mesmo quando o que parece ser a forma originária do ritual desapareceu – como é o caso na Grande Cabília –, ocorre que é sempre o dono do campo que corta o último feixe e o leva para casa onde é suspenso na viga principal). É o que evocam os tratamentos que muitas vezes se inflige ao "senhor do campo" para obter dele o equivalente de uma *diya*, compensação pela qual muitas vezes se interrompia a corrente das vinganças que respondem às vinganças: assim, em um certo caso exemplar, os ceifeiros se jogam sobre ele no momento em que vai cortar o último feixe, amarram-no, levam-no até a mesquita onde ele discute seu *resgate*, mel, manteiga, carneiros, imediatamente sacrificados para um festim que reúne os ceifeiros (BOURRILLY, 126).

> Por meio dos nomes dados ao último feixe, parece que "o espírito do campo", cuja perpetuação importa afirmar, está praticamente identificado, de acordo com as variantes, ou a um *animal* (fala-se da "crina do campo", da "cauda do campo"), ou a uma *jovem esposa, thislith*, que está designada a morrer depois de ter dado seu fruto (fala-se do "cacho do campo", da "trança do campo"). A essas representações diferentes correspondem rituais diferentes: uns, que consideram como um pecado o fato de cortar o último feixe, o abandonam no meio do campo, em intenção dos pobres ou dos bois ou dos pássaros; outros o cei-

---

33. FRAZER, J.G. *The Golden Bough* – I: The spirits of the corn and the wild. [s.n.t.], p. 214-269.

fam (ou o arrancam com a mão para lhe evitar o contato com a foice), mas sempre de acordo com um ritual particular. O assassinato ritual do campo pode ser realizado por meio do sacrifício (compensação mágica do crime inevitável) de um animal que é ao mesmo tempo sua encarnação e seu substituto (apropria-se das virtudes milagrosas que contém a carne do animal sacrificado por meio de uma refeição comunitária: em vários casos, a cauda de um animal sacrificado é objeto de um tratamento especial – ela é suspensa na mesquita –, como se, à maneira do último feixe, às vezes chamado a "cauda do campo", ela concentrasse sua potência de vida). Também pode ser realizado no próprio último feixe, tratado como um animal sacrificado: neste caso (SERVIER, 1962, 227-230), o dono do campo se volta para o leste, deita-se sobre o último feixe, com a cabeça voltada para o leste, à maneira de um boi, e simula a degola das espigas fazendo escorrer da mão esquerda um punhado de terra no meio do ferimento para imitar o derramamento do sangue; aliás, o "senhor do campo" ou seu filho corta o último feixe pronunciando a prece ritual dos agonizantes, *chahada* (cf. LÉVI-PROVENÇAL, 1918, p. 97; BOURRILLY, 1932, p. 126-128), ou com todo um acompanhamento de cantos que o exortam a aceitar a morte anunciando-lhe a ressurreição[34]: "Morre, morre, ó campo, nosso senhor te ressuscitará!". Pode até mesmo acontecer que, tratando "o espírito do campo" à maneira de um morto, enterre-se em um túmulo orientado para o leste o último feixe no qual de alguma forma ele se refugiou (SERVIER, 1962, p. 227-230). E a interferência da denegação do assassinato e da troca de uma vida contra uma vida também se observa no fato de que os mesmos cantos eram cantados no momento em que se retirava o *tapete* do tear: "Morre, morre, ó

---

[34]. Apesar de toda a desconfiança que devem, como bom método, inspirar as comparações entre os elementos dissociados dos sistemas históricos de onde tiram seu valor, não se pode deixar de aproximar essas invocações nas quais se pede ao campo ou ao grão de se tornar cúmplice de seu próprio sacrifício, de todas as precauções rituais pelas quais os antigos gregos se esforçavam em obter do boi destinado ao sacrifício um sinal de consentimento ao seu próprio assassinato, assim denegado (cf. DÉTIENNE, M. & VERNANT, J.P. *La cuisine du sacrifice en pays grec*. Paris: Gallimard, 1979, especialmente p. 18).

nosso campo de cevada; glória àquele que não morre! Mas Nosso Senhor pode te devolver a vida" ou "Morre, morre, ó campo de cevada; gloria àquele que não morre! Nosso Senhor te devolverá a vida após a morte: nossos homens te trabalharão e nossos bois te debulharão" (BASSET, 1922, p. 158, e outros autores anteriores, como Westermarck, sobre os cantos dos ceifeiros).

O ritual de denegação do assassinato se duplica com atos propiciatórios que pretendem favorecer a ressurreição, que a linguagem performativa dos cantos rituais anuncia e invoca ao mesmo tempo, colocando em prática o esquema da união dos contrários: a ressurreição não é outra coisa senão a reunificação ou, caso se prefira, o casamento dos princípios de vida que o assassinato inevitável separa, céu e terra, masculino e feminino: é porque os ritos de ceifa encontram a lógica dos ritos de chuva em um momento em que ela não é desejada por sua função propriamente técnica (jamais autonomizada) e não pode ter por objeto senão revivificar o grão ou o campo. Observa-se assim o reaparecimento de todo o aparelho dos ritos de chuva, com os personagens (*Anzar*, marido de *Ghonja*, um personificando a chuva e o céu, o outro a terra jovem e virgem, a noiva etc.) e os objetos (bonecas, bandeiras) que ele coloca em cena.

Para compreender completamente esse outro ritual que pretende tornar lícito a reunião dos contrários, a cerimônia dos cultivos, é preciso saber que o período que acompanha a ceifa e seus ritos que pretendem garantir a perpetuação do princípio fecundante, é um *tempo de separação*, destinado às virtudes viris, ao pundonor e aos combates[35]. *Lakhrif*, do verbo árabe *kherref* (DALLET, 1953, n. 1.191), colher e comer figos frescos, e também gracejar (*akherraf*, o animador do grupo), às vezes extrapolar, divagar, é um período *extra-ordinário*

---

35. A frequência dos combates de maior ou menor envergadura na estação dos figos conduzia os observadores, encorajados pelos dizeres nativos (diz-se de uma pessoa exaltada que "ela comeu figos demais ou de alguém que se conduz de maneira desconsiderada que "ele esfrega figos em sua cabeça"), ao se perguntar se os figos não encerrariam virtudes capazes de explicar a excitação que era normal nesse período do ano: "Principalmente, é uma estação em que os cérebros parecem estar verdadeiramente mais exaltados do que em qualquer outra época: é a estação dos figos [...]. Ao falar da estação dos figos, que eles chamam *kherif*, o outono, é de comum acordo que se fique animado nessa época, como é normal estar alegre no tempo de carnaval" (DEVAUX, 1859).

de abundância e de repouso que não pode ser definido nem como tempo de trabalho, à maneira dos cultivos e da ceifa, nem como tempo de gestação, à maneira do inverno e da primavera: é o tempo masculino por excelência, em que o grupo se abre para o exterior e deve enfrentar *os estranhos*, na festa e na guerra, para estabelecer alianças que, como os casamentos *extra-ordinários*, estão longe de excluir o desafio[36]. À maneira do grão reservado para a semeadura, que subsistirá em estado separado, o jovem rapaz se encontra arrancado simbolicamente ao mundo materno e feminino pela circuncisão: essa cerimônia da qual as mulheres são rigorosamente excluídas tem como função agregar o jovem rapaz ao mundo dos homens mediante uma operação que é considerada como um segundo nascimento, desta vez puramente masculina, e que, como se diz, "faz os homens". Nessa variante do ritual, os jovens rapazes circuncidados são rodeados por dois ou três círculos concêntricos de homens que seguram seus fuzis e estão sentados sobre as relhas do arado: os homens que fazem o círculo são todos os membros do clã e do subclã, aos quais se juntam os parentes masculinos da mãe, os *aliados* a quem o jovem rapaz foi apresentado, escoltado por uma delegação de homens do subclã, carregadores de fuzis, na semana anterior à cerimônia (rito que se pratica também antes do casamento e que é chamado *aghrum*, o pão, alimento seco e masculino por excelência)[37]. O próprio campo se encontra despojado de qualquer traço de vida com o desfolhamento das árvores, a colheita dos últimos frutos e a extração dos últimos vestígios de vegetação nos campos e nas hortas. O estado de separação termina, para o mundo natural, com *awdjeb*, a abertura so-

---

36. A esse tempo puramente masculino da violência e do pundonor corresponde, na ordem do espaço, a *forja*, casa inteiramente masculina: "o fogão" (*elkanun*), parte sobre-elevada, com de um lado o fogão propriamente dito e do outro os foles (separados por um pequeno muro sob o qual passam os tubos dos foles), se opõe à "bigorna", região inferior da forja, próxima da porta, onde se encontram também as caixas repletas de água onde se mergulha a peça de ferro que se acaba de aquecer e de bater (BOULIFA, [s.d.], p. 225-226).

37. Separar do mundo materno é também separar *dos parentes maternos*. Significa dizer que essa cerimônia tem todas as possibilidades de variar de acordo com a relação de forças material e simbólica entre as duas linhagens e que seria necessário submeter as diferentes variantes do ritual a uma análise análoga àquela que foi feita a propósito das variações do ritual de casamento (e, em particular, relacioná-las com a história da relação de forças entre os grupos concernidos.

lene dos cultivos que celebra o casamento do céu e da terra, da relha e do sulco; com a encenação coletiva de um conjunto de práticas miméticas, entre as quais o casamento dos humanos.

O retorno da ordem ordinária se encontra também marcado pela primazia atribuída ao reforço da unidade consanguínea em detrimento das alianças distantes, com a *thimechreth*, o sacrifício da "porta do ano", degola de um boi cujo sangue rega a terra, invocando a chuva, e cuja carne consagrada é dividida entre todos os membros da comunidade. A divisão em partes iguais que trata o boi sacrificado como uma espécie de imagem prática do corpo social, um esquema da divisão em famílias, delimita o grupo reafirmando solenemente, pelo fato de lhe atribuir uma parte, os vínculos de consanguinidade real ou oficial que unem todos os membros vivos (*thaymats*) do clã (*adhrum*) na e pela comunidade de origem (*thadjadith*), ao mesmo tempo que institui a lei propriamente política dessa participação, ou seja, a *isonomia*, tacitamente reconhecida no fato de aceitar tomar parte na refeição comunitária e de nela tomar parte igual àquela de todos os outros. Dessa forma, ele adquire seu pleno sentido do *ato nomotético* de produção e de reprodução coletiva e solene da lei fundamental de partição e de distribuição que constitui o grupo como grupo propriamente humano em oposição ao mundo selvagem, encarnado pelo chacal, espécie de fora da lei: *ser anômico*, que ignora a lei tacitamente reconhecida pelo juramento implicado na comensalidade (jura-se pelo compartilhamento do pão e do sal), ele se alimenta de carne crua e chega até a devorar cadáveres que está encarregado de enterrar; desprovido de "casa", manifesta a mesma selvageria na ordem da sexualidade fazendo um casamento contranatural, fora de sua espécie, com a camela[38].

---

38. O chacal tem muitas propriedades comuns com a fêmea, ou melhor, com a velha. É ele quem está encarregado do trabalho da água. Ele é irremediavelmente *torto*: "colocaram a cauda do chacal no cano do fuzil durante quarenta dias, ela foi retirada do mesmo jeito". Ele está submetido ao desejo imediato e insaciável: "como dizia o chacal, eu gostaria que a primavera durasse dois anos". Conselheiro, eminência parda, ele sempre ameaça reintroduzir a desordem, a divisão, a cizânia (e é citado apenas por eufemismos: ele é o "curto" ou "aquele dos *arkasen*" porque arrasta carcaças semelhantes às sandálias de ouro cru, feitas com a pele do boi do sacrifício). O chacal também é assimilado ao ruivo, sem barba nem bigode, que, como já se viu, semeia a discórdia, recusando no julgamento final o perdão a quem lhe tinha roubado uma picareta.

Essa filosofia da história, presente em estado implícito em toda prática ritual, se expressa em um conto em forma de mito de origem. "Antigamente, os animais, reunidos em *assembleia, juraram* não mais *se entredevorar* e viver em paz sobre a terra. Eles nomearam o leão como rei [...], elaboraram *leis* e previram *sanções* [...]. Os animais viviam em *paz* [...]. Teriam tido uma boa vida se o Chacal, conselheiro do Leão, não tivesse destruído tudo. Acostumado com todas as *traições* [...], ele lamentava a antiga situação e, à lembrança da *carne fresca e do sangue quente*, doravante proibidos, sentia que estava ficando louco [...]. Ele decide usar de *astúcia*, incitar secretamente, um depois do outro, os cortesãos a desobedecer, verdadeiro trabalho de demônio" (ZELLAL, 1964).

O sacrifício do boi, ato de violência denegado que pretende denegar a violência inscrita na imposição da ordem humana à natureza fecunda, mas selvagem, à terra não cultivada ou à uma jovem, é uma refeição de aliança, um juramento coletivo pelo qual o grupo se funda ao proclamar a ordem propriamente humana, isto é, masculina, contra a nostalgia da luta de todos contra todos, encarnada também pelo chacal – ou a mulher, que é excluída tanto da realização do sacrifício quanto da participação na ordem política que ele instaura – e sua astúcia sacrílega (*thah'raymith*). Como o mundo natural, cuja fertilidade domesticada esconde as forças mal dominadas de uma natureza selvagem (aquelas que a velha feiticeira encarna e mobiliza), a ordem social nascida do juramento que arranca a assembleia dos homens da desordem dos interesses singulares permanece assombrada pela nostalgia reprimida do estado natural.

O ritual dos cultivos que representa o ponto culminante do ano agrário deve sua complexidade ao fato de que, segundo a lógica essencialmente *multifuncional* da prática mágica que, como prática, ignora a diferenciação rigorosa entre as funções e como prática mágica pretende colocar todas as oportunidades de seu lado, ele coloca em prática esquemas geradores diferentes, cujo peso relativo pode variar de acordo com as tradições locais, "leis municipais", como dizia Montaigne, historicamente constituídas e muitas vezes perpetuadas pela preocupação de distinção, e que, ainda que sejam em última análise redutíveis uns aos outros, têm autonomia suficiente para produzir gestos ou símbolos parcialmente discordantes ou, pelo menos, sobredeterminados, polissêmicos e multifuncionais[39]. Observa-se assim se projetar, como em uma sobreimpressão, os produtos de vários esquemas práticos: primeiramente o esquema, já encontrado, da denegação da violência inscrita no cultivo ou na defloração e, em segundo grau, no assassinato-sacrifício do boi que, na lógica da troca de dons (*do ut des*), representa uma contrapartida da violência cometida contra a terra; em seguida o esquema, que é seu inverso positivo, da reunião, com todos os símbolos do casal e da união, da parelha de bois à lamparina do casamento, e os esquemas, invocados pela preocupação do sucesso da reunião, da virilização do masculino (com os golpes de fogo e o tiro ao alvo) e da fertilização do feminino, com todos os ritos de fecundidade (que se encontram autonomizados quando a mulher estéril renova os ritos do casamento; cf. GENEVOIS, 1968, II, p. 26-27); e, por fim, de forma bem secundária, o esquema da separação e da inversão de estatuto (que se aplica principalmente à noiva, separada de sua família de origem e agregada à nova família em um rito de passagem no sentido de Van Gennep).

A ritualização que oficializa a transgressão, que dela faz um ato ao mesmo tempo regulado e público, realizado diante de todos, coletivamente assumido e aprovado, ainda que delegado a um só, é, por si, uma denegação, a mais poderosa de todas, uma vez que tem a seu favor todo o grupo. A crença, que é sempre coletiva, realiza-se e se legitima tornando-se pública e oficial, afirmando-se e se mostran-

---

[39]. A autonomia relativa da lógica do ritual, atestada pelas constantes observadas, apesar das diferenças climáticas e econômicas, na escala do Magreb, não exclui as variações que sem dúvida têm como princípio primeiramente as variações das condições econômicas e em particular, limites do tempo de trabalho, ligados ao clima e ao tipo de cultura correlativo, como, por exemplo, a oposição entre os agricultores-arboricultores das regiões altas e os cerealicultores (inúmeras brincadeiras rituais das pessoas da planície zombam o atraso com o qual as pessoas da montanha semeiam ou ceifam) e a seguir a história singular de cada unidade local, estreitamente fechada sobre si mesma (a ponto de, como Germaine Tillion o ensinava, as unidades de medida variavam de um vilarejo ao outro), que, como no caso dos costumes gravados no *qanun* ou as decorações dos tapetes e das cerâmicas, fixa e eterniza produtos diferentes dos mesmos esquemas, e que encontra muitas vezes uma razão de perpetuar essas diferenças na busca da distinção (em relação a um outro clã ou vilarejo).

do, em vez de se esconder, como faz o ritual ilegítimo (isto é, dominado, como a magia feminina) que, como o ladrão segundo Weber, reconhece dessa mesma maneira a legitimidade, e sua própria ilegitimidade. No caso particular, em que se busca a *licitação* da transgressão[40], é o grupo que, pelo trabalho de oficialização, que consiste em *coletivizar* a prática considerada ao torná-la *pública, delegada* e *sincronizada, autoriza* a si mesmo a fazer o que ele faz.

Como consequência se pode medir o grau de legitimidade (e a importância social) de um rito pela forma de organização coletiva que ele impõe: têm-se assim os grandes ritos de interesse público que reúnem no mesmo lugar e no mesmo tempo todo o grupo, como o sacrifício de um boi (*thimechreth* "da porta do ano" ou para um defunto ou para obter chuva); os ritos que são realizados ao mesmo tempo, mas por cada família separadamente, como o sacrifício do carneiro de Aïd ou os ritos de interesse privado, mas realizados publicamente, como a imolação em favor de uma casa ou do terreiro ou da tecedura; os ritos que são realizados sem dissimulação e a qualquer momento, como o rito para a cura dos terçóis; e, por fim, os ritos privados e secretos que não podem ser praticados senão em segredo e em horas indevidas, como os ritos de magia maléfica.

---

40. Sem dúvida não é por acaso que se faz explicitamente menção de licitação (*lah'lal*) e de tabu (*h'aram*) no caso dos cultivos e do casamento. O fato de começar os cultivos antes do momento lícito (*lah'lal*) é considerado como um ato *h'aram* que é destinado a engendrar um produto *h'aram*. A propósito do dia do outono chamado *yum chendul*, em que o vento é objeto de diferentes ritos de prognosticação (CALVET, [s.d.], p. 19), um informante conta que um sábio chamado Chendul recusou lavrar, ainda que a chuva tenha sido abundante, porque os presságios que não se revelam senão nesse dia, o 33º do outono indicavam que o ano seria ruim. Naquilo que é chamado *el h'aq* (por exemplo, *el h'aq lakhrif*, o banimento da colheita dos figos), a dimensão mágica também não está ausente, uma vez que a assembleia que o edita invoca a maldição sobre os contraventores; todavia, o caráter de convenção social da proibição é relembrado pelo fato de que a transgressão é sancionada por uma multa (também chamada *el h'aq*). Ainda que não se fale de *lah'lal* no caso do casamento senão para designar a soma de dinheiro que o noivo oferece à sua noiva (além do dote e dos presentes) antes da consumação do casamento, a função de licitação da cerimônia do casamento é relembrada por inúmeros traços (por exemplo, *imensi lah'lal*): é por isso que, como se viu, muitas vezes se abria a estação dos casamentos com um casamento entre primos paralelos predispostos a esse papel inaugural por sua conformidade com os princípios da visão mítica do mundo.

Tudo parece indicar que o simbolismo colocado em prática é tanto mais inconsciente (como produto de uma história esquecida) quanto mais os ritos são oficiais e coletivos, e tanto mais conscientes, porque mais instrumental, quanto mais privados e, ao mesmo tempo, mais secretos são os fins que eles servem.

> Assim, os ritos de transferência do mal (*asfel*), bem como os ritos de nascimento, os ritos de prognosticação etc., invocam associações de ideias muito simples e transparentes (um pouco à maneira de contos) já que sua lógica se deduz muito diretamente de sua função, que o seu esquema diretor oferece: por exemplo, quando se trata de curar um panarício, a *qibla* esconde o membro doente na terra (do túmulo de um estrangeiro), faz o rito de rotação com um ovo e o enterra por um momento; depois cozinha o ovo até que estoure, procedendo em seguida à imolação de um pombo que é enterrado no buraco com o ovo. Após as abluções e as fumigações de ervas amargas, deixam-se no lugar os instrumentos utilizados e se vai embora no momento em que o sol toca o mar. Explosão, transferência, expulsão, acentuação das rupturas (deixa-se para a noite os objetos e o mal), o simbolismo praticado é transparente. O mesmo acontece em um certo rito para se obter que os dentes nasçam: cobre-se a cabeça do bebê com um pano e se confeccionam crepes (*thibuâjajin*) com sêmola que ao cozinhar fazem bolhas que são imediatamente furadas. Os ritos de prognosticação são ainda mais claros, porque tomam emprestado menos ao simbolismo profundo: por exemplo, o dinheiro será tocado caso sintam formigamentos na palma da mão direita; ele será dado quando é na mão esquerda. Acontece muitas vezes que a significação explicitamente atribuída ao rito, ou na própria prática, ou em resposta ao pedido do pesquisador, mascara o sentido profundo: é o caso, por exemplo, quando se diz que o rito do cadeado, durante a primeira entrada do menino no mercado, tem como objetivo tornar a vida fácil; ou ainda quando a mulher joga as folhas retiradas das abóboras em um lugar por onde os animais passam, para que abóbora espalhe seus frutos para todos os lados, como o gado deita seus excrementos. Não sendo grave o que está em jogo, se está na ordem do

facultativo (fazê-lo não pode causar mal e não fazê-lo pode causar mal), deixado à improvisação individual.

De fato, o grau de liberdade varia segundo o grau de coletivização do rito e segundo o grau de ritualização, de institucionalização, de oficialização que lhe é correlativo; mas varia também segundo a posição dos indivíduos na hierarquia oficial, que é sempre uma hierarquia em relação à oficial. Os dominantes estão ligados com o oficial (a competência estatuariamente reconhecida predispõe a reconhecer e a adquirir a competência). Ao contrário, os dominados, isto é, nesse caso, as mulheres, são destinadas ao oficioso ou ao secreto, instrumentos de luta, contra o oficial que lhes é recusado. Como o mostra a análise da magia feminina, o simbolismo é ao mesmo tempo e sem contradição um código comum e um instrumento de luta: lutas domésticas entre as mulheres – e em particular entre a sogra e a nora – lutas entre as mulheres e os homens. Assim como existe uma verdade oficial do casamento, que é masculino e uma verdade prática, que as mulheres tiram proveito, existe também um uso oficial, público solene, *extra-ordinário* do simbolismo que é masculino, e um uso secreto, privado, vergonhoso e cotidiano, que é feminino.

A instituição de períodos ou de momentos *lícitos (lah'lal)*, a designação de emissários-barreiras (família encarregada de abrir os cultivos, casamento inaugural de primos paralelos) e a organização de importantes cerimônias coletivas, nas quais o grupo se serve legitimamente de sua própria autoridade, são três aspectos da mesma operação, que é constitutiva de todo *ritual legítimo* (embaralha-se tudo ao identificar a distinção entre magia legítima e magia ilegítima à distinção, que é uma questão de lutas sociais, entre religião e magia). É sobre a autoridade circularmente autorizada que o grupo atribui a si mesmo, em sua totalidade ou na pessoa de um dos seus, mandatário autorizado, que repousa a força ilocucionária que está em ação em todos os rituais sociais. O caráter propriamente mágico dessa força do início ao fim social escapa na medida em que ela se exerce somente no mundo social, separando e unindo indivíduos ou grupos por *fronteiras* ou *vínculos* (casamento) não menos mágicos do que aqueles que instituem a faca ou nó da magia, transmudando o valor social das coisas (como a marca do costureiro) ou das pessoas (como o título escolar). Ele aparece ao contrário em toda sua evidência quando, por uma espécie de inocência, de confiança, de entrega de si imposta pelo infortúnio ou pelo desespero extremos, os grupos tentam exercer o poder que eles mesmos se outorgam, por meio de um desses círculos que estão no princípio da magia realmente muito eficaz do coletivo, isto é, para além de seus limites de validade, isto é, sobre o que não depende deles, sobre o mundo natural do qual dependem; quando desejam fazer da abóbora uma carruagem como fazem do filho do rei um rei ou do batizado um cristão, quando em uma palavra, eles se esforçam em instaurar com as coisas as formas de relação que acontecem entre os homens, dando ordens ou fazendo dons, proferindo desejos ou suplicações.

No cultivo como na ceifa, o sacrilégio é simbolicamente negado em sua própria realização: aquele que é encarregado de realizar a abertura dos cultivos, "o homem da boda", como às vezes é nomeado, age, no momento designado pelo grupo, como mandatário do grupo para realizar a reunião sacrílega do fogo do céu e da terra úmida, da relha, equivalente do raio celeste cujo nome ele carrega, *thagersa* (ao mesmo tempo abençoado e temido, ele não deve ser lavado ou molhado na água nem voltar para casa entre duas jornadas de cultivo), e do sulco[41].

> Em Sidi Aïch, a abertura dos cultivos (exatamente, "a saída para o primeiro cultivo"), isto é, o cuidado em traçar ritualmente o primeiro sulco, incumbe a uma família que é chamada *abruâ*, amuleto (*abruâ* também se emprega para a longa cauda do boi escolhido para o sacrifício do outono e para o vestido comprido com cauda da mulher que transporta a semente – ele é levantado nas invoca-

---

41. Laoust (1920, p. 189) indica que o raio às vezes é chamado "a relha do céu", que, em Aurès, a palavra *thagersa* designa ao mesmo tempo a relha e o fogo do céu e que "é uma crença muito difundida entre os berberes que o raio cai sob a forma de uma relha" (a queda de um relâmpago no chão sendo assim praticamente identificado à têmpera do ferro). As palavras que servem para designar o arado, *thagersa* (*thayirza*), mas também *saâqa* ou *sihqa*, são empregadas, sem dúvida, como eufemismos, para designar o raio que cai (em oposição aos relâmpagos). O próprio arado é muitas vezes designado por uma palavra, *Imâun*, que, por causa de sua raiz (ajuda mútua, ajudar-se, com uma conotação de bênção que relembra a expressão *Allah iâaunik*, saudação dirigida a quem trabalha), aparece também como um eufemismo. Aquele que é atingido pelo raio é considerado como vítima de uma maldição e, se consegue escapar, ele sacrifica um boi.

ções que a mulher ocupada em cuidar da horta não cessa de formular: "Concede a toda parcela que a franja de meu vestido, *abruâ*, e a planta dos meus pés tocaram uma colheita abundante" – GENEVOIS, 1969). "As pessoas, isto é, todos os membros do clã, saem da casa de Yusef" (que, como ainda se diz, "sai em proveito dos outros"). Para explicar as funções atribuídas a essa família, que também tem o monopólio de todos os atos técnicos que fazem intervir o fogo ou os objetos fabricados pelo fogo (cautérios contra a doença, tatuagens, redução de fraturas, circuncisão), diz-se que o raio teria caído na parcela de um de seus ancestrais que "enxertou" na relha de seu arado o pedaço de ferro afiado e molhado que ele tinha descoberto no ponto de impacto, e também que um certo dia de tempestade uma ovelha teria trazido na sua lã uma pequena foice que teria sido "enxertada" na foice utilizada para fazer os cautérios.

Os ritos do cultivo também devem favorecer um estado paradoxal da união dos contrários no qual o *acima* significa, provisoriamente, o princípio feminino: a semente, por um tempo condenada à seca e à esterilidade, não pode retornar à vida senão por sua imersão na umidade fértil. A terra, semelhante à ovelha, pode não emprenhar (*thamazgulth*), pode retornar à esterilidade ou à fecundidade selvagem da terra não cultivada e o porvir da semente está à mercê das potências femininas que o ato de fecundação teve que forçar. A "porta do ano" não é o momento em que o ano começa, que, aliás, não tem começo, uma vez que é eterno recomeço, mas um *limiar*, período de incerteza e de esperança ("a todo o momento se ouve 'se agrada a Deus'") em que tudo se renova, começando pelos *contratos* e pelas associações (MAURY, 1939), um momento inaugural em que o ano, semelhante à casa, que sempre deve permanecer aberta à luz fecundante do sol, abre-se ao princípio masculino que a fecunda e a preenche. Os cultivos e as semeaduras marcam o desfecho do movimento de fora para dentro, do vazio para o pleno, do seco para o úmido, da luz solar para as trevas terrestres, do masculino fecundante para o feminino fértil.

Pode-se, nesse contexto, evocar um conto bastante conhecido, a história de Heb-Heb-Heb-er-Remman, em que, em torno da serpente, muitas vezes representada nas jarras nas quais são depositados os grãos reservados para o consumo e para semente, organiza-se toda a simbólica da fecundidade praticada nos ritos de casamento e de cultivo. Uma moça, que tinha sete irmãos e que, portanto, era sete vezes abençoada, uma vez que sete vezes protegida, é vítima do ciúme de suas cunhadas, que a fazem comer sete ovos de serpente dissimulados em bolinhos: seu ventre incha; pensam que ela está grávida; ela é expulsa. Um sábio descobre a origem do mal: para livrá-la dele, é preciso degolar um carneiro, assar a carne salgando-a bastante, e dá-la de comer à jovem, depois suspendê-la pelos pés com a boca aberta acima de uma bacia cheia de água. As serpentes saem e são mortas. A jovem se casa; ela tem uma criança a quem dá o nome de Heb-Heb-er-Remman, "os grãos de romã". Ela volta para a casa de seus irmãos que a reconhecem quando conta a história e mostra as sete serpentes que havia salgado e secado. Observa-se imediatamente que, para produzir essa narrativa ou decifrar da forma menos confusa o seu significado, basta possuir o conjunto dos esquemas que estão em ação na produção de todo rito de fecundidade. Fecundar é penetrar, fazer entrar alguma coisa que incha ou faz inchar: a ingestão de alimento e de alimento que incha é o homólogo do ato sexual ou do cultivo. Em um outro conto, a serpente que uma mulher estéril criara como se fosse seu filho se vê rejeitada por sua primeira esposa: ela, a serpente, *se ergue, incha* e *lança* sobre ela um *jato de fogo envenenado* que a consome e a reduz a cinzas. Mas, neste caso, trata-se de uma falsa fecundação: as serpentes, símbolo do princípio de vida masculino, da semente, que deve morrer para renascer, portanto, do seco, são ingeridas sob forma de ovos, isto é, em estado feminino, e retornam ao estado masculino em um momento inoportuno, no ventre da moça. (Em um rito de fecundidade relatado por Westermarck, é o coração – parte masculina das serpentes – que é consumido.) O inchaço resultante dessa procriação invertida é estéril e nefasto. A cura se impõe logicamente. É preciso obter do seco que ele opere um movimento no sentido inverso, do alto para baixo – uma simples inversão de baixo para cima basta – e do dentro para fora – o que não pode ser feito por meio de uma simples operação mecânica: trata-se de drenar o seco, desidratá-lo, acrescentando-lhe o seco por excelência, o sal, e assim reforçar a propensão para o úmido que, na fecundação normal, procriação ou semeadura, o carrega para dentro, para o interior úmido da mulher ou da terra aberta pela relha. Quando o conto termina, a fecundidade da moça é atestada pelo nascimento de Heb-Heb-er-Remman, "os grãos de romã" (símbolo por excelência da fertilidade feminina, identificado ao ventre da mulher), isto é, os inúmeros meninos nascidos (ou para nascer) do ventre fecundo da mulher com sete irmãos, ela mesma saída de um ventre fecundo (em homens). E as sete serpentes acabam secas e salgadas, isto é, no estado que lhes é estruturalmente atribuído como símbolos da semente masculina, capaz de crescer e de multiplicar pelo círculo da imersão no úmido seguido da emergência em direção ao seco.

A reunião do masculino e do feminino, do seco e do úmido, pelo cultivo ou pelo casamento, é invocada por todo o simbolismo performativo do ritual que está ali para *significar*, no sentido de dizer com *autoridade*, a reunião dos princípios que estão destinados à esterilidade enquanto permanecerem em estado separado, *ímpar, imperfeito*. Por esse motivo o uso, nos rituais do casamento ou dos cultivos, de tudo o que pode significar o par, o casal, o acasalamento, e principalmente a parelha de bois (*thayuga* ou *thazwij*, de *ezwej*, casar-se, estar casado), o par por excelência, porque o boi é por si só símbolo e presságio de prosperidade, de plenitude. Aquele que é incumbido de abrir os cultivos e que às vezes é chamado de "o velho da boda" também é chamado "o velho da parelha de bois" (*amghar natyuga*).

É o boi que diz: "Ali onde me deitarei, não haverá fome" e "Mouh! Sai, tu, a fome, e entra a saciedade" (GENEVOIS, 1968, I, 29). É por essa razão que a entrada da nova parelha de bois na casa é uma bênção marcada por ritos confiados à senhora da casa: assim como para entrada da recém-casada, ela coloca no limiar *alemsir*, a pele de carneiro sobre a qual se recebe o grão moído e que também é chamado "a porta dos víveres" (*bab-errazq*), para que traga o *pleno*, a prosperidade; ela lhes deseja as boas-vindas – "sê bem-vindo, ó bem-aventurado!" –; ela lhes oferece água, acariciando-os, amarrando-os e desamarrando-os, passando por baixo deles. Algumas tradições colhidas em Aït Hichem têm muitos traços em comum com aquelas que se observam durante o retorno dos rebanhos em *azal* (Rahmani, 1936). Na Pequena Cabila, a pele do carneiro é substituída por uma peneira com favas e não se lhes oferece água. Outros casais abençoados: a espiga dupla (no mesmo caule), chamada "espiga da bênção", em honra da qual se degola um bode e que se conserva em casa; os gêmeos (segundo alguns informantes, a mãe de gêmeos teria o privilégio de proceder licitamente à imolação de animais)[42]. Nos presságios aquilo que aparece em par é de bom augúrio (mesmo quando se trata de coisas funestas, como os corvos). Ao contrário, o ímpar, o singular, o solitário, o celibatário, por exemplo, é funesto, como símbolo de esterilidade (chama-se *afrid* à moça não casada e ao boi que não se deixa subjugar).

Uma outra maneira de *significar* o sucesso do acasalamento, o tratamento ao qual é submetida a semente. De acordo com diversos informantes, o grão destinado a ser semeado nunca é misturado ao grão destinado ao consumo ou à venda: contendo sempre grãos do último feixe cortado, às vezes grãos do último feixe batido ou do pó retirado da última parcela ceifada ou do terreiro no momento de debulhar o último feixe, ou ainda pó recolhido no mausoléu de um santo (SERVIER, 1962, 229, 253), sal etc., a semente é conservada na própria casa, em baús ou em pequenas jarras – *thikufiyn* – colocados sobre a parede de separação e preparada de acordo com ritos e interditos destinados a guardar suas propriedades. Dito de uma outra forma, ela é *domesticada* pela estadia prolongada no lugar por excelência da procriação, da reunião do masculino ao feminino, que manifesta, na própria arquitetura, a união da forquilha, feminino, e da viga que ela suporta, como a terra e o céu[43]. Mas a atestação mais clara da reu-

---

[42]. Mais uma vez, o simbolismo prático tem alguma ambiguidade. Abençoada, a mãe de gêmeos é também suspeita de magia: com efeito, os gêmeos evocam a ideia de ódio; mais ainda do que os *inulban*, crianças separadas pela pouca distância de idade que disputam o seio de sua mãe, os gêmeos (*akniwan*) se invejam e se detestam, como as coesposas, chamadas *thakniwin* (singular *thakna*), as gêmeas.

[43]. A relação entre a forquilha e a viga é a da mulher e do homem (adivinhação: "a mulher sustenta o homem"; a "a avó sustenta o avô", etc), do escravo e do senhor (adivinhação: "o escravo estrangula seu senhor"), da terra e do céu (GENEVOIS, 1955; 1963, p. 21-22). O tema do estrangulamento deve sem duvida ser associado ao dito: "O inimigo do homem é a mulher." A viga esquadrada que constitui a cumeeira e que repousa sobre as duas forquilhas é identificada com a honra do dono da casa (o transporte da viga dá lugar a uma cerimônia que reúne todos os homens do vilarejo, como o transporte do corpo no momento do enterro).

nião significada é a lamparina acesa (*mês'bah'*) que se levava na frente do cortejo nupcial (DEVULDER, 1957; YAMINA, 1953) e que queimava a noite inteira no quarto nupcial, da mesma maneira que, de acordo com algumas tradições, ele acompanhava o lavrador, no primeiro dia dos cultivos, até o campo no qual era mantido aceso até que a primeira parcela delimitada (*thamtirth*) fosse semeada.

A lamparina ordinária é o símbolo do homem por intermédio de quem vem a luz ("o homem, como se diz, é a luz; a mulher, as trevas"; o motivo que representa a lamparina nas pinturas murais, quando ela é encimada com uma espécie de M, símbolo da mulher deitada com as pernas afastadas – à maneira da forquilha da casa –, representa o acasalamento – DEVULDER, 1951). Mas, como o fogão, participa da ambiguidade do masculino-feminino: é a luz do dentro, o masculino no feminino, o que justamente se trata de reproduzir[44].

> Na lamparina do casamento que é levada no cortejo que conduz a noiva de sua casa até a do noivo, a velha que a preparou coloca sal, mel e um produto também presente nos ritos de "associação do mês" e chamado "noz da associação" (Devulder, 1957); vê-se um mau presságio – que a velha, por sua fala, esforça-se em prevenir – no fato de que ela venha a se apagar durante o caminho e ela deve queimar durante a noite do casamento e nos dias seguintes até que o óleo tenha esgotado, sem que jamais alguém a apague. O motivo das pinturas murais que é chamado "lamparina do casamento" comporta ao mesmo tempo o M, o cruzamento e *thanslith* (da raiz NSL, começar, engendrar), motivo composto por dois triângulos enlaçados por sua ponta que está "no começo de todo tecido e de toda vida" (CHANTRÉAUX, 1942, p. 219-221); (SERVIER, 1962, p. 132). Quanto ao motivo, também chamado lamparina de casamento, no qual a lamparina é encimada com dois triângulos brancos que representam ovos, ele evoca uma outra lamparina de casamento chamada *mes'bah' thamurth*, a lamparina da região, cuja descrição

---

44. É preciso descartar (entre outras razões, porque o óleo está inequivocamente associado ao seco, ao quente, ao masculino) a teoria nativa, sem dúvida de origem erudita (ela se encontra em outras tradições), da correspondência entre a divisão tripartite da lamparina e a divisão tripartite do ser humano, a argila representando o corpo, o óleo a alma sensível, *nefs*, e a chama a alma sutil, *ruh'* (SERVIER, 1964, p. 71-72).

recolhi (Ouadhias) e que se caracteriza pelo fato de que a mecha atravessa um ovo de lado a lado (equivalente prático da romã ou do ventre da mulher) com dois furos.

Símbolo de união, tanto quanto luz do interior, a lamparina também é, como símbolo do homem e de sua virilidade, princípio virilizante, como os tiros, em número par, que acompanham a noiva e principalmente aqueles que os *parentes masculinos do noivo*, guardiões e fiadores de sua virilidade, atiram em um alvo colocado no caminho (rito que também se pratica por ocasião do nascimento de um *menino* e da *circuncisão*). Conta-se, com efeito, que antigamente as crianças montavam uma espécie de emboscada, na saída do vilarejo, para a delegação dos parentes do noivo que conduziam a noiva para a sua nova casa: colocando uma *pedra* (feminino) ou um *ovo cru*, símbolo do ventre feminino e de sua fertilidade, nos buracos de um talude ou de um tronco de árvore, eles atraiam a atenção dos membros da escolta para esse alvo, desafiando-os a abatê-lo. O cortejo parava até que o alvo fosse tocado e deitado por terra. Em caso de fracasso, a delegação deveria passar *sob a albarda de um asno* (símbolo, como se sabe, de submissão, muitas vezes invocado nas lutas domésticas, principalmente mágicas). De fato, os adultos vigiavam para evitar tamanha humilhação (excessiva) aos visitantes estrangeiros e a tradição do tiro ao alvo – por causa, sem dúvida, dos riscos que ela comportava – foi pouco a pouco sendo abandonada, ressuscitando, mas despojada de seu caráter de competição de honra, sob a forma de um *jogo*, ao qual os membros da delegação se entregam, *em seu próprio vilarejo*, isto é, no interior do grupo (os estrangeiros sendo simples convidados), no dia seguinte à chegada da noiva, enquanto esperam pela refeição. O simbolismo propriamente sexual do tiro, do qual se têm muitos outros indícios[45], é visto particularmente no fato de que, para não alcançar o objetivo, fazia-se passar três vezes (de cima para baixo) sob o vestido de uma moça, os ovos que deveriam servir de alvo para que permanecessem "virgens" (RAHMANI, 1949); e que, para romper o encanto, alguém

---

45. Nas canções, o homem é muitas vezes designado como "o fuzil da casa". A uma mulher que tem apenas filhas, diz-se: "Minha pobre, eu te lamento, eu te desejo que um fuzil seja pendurado na parede do teu tear" (*tasga*). *Thamazgulth*, que se diz de um animal estéril, ou que abortou, vem da raiz *zgel*, errar o alvo. Quando o casamento é consumado, o noivo sai do quarto nupcial dando tiros.

(um homem estranho ao vilarejo ou à escolta) deveria furar os ovos com uma agulha.

Os tiros, frequentes nos ritos de chuva como símbolos da aspersão masculina apropriados para desamarrar o que foi amarrado, associam-se naturalmente a todos os interditos da ação de amarrar que se opõe tanto à ação masculina de abrir quanto à ação feminina de ser aberto, de se abrir e de inchar. O rito, que sempre obedece à busca da maximização dos benefícios mágicos, de alguma forma mata dois coelhos com uma cajadada só ao jogar com a coincidência, que os verbos de estado, em sua ambiguidade, expressam bem – entre *abrir* e *se abrir* para impedir as ações apropriadas a desfavorecer a ação, feminina em sua forma passiva e masculina em sua forma ativa, de *abertura* (da mesma maneira que, ao contrário, os ritos ditos de ferragem que pretendem tornar o homem ou a mulher inaptos para as relações sexuais colocam em prática o esquema do corte). A recém-casada deve permanecer sem faixa na cintura durante sete dias, e é uma mulher dotada de um grande número de filhos que amarra a faixa em sua cintura no sétimo dia; da mesma forma, a mulher que transporta a semente deve evitar apertar demais sua faixa e também deve colocar um vestido longo formando atrás uma cauda (*abruâ*) da sorte. Os cabelos da recém-casada devem permanecer soltos durante os sete primeiros dias; a mulher que transporta a semente deixa cair sua cabeleira[46]. Além dos atos de fechamento, os interditos que envolvem os cultivos e o casamento excluem todos os atos de *purificação* e de *expulsão*, varrer, caiar a casa, barbear-se, cortar os cabelos ou as unhas e todo contato com objetos secos ou associados ao seco, como o fato de untar os olhos com khol, tingir as mãos com hena ou, na ordem alimentar, o consumo de condimentos.

Atos de procriação, isto é de *re-criação*, o casamento e o cultivo são praticamente tratados como[47] atos masculinos de abertura e de

---

46. Sabe-se que todas as formas de atar (cruzar os braços ou as pernas, carregar nós ou cintos, anéis etc.) ou de fechar (portas, cofres, fechaduras etc.) são proibidas no momento do parto, e as ações inversas são recomendáveis.

47. Digo: "praticamente tratados como" para evitar que se coloque na consciência dos agentes (ao dizer, por exemplo, "vividos como" ou "concebidos como") a representação que se deve construir para compreender as práticas objetivamente orientadas pelo esquema prático e para comunicar essa compreensão.

semeadura destinados a provocar uma ação feminina de inchação: a encenação ritual joga com todas as ambiguidades dos objetos ou das práticas, mobilizando por um lado tudo o que abre, chave, prego, e tudo o que é aberto, cabelos e faixa desamarrados, cauda de um vestido, tudo o que é suave, fácil e branco, açúcar, mel, tâmaras, leite, e por outro lado tudo o que infla, incha, levanta, pães, bolinhos, trigo, grão-de-bico, favas (*ufthyen*), tudo o que é múltiplo e apertado (grãos de *seksu*, cuscuz, ou de *berkukes*, cuscuz grosseiro, de romã ou de figo), tudo o que é pleno (ovo, noz, amêndoa, romã, figo), o mais alto rendimento sendo dado aos objetos e às ações que acumulam várias dessas propriedades. Assim o ovo, símbolo por excelência do que é pleno e repleto de vida, ou da romã, ao mesmo tempo plena, inchada e múltipla, sobre a qual uma adivinhação diz: "celeiro sobre celeiro, no interior o trigo é vermelho"; e uma outra: "não muito maior do que uma pedra de moer e seus filhos são mais de cem" (GENEVOIS, 1963, 73). E todo um aspecto da ação multifuncional que se realiza no cultivo e no casamento se resume em um gesto do lavrador quebrando (*felleg*, fazer estourar, partir, deflorar) sobre a relha de seu arado uma romã ou um ovo.

> Os ritos aos quais dão lugar a primeira entrada da parelha de bois, os primeiros cultivos e a chegada da noiva em sua nova casa dão uma ideia muito exemplar dos produtos do senso prático que, orientado para a realização de uma pluralidade de funções mal separadas, tira todo proveito possível da polissemia das ações e das coisas para produzir ações simbolicamente e funcionalmente sobredeterminadas, apropriadas a atingir cada uma várias vezes os fins almejados. A peneira que é apresentada à recém-casada no limiar da porta evoca as peneiras dos cultivos (SERVIER, 1962, p. 141): ela contém, com efeito, trigo, nozes, figos secos, tâmaras, símbolos da fecundidade masculina, ovos, bolinhos, romãs. Mas, como já foi visto em mais de um caso (por exemplo, com os ritos para acolher a parelha de bois e os ritos de *azal*), é somente nos *usos* que deles são feitos que se define completamente o sentido prático desses objetos sempre substituíveis e sempre ambíguos e que se revela a equivalência com os ritos aparentemente diferentes, mas produzidos segundo os mesmos esquemas e orientados para as mes-

mas funções: a noiva quebra os ovos sobre a cabeça da mula, limpa as mãos em sua crina, depois joga atrás dela o conteúdo da peneira e as crianças que acompanharam se empurram (número significando abundância) para pegá-los (GENEVOIS, 1955, n. 49). Em uma outra variante, a peneira contém galhos de romãzeira, de urtiga, um espelho, ovos e trigo; a recém-casada lança atrás dela água e quebra o ovo contra o batente da porta, ao passo que a sogra vai untar com o ovo a parede do tear (YAMINA, 1953). Segundo um outro informante (Aït Hichem), a mãe do recém-casado estende diante da porta uma esteira sobre *alemsir*, "a porta dos víveres" (a analogia com o rito da "primeira entrada da parelha de bois", destinado a *encher*, é evidente), ali ela coloca trigo e favas (*ajedjig*) e prepara um ovo e um pote de água; a noiva faz as mesmas operações (ela irá jogar *ajedjig* na fonte alguns dias mais tarde). A peneira que também é chamada "peneira dos costumes" (*laâwayed*) também pode conter, além do trigo, das favas e dos ovos, bolinhos, alimentos que incham, como *ajedjig*, e que devem inchar (BOULIFA, 1913). De maneira geral, a noiva é aspergida pela *qibla* ou pela mãe do noivo que, em pelo menos um caso (Sidi Aïch), lhe dá para beber água (em outros lugares soro de leite) na palma de suas mãos, como faz o pai no momento da partida (mas também acontece que ela faça a aspersão); ela joga atrás dela o conteúdo da peneira (nozes, tâmaras, bolinhos, ovos duros), com exceção do trigo e das favas – promessa da abundância de homens – que toma (Aït Hichem) três vezes em suas mãos e recoloca na peneira depois de tê-los beijado (esses grãos permanecerão sobre a esteira na qual a recém-casada ficará sentada durante os três dias seguintes, para que seja fecundada). Observa-se de passagem que a análise das variantes confirma a *liberdade* inerente ao fato de improvisar segundo os esquemas práticos não explicados em vez de executar um modelo explícito: os mesmo objetos e os mesmo atos se encontram em todos os lugares, e também o sentido global da prática, mas com toda espécie de substituições, tanto dos agentes (a *qibla*, a sogra, a noiva, por exemplo) ou dos objetos quanto das ações realizadas (o que condena a busca pela *boa* variante, a mais completa, a mais significante, que orientou, pelo menos no início, minha recolecção). Tudo se passa como se os agentes engendrassem, ao acaso da improvisação semicodificada pelas tradições locais, todas as práticas suscetíveis de ser engendradas a partir de um (ou de vários) esquema(s), selecionados em função da intenção dominante do rito: esquema do "crescer e multiplicar", esquema do "quebrar" (ou "deflorar"), com a quebra do ovo que constitui o alvo, do ovo da peneira ou do prato que continha a hena e que o noivo deve quebrar com um só golpe com o pé (Sidi Aïch), esquema da inversão do mundo, com a passagem do limiar *sem contato* (no lombo de uma "barreira mágica", às vezes um negro) e o espelho.

Da mesma forma, "a peneira dos cultivos" (*agherbal elh'erth*, de onde o nome do rito, *thagerbalt*) que a mulher do lavrador leva, acompanhada pelos filhos, símbolo de multiplicação, em momentos diferentes de acordo com os lugares (pela manhã, quando o lavrador deixa a casa, ou quando chega ao campo, quando atrela os bois, ou no momento da refeição do meio do dia), sempre contém pães, favas secas, trigo, uma romã. Nessa tradição, o lavrador para por alguns momentos, dá de comer aos animais, colocando-se de frente dos bois, joga, cuidando para acertar os bois, primeiro os grãos, depois os pães, que as crianças tentam pegar, sobre os bois, sobre o arado ou mesmo no chão, gesto de generosidade que garante a prosperidade e também sacrifício. Depois de ter afastado as crianças, ele lança por fim a romã, que o mais astuto deve pegar. As crianças correm assim de campo em campo. Segundo uma outra recolecção desse rito (Hénine, 1942), a peneira contém também um pente de tecer; a mulher, depois de ter salmodiado algumas palavras religiosas, vai colocar dois ovos frescos no último sulco traçado e o marido traça um novo sulco, depois deixa que os bois repousem e comam: se os ovos estão intactos, o ano será bom; depois que a mulher enterrou um amuleto em um canto do campo, os participantes comem o conteúdo da peneira. Entre as inúmeras variantes retém-se também esta aqui: o lavrador quebra duas romãs, algumas tortas e bolinhos sobre a relha, depois distribui o resto aos assistentes; enterram-se as oferendas no primeiro sulco.

Poder-se-iam multiplicar ao infinito os exemplos de encontros entre os dois rituais: asperge-se com leite a recém-casada (e seu cortejo) que muitas vezes procede ela própria a aspersões de água e de leite no momento de entrar em sua nova casa, da mesma maneira que a senhora da casa asperge o arado com água ou leite no momento em que sai para o campo. Apresenta-se à recém-casada uma chave com a qual ela bate no batente da porta (alias, passa-se uma chave sob suas vestes quando ela é vestida); coloca-se no saco da semente uma chave que às vezes é jogada no sulco.

A denegação do assassinato e a promessa de ressurreição que o ritual da ceifa encerra se realizam aqui na denegação da violação e da violência que é a condição para a ressurreição da semente[48]. O sacrifício e o consumo coletivo do boi podem ser compreendidos como uma representação mimética do ciclo do grão que deve (aceitar) morrer para alimentar o grupo, sacrifício ainda mais notável quando é feito com o animal mais próximo dos humanos, o mais estreitamente associado à sua vida, aos seus trabalhos e, principalmente, à sua ansiedade diante da incerteza dos ritmos cósmicos (do qual depende e participa tão estreitamente quanto os homens).

No solstício de inverno, quando a terra, que repousa sobre os cornos de um touro, passa de um corno ao outro, resulta uma grande confusão, que é ouvida somente pelos bois, que, assustados, recusariam qualquer alimento e definhariam se toda a família não fizesse um enorme barulho no estábulo batendo em recipientes e dizendo: "Não temam nada, ó bois, é o sol que se põe." No equinócio da primavera, quando "o sol vira" e os dias se prolongam, "para evitar que os bois percebam que seu tempo de trabalho vai aumentar", faz-se também muito barulho no estábulo (segundo outros informantes, é o dia do "de pedir um empréstimo", no final de *ennayer*, quando se vai

---

48. É essa dialética da morte e da ressurreição que é expressa pelo ditado (muitas vezes invocado hoje, em um sentido diferente, a propósito dos conflitos de geração): "Da vida, eles tiram a morte, da morte eles tiram a vida" (esquema que se encontra na adivinhação: "Um morto sai de um vivo": o ovo; "um vivo sai de um morto": o pinto).

ao estábulo, antes do raiar do dia, gritar nos ouvidos dos bois: "Alegrem-se, ó bois, *ennayer*, acabou!").

O assassinato denegado, o sacrifício do animal quase humano, intermediário e mediador entre o mundo natural e o mundo humano, cujo corpo é tratado como uma imagem e um substituto do corpo social, executa-se na refeição comunal, que realiza praticamente a ressurreição dos mortos nos vivos, por uma aplicação última do axioma "uma vida contra uma vida" que conduzia ao sacrifício consentido do velho mais próximo dos ancestrais, em troca da chuva e da sobrevivência do grupo. E isso ainda mais que a refeição comunal que reúne todo o grupo encerra uma evocação dos mortos: como o lembra o estatuto do estrangeiro (*aghrib*), que não pode "citar" nenhum ancestral e que não será "citado" (aske, citar e ressuscitar) por nenhum descendente, o pertencimento ao grupo, que se afirma pela reunião e a comensalidade, implica o poder de invocar e de evocar os ancestrais e a garantia de ser invocado e evocado pelos descendentes[49].

> A ressurreição dos mortos nos vivos é evocada por todo o simbolismo, e em particular pelo culinário: a fava, a semente masculina e seca por excelência, aparentada aos ossos que são o refúgio da alma à espera da ressurreição, compõe, com o grão-de-bico e o trigo, *ufthyen* (ou *ilafthayen*), grãos que se multiplicam e que aumentam quando

---

49. O "túmulo do estrangeiro" ou do homem sem descendência do sexo masculino é um dos lugares para o qual se transfere o mal: ele é encontrado em quase todo vilarejo, coberto de cacos de vidro ou de cerâmica, de vasos, de travessas, que serviram para "fixar o mal". Em alguns lugares (Sidi Aïch), não existe o túmulo do estrangeiro, mas um lugar chamado "Sidi Ali Alghrib", que desempenha a mesma função; em outros lugares, fala-se da "último túmulo". As mulheres que querem se livrar de um mal (em particular de uma doença de bebê) trazem um pote cheio de água e um ovo, comem o ovo, deixam as cascas e o pote: "O mal, dizem, não volta, como o estrangeiro não voltou para casa." Para "adormecer uma criança no ventre de sua mãe", pega-se uma "pedra" do fogão que é girada sete vezes em um sentido e depois sete vezes em volta da cintura da mulher grávida e depois é enterrada no túmulo do estrangeiro. Da mesma forma, para evitar ter filhos, a mulher pega um punhado de lã penteada, coloca-a sob o travesseiro durante a noite; na manhã seguinte, levanta-se bem cedo, passa sete vezes, com as mãos para traz, por cima de seu marido ainda deitado e a cada vez faz um nó na lã, depois, sem olhar para traz, enterra a lã no túmulo do estrangeiro.

cozidos[50] e que são comidos por ocasião do primeiro cultivo (e também na véspera de *ennayer* e especialmente da *Achura*); entra também no *abisar*, prato reservado aos homens; faz parte das coisas que são jogadas no primeiro sulco. Símbolo quase transparente dos mortos (adivinhação: "coloquei uma fava na terra, ela não se levantou – o morto; GENEVOIS, 1963, p. 10) dos quais constitui o alimento ("vi os mortos beliscar as favas": quase morri), ela está predisposta a carregar o símbolo da morte e da ressurreição como semente ressecada que, enterrada segundo os ritos no seio úmido da natureza, incha para ressurgir, multiplicada, primeira aparição da vida vegetal, na primavera.

No caso da tecedura (cf. esquema 5) que, como há muito tempo se notou (BASSET, 1922, 154), apresenta uma estrutura perfeitamente homóloga (até em sua ambiguidade) àquela do ciclo agrário, porém mais clara ainda, uma vez que está reduzida aos seus dois tempos fortes: a montagem do tear, ligada à abertura dos cultivos, e o recolhimento do tecido, associado à ceifa, o axioma que comanda toda a lógica do sacrifício se enuncia de uma maneira quase explícita.

Além da homologia de estrutura, um grande número de indícios atesta diretamente a correspondência entre o ciclo agrário e o ciclo da tecedura: a montagem do tear é feita na lua crescente no outono ("os figos e os espinheiros estão maduros, não temos cobertores"); o cilindro superior, dito do leste (Aït Hichem) ou do céu (SERVIER, 1962, p. 65), e o cilindro inferior, dito do oeste ou da terra, delimitam um espaço análogo àquele que o camponês desenha, ao começar seu trabalho, e no interior do qual se tece de baixo para cima, isto é, voltado para o leste; a mulher que vai começar a tecedura não se alimentará com nenhum alimento seco; a refeição da noite, chamada "refeição da correntinha", é composto invariavelmente por alimento úmido, cuscuz e bolinhos (*thighrifin*) etc. (CHANTRÉAUX,

---

50. Também se chama *ajedjig* esse conjunto de plantas de crescimento rápido e prolífico, trigo, favas e grão-de-bico, que são predispostos a expressar os desejos de felicidade e de prosperidade ("para que floresçam", "para que se multipliquem e se reproduzam").

88). Inúmeros indícios mostram que o ciclo da tecedura, à maneira do ciclo do grão, é praticamente identificado a um processo de dar à luz, isto é, de ressurreição: *thanslith*, o motivo triangular pelo qual se começa a tecedura e que, como foi visto, entra na representação da "lamparina de casamento", é um símbolo de fecundidade; conta-se que a arte de tecer foi ensinada por Titem Tahittust, mulher de um ferreiro de Ihittusen, dos Aït Idjer, lugar conhecido por seus tapetes, que teria tomado como modelo um fragmento de um tecido maravilhoso, descoberto no adubo, e que evoca o dorso da serpente, mais um dos símbolos de ressurreição (Chantréaux, 219).

5 O ciclo dos trabalhos femininos

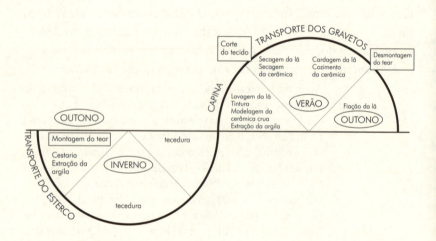

O momento decisivo da operação perigosa de união dos contrários, e em particular o *cruzamento* dos fios que produz *erruh'*, a alma, eufemismo que designa uma coisa perigosa, é sempre confiada a uma velha, ao mesmo tempo menos preciosa e menos vulnerável (CHANTRÉAUX, 110). Segundo um informante, a entrada do tear na casa, isto é, de uma pessoa nova, deve ser paga com uma vida; para conjurar essa ameaça, degola-se no limiar da porta uma galinha, cujo sangue é versado sobre um dos pilares do tear e que é comida à noite (pode-se também lavar no pátio uma libra de lã "que não viu a água" e com ela aspergir o tear). Assim como muitas vezes o último feixe é cortado com a mão pelo dono do campo, da mesma forma é às vezes à senhora da casa que cabe desprender o tecido, sem utilizar o ferro e após tê-lo aspergido com água, como se faz com os agonizantes, cantando cantos de ceifa (BASSET, 1922, p. 159); em outros lugares, essa operação perigosa é confiada a uma velha, que, dizem, "degola" a corrente usando uma faca, depois de tê-la aspergido, e pronunciando o *chahada* (BASSET, 1963, p. 70; GENEVOIS, 1967, p. 71). Essas diferentes maneiras de denegar o assassinato, e de assim escapar à lei de reciprocidade das vidas, uma "alma" contra uma "alma", que faz com que se evite realizar o corte do tecido em presença de um homem, estão também destinadas a invocar a ressurreição como nos ritos de chuva da ceifa, que a aspersão evoca, invocando a chuva fecundante do céu sobre o tear que retornou, como o campo ceifado, ao estado de secura estéril.

A lã e a cerâmica, produtos naturais, têm um ciclo quase semelhante. Derivada da terra, a cerâmica participa da vida do campo: a coleta da argila se faz no outono; mas ela não é jamais trabalhada nessa estação nem no inverno, quando a terra, fecundada, está plena, mas na primavera. A cerâmica crua (*azegazw*) seca lentamente à sombra (seco-úmido) enquanto amadurecem as espigas (período seco-úmido) (SERVIER, 1962, p. 164-166). Não se poderia cozer a terra enquanto ela carrega as espigas: é somente após a ceifa, quando a terra, nua, não produz mais e que o fogo não pode mais ressecar as espigas (período seco-seco) que se pode proceder ao cozimento a céu aberto (seco-seco). A lã crua, que foi tosada a partir do final do frio, é lavada com água e sabão, no momento em que tudo se abre e se incha, e fervida em um caldeirão no qual se jogam trigo e favas (*ufthyen*) para que esse flocos dilatem como as espigas. Ela seca, ao mesmo tempo que as cerâmicas, no período seco-úmido. Ela é cardada no coração do período seco, com instrumentos também tipicamente "secos" e masculinos como o pente para cardar, símbolo da separação e da rudeza viril, produto do trabalho do ferreiro que é utilizado nos ritos de masculinização e nos ritos profiláticos destinados a afastar as doenças da noite e do úmido.

Transferências de esquemas e homologias

Como bem demonstra o caso do tecido, o uso de esquemas praticamente substituíveis está no princípio das homologias que a análise descobre entre os diferentes domínios da prática. Assim, por exemplo, para compreender em linhas gerais a série dos pratos ordinários ou extraordinários que, por causa da função de rito mimético atribuída ao consumo de alimento[51], são associados aos diferentes períodos do ano agrário (cf. esquema 6), basta se oferecer a oposição entre duas classes de víveres e duas classes de operações: de um lado, os víveres *secos*, cereais (trigo, cevada), legumes secos (favas, grão-de-bico, ervilha, lentilhas etc.) ou carne seca, que é *fervida na água, sem condimentos*, no *caldeirão* no interior da casa, ou que se coze no vapor ou se faz crescer com fermento (bolinhos), todas essas operações têm em comum fazer *inchar*; e, de outro, os víveres crus, verdes ou frescos (um dos muitos sentido da palavra *azegzaw*, associada à primavera e ao trigo verde) que se comem *crus* (como, aliás, é o caso na primavera) e/ou *assados* ou *grelhados* na travessa (*bufrah'*), fora na casa, e muito condimentados[52]. E, para explicar completamente essas variações observadas, basta constatar além disso que a primeira combinação é característica do fim do outono e do inverno, momento da umidificação do seco em que se espera da terra e da mulher fecundadas que elas dilatem, ao passo que a segunda está associada à primavera, estação de transição, e ao verão, tempo de desidratação do úmido e de ruptura com o feminino, em

---

51. Às vezes, essa função é explicitamente formulada: diz-se, por exemplo, que, quando se semeia cereais, víveres tenros, é necessário "comer tenro".

52. Salvo raras exceções (quando se degolou um animal ou que se tem doentes, por exemplo) nunca se prepara a carne, muito rara e muito preciosa, sobre a brasa. No verão, cozinha-se sobre o *kanun* pimentões, tomates. Todavia, sempre se ferve a carne no outono, ao passo que ela pode ser assada na primavera.

que tudo o que se desenvolveu no interior, como os grãos de fava e de trigo, deve se abrir para fora e amadurecer na luz.

6 O ciclo da cozinha

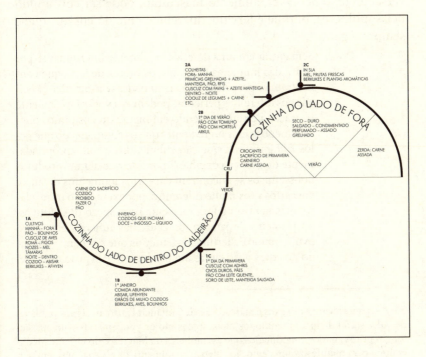

A alimentação do inverno é, globalmente, mais feminina, a alimentação do verão, mais masculina. Compreende-se que a alimentação feminina seja em toda estação uma forma úmida da alimentação masculina correspondente: a alimentação dos homens, sólida e nutritiva, tem como base o pão (*aghrum*) e o cuscuz; ao hóspede que se deseja honrar, o masculino por excelência, será oferecido pelo menos um cuscuz, nem que seja de cevada e, se possível, um cuscuz com carne; jamais uma sopa, mesmo de trigo, ou sêmola fervida. A alimentação das mulheres, líquida, menos nutritiva, menos condimentada, baseia-se nos mingaus, nos caldos, nos molhos; seu cuscuz é feito com cevada ou até mesmo com farelo e farinha (*abul-*

bul)⁵³. De fato, nada é tão simples: os bolinhos de sêmola que, já que são fervidos na água, podem aparecer como femininos são também a mais masculina das alimentações femininas, portanto, consumida às vezes pelos homens, porque eles podem acompanhar a carne; inversamente, o *berkukes*, alimento masculino, pode ser consumido pelas mulheres, porque é fervido, diferentemente do cuscuz, que é sempre regado.

Sem entrar em uma descrição realmente interminável, por causa das inúmeras variantes, os pratos de festa que concentram as propriedades características da cozinha associada aos diferentes períodos, podem-se evocar rapidamente os traços pertinentes tendo em mente que os pratos diferem menos pelos ingredientes que os compõem do que pelos *tratamentos* a que são submetidos e que apropriadamente definem a cozinha. É por isso que alguns produtos polissêmicos se encontram em certos momentos do ano e em certos ritos muito diferentes: por exemplo, o trigo, claro, mas também a fava, presente na refeição dos cultivos, do primeiro de janeiro, da ceifa, dos funerais etc., ou o ovo, símbolo da fertilidade feminina que também é utilizado nos ritos virilizantes, no primeiro dia da primavera. Se,

---

53. A separação entre os sexos é marcada desde a infância. Entre os signos públicos do *valor social* dado ao menino, os mais típicos são os youyous (Os youyous são longos gritos agudos e modulados que as mulheres do Magreb e do Oriente Médio emitem para manifestar uma emoção coletiva: geralmente de alegria, mas também de luto [N.T]), que marcam seu nascimento e todos os ritos de passagem: "Se o primeiro que aparece pode me expulsar de minha própria casa, porque minha mãe teria gritado tantos youyous (no meu nascimento) (BOULIFA, [s.d.], p.167). Esse privilégio se marca na alimentação, na veste, nos jogos. O jovem rapaz come com os homens assim que ele começa a andar e a ir aos campos. Quando está na idade de pastorear as cabras, ele tem direito ao lanche (um punhado de figos, leite). As brincadeiras masculinas são competitivas e agonísticas; para as meninas, elas consistem nas tarefas adultas realizadas como uma faz-de-conta (o menino, que franzino, doentio ou envolvido por muitas irmãs, participa dessa brincadeira de meninas é chamado "o menino das meninas" ou "Mohand de sua mãe"). O menino está do *lado de fora*, com o rebanho ou então com os homens, na assembleia ou no trabalho (assim que ele começa a andar, as mulheres o afastam dizendo: "Sai e tu te tornarás um homem"; a mulher que leva aos homens suas refeições é acompanhada por seu filho, mesmo bem pequenino, que é como um substituto do marido (muitos homens vigiam sua mulher por intermédio de seu filho). As meninas ficam no interior varrendo, cozinhando ou se ocupando dos menores.

no dia dos cultivos, a refeição tomada fora, no campo, é, como sempre acontece, mais masculina, isto é mais "seca", do que a alimentação do outono e do inverno em seu conjunto que é *fervida* ou cozida no vapor, como aquela que se toma por ocasião dos casamentos e dos enterros, a refeição da noite da primeira jornada de cultivo é sempre composta por um mingau ou por um cuscuz com grãos grossos e sem condimentos que, ao contrário, é às vezes excluído explicitamente da refeição do primeiro dia da primavera ("porque as formigas se multiplicariam com os grãos de sêmola"), ou de *ufthyen*, composto por grãos de trigo e de favas cozidos na água ou no vapor, o símbolo de fecundidade por excelência, ou de *abisar*, prato por excelência do lavrador, espécie de purê espesso de favas, o prato dos mortos e da ressurreição (sempre são associados a esses pratos frutos com grãos múltiplos, romãs, figos, uvas, nozes ou produtos açucarados, mel, tâmaras etc., símbolos de "facilidades"). É proibido cozinhar o pão, o alimento seco e masculino por excelência, durante os três primeiros dias dos cultivos; diz-se mesmo que, caso se comesse carne assada (a do boi de *thimechreth* é comida cozida), os bois poderiam se machucar no pescoço. O cuscuz (*berkukes*) do primeiro dia de *ennayer* contém carne de aves, tipicamente feminino (notadamente porque elas são propriedade pessoal das mulheres). Mas é sem dúvida durante a véspera do primeiro dia de *ennayer* (às vezes chamado as "velhas" de *ennayer*) que o esquema gerador da alimentação invernal, torna úmido o seco, transparece mais claramente: nessa ocasião, não se deve comer outra coisa senão grãos secos cozidos (com, às vezes, bolinhos) e com isso se satisfazer; não se deve comer carne ("para não quebrar os ossos") ou tâmaras ("para não descobrir os caroços"). A refeição do primeiro dia de *ennayer* (*Achura*) é semelhante àquela da abertura dos cultivos: sempre copiosa (rito augural), é composta por *abisar* ou por *berkukes* e bolinhos, ou mingau.

Desde o primeiro dia da primavera, ao lado dos componentes tradicionais da alimentação de fertilidade, cuscuz cozido no vapor, *d'adhris*, a tápsia, que faz inchar, ovos duros, com os quais é necessário se satisfazer etc., observa-se aparecer, ao mesmo tempo que as mulheres tingem pela primeira vez suas mãos com hena, os cereais (sêmola) torrados que as crianças comem *fora*, os produtos crus e vedes (favas e outros legumes) e o leite (consumido quente ou cozido).

No retorno de *azal*, *thasabwath*, pães secos esfarelados e molhados em sopas de leite fervente, *thiklilth*, queijo feito com leite batido cozido que se come naquele dia (Hassler) e a sêmola com manteiga anunciam a alimentação seca e masculina do verão. A combinação característica das refeições de festa da estação seca é o pão e a carne grelhada associada ou não (principalmente conforme ela é feita no campo ou na casa) ao cuscuz, as refeições mais ordinárias sendo feitas de pão molhado no *azeite* (alimento seco e masculino, em oposição à manteiga, úmido e feminino) e por figos secos e também, para as refeições feitas em casa, de legumes frescos que são comidos grelhados.

7 Os ritmos diurnos no inverno e no verão

Hora	Estação seca	Estação úmida
5 elfjar	Saída do rebanho dos homens (campos e mercado)	
6		
7		
8		
9		Leftar (café da manhã)
(eddoh'a)	1º retorno do rebanho	Saída do rebanho dos homens (campos e mercado)
10	Imekli (refeição)	
11	Descanso de Azal	
12	A	Thanalth (lanche)
13 eddohor	2ª saída do rebanho Z	
14	A	
15	L Declínio da Azal	
16 elâasar	Thanalth (lanche)	Retorno do rebanho
17		
18		
19 el maghreb	2º retorno do trabalho	imensi (ceia)
20		
elâicha	imensi (ceia)	
21		

Tempo passado em casa | Tempo de trabalho | Tempo de repouso fora

A estrutura da jornada (que integra de modo muito natural as cinco preces muçulmanas) constitui um outro produto, particularmente legível, da aplicação dos mesmos princípios. A jornada da estação úmida é noturna até em sua parte diurna: já que o rebanho sai e retorna uma única vez, ela aparece como uma forma inacabada da jornada da estação seca (cf. esquema 7). Com efeito, a partir do dia chamado "o retorno de *azal*", que marca o limiar da estação seca e no qual a doméstica traz o fogão para o pátio, passa-se bruscamente a um ritmo mais complexo, definido pela dupla ida e vinda do rebanho: a primeira saída acontece na aurora, o retorno acontece assim que o calor começa a pesar, isto é, por volta de *doh'a*; a segunda saída coincide com a prece do meio do dia, *dohor*, o retorno acontecendo ao cair da noite.

Da mesma maneira que o ano vai do outono até o verão, avançando de oeste para o leste, o dia (*as*) vai da noite ao meio-dia: a refeição da noite (*imensi*) é a primeira e a principal refeição do dia. Ainda que todo o sistema se organize segundo o ciclo perfeito de um eterno retorno, a noite e o outono, velhice e morte, sendo também o lugar da procriação e das semeaduras, o tempo é orientado para o ponto culminante representado pelo meio-dia, o verão ou a idade madura (cf. esquema 8). A noite em sua parte mais escura, as "trevas" do "meio da noite", que reúne homens, mulheres e crianças na parte mais secreta da casa, junto dos animais, no lugar fechado, úmido e frio das relações sexuais, associado ao túmulo e à morte, se opõe ao dia e, mais precisamente, ao que é o seu cume, *azal*, o momento em que a luz e o calor do sol em seu zênite são mais fortes. O vínculo entre a noite e a morte, que é evocado pelos ruídos noturnos como os uivos do cachorro ou do chacal ou o ranger dos dentes daqueles que dormem, semelhante ao dos moribundos, é marcado em todos os interditos da noite: as práticas proibidas, como se banhar, ou simplesmente vagar perto das águas, principalmente estagnadas, negras, lodosas e nauseabundas, olhar-se em um espelho, untar os cabelos, tocar as cinzas, teriam como efeito redobrar de alguma forma a carga maléfica da escuridão noturna ao entrar em contato com substâncias dotadas das mesmas propriedades (e, para algumas, quase substituíveis, cabeleira, espelho, águas negras).

A manhã é um momento de *transição* e de *ruptura*, um *limiar*. É durante as horas que precedem o nascer do dia, quando o dia vence o seu combate contra a noite, que se praticam os ritos de expulsão (*asfel*) e de purificação (é de manhã, por exemplo, que, ao pé de um espinheiro isolado, derrama-se sobre o bebê ciumento ou vítima de uma transferência, *aqlab*, a sêmola que foi colocada na véspera ao lado de sua cabeça; da mesma forma em alguns ritos de expulsão, vai-se durante a noite em um lugar – por exemplo, um lugar de ruptura como o limite entre dois campos – que se abandona de manhã bem cedo para ali deixar o mal). Como em inúmeros ritos praticados na primavera, trata-se de acelerar e de acentuar a ruptura com a escuridão, com o mal e a morte para "estar de manhã", isto é, aberto à luz, ao bem e à sorte que lhe são associados. Os ritos de inauguração e de separação que marcam os dias de transição são praticados na aurora, quer se trate do despertar dos bois no estábulo no solstício de inverno, dos ritos da primeira neve, dos ritos de renovação do primeiro dia do ano (*ennayer*), da busca dos ramos do loureiro-rosa que durante o *âazla* serão plantados nos campos, da partida dos pastores em busca de plantas no primeiro dia da primavera, da saída do rebanho no "retorno de *azal*", etc. Cada manhã é um *nascimento*. A manhã é saída, *abertura* e abertura para a luz (*fatah'*, abrir, eclodir, é sinônimo de *s'ebah'*, estar de manhã). É o momento em que o dia nasce (*thallalith wass*, o nascer do dia), em que "o olho da luz" se abre e em que a casa e o vilarejo fechados em si mesmos durante a noite despejam nos campos homens e rebanhos. A manhã é o melhor momento para decidir e empreender.

8 *A estrutura da jornada da estação seca*

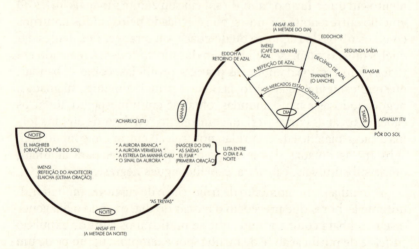

"A manhã, dizem, é a facilidade". "O mercado é a manhã" (é de manhã que se fazem os bons negócios). "É de manhã que a caça é dividida; infortúnios aos que dormem". A manhã do primeiro dia da primavera, manhã da manhã do ano, acordam-se as crianças dizendo: "Levantem-se, crianças, quanto mais vocês andarem antes do nascer do sol, mais sua vida será longa". Levantar-se cedo significa se colocar sob augúrios favoráveis (*leftah'*, a abertura, o bom augúrio). Aquele que se levanta cedo está protegido contra os encontros que trazem infortúnio; aquele que toma por último a estrada, ao contrário, só pode ter como companheiro o caolho (associado à noite, como o cego), que espera o dia claro para sair ou o manco que fica para trás. Levantar-se com o canto do galo significa colocar seu dia sob a proteção dos anjos da manhã e de lhes agradecer. Também é de manhã, momento inaugural, que muitas vezes os ritos de prognosticação são realizados: por exemplo, as cabras e as ovelhas ou as vacas são chamadas bem cedo e dependendo se são as ovelhas (ou as vacas) ou as cabras que se apresentam primeiro o ano será bom ou ruim.

A manhã, como os períodos homólogos do ano agrário ou da vida do homem, a primavera ou a infância, seria totalmente favorável – uma vez que ela marca a vitória da luz, da vida, do porvir, sobre a noite, a morte, o passado – se sua posição não lhe conferisse o terrível poder de determinar o porvir do qual participa e que comanda na qualidade de termo inaugural da série: intrinsecamente benéfica, ela é perigosa como virtualidade de infortúnio, porque é capaz de determinar a sorte, fasta ou nefasta, da jornada. É preciso se deter um pouco nessa lógica, que não se compreende completamente uma vez que é sempre compreendida pela metade, a partir da experiência quase mágica do mundo que, na emoção, por exemplo, impõe-se até mesmo àqueles que suas condições materiais de existência e um meio institucional próprio a desencorajá-la protegem muito melhor contra essa "regressão". Quando o mundo é percebido como um sistema fatal que admite como causa seu ponto inicial, o que acontece no presente do mundo ou o que nele é feito comanda o que nele deve advir. Esse porvir que já está inscrito no presente sob forma de presságios, é necessário decifrá-lo não para se submeter a ele como a um destino, mas para poder, se necessário, modificá-lo: contradição que é apenas aparente, uma vez que é em nome da hipótese do sistema fatal que se tenta *refazer* o porvir anunciado pelo presente ao refazer um novo presente. Combate-se a magia com a magia, combate-se a eficácia mágica do presente-presságio com uma conduta que pretende modificar o ponto inicial, em nome da crença, que fazia a virtude do presságio, que o sistema admite como causa seu ponto inicial.

Avaliam-se os signos (*esbuh'*, o primeiro encontro da manhã, de bom ou de mau augúrio) pelos quais as forças más podem se anunciar e existe um esforço para exorcizar os seus efeitos: aquele que encontra uma pessoa que carrega leite vê ali um bom presságio; aquele que, ainda está deitado, ouve os gritos de uma disputa, vê um sinal de mau agouro; aquele que cruza, na aurora, um ferreiro, um manco, um caolho, uma mulher que carrega um odre vazio, um gato preto, deverá "refazer sua manhã", retornar à noite atravessando o limiar em sentido inverso, dormir novamente e refazer sua "saída". Isso vale para o dia inteiro, e às vezes para o ano inteiro ou para a vida inteira, quando se trata da manhã de um dia inaugural como o primeiro dia de primavera. Como a eficácia mágica das palavras e das coisas ali se exerce com uma intensidade particular o uso dos eufemismos se impõe então com um rigor especial: de todas as palavras proibidas, as mais temíveis, pela manhã, são aquelas que exprimem atos ou momentos terminais, fechar, apagar, cortar, ou, em um menor grau, acabar, esgotar, partir, espalhar, apropriadas para *evocar* uma interrupção, uma destruição antes do tempo, o vazio ou a esterilidade. A fé no poder das palavras implica que se *estabelecem formas* para as relações com o mundo, toda transgressão, verbal ou gestual, das formas prescritas podem ter efeitos cósmicos. De modo que, como se sabe, deve-se vigiar especialmente sua linguagem em presença das crianças de pouca idade, das crianças recentemente circuncidadas ou dos recém-casados, muitos dos seres altamente vulneráveis cujo porvir, isto é, o crescimento, a virilidade e a fecundidade, estão em questão; da mesma maneira, inúmeros tabus e interditos da primavera são eufemismos práticos que pretendem evitar que se coloque em perigo a fecundidade da natureza em trabalho pela eficácia performativa da palavra e do gesto. É, em última análise, o próprio fato da *ritualização das práticas* que, pela estereotipagem, tende a evitar os erros associados à improvisação e capazes de desencadear conflitos sociais ou catástrofes naturais. Da mesma maneira que, nas relações entre grupos estrangeiros, a ritualização das trocas e dos conflitos (quer se trate da *thawsa*, do tiro ao alvo ou da polidez e de seus formalismos) tende a reduzir de antemão as virtualidades de atos ou de palavras infelizes, da mesma maneira, nas relações com as forças naturais, nos grandes ritos coletivos, conduzidos pelas pessoas mais capazes de engajar o porvir de todo o grupo, tendem a regular rigidamente, sem dar lugar à invenção ou à imaginação individual, as relacionadas às trocas entre os humanos e o mundo natural que são as mais vitais – no sentido verdadeiro, uma vez que, como nas trocas de honra, dá-se "uma vida contra uma vida".

Como o mostra a comparação com os ritos facultativos ou clandestinos, em que a função psicológica e o interesse privado aparecem em primeiro lugar, comandando diretamente os gestos e as palavras, os ritos obrigatórios e coletivos têm como efeito não somente evitar os efeitos funestos da intemperança de linguagem ou de ação ou da precipitação geradoras de atitudes intempestivas ao regular as práticas em sua forma, em seu lugar e em seu momento, mas também censurar a experiência psicológica, a ponto de às vezes anulá-la ou, o que dá no mesmo, produzi-la, fazendo da ação o produto da obediência a uma espécie de imperativo categórico: é específico da prática coletiva que vale como intenção e que pode ter como efeito a produção de uma experiência subjetiva e uma emoção *de instituição*[54].

---

54. O próprio do imperativo cultural é operar uma espécie de culturalização ou, caso se prefira, de *desnaturalização* de tudo o que ele toca, quer se trate das necessidades biológicas ou psicológicas, assim transfiguradas e sublimadas, como o riso ou as lágrimas, ou das necessidades climáticas ou morfológicas. É o caso das divisões rituais do tempo, que são para as divisões climáticas o que os risos ou as lágrimas de instituição são para os risos e para as lágrimas "espontâneas". Observa-se assim que o ritmo característico da jornada de inverno se mantém tanto nos momentos mais frios quanto nos períodos mais quentes e já "primaveris" da estação úmida. A autonomia da lógica do ritual em relação às condições objetivas é ainda mais evidente no caso do vestuário que, como símbolo de um *status social*, não poderia se subordinar às variações do clima. Como se despojar no verão do albornoz quando um homem sem albornoz é desonrado? Como não calçar os mocassins de inverno para ceifar ou fazer um grande trajeto na montanha quando se sabe que esses calçados caracterizam justamente o camponês autêntico ou o bom andarilho? Como a senhora da casa poderia renunciar ao tradicional par de mantas que ela usa preso na frente e que significa sua autoridade, sua ascendência sobre as noras e seu poder na gestão doméstica, assim como a faixa em que estão suspensas as chaves da dispensa?

Azal, e particularmente o meio de *azal* (*thalmas'th uzal*), o momento em que o sol está no zênite, em que "*azal* é o mais quente", o apogeu do dia, se opõe tanto à noite quanto à manhã, a madrugada, a parte noturna do dia. Homólogo do tempo mais quente, mais seco, mais luminoso do ano, ele é o dia do dia, o seco do seco, que de alguma maneira traz à sua plena potência as propriedades características da estação seca. É o tempo masculino por excelência, o momento em que os mercados, os caminhos e os campos estão plenos (de homens), em que os homens estão fora, em suas tarefas de homens (Em um certo rito praticado para favorecer o casamento de uma moça, a feiticeira acende a lamparina, *mes'bah'*, símbolo do homem procurado, na hora de *azal*.) Da mesma maneira que a sesta de *azal* (*lamqil*) é o limite ideal do repouso masculino, os campos são o limite dos lugares habituais da sesta, como o terreiro, a região mais seca e mais masculina do espaço próximo da casa, onde muitas vezes os homens dormem; compreende-se que *azal*, que por si só participa do seco e do estéril, esteja fortemente associado ao deserto (*lakhla*) dos campos ceifados.

Eddohor, a segunda prece, coincide mais ou menos com o final do repouso de *azal*: é o início do "declínio de *azal*", o final do calor intenso (*azghal*) e o momento da segunda saída do rebanho para os campos e da segunda saída para o trabalho. É na terceira prece, *elâasar*, que se situa o final de azal e se inicia *thameddith* (ou *thadugwath*): é a hora em que "os mercados se esvaziaram"; também é o momento em que os interditos da noite entram em vigor. O "declínio do sol" que "pende para o oeste" é de alguma forma o paradigma de todas as formas de declínio, e em particular da velhice e de todas as espécies de decadência política ("seu sol caiu") ou da decadência física: ir para o oeste, para o poente (*ghereb*, em oposição a *cherraq*, ir para a alvorada), significa ir para a escuridão, a noite, a morte, à maneira de uma casa cuja porta orientada para o oeste só pode receber as trevas.

Poder-se-ia, continuando a análise dos diferentes campos de aplicação do sistema dos esquemas geradores, também construir um esquema sinótico do ciclo de vida tal qual é estruturado pelos ritos de passagem: é toda a existência humana que, sendo o produto do mesmo sistema de esquemas, organiza-se de maneira homóloga àquela do ano agrário e das outras grandes "séries" temporais. É assim que a procriação (*akhlaq*, criação) de uma maneira muito evidente está associada à noite, ao outono e à parte noturna e úmida da casa. Da mesma maneira, a gestação corresponde à vida subterrânea do grão, isto é, às "noites" (*eliali*): os tabus da gravidez, os da fecundidade, são os tabus da noite e do luto (olhar-se em um espelho, ao cair da noite etc.); a mulher grávida, semelhante à terra inchada na primavera, participa do mundo dos mortos (*juf*, que designa o ventre da mulher grávida, significa também o norte, homólogo da noite e do inverno). A gestação, assim como a germinação, está identificada ao cozimento no caldeirão: é servido à parturiente a alimentação cozida do inverno, dos mortos e dos cultivos, em particular *abisar* (refeição dos mortos e das cerimônias fúnebres) que, salvo nessa ocasião, não é jamais comida pelas mulheres, e, por ocasião da purificação, no quadragésimo dia, o cuscuz espesso fervido na água (*abazin*), signo de fecundidade, de multiplicação, também consumido no primeiro dia dos cultivos, pães, bolinhos e ovos. O parto está associado à "abertura" do final do inverno e ali são encontrados todos os interditos de encerramento que se observam nessa época (cruzar as pernas, as mãos, os braços, usar bracelete, anel ou argola etc.). A homologia entre a primavera, a infância e a manhã, períodos de incerteza de espera inaugurais, manifesta-se entre outras coisas na abundância dos ritos de prognosticação que então se praticam e também dos ritos destinados a favorecer a ruptura com o mundo doméstico e materno e a saída para o mundo masculino (como o primeiro corte de cabelos e a primeira entrada no mercado).

> Inúmeros ritos de passagem estão explicitamente associados ao momento homólogo do ano: por exemplo, o início do outono convém à circuncisão, mas não o inverno, e *elâazla gennayer*, momento de separação, é o momento favorável ao primeiro corte de cabelos, um dos momentos importantes da transição para o mundo masculino; o outono e a primavera (depois *elâazla*) convêm ao casamento que está excluído do último dia do ano, de *h'usum*, de *nisan* e dos meses de maio ou junho. Os ritos da primavera (e, em particular, os do primeiro dia dessa estação e do retorno de *azal*) acionam um simbolismo que se aplica tanto ao broto do trigo, ainda "atado, entravado, amarrado" (*iqan*), quanto aos membros do bebê que ain-

da não anda (*aqnan ifadnis*) e permanece de alguma forma atado à terra. Quanto aos ritos de passagem que não estão vinculados a um período determinado do ano, eles sempre devem uma parte de suas propriedades às características rituais do período em que são realizados – o que explica o essencial das variantes observadas. Por exemplo, a água benéfica de *nisan*, componente necessário dos ritos próprios a esse período (como o leite da primeira ordenha na primavera, as espigas do último feixe no verão etc.), aparece também, como elemento suplementar, nos ritos de passagem que ali se encontram situados.

A ceifa, ainda que seja descrita como uma destruição antecipada (*anâadam*) não é uma morte sem descendência (*maâdum*, o celibatário que morreu sem descendência) e espera-se da magia, que permite acumular sem contradição os benefícios de ações contraditórias, a ressurreição no e por um novo ato de fecundação: da mesma forma, a velhice, orientada para o oeste, o poente, a escuridão e a morte, direção funesta por excelência, é ao mesmo tempo voltada para o oriente da ressurreição em um novo nascimento. O ciclo não se encerra com a morte, isto é, a oeste, senão para o estrangeiro (*aghrib*): em um universo em que a existência social implica que se esteja vinculado aos ancestrais por seus ascendentes e que se seja "citado" e "ressuscitado" por seus descendentes, a morte do estrangeiro, o homem do oeste (*el gharb*) e do exílio (*el ghorba*), desprovido de descendência (*anger*), é a única forma de morte absoluta.

As diferentes gerações ocupam posições diferentes no ciclo assim desenhado: diametralmente opostas pelas sucessivas gerações, as do pai e do filho (uma vez que o primeiro concebe quando o outro é concebido ou entra na velhice quando o outro está na infância), idênticas para as gerações alternadas, as do avô e do neto (cf. esquema 9). Esta é realmente a lógica que, fazendo do nascimento um renascimento, conduz o pai a dar a seu primeiro filho, sempre que possível, o nome de seu próprio pai (nomear se diz *asker*, "ressuscitar"). E o campo conhece um ciclo perfeitamente homólogo, o da alternância bienal: da mesma maneira que o *ciclo de geração* se encerra com a morte e a ressurreição de A, isto é, quando B concebe C, da mesma maneira o ciclo do campo se encerra quando o campo A que permaneceu não foi cultivado, espera sua ressurreição, durante todo tempo que duraria a vida do campo fecundado, é "ressuscitado" pelo cultivo e pelas semeaduras, isto é, no momento em que o campo B deixa de ser cultivado.

9 O ciclo da reprodução

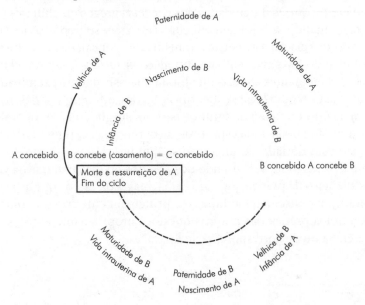

Pode-se ver como a denegação do assassinato pela *ciclicidade* tende a englobar a própria morte "natural": de forma que, contrariamente à ilusão erudita, a espera da "ressurreição" dos mortos poderia não ser senão o produto de uma transferência de esquemas constituídos no terreno da prática mais diretamente voltada para a satisfação das necessidades temporais.

Assim, a lógica prática deve sua eficácia ao fato de que ela se ajusta em cada caso, pela escolha dos esquemas fundamentais que coloca em ação e por um bom uso da polissemia dos símbolos que utiliza, à lógica particular de cada domínio da prática. Tendo como consequência as incertezas, até mesmo as incoerências que se encontram assim que se quer confrontar metodicamente todas as aplicações particulares do sistema de esquemas. Como a mesma palavra recebe um sentido diferente em cada um de seus grandes domínios de utilização e permanece nos limites de uma "família de significações", as estruturas fundamentais se realizam em significações que são muito diferentes de acordo com os campos, ainda que elas sempre compartilhem algum traço com pelo menos um outro elemento de uma outra série e que todas tenham em comum uma espécie de "ar de família", imediatamente sensível à intuição. Não é por acaso, com efeito, que as dificuldades dos exegetas gregos ou chineses comecem quando se esforçam em construir e em sobrepor *séries* (no sentido de relação assimétrica, transitiva e "conectada" que Russel atribui a essa palavra em sua *Introduction to Mathematical Philosophy*) semelhantes àquelas que foram sucessivamente examinadas aqui: basta tentar levar a identificação das diferentes séries para além de um certo grau de sutileza, para ver surgir, atrás das homologias fundamentais, toda espécie de incoerências[55]. O rigor verdadeiro não está do lado de uma análise que levaria esse sistema para além de seus limites, abusando dos poderes do discurso que dá voz aos silêncios da prática, jogando com a magia da escrita que arranca a prática e o discurso da duração e principalmente apresentando à mais típica prática das práticas questões propriamente elitistas de coerência ou de correspondência lógica[56].

---

55. Por exemplo, como abertura e início, o nascimento pode ser vinculado, de acordo com as ocasiões e as necessidades da prática ritual, ou ao nascimento do ano – ele próprio situado em diferentes momentos segundo as ocasiões –, ou ao nascimento da primavera na ordem do ano, ou ainda à aurora quando se trata da jornada, ou ao surgimento da lua nova quando se trata do mês ou ao broto do trigo quando se refere ao ciclo do grão; nenhuma dessas relações não exclui que a morte, à qual ela se opõe, seja identificada ou à ceifa quando se pensa no ciclo de vida do campo, ou à fecundação como ressurreição, isto é, ao nascimento do ano, quando se considera o ciclo do grão etc.

56. Granet oferece três bons exemplos dessas construções, fantásticas às custas de desejar ser impecáveis, engendradas pelo esforço em resolver as contradições nascidas da ambição desesperada de dar uma forma intencionalmente sistematizada aos produtos objetivamente sistemáticos da razão analógica. É o caso, por exemplo, da teoria dos cinco elementos, elaboração erudita do sistema mítico, que estabelece uma correspondência entre os pontos cardeais (aos quais se acrescenta o centro), as estações, as matérias (água, fogo, madeira, metal), as notas de música (GRANET, M. *La civilisation chinoise*. Paris: Armand Colin, 1929, p. 304-309).

É apenas quando a transferência de esquemas que se opera aquém do discurso torna-se *metáfora* ou *analogia* que, por exemplo, pode-se perguntar, com Platão, se "é a terra quem imitou a mulher engravidando e colocando um ser no mundo, ou a mulher que imitou a terra" (*Ménexène*, p. 238a). A lenta evolução que conduz "da religião à filosofia", como dizia Cornford e a escola de Cambridge, isto é, da analogia como esquema prático de ação ritual à analogia como objeto de reflexão e como método racional de pensamento, é correlativa de uma mudança de função: o rito e, sobretudo, o mito, que eram "agidos" sobre o modo da crença e que preenchiam uma função prática como instrumentos coletivos de uma ação simbólica sobre o mundo natural e social, tendem a não ter outra função senão aquela que recebem nas relações de concorrência entre os letrados que questionam e interpretam sua letra em relação às dúvidas e às leituras dos intérpretes anteriores ou contemporâneos. É somente então que se tornam explicitamente o que sempre foram, mas somente em estado implícito ou prático: um sistema de soluções aos problemas cosmológicos ou antropológicos que a reflexão letrada crê ali descobrir e que ela faz realmente existir como tais por um *erro de leitura* que está implicado em toda *leitura* ignorante de sua verdade.

Dessa maneira, por não ter sabido pensar tudo o que se encontrava implicado em seu estatuto de leitura erudita das práticas e em particular sua ignorância da lógica da prática, cujo monopólio as sociedades arcaicas não têm, a antropologia se enclausurou na antinomia da alteridade e da identidade, da "mentalidade primitiva" e do "pensamento selvagem", cujo princípio Kant já oferecia no Apêndice à Dialética Transcendental quando indicava que, de acordo com os interesses que a anima, a "razão" obedece ou ao "princípio de especificação" que a leva a buscar e a acentuar as diferenças, ou ao "princípio da agregação" ou da "homogeneidade", que a leva a reter as semelhanças, e que, por uma ilusão que a caracteriza, ela situa o princípio desses julgamentos não em si mesma, mas na *natureza* de seus objetos.

O bom uso da indeterminação

A lógica prática não tem nada de um cálculo lógico que seria em si mesmo seu fim. Ela funciona na urgência, e em resposta às questões de vida ou de morte. Significa dizer que ela não cessa de sacrificar a preocupação da coerência à busca da eficácia, tirando todo proveito possível dos duplos acordos e dos lances duplos que a indeterminação das práticas e dos símbolos autoriza. Assim, a encenação propiciatória pela qual a ação ritual pretende criar as condições favoráveis à ressurreição do grão ao reproduzi-la simbolicamente em um conjunto de atos miméticos, entre os quais é preciso contar o casamento, apresenta um certo número de ambiguidades, particularmente visíveis no ritual do último feixe. Como se se hesitasse entre um ciclo da morte e da ressurreição do grão e um ciclo da morte e da ressurreição do campo, o último feixe é praticamente tratado, de acordo com os lugares, como uma personificação feminina do campo ("a força da terra", a "noiva") sobre a qual é invocada a chuva masculina, às vezes personificada sob o nome de *Anzar*[57], ou como um símbolo masculino (fálico) do "espírito do grão", destinado a retornar por um tempo à secura e à esterilidade antes de inaugurar um novo ciclo de vida ao cair em forma de chuva sobre a terra sedenta. As mesmas ambiguidades se encontram no ritual dos cultivos, ainda que os atos tendam a favorecer o retorno do mundo ao estado úmido, e em particular os ritos propriamente destinados a provocar a chuva que também se praticam, idênticos, na primavera, combinam-se à primeira vista muito logicamente com as ações destinadas a favorecer o ato de fecundação, cultivo ou casamento, como imersão do seco no úmido, da semente celeste na terra fértil. Em presença da chuva, água seca que, por sua origem celeste, participa da masculinidade solar enquanto que por outro lado participa da feminidade úmida e terrestre, o sistema de classificação hesita. A mesma coisa é verdadeira para as lágrimas, a urina ou o sangue, abundantemente utilizados nas estratégias homeopáticas dos ritos de chuva, e também da semente que, semelhante à chuva, revigora a terra ou a mulher, e da qual se pode dizer indiferentemente que faz inchar ou que incha, como a fava ou o trigo no caldeirão. Por essa razão, as flutuações da prática mágica que, longe de se confundir

---

57. Esse sentido está claramente indicado por essa brincadeira de corda (LAOUST, 1920, p. 146-147) que opõe os homens e as mulheres e ao longo da qual as mulheres, caindo para trás quando de repente a corda é cortada, mostram ao céu seu sexo, invocando sobre ele a semente fecundante.

com essas ambiguidades, delas tira proveito para maximizar o benefício simbólico. O recenseamento sistemático das múltiplas variantes dos ritos de chuva no final do qual Laoust, único que percebeu claramente a contradição (LAOUST, 1920, 192-193, p. 2.204ss.), conclui pela natureza feminina de *thislith*, a noiva, ou de *thlonja*, a concha, boneca feita com uma concha vestida como uma noiva que se passeia em cortejo invocando a chuva, fornece por sua própria minúcia o meio de perceber as propriedades que fazem da "boneca" dos ritos de chuva, dos ritos de capinação (é "Mata" cujo rapto é encenado) e da ceifa, um ser inclassificável do ponto de vista do próprio sistema de classificação do qual ela é o produto: o nome feminino, *thislith*, que poderia ser apenas um eufemismo para designar um símbolo fálico, e o vestuário (lenço de cabeça, colar, vestido) com o qual muitas vezes a concha é vestida (embora se tenha observado que, nesse caso particular, as velhas carregam uma boneca *masculina* e os homens uma boneca *feminina*), entram sem dúvida em conflito na prática com as propriedades da concha que serve na maior parte das vezes para fabricar a boneca (designada em muitos lugares com o nome de concha) e que, ainda que não seja desprovida de ambiguidade para própria taxinomia, uma vez que pode ser tratada como um objeto fundo cheio de líquido que rega ou como algo fundo e vazio que pede para ser preenchido, pertence mais à ordem do masculino.

> Eis um conjunto de anotações esparsas que tendem a confirmá-lo: (*a*) Rito de prognosticação: a noiva, no dia de seu casamento, na casa de seus pais, mergulha a concha no caldeirão; ela fará tantos filhos quantos forem os pedaços de carne pegos. (*b*) Provérbio: "O que tem dentro do caldeirão, a concha o trará". (*c*) Rito de prognosticação: coloca-se a concha, em equilíbrio na ponta de uma corda, na frente de um pedaço de pão; se ela pende em direção do pão, o acontecimento esperado se realizará. (*d*) Aquele que não sabe fazer nada com as mãos: "Ele é como a concha". (*e*) Proibição: nunca se deve bater em alguém com uma concha; ela se quebraria (ela é única na casa) ou quebraria aquele em quem se bate. (*f*) Proibição: Um homem nunca deve comer na concha (para experimentar o molho, como fazem as mulheres); ele se expõe a ter tempestade e chuva em seu casamento. (*g*) "Você comeu com a concha?", expressão que é dirigida a um desajeitado

que se serve desajeitadamente de uma ferramenta; comer com a concha é correr o risco de ser enganado. (*h*) Se um homem raspa o fundo do caldeirão com a concha, certamente choverá no dia do seu casamento. Vinculada de maneira evidente ao casamento, à chuva, à fecundidade, a concha que, aliás, derrama o molho, água fervente, ao mesmo tempo quente e condimentada, que viriliza, é para o caldeirão, que ela penetra e fecunda, como o masculino ao feminino (de onde a interdição feita aos homens, por causa da equivalência entre ingestão de alimento e sexualidade, de comer com a concha, equivalente da sexualidade passiva, feminina, associada, como na maior parte das tradições masculinas, à ideia de ser dominado, enganado).

Tudo indica que a prática hesita entre dois usos: o objeto pode ser tratado como algo que exige ser regado, à maneira da mulher ou da terra que invoca a chuva masculina ou como algo que rega, à maneira da chuva celeste. De fato, na prática, a distinção, que perseguiu os melhores intérpretes, não tem importância: regadores ou regados, regadores regados, os velhos e as velhas que realizam os ritos de chuva, os objetos que carregam, eles mesmos regadores e regados imitam o efeito esperado, *significam* a chuva que é inseparavelmente regar e ser regado, conforme o ponto de vista, masculino ou feminino, no qual se coloca, sendo as duas perspectivas por definição admissíveis em todos os casos em que se trata de suscitar a reunião dos contrários. A prática ritual que pretende realizar simbolicamente o desejo coletivo e contribuir assim a satisfazê-lo realmente se encanta com os encontros que, como aqui, permitem ter tudo de uma só vez, e não se vê por que ela submeteria à análise uma realidade dupla que a satisfaz duplamente. Isso, particularmente, em situações como a seca em que a importância do que está em jogo, isto é, a colheita de um ano inteiro, impõe abaixar ainda mais o limite das exigências lógicas para "queimar todos os cartuchos".

Uma vez que o sentido de um símbolo não é nunca completamente determinado senão nas e pelas ações nas quais o fazem entrar e que, além das liberdades que ela se dá para maximizar o benefício mágico, a lógica do rito é muitas vezes intrinsecamente *ambígua* já que pode utilizar o mesmo objeto para produzir a propriedade que o caracteriza (por exemplo, o seco) ou para neutralizar essa propriedade (por exemplo, destruir o seco), como a foice que pode ser empregada para secar o leite da vaca ou para devolvê-lo, as incertezas da interpretação erudita apenas refletem as incertezas da utilização que os próprios agentes podem fazer praticamente de um símbolo tão sobredeterminado que ele se torna indeterminado do ponto de vista mesmo dos esquemas que o determinam[58]. O erro consistiria, nesse caso, em querer decidir o *indecidível*.

Existe um outro fator de indeterminação que depende do próprio fundamento do conhecimento prático: uma vez que, como todo conhecimento, baseia-se, como já visto, em uma operação fundamental de divisão, e que o mesmo princípio de divisão pode se aplicar não apenas ao conjunto (que pode ser uma distribuição contínua), mas também a cada uma de suas partes, ele pode operar, de acordo com o mesmo princípio de divisão, uma partição no interior da parte, fazendo, por exemplo, surgir uma divisão entre o pequeno e o grande no próprio interior do pequeno e engendrando assim essas sequências de partições encaixadas (da forma a : b : b_1 : b : b_2) que são tão frequentes tanto na organização dos grupos quanto na organização dos sistemas simbólicos. Por conseguinte, necessariamente todos os produtos de uma partição do segundo grau, como a que divide a casa, ela própria globalmente feminina, em uma parte feminina e em uma parte masculina, trazem em si a dualidade e a ambiguidade. É o caso de todas as atividades femininas que se situam do lado do fogo, do seco, do leste, como a cozinha e principalmente a tecedura, atividade feminina que realiza no interior do espaço feminino uma operação de reunião dos contrários e de divisão dos contrários reunidos absolutamente semelhante aos cultivos, à ceifa ou ao sacrifício do boi, atividades tipicamente masculinas e proibidas às mulheres. E o tear, que é em si mesmo um mundo, com seu alto e seu baixo, seu leste e seu oeste, seu céu e sua terra, deve, como já se viu, algumas de suas propriedades e de seus usos (nos juramentos,

---

[58]. Produto da ansiedade e do desespero, a magia produz a ansiedade e o desespero: assim, por exemplo, a incessante vigilância de que é objeto a linguagem depende por um lado do fato de que, muitas vezes, somente a situação pode determinar o sentido de palavras (ou de atos) apropriadas para produzir, conforme a circunstância, ou elas mesmas (por exemplo, o seco) ou então seu contrário.

por exemplo) à posição, definida segundo os próprios princípios de suas divisões internas, que ele ocupa no espaço da casa, que por sua vez faz parte da mesma relação, a do microcosmo com o macrocosmo, com o mundo em seu conjunto. Nada define melhor a lógica prática da magia do que sua aptidão a tirar proveito dessas ambiguidades, por exemplo, aquelas que resultam do fato de que o espaço interno da casa tem sua própria orientação, invertida em relação àquela do espaço externo, de forma que se pode ao mesmo tempo entrar e sair sempre estando de frente para o leste.

> Entre os objetos cujas propriedades são um desafio ao sistema de classificação, o mais característico é sem dúvida a brasa (*times*, palavra que é tabu em presença dos homens e é substituída por eufemismos: fogo feminino, que consome e se consome sob a cinza, como a paixão (*thinefsith*, diminutivo de *nefs*), fogo sorrateiro, hipócrita como uma vingança insatisfeita ("aquilo que não perdoa"), a brasa evoca o sexo da mulher (em oposição à chama, *ah'ajaju*, que purifica, que incendeia, como o sol, o ferro incandescente, o raio – ou o arado)[59]. Poder-se-ia citar também o clarão da lua (*tiniri*), a luz da noite, símbolo da sorte inesperada; ou a foice, que, como objeto fabricado pelo fogo e instrumento de violência, de assassinato, é nitidamente masculina, mas que, como objeto curvo, torto, astuto, que evoca a cizânia e a discórdia ("eles são como foices" significa que não se entendem – o que também é expresso por um gesto que consiste em manter apertados dois dedos de cada mão), participa do feminino. Mesmo um objeto tão claramente definido como o ovo, símbolo por excelência da fecundidade feminina, tem suas ambiguidades, como testemunham alguns de seus usos, uma vez que participa também do masculino por sua cor (o branco) e por seu nome (*thamellalts*, o ovo; *imellalen*, os

---

59. De acordo com um informante, o lugar do sangue derramado (*enza*) é feito com três pedras, dispostas à maneira daquelas do fogão (*ini*) e delimitam o pedaço da terra que bebeu o sangue. E a adivinhação fala do *kanun*, o fogão aceso: "por aqui uma beira, por ali uma beira, no meio o veneno" (*es'em*). (Sabe-se que a ideia de *veneno*, água que queima, está associada à ideia de têmpera do ferro e também, pela raiz, ao fio da espada e à canícula.)

brancos, os testículos do adulto; *thimellalin,* as brancas, os ovos, os testículos da criança).

Todos os fatores de indeterminação parecem reunidos no caso de um objeto técnico como o tear que, muito mais do que a *thislith*, moldada para as necessidades específicas do rito, pode entrar nos usos apropriados para lhe conferir significações diferentes, e até mesmo opostas, se for considerado como totalidade, ou nesta ou naquela de suas partes, elas mesmas suscetíveis de ser afetadas por valores diferentes, dentro de certos limites, conforme o contexto prático (sintagmático) no qual estão inseridas, conforme se acentue esta ou aquela propriedade de sua forma ou de sua função etc. Pode-se assim privilegiar a aparência exterior do próprio objeto e, atento à sua verticalidade, sua rigidez, sua tensão, transformá-lo em um símbolo de *retidão* (LEFÉBURE, 1978). E isso tanto mais facilmente quanto, por seu lugar na casa, diante da parede do leste (interior), "parede da luz", "parede dos anjos" para a qual se fica de frente quando se entra, na qual se apoia o hóspede (em alguns casos, ele é tratado como um novo hóspede, a quem se deseja as boas-vindas), ele evoca a postura do homem digno, o homem "reto" que encara e a quem se encara. Essas propriedades, e sem dúvida também o fato de que produz o tecido, véu e proteção da nudez e da intimidade (a mulher que tece cobre seu marido, "ao contrário de Cham que descobriu seu pai"), fazem com que seja invocado como "a barreira dos anjos", isto é como um asilo, um refúgio, uma proteção mágica, e que seja citado como fiador nos juramentos ("pelas cobertas da corrente de tecer", "pela corrente com sete almas" etc.; cf. GENEVOIS, 1967, p. 25) ou invocado ("pelo tear") para exortar alguém, impedindo-lhe de se esquivar. Mas é evidente que suas mais importantes determinações resultam de suas funções e, especialmente, por intermédio da homologia entre os cultivos e a tecedura, entre o ciclo da tecedura ou do tear e o ciclo do grão ou do campo. Todos os usos simbólicos do tear são marcados pela ambiguidade que advém do fato de que, como a definição prática do ciclo agrário hesita entre o ciclo do campo e o ciclo do grão, algumas práticas tratam o próprio tear como uma pessoa que nasce, cresce e morre enquanto outras o tratam como um campo que é semeado, depois esvaziado do produto que ele carregou, o ciclo do tecer sendo identificado ao do grão ou da pessoa (diz-se também que a lã "amadurece"). Pode haver uma maior dedicação ao tear e mais precisamente à montagem do tear e ao início da tecedura, isto é, ao ato *perigoso* que consiste em cruzar, amarrar, em operar, como no cultivo, na têmpera do ferro ou no casamento, a reunião dos contrários, ou ao produto desse ato, à coisa amarrada, ao nó como cruzamento durável dos contrários reunidos, ser vivo que é preciso proteger ou cortar (matar) à maneira do trigo e do grão, mas denegando esse assassinato inevitável. O objeto benéfico é também um objeto perigoso que, como a encruzilhada ou a forja, pode trazer tanto a esterilidade quanto a fecundidade (assim a mulher repudiada que deseja se casar novamente cavalga um dos juncos e corre dando gritos; mas nunca se deve saltar sobre o tear, sob pena de provocar a morte de uma pessoa da família, e diz-se da língua do maledicente que ela é tão perigosa quanto a da mulher que monta o tear).

> O caráter perigoso do tear, que reúne em si as duas formas da violência masculina, o cruzamento e o corte, encontra-se reforçado pelas propriedades vinculadas a algumas de suas partes, como o fio da urdidura (*ilni*), objeto ambivalente que, evocando o *corte* e o *nó*, é empregado nos ritos da magia maléfica tanto quanto para fins profiláticos: a mulher mede seu marido sem que ele saiba com o fio da urdidura, faz sete nós, pega um pedaço de uma roupa que lhe pertencia, ali envolve o fio com um buquê de asa fétida (muitas vezes empregada nos ritos de expulsão) e enterra tudo no túmulo de um estrangeiro (CHANTRÉAUX, 1944, p. 93) ou no limite entre dois campos. Tomar a medida significa tomar um duplo, um substituto da coisa medida e assim garantir sobre ela um poder (o junco com o qual se mede o cadáver é sempre enterrado no fundo do túmulo para evitar que as mulheres o utilizem para fins mágicos). Essa operação de medir, isto é, de cortar, realizada por meio de um objeto associado à ideia de corte e de seca, também é aplicada à vaca para evitar o roubo do leite (RAHMANI, 1936) ou à criança nos ritos destinados a protegê-la contra o mau-olhado (GENEVOIS, 1968, II, p. 56).

É preciso parar por aqui, mas não seria difícil mostrar, em relação a esse objeto particularmente carregado e sobrecarregado de sentido por causa da pluralidade de seus usos e de suas funções, que, sem cair, no entanto, na incoerência, a lógica prática remete às vezes as coisas do mundo à *pluralidade de aspectos* que é a sua até que a taxinomia cultural as liberte pela seleção arbitrária que opera.

De fato, a lógica prática não pode funcionar senão tomando toda espécie de liberdades com os mais elementares princípios da lógica lógica. O sentido prático como domínio prático do sentido das práticas e dos objetos permite acumular tudo o que caminha no mesmo sentido, tudo o que combina pelo menos grosseiramente sem deixar de se ajustar aos fins perseguidos. A presença de objetos ou de atos simbólicos idênticos nos rituais associados aos acontecimentos da existência humana ou do campo tão diferentes como os funerais, os cultivos, a ceifa, a circuncisão ou o casamento, não se explicam de outra forma. A coincidência parcial das significações que as taxinomias práticas conferem a esses acontecimentos corresponde a coincidência parcial dos atos e dos símbolos rituais cuja polissemia convém perfeitamente às práticas essencialmente multifuncionais. Pode-se, sem que isso suponha o domínio simbólico dos conceitos de *inchação* (durável) e de *ressurreição*, associar o prato chamado *ufthyen* mistura de trigo e de favas que incha quando é cozido, às cerimônias do casamento, dos cultivos ou dos funerais pelo intermédio daquilo que se subordina à função de "ressurreição", ou ao contrário excluir esse prato ("porque a gengiva ficaria inchada") das ocasiões como o nascer dos dentes (em benefício de *thibuâjajin*, espécie de crepes que se cozinham produzindo bolhas que logo estouram) ou como a circuncisão, rito de purificação e virilizante, isto é, de ruptura com o mundo feminino, que se situa no registro do seco, do fogo, da violência (o tiro ao alvo ali ocupa um lugar determinante) e que é acompanhado pela carne assada. O que não impede que, nessa variante do ritual de uma cerimônia multifuncional como o casamento, que combina "intenções" virilizantes (abrir) e fertilizantes (inchar), *ufthyen* possa se encontrar associado ao tiro ao alvo.

A liberdade com as obrigações da lógica ritual que o perfeito domínio dessa lógica oferece é o que faz com que o mesmo símbolo possa remeter às realidades opostas do ponto de vista da própria axiomática do sistema. Como consequência, se não é impensável que se possa escrever um dia uma álgebra rigorosa das lógicas práticas, isso será somente com a condição de saber que a lógica, que não fala jamais senão *negativamente* nas próprias operações pelas quais ela se constitui ao negá-las, não está preparada a descrevê-las sem destruí-las. Trata-se de fato de restituir a lógica imprecisa, flexível e parcial desse sistema *parcialmente integrado* de esquemas geradores que, *parcialmente mobilizado* em função de cada situação particular, produz em cada caso, aquém do discurso e do controle lógico que ele torna possíveis, uma "definição" prática da situação e das funções da ação – quase sempre múltiplas e imbricadas – e que engendra, segundo uma combinatória ao mesmo tempo simples e inesgotável, as ações apropriadas para melhor preencher essas funções nos limites dos meios disponíveis. Mais precisamente, basta comparar os esquemas que correspondem aos diferentes domínios da prática, ano agrário, cozinha, trabalhos femininos, jornada, para perceber que a dicotomia fundamental *ali se especifica em cada caso* em esquemas diferentes que são sua forma eficiente no espaço considerado: oposição entre o úmido e o seco, o frio e o quente, o pleno e o vazio, no caso do ano agrário; entre o úmido e o seco, o fervido e o assado, as duas variantes do cozido, o insosso e o condimentado, no caso da cozinha; entre o escuro e o claro, o frio e o quente, o dentro (ou o fechado) e o fora, no caso da jornada; entre o feminino e o masculino, o tenro (verde) e o duro (seco), no caso do ciclo de vida. Bastaria acrescentar outros universos estruturados, como o espaço da casa ou as partes do corpo, para ver em ação outros princípios, o alto e o baixo, o leste e o oeste, a direita e a esquerda etc.

Esses diferentes esquemas são ao mesmo tempo parcialmente independentes e parcialmente intercambiáveis, consequentemente mais ou menos estreitamente interconectados. Por exemplo, passa-se muito naturalmente do frente/atrás ao masculino/feminino. Não apenas por intermédio da divisão real das tarefas que deixa à mulher o cuidado de recolher o que o homem cortou ou deixou cair; ou, da regra de manutenção, que exige que a mulher caminhe alguns passos atrás de seu marido. Mas é pela frente que o homem se distingue da mulher: nas pinturas murais, a mulher é representada por dois losangos que correspondem ao ânus e ao útero, o homem por apenas um (DEVULDER, 1957); o homem é aquele que vai à frente, que enfrenta (e aqui se encontram novamente todas as conotações de *qabel*). E poder-se-ia da mesma forma reengendrar a totalidade das relações constitutivas do sistema a partir de uma oposição relativamente secundária como a que se estabelece entre a direita e a esquerda, a mão direita e a mão esquerda, o reto e o curvo (ou o torto).

O canhoto, inábil, desajeitado (e próximo do manco e do vesgo) é portador de má sorte; encontrá-lo pela manhã é de mau augúrio. Ninguém o emprega como lavrador. Ele não pode degolar o boi, ou apenas com a mão direita (encontra-se aqui a oposição entre o masculino e o feminino, o seco e o úmido). Se ele amarra um animal, a corda se romperá e o animal fugirá. Comer, dar esmola, oferecer ou receber alimento, bebida, saudar, faz-se com a mão direita que, ao contrário, não deve ser utilizada para realizar atos sujos como tocar as partes genitais e assoar-se (assim como, é preciso cuspir à esquerda). A mão esquerda é a mão da magia maléfica; em oposição aos amuletos lícitos, fabricados pelo marabuto, que são usados do lado direito, os amuletos "mágicos" (dente, falange de cadáver, relha do arado em miniatura etc.) são usados do lado esquerdo (assim como a magia médica, benéfica, é realizada face ao leste, enquanto que a magia maléfica se orienta para o oeste). Comer com a mão esquerda significa dar de comer ao diabo. A mão esquerda é também a mão cruel: um "golpe de canhoto" (quer se trate de um tiro de fuzil ou de uma pedra lançada) é um golpe mortal. A mulher está associada à esquerda: destinada a pender para a esquerda, ela só vai para a direita quando é corrigida (é "um nó na madeira"). A mão direita é a mão por excelência, a mão do juramento. *Thiâawji*, que designa a habilidade do artesão, poderia, conforme uma etimologia popular, vincular-se à ideia de torcer e de torcer para a esquerda, no mau sentido (o malvado, dizem, é como um pedaço de madeira torta, ele cega ou deixa caolho). Da mesma forma, o verbo *abran* (BRN) que designa o fato de virar um objeto, a cabeça, o olhar, a língua (bifurcar) da direita para a esquerda, para trás, ou seja, no sentido errado, se opõe a *qalab* (QLB), virar as costas, desviar o olhar, francamente, como o feminino ao masculino, a recusa passiva, a evasiva, a fuga, à agressão ativa, manifesta, franca. Dessa forma, a oposição entre ir para a esquerda, virar da direita para a esquerda, movimentos funestos, virar da esquerda para a direita, movimentos benéficos, encontra a distinção entre ir para o oeste, o exílio, o infortúnio, e virar-se para o leste, enfrentar (*qabel*), postura do corpo e maneira de se apresentar que convém ao homem digno e a partir da qual podem ser reengendrados os valores mais fundamentais da cultura e em particular aqueles que estão inscritos nos esquemas da orientação espacial: *qabel*, também é, como foi visto, virar-se para o leste (*lqibla*), direção nobre por excelência, aquela dos dias felizes, dos bons preságios, do porvir (*qabel*) (e *qebbel*, é orientar para o leste como se faz, por exemplo, com o animal que se quer degolar com a mão direita ou com os mortos no túmulo); é receber e bem receber alguém que chega, fazer as honras; é também aceitar, satisfazer. *Cherreq*, ir para o leste, é o mesmo que se dirigir para o lado correto, para a *sorte*. Ao contrário, o movimento para o oeste (*lgharb*), o exílio (*lghorba*); muitas vezes identificado à morte ou ao túmulo, é funesto: "O oeste, como se diz, é a escuridão". "Uma moça, dizem, a respeito de um pai que tem muitas filhas, é o crepúsculo" (*lmaghreb*).

Dito de uma outra maneira, todas as oposições constitutivas do sistema estão unidas a todas as outras, mas por caminhos mais ou menos longos (que podem ser ou não reversíveis), isto é, no final de uma série de equivalências que esvaziam progressivamente a relação de seu conteúdo. Além do mais, qualquer oposição pode ser unida a várias outras sob diferentes aspectos por relações de intensidade e de sentidos diferentes (por exemplo, condimentado/insosso pode se vincular diretamente a masculino/feminino e a quente/frio e mais indiretamente a forte/fraco ou vazio/pleno pelo intermédio, no último caso, de masculino/feminino e de seco/úmido, eles próprios interconectados). Resulta que todas as oposições não têm o mesmo peso na *rede* das relações que as unem e que se pode distinguir das oposições secundárias que especificam as oposições principais sob uma relação particular e que por essa razão têm um rendimento relativamente fraco (amarelo/verde, simples especificação de seco/úmido) e das oposições centrais (é o caso de masculino/feminino ou de seco/úmido), fortemente interconectadas com todas as outras pelas relações logicamente muito diversas que são constitutivas de um arbitrário cultural (por exemplo, as oposições entre feminino/masculino e dentro/fora ou esquerda/direita, torto/reto, abaixo/acima). Uma vez que, na prática, sempre se mobiliza apenas um setor determinado do sistema de esquemas (sem que jamais todas as conexões com as outras oposições sejam totalmente cortadas) e que os diferentes esquemas mobilizados nas diferentes situações são parcialmente autônomos e parcialmente relacionados a todos os outros, é normal que todos os produtos da utilização desses esquemas, quer se trate deste rito singular ou daquela sequência de ações rituais, como os ritos de passagem, sejam parcialmente congruentes e que apareçam a alguém que detém o domínio prático do sistema de esquemas como grosseiramente, isto é, praticamente equivalentes[60].

É por isso que, com o risco de às vezes ser compreendida como uma regressão ao intuicionismo (que, no melhor dos casos, imita o domínio prático de um sistema de esquemas não dominado teoricamente), a descrição por construção que torna possível o domínio da *fórmula geradora* das práticas, deve se manter nos limites que a lógica prática deve precisamente ao fato de que ela tem como princípio, não essa fórmula, mas o que é seu equivalente prático, isto é, um sistema de esquemas capazes de orientar as práticas sem aceder à consciência de outro modo senão de maneira intermitente e parcial[61]. O modelo teórico que permite reengendrar todo o universo das práticas registradas, consideradas no que possuem de sociologicamente determinado, está separado do que dominam no estado prático os agentes e do qual sua simplicidade e potência oferecem uma *ideia* justa, pela distância ao mesmo tempo infinitesimal e infinita que define a tomada de consciência ou, o que dá no mesmo, a explicitação.

---

60. A familiaridade com o modo de pensamento que se adquire na própria prática científica permite ter uma ideia (ainda muito abstrata) do sentimento subjetivo de necessidade que ele oferece àqueles que possui: está excluído que essa lógica laxista de relações sobredeterminadas e imprecisas, que sua própria fraqueza protege contra a contradição ou o erro, possa encontrar em si mesma o obstáculo ou a resistência capazes de determinar um retorno reflexivo ou um questionamento. Portanto, a história não pode lhe advir senão de fora, por meio das contradições que engendram a sincronização (favorecida pela escrita) e pela intenção de sistematização que ela expressa e torna possível.

61. É por razões opostas que foi necessário colocar em anexo a análise do espaço interno da casa que, embora guarde todo seu valor probatório, ainda participa, em seu modo de exposição, da lógica estruturalista.

Anexo
A casa ou o mundo invertido

O interior da casa cabila apresenta a forma de um retângulo dividido em duas partes por uma pequena parede localizada a um terço de seu comprimento e que se eleva até a metade deixando assim entrar a luz: a parte maior, mais alta de 50cm aproximadamente e recoberta com um revestimento feito de argila negra e de excremento de vaca que as mulheres pulem com um seixo, é reservada aos humanos, a mais estreita, pavimentada com placas de pedra, sendo ocupada pelos animais. Uma porta de dois batentes dá acesso às duas peças[1]. Sobre a mureta de separação são dispostas, de um lado, as pequenas jarras de terra ou as cestas de alfa nas quais se conservam as provisões destinadas ao consumo imediato – figos, farinha, leguminosas –, do outro, perto da porta, as jarras de água. Acima do estábulo, um sótão onde estão estocados, ao lado dos utensílios de toda espécie, a palha e o feno destinados à alimentação dos animais, e onde com frequência dormem as mulheres e as crianças, principalmente no inverno. Diante da construção de alvenaria e repleta de

---

[1]. Esse texto é uma versão ligeiramente modificada de um artigo publicado pela primeira vez na *Echanges et communications* – Mélanges offerts à C. Lévi-Strauss à l'occasion de son 60ᵉ anniversaire. Paris/La Haye: Mouton, 1970, p. 739-758. Ainda que os princípios das análises ulteriores aqui já estejam presentes, pelo menos em forma de esboço (como testemunha a atenção dada aos movimentos e aos deslocamentos do corpo), essa interpretação do espaço da casa cabila permanece inscrita nos limites do modo de pensamento estruturalista. Embora tenha parecido adequado reproduzi-la aqui, como anexo, é primeiramente porque, em razão do estatuto de microcosmo – invertido – que é o da casa, a imagem reduzida do mundo que ela oferece vale como uma introdução às análises mais completas e mais complexas que foram apresentadas acima; é também porque, mesmo fornecendo os elementos de prova suplementares para as análises precedentes, ela oferece uma ideia da reconstrução objetivista do sistema de relações pela qual foi necessário passar para aceder à interpretação final, às vezes aparentemente mais próxima de uma apreensão intuicionista.

nichos e de buracos que servem para guardar os utensílios de cozinha (concha, caldeirão, travessa para assar o pão e outros objetos de terra-cozida escurecidos pelo fogo) que está encostada à parede de empena, chamada parede (ou, mais exatamente, "lado") do alto ou do *kanun*, de um lado ao outro da qual são colocadas grandes jarras repletas de grão, encontra-se o fogão (*kanun*), cavidade circular com alguns centímetros de profundidade em seu centro, em torno da qual estão dispostas em triângulo três grandes pedras destinadas a receber os utensílios de cozinha[2].

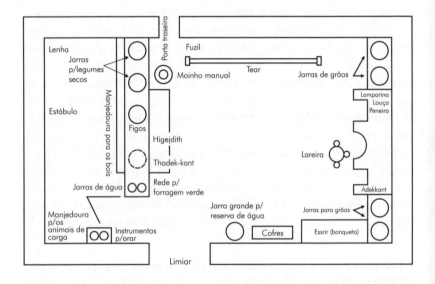

Diante da parede que está de frente para a porta e que é chamada, na maioria das vezes, com o mesmo nome que a parede da facha-

---

2. Todas as descrições da casa berbere, mesmo as mais precisas e mais metódicas (LAOUST, 1912, p. 12-15; 1920, p. 50-53. • MAUNIER, 1930, p. 120-177. • GENEVOIS, 1955) apresentam, em sua minúcia extrema, as lacunas sistemáticas que foi necessário preencher pela pesquisa direta.

da externa que dá para o pátio (*tasga*)[3] ou ainda, parede do tear ou parede da frente (fica-se de frente para ela assim que se entra), está colocado o tear. A parede oposta, a da porta, é chamada parede da escuridão, ou do repouso, ou da moça, ou do túmulo (dizem também: "a moça é o crepúsculo" ou ainda "a moça é a parede da escuridão" ou ainda, "quando um menino nasce, as paredes da luz se alegram, quando um morto deixa a casa, as paredes da escuridão choram" – Bassagana e Sayad); uma banqueta bem larga para receber uma esteira desdobrada ali está apoiada; ela serve de abrigo ao bezerro ou ao carneiro da festa, às vezes para a lenha ou para o cântaro de água. As roupas, as esteiras e os cobertores são pendurados, durante o dia, a um pino ou a uma travessa de madeira, contra a parede da escuridão ou então dispostos sob a banqueta de separação. Assim, como se pode ver, a parede do *kanun* se opõe ao estábulo como se opõem o alto e o baixo (*adaynin*, estábulo, se vincula à raiz *ada*, o baixo) e a parede do tear à parede da porta como se opõem a luz às trevas. Talvez se tente dar a essas oposições uma explicação estritamente técnica, uma vez que a parede do tear, colocada diante da porta, ela própria voltada para o leste, é a mais fortemente iluminada e que o estábulo está efetivamente situado mais abaixo (a casa sendo na maior parte das vezes construída perpendicularmente às curvas de nível, para facilitar o escoamento da purina e das águas usadas), se inúmeros indícios não sugerissem que essas oposições se inserem em um sistema de oposições paralelas que nunca devem toda sua necessidade aos imperativos técnicos.

A parte baixa, escura e noturna da casa, lugar dos objetos úmidos, verdes ou crus, jarras de água depositadas sobre as banquetas de um lado a outro da entrada do estábulo ou contra a parede da escuridão, lenha, forragem verde, lugar também dos seres naturais, bois e vacas, asnos e mulas, atividades naturais, repouso, ato sexual, parto, e também da morte, opõe-se à parte alta, luminosa, nobre, lugar dos humanos e em particular do convidado, do fogo e dos objetos fabricados pelo fogo, lamparina, utensílios de cozinha, fuzil,

---

3. Salvo por essa exceção, as paredes são designadas por dois nomes diferentes conforme sejam considerados do exterior ou do interior. O exterior é rebocado com uma espátula pelos homens, enquanto que o interior é caiado e decorado à mão pelas mulheres. Essa oposição entre os dois pontos de vista é, como se verá, fundamental.

atributo do pundonor viril (*nif*) que protege a honra feminina (*h'urma*), tear, símbolo de toda proteção, lugar também das duas atividades propriamente culturais que se realizam no espaço da casa, a cozinha e a tecedura. De fato, o sentido objetivado nas coisas ou nos lugares do espaço não se deixa perceber totalmente senão por intermédio das práticas estruturadas segundo os mesmos esquemas que se organizam em relação a eles (e vice-versa). É diante do tear que se faz sentar o convidado que se deseja honrar, *qabel*, verbo que também significa ficar de frente para e ficar de frente para o leste. Quando se é mal recebido, tem-se o costume de dizer: "Ele me fez sentar diante da sua parede da escuridão como em um túmulo." A parede da escuridão também é chamada parede do doente e a expressão "segurar a parede" significa estar doente e, por extensão, desocupado: de fato, ali é colocada a cama do doente, principalmente no inverno. O elo entre a parte escura da casa e a morte se revela também pelo fato de que é na entrada do estábulo que se procede à lavagem do morto. Ele também se estabelece pelo intermediário da homologia entre o sono e a morte que se expressa explicitamente no preceito que recomenda que se deite por um momento sobre o lado direito, depois sobre o lado esquerdo, porque a primeira posição é a do morto no túmulo. Os cantos fúnebres representam o túmulo, "a casa debaixo da terra", como uma casa invertida (branco/escuro, alto/baixo, ornada de pinturas/grosseiramente escavada), explorando de passagem esta homonímia associada a uma analogia de forma: "Encontrei pessoas escavando um túmulo. Com sua picareta esculpiam as paredes. Ali faziam banquetas (*thiddukanin*). Com uma argamassa inferior à lama", diz um canto de vigília mortuária (cf. GENEVOIS, 1955, n. 46, p. 27). *Thaddukant* (plural *thiddukanin*), designa a banqueta apoiada à parede de separação e oposta àquela que se apoia na parede da empena (*addukan*), e também a banqueta de terra sobre a qual a cabeça do homem repousa no túmulo (a ligeira escavação onde se deposita a cabeça da mulher sendo chamada *thakwath*, como os pequenos nichos escavados nas paredes da casa e que servem para guardar os pequenos objetos femininos). Tem-se o costume de dizer que o sótão, inteiramente feito de madeira, é carregado pelo estábulo como o cadáver pelos carregadores, *thaârichth* designado ao mesmo tempo o sótão e a padiola que serve para o transporte dos mortos[4]. Por isso se compreende que não se possa, sem ofendê-lo, oferecer a um hóspede dormir no sótão que mantém com a parede do tear a mesma relação de oposição que a parede do túmulo. É também diante da parede do tear, de frente para porta, muito iluminada, que se senta, ou melhor, que se expõe, à maneira dos pratos decorados que ali estão suspensos, a recém-casada no dia do casamento. Quando se sabe que o cordão umbilical da menina é enterrado atrás do tear e que, para proteger a virgindade de uma jovem, faz-se com que ela passe através da corrente, indo da porta até a parede do tear, compreende-se a função de proteção mágica que é atribuída a esse instrumento[5]. E de fato, do ponto de vista de seus parentes masculinos, toda a vida da moça se resume de alguma forma às posições sucessivas que ela ocupa simbolicamente em relação ao tear, símbolo da proteção viril: antes do casamento, ela está situada atrás do tear, na sua sombra, sob sua proteção, da mesma maneira que ela está colocada sob a proteção de seu pai e de seus irmãos; no dia do casamento, ela está sentada na frente do tear, dando-lhe as costas, em plena luz, e, em seguida, ela se sentará para tecer, com as costas na parede da luz, atrás do tear.

A parte baixa e escura se opõe também à parte alta como o feminino ao masculino: além do que a divisão do trabalho entre os sexos confia à mulher a carga da maior parte dos objetos que pertencem à parte escura da casa, e em particular o transporte da água, da lenha

---

4. O transporte das vigas, identificadas ao dono da casa, também é chamado *thaârichth*, como o sótão e como a padiola sobre a qual se transporta o morto ou um animal ferido que será abatido longe da casa, e dá lugar a uma cerimônia social cuja significação é bem semelhante àquela do enterro. Por seu caráter imperioso, pela forma cerimonial que reveste e pela extensão do grupo que mobiliza, esse trabalho coletivo (*thiwizi*) não tem como equivalente senão o enterro: os homens se dirigem ao lugar do corte, depois de terem sido chamados do alto da mesquita como para um enterro. Espera-se que todos participem do transporte das vigas, ato piedoso sempre efetuado sem contrapartida, tanto de *h'assana* (mérito) quanto da participação nas atividades coletivas ligadas aos funerais (escavar o túmulo, extrair as lajes de pedra ou transportá-las, ajudar a carregar o caixão ou assistir ao enterro).

5. Entre os árabes, para operar o rito mágico da ferragem destinado a tornar as mulheres inaptas às relações sexuais, faz-se passar a noiva através da corrente distendida do tear, de fora para dentro, isto é, do centro da peça para a parede contra a qual trabalham as tecelãs; a mesma manobra, executada no sentido inverso, destrói a ferragem (MARÇAIS & GUIGA, p. 395).

destinada ao aquecimento ou do adubo e o cuidado dos animais, a oposição entre a parte alta e a parte baixa reproduz no interior do espaço da casa aquela que se estabelece entre o dentro e o fora, entre o espaço feminino, a casa e sua horta, e o espaço masculino.

A oposição entre a parte reservada à recepção e a parte íntima (que também se encontra na tenda nômade, separada em duas partes por um pano, uma aberta aos hóspedes, a outra reservada às mulheres) se expressa neste rito de prognosticação: quando um gato, animal benéfico, entra na casa carregando uma pluma ou um fio de lã branca e se dirige ao fogão, isso pressagia a chegada de convidados aos quais se oferecerá uma refeição com carne; se ele se dirige para o estábulo, significa que se comprará uma vaca se for primavera, um boi se for estação dos cultivos. O gato, intruso que entra por acaso e que é expulso, só está ali como o portador de símbolos que realizam praticamente o movimento de entrar. A pluma é implicitamente tratada como o equivalente da lã, sem dúvida porque os dois materiais devem funcionar como suportes de uma qualidade benéfica, o branco. Basta combinar a oposição entre o fogão e o estábulo, que estrutura toda a sequência, entre a parte nobre onde se assa a carne, a iguaria de recepção por excelência, e onde se recebem os convidados, e a parte inferior reservada aos animais, com a oposição entre duas estações, o outono, tempo do sacrifício coletivo, do boi e dos cultivos e a primavera, momento do leite, para obter a oposição entre o boi e a vaca.

A parte baixa da casa é o lugar do segredo mais íntimo no interior do mundo da intimidade, isto é, de tudo o que se relaciona com a sexualidade e a procriação. Quase sempre vazio durante o dia, em que toda atividade, exclusivamente feminina, concentra-se em volta do fogão, a parte escura é plena à noite, plena de humanos, também plena de animais, os bois e as vacas jamais passam a noite fora diferentemente das mulas e dos asnos, e ela nunca está tão plena, caso se possa dizer, quanto na estação úmida, em que os homens dormem no interior e em que os bois e as vacas são alimentados no estábulo. A relação que une a fecundidade dos homens e do campo à parte escura da casa, caso privilegiado da relação de equivalência entre a fecundidade e o escuro, o pleno (ou o inchaço) e o úmido, aqui se estabelece diretamente: enquanto que o grão destinado ao consumo é conservado nas grandes jarras de terra cozida encostadas na parede do alto, de cada lado do fogão, é na parte escura que é depositado o grão reservado para semente; seja nas peles de carneiro ou em cofres colocados ao pé da parede da escuridão, às vezes sob o leito conjugal, seja em caixas de madeira colocadas sob a banqueta encostada na parede de separação (SERVIER, 1962, p. 229, 253)[6]. Sabendo que o nascimento é sempre renascimento do ancestral, compreende-se que a parte escura possa ser ao mesmo tempo e sem contradição o lugar da morte e da procriação.

É no centro da parede de separação, entre a "casa dos humanos" e a "casa dos animais", que se encontra erguido o pilar central, sustentando a viga-mestra (*asalas alemmas*, termo masculino) e todo o madeirame da casa. Ora, a viga-mestra, que estende sua proteção da parte masculina à parte feminina da casa, é identificada de maneira explícita ao senhor da casa, protetor da honra familiar, enquanto o pilar principal, tronco de árvore bifurcado (*thigejdith*, termo feminino) sobre o qual ele repousa, é identificado à esposa (segundo Maunier, os Beni Khellili chamam-na *Masâuda*, prenome feminino que significa "a bem-aventurada"), seu encaixe figurando o acasalamento – que é representado nas pinturas murais, como a união da viga e do pilar, por duas forquetas sobrepostas (DEVULDER, 1951).

> É em torno da viga-mestra, símbolo da potência viril, que gira esse outro símbolo da potência fecundante do homem e também da ressurreição, a serpente, "guardiã" da casa, que é às vezes representada, na região de Collo, por exemplo, nas jarras de terra moldadas pelas mulheres, que contêm o grão para a semente, e da qual se diz também que às vezes ela desce até a casa, até o colo da mulher estéril, chamando-a de mãe. Em Darma, a mulher estéril amarra sua faixa na viga central (Maunier, 1930); é nessa viga que se suspende o prepúcio e o junco que serviu para circuncisão; quando ela range, apressa-se em dizer "que seja do bem", porque isso pressagia a morte do chefe de

---

6. A construção da casa, que sempre acontece por ocasião do casamento de um filho e que simboliza o nascimento de uma nova família, é proibida no mês de maio, assim como o casamento.

família. No nascimento de um menino, faz-se o voto que "ele seja a viga mestra da casa" e, quando ele realiza o jejum ritual pela primeira vez, toma sua primeira refeição sobre o telhado, isto é, sobre a viga central (para que, como se diz, ele possa transportar as vigas). Inúmeras adivinhações e ditados identificam explicitamente a mulher ao pilar central: "A mulher é o pilar central". À recém-casada, diz-se: "Que Deus faça de ti o pilar plantado solidamente no meio da casa". Uma outra adivinhação diz: "Ela se mantém em pé e não tem pés". Forqueta aberta para o alto, ela é a natureza feminina, fecunda, ou melhor, fecundante.

Resumo simbólico da casa, a união de *asalas* e de *thigejdith*, que estende sua proteção fecundante sobre qualquer casamento humano é, como o cultivo, um casamento do céu e da terra: "A mulher é as fundações, o homem a viga-mestra", diz um outro provérbio. *Asalas*, que uma adivinhação define como "nascido na terra e enterrado no céu" (GENEVOIS, 1963), fecunda *thigejdith*, plantada na terra e aberta para o céu.

Assim a casa se organiza segundo um conjunto de oposições homólogas: seco : úmido : : alto : baixo : : luz : sombra : : dia : noite : : masculino : feminino : : *nif* : *h'urma* : : fecundante : fecundável. Mas, de fato, as mesmas oposições se estabelecem entre a casa em seu conjunto e o resto do universo. Considerada em sua relação com o mundo propriamente masculino da vida pública e dos trabalhos dos campos, a casa, universo da mulher, é *h'aram*, isto é, ao mesmo tempo sagrada e ilícita para todo homem que não faça parte dela (por isso a expressão consagrada nas prestações de juramento: "Que minha mulher – ou minha casa – se torne ilícita para mim, *h'aram*, se..."). O parente distante (ou próximo, mas por parte das mulheres, como o irmão da esposa) que é introduzido pela primeira vez em uma casa, remete à senhora da casa uma soma de dinheiro que é chamada "a vista" (*thizri*). Lugar do sagrado esquerdo, da *h'urma*, à qual estão vinculadas todas as propriedades associadas à parte escura da casa, ela é colocada sob a proteção do pundonor masculino (*nif*) como a parte escura da casa é colocada sob a proteção da viga-mestra. Qualquer violação do espaço sagrado adquire então a significação social de um sacrilégio: assim, o roubo de uma casa habitada é tratado de acordo com os usos e costumes como uma falta muito grave, como um ultraje à *h'urma* da casa e uma ofensa ao *nif* do chefe de família.

Não se pode dizer que a mulher está enclausurada na casa a menos que também se observe que o homem dela está excluído, pelo menos durante o dia. O lugar do homem é fora, nos campos ou na assembleia: o jovem rapaz aprende isso muito cedo. Por isso essa fórmula que as mulheres repetem e pela qual dão a entender que o homem ignora muito do que se passa em casa: "Ó homem, pobre infeliz, o dia inteiro no campo como um burrico no pasto!" Assim que o dia raia, ele, no verão, deve ir ao campo ou à assembleia; no inverno, se não está no campo, está na assembleia ou nas banquetas colocadas ao abrigo do toldo que encima a porta de entrada do pátio. Inclusive durante a noite, pelo menos na estação seca, os homens e os meninos circuncidados dormem do lado de fora da casa, seja perto dos moinhos, no terreiro, ao lado do asno e da mula que estão presos por travas, seja no secador de figos, seja em pleno campo, mais raramente na *thajmaâth*[7]. Aquele que permanece demais em casa durante o dia é suspeito ou ridículo: é "o homem da casa", como se diz daquele que atrapalha e que fica entre as mulheres e que "choca em casa como uma galinha em seu ninho". O homem que se respeita deve se mostrar, colocar-se sempre sob o olhar dos outros, afrontá-los, enfrentar: ele é o homem entre os homens (*argaz yer irgazen*). As relações entre homens se estabelecem do lado de fora: "os amigos são os amigos de fora e não do *kanun*".

Compreende-se que todas as atividades biológicas, comer, dormir, procriar, dar à luz, sejam banidas do universo exterior ("A galinha, dizem, não bota no mercado") e relegadas ao refúgio da intimidade e dos segredos da natureza que a casa significa, mundo da mulher, destinada à gestão na natureza e excluída da vida pública. Em oposição ao trabalho do homem, realizado a céu aberto, o trabalho

---

7. A dualidade de ritmo ligada à divisão entre a estação seca e a estação úmida se manifesta também na ordem doméstica: à oposição entre a parte baixa e a parte alta da casa se substitui no verão a oposição entre a casa propriamente dita, onde as mulheres e as crianças se retiram para dormir e onde se colocam as provisões, e o pátio onde se instala o fogão e o moinho, onde se tomam as refeições e onde se fica na ocasião das festas e das cerimônias.

da mulher está condenado a permanecer obscuro e escondido ("Deus o dissimula", como se diz): "no lado de dentro, ela não descansa, debate-se como uma mosca no soro do leite; do lado de fora (acima), nada transparece de seu trabalho." Dois ditados muito semelhantes definem a condição da mulher, que não poderia conhecer outra morada senão o túmulo: "Tua casa é teu túmulo"; "a mulher só tem duas moradas, a casa e o túmulo."

Assim, a oposição entre a casa das mulheres e a assembleia dos homens, entre a vida privada e a vida pública, ou, caso se prefira, entre a plena luz do dia e o segredo da noite, recobre muito exatamente a oposição entre a parte baixa, escura e noturna da casa, e a parte alta, nobre e luminosa[8]: dito de uma outra forma, a oposição que se estabelece entre o mundo exterior e a casa não toma seu sentido completo senão quando se percebe que um dos termos dessa relação, isto é, a casa, está ele mesmo dividido segundo os mesmos princípios que o opõem ao outro termo. Portanto, é ao mesmo tempo verdadeiro falso dizer que o mundo exterior se opõe à casa como o masculino ao feminino, o dia à noite, o fogo à água etc., uma vez que o segundo termo dessas oposições se divide cada vez em si mesmo e em seu oposto.

Microcosmo organizado de acordo com as mesmas oposições que ordenam o universo, a casa mantém uma relação de homologia com o resto do universo; mas, de um outro ponto de vista, o mundo da casa considerado em seu conjunto se encontra com o resto do mundo em uma relação de oposição cujos princípios não são outros senão aqueles que organizam tanto o espaço interno da casa quanto o resto do mundo e, de modo mais geral, todos os domínios da existência. Assim, a oposição entre o mundo da vida feminina e o mundo da cidade dos homens baseia-se nos mesmos princípios que os dois sistemas de oposições que ela opõe. A aplicação aos domínios opostos do *principum divisionis* que constitui sua própria oposição garante uma economia e um aumento de coerência, sem causar em

---

8. A oposição entre a casa e a casa da assembléia (*thajmaâth*) se lê claramente entre os planos das duas construções: enquanto a casa se abre pela porta da fachada, a casa da assembléia se apresenta como uma longa passagem coberta, inteiramente aberta às duas empenas, que se atravessa de lado a lado.

contrapartida a confusão entre esses domínios. A estrutura do tipo a : b :: b₁ : b₂ é, sem dúvida, uma das mais simples e das mais poderosas que um sistema mítico-ritual pode utilizar, uma vez que ela não pode opor sem unir simultaneamente, sendo sempre capaz de integrar em uma ordem única um número infinito de dados, pela simples aplicação indefinidamente reiterada do mesmo princípio de divisão. Cada uma dessas duas partes da casa (e, ao mesmo tempo, cada um dos objetos que ali está disposto e cada uma das atividades que ali se realiza) é de alguma forma qualificada em dois níveis: primeiramente, como feminina (noturna, obscura etc.) uma vez que participa do universo da casa e, secundariamente, como masculina ou feminina, uma vez que pertence a uma ou a outra das divisões desse universo. Assim, por exemplo, quando o provérbio diz "o homem é a lamparina do fora, a mulher é a lamparina do dentro", é preciso entender que o homem é a verdadeira luz, a do dia; a mulher, a luz da escuridão, a escura claridade; e, aliás, sabe-se, que ela é para a lua o que o homem é para o sol. Da mesma maneira, pelo trabalho da lã, a mulher produz a proteção benéfica do tecido, cuja brancura atrai a felicidade ("os dias brancos" são os dias felizes e muitas das práticas realizadas por ocasião do casamento, como a aspersão de leite, pretendem tornar a mulher "branca"); o tear, instrumento por excelência da atividade feminina, *colocado* de frente para o leste como um homem e como o arado, é ao mesmo tempo o leste do espaço interno e mantém um valor masculino como símbolo de proteção. Da mesma forma ainda, o fogão, umbigo da casa (ele próprio identificado ao ventre de uma mãe), onde dorme a brasa, fogo secreto, dissimulado, feminino, é o território da mulher, investida de uma autoridade absoluta em relação a tudo o que diz respeito à cozinha e à gestão das provisões[9]; é junto do fogão que ela faz suas refeições, enquanto o homem, voltado para fora, come no meio da peça ou no pátio. Todavia, em todos os ritos em que elas intervêm, o fogão e as pedras que o envolvem extraem sua eficácia mágica, quer se trate de proteger contra o mau-olhado ou a doença ou provocar o tempo bom, de sua participação

---

9. O ferreiro é o homem que, como a mulher, passa o seu dia inteiro no interior, junto ao fogo.

na ordem do fogo, do seco e do calor solar[10]. A própria casa é dotada de uma significação dupla. Se for verdade que ela se opõe ao mundo público como a natureza à cultura, sob um outro ponto de vista ela também é cultura: não se diz sobre o chacal, encarnação da natureza selvagem, que ele não faz uma casa?

A casa e, por extensão, o vilarejo, a região plena (*laâmara* ou *thamurth iâamaran*), o recinto povoado de homens, opõem-se sob um determinado ponto de vista aos campos vazios de homens chamados *lakha*, o espaço vazio e estéril; assim os habitantes de Taddert-el-Djeddid creem que aqueles que constroem fora dos limites do vilarejo se expõem à extinção de sua família (Maunier, 1930); a mesma crença se encontra em outros lugares e a única exceção feita é para a horta, mesmo se ela está distante da casa, para o pomar ou para o secador de figos, lugares que participam de alguma forma do vilarejo e de sua fecundidade. Mas a oposição não exclui a homologia entre a fecundidade dos homens e a fecundidade do campo, ambos produtos da união do princípio masculino e do princípio feminino, do fogo solar e da umidade terrestre. É essa homologia que, com efeito, subentende a maior parte dos ritos destinados a garantir a fecundidade dos humanos e da terra, quer se trate da cozinha, rigidamente submetida às oposições que organizam o ano agrário e, dessa maneira, aos ritmos do calendário agrícola, ou dos ritos da renovação das pedras do fogão (*iniyen*) que marcam a passagem da estação seca à estação úmida ou o começo do ano, e, de modo mais geral, de todos os ritos realizados no interior da casa, imagem reduzida do cosmos: quando as mulheres intervêm nos ritos propriamente agrários, é ainda a homologia entre a fecundidade agrária e a fecundidade humana, forma por excelência de toda fecundidade, que funda suas ações rituais. Nunca se terminaria de enumerar os ritos

---

10. O fogão é o lugar de um certo número de ritos e objeto de interdições que fazem dele o oposto da parte escura. Por exemplo, é proibido tocar as cinzas durante a noite, cuspir no fogão, deixar cair água ou derramar lágrimas (Maunier). Da mesma maneira, os ritos destinados a obter uma mudança do tempo e fundados em uma inversão utilizam a oposição entre a parte seca e a parte úmida da casa: por exemplo, para passar do úmido ao seco, coloca-se um pente de tecer a lã (objeto fabricado pelo fogo e associado à tecedura) e uma brasa ardente no limiar durante a noite; inversamente, para passar do seco ao úmido, aspergem-se com água os pentes de tecer e de cardar, sobre o limiar durante a noite.

realizados no interior da casa que têm apenas a aparência de ritos domésticos porque tendem indissociavelmente a garantir a fecundidade do campo e a fecundidade da casa. É preciso, com efeito, que a casa esteja plena para que o campo esteja pleno e a mulher contribui para a prosperidade do campo ao se dedicar, entre outras coisas, a acumular, a economizar e a conservar os bens que o homem produziu e a fixar de alguma forma na casa todo o bem que ali pode entrar. "O homem, como se diz, é como o canal, a mulher como o tanque", um traz, o outro retém e conserva. O homem é "o gancho ao qual são suspensos os cestos", o provedor, como o escaravelho, a aranha ou a abelha. É a mulher que diz: "Maneje teu bem como um tição. Existe o hoje, existe o amanhã, existe o túmulo; Deus perdoa aquele que deixou e não aquele que comeu." "Mais vale, como também se diz, uma mulher econômica do que uma parelha de bois no cultivo." Como "a região plena" se opõe ao "espaço vazio", "o pleno da casa" (*laâmmara ukham*), ou seja, com muita frequência, "a velha" que economiza e acumula, opõe-se ao "vazio da casa" (*lakhla ukham*), com muita frequência, a nora. No verão, a porta da casa deve permanecer aberta o dia inteiro para que a luz fecundante do sol possa penetrar e com ela a prosperidade. A porta fechada é a escassez e a esterilidade: sentar-se na soleira significa fechar a passagem à felicidade e à plenitude. Para desejar a alguém a prosperidade, diz-se: "Que tua porta permaneça aberta" ou "Que tua casa esteja aberta como uma mesquita". O homem rico e generoso é aquele de quem se diz: "Sua casa é uma mesquita, ela está aberta a todos, pobres e ricos, ela é de pão e de cuscuz, ela está plena" (*thaâmmar*; *âammar* significa, quando se trata de uma mulher, ser econômica e boa dona de casa); a generosidade é uma manifestação da prosperidade que garante a prosperidade. A maior parte das ações técnicas e rituais que incumbem à mulher são orientadas pela intenção objetiva de fazer da casa, à maneira de *thigejdith* que abre sua forqueta a *asalas alemmas*, o receptáculo da prosperidade que lhe advém de fora, o ventre que, como a terra, acolhe a semente, e, inversamente, frustrar a ação de todas as forças centrífugas, capazes de desapossar a casa da provisão que lhe foi confiada.

  Assim, por exemplo, é proibido oferecer o fogo no dia do nascimento de uma criança ou de um bezerro ou ainda durante os primeiros cultivos[11]; no final da triagem, nada deve sair da casa e a mulher deve recuperar todos os objetos emprestados; o leite dos três dias seguintes ao parto não deve sair da casa; a recém-casada não pode ultrapassar o limiar antes do sétimo dia seguinte ao seu casamento; a mulher que acabou de dar à luz não deve deixar a casa antes do quadragésimo dia; o bebê não deve sair antes de Aïd Seghir; o moinho jamais deve ser emprestado e, deixá-lo vazio significa atrair a fome sobre sua casa; não se deve tirar o tecido antes de estar acabado; assim como os empréstimos de fogo, a varrição, ato de expulsão, é proibido durante os quatro primeiros dias dos cultivos; a saída do morto é "facilitada" para que não leve consigo a prosperidade; as "primeiras saídas", por exemplo, a da vaca, a do quarto dia após o parto, ou a do soro do leite, são marcadas por sacrifícios[12].

O "vazio" pode resultar de um ato de expulsão; ele também pode se introduzir com alguns objetos como o arado, que não pode entrar na casa entre duas jornadas de cultivo, ou os calçados do lavrador (*arkasen*), que estão associados a *lakhla*, ao espaço vazio e estéril (como aquele que é chamado *ikhla*, o homem perdulário e isolado), ou algumas pessoas, como as velhas, porque carregam com elas a esterilidade e que inúmeras são as casas que fizeram vender e aquelas onde introduziram os ladrões. Pelo contrário, muitos dos atos rituais pretendem garantir o "enchimento" da casa, como aqueles que consistem em jogar nas fundações, sobre a primeira pedra, depois de ter vertido o sangue de um animal, os restos de uma

---

11. Ao contrário, a entrada na casa das novas pedras do fogão, em datas inaugurais, significa preenchimento, introdução do bom e do bem; também as previsões feitas nessas circunstâncias estão relacionadas à prosperidade e à fecundidade: se uma minhoca é encontrada sob uma das pedras, haverá um nascimento durante o ano; uma erva verde, uma boa colheita; formigas, um rebanho aumentado; um tatuzinho, novas cabeças de gado.

12. Para consolar alguém, costuma-se dizer: "Ele te deixará a *baraka*", caso se trate de uma pessoa importante ou "a *baraka* não saiu da casa", caso se trate de um bebê. O morto é colocado perto da porta, com a cabeça virada para fora; a água é aquecida do lado do estábulo e a lavagem é feita na entrada do estábulo; os tições e as cinzas desse fogo são dispersas fora da casa; a prancha que serve para lavar o morto permanece durante três dias diante da porta.

lamparina de casamento (que representa um papel na maior parte dos ritos de fecundidade) ou em fazer com que a recém-casada se sente, ao entrar na casa, sobre um odre cheio de grãos. Toda primeira entrada na casa é uma ameaça para a plenitude do mundo interior que os ritos do limiar, ao mesmo tempo propiciatórios e profiláticos, devem conjurar: a nova parelha de bois é recebida pela senhora da casa, "as provisões da casa", que coloca na soleira a pele de carneiro onde se deposita o moinho manual e que se recebe a farinha. A maior parte dos ritos destinados a trazer a fecundidade ao estábulo e, dessa maneira, à casa ("uma casa sem vaca é, como se diz, uma casa vazia"), tendem a reforçar magicamente a relação que une o leite, o verde-azul (*azegzaw*, que também é o cru, *thizegzawth*), a erva, a primavera, a infância do mundo natural e do homem: no equinócio de primavera, durante o retorno de *azal*, o jovem pastor que participa duplamente do crescimento do campo e do rebanho, por sua idade e por sua função, colhe, para suspendê-lo no batente da porta, um buquê de "tudo o que o vento agita no campo" (RAHMANI, 1936); também se enterra um saquinho contendo cominho, benjoim e índigo no limiar do estábulo dizendo: "Ó verde-azul (*azegzaw*), faça com que a manteiga não diminua!" Prendem-se à batedeira plantas recentemente colhidas e com elas se esfregam os utensílios destinados a receber o leite. A entrada da recém-casada é, entre outras, repleta de consequências para a fecundidade e para a plenitude da casa: enquanto ela ainda está sentada sobre a mula que a transportou desde a casa de seu pai, são lhe apresentados água, grãos de trigo, figos, nozes, ovos cozidos ou bolinhos, muitas das coisas (quaisquer que sejam as variantes de acordo com os lugares) associadas à fecundidade da mulher e da terra, e ela as lança em direção da casa, fazendo-se assim preceder, de alguma forma, pela fecundidade e pela plenitude que ela deve trazer à casa. Ela cruza o limiar carregada nas costas de um parente do esposo ou às vezes (MAUNIER, 1930) nas costas de um negro (em todo caso jamais nas costas do esposo) que, ao se interpor, intercepta as forças ruins, capazes de afetar sua fecundidade, cuja sede é o *limiar*, ponto de encontro dos mundos opostos: uma mulher não deve jamais se sentar perto do limiar quando segura seu filho; a jovem criança e a jovem esposa que, como todos os seres situados em posição *liminar* estão especialmente vulneráveis, não devem caminhar sobre ele com frequência. Assim, a mulher, por quem a fecundidade advém à casa, contribui por sua vez à fecundidade do mundo agrário: destinada ao mundo do dentro, ela age também sobre o fora ao garantir a plenitude do dentro e ao controlar, como guardiã do limiar, essas trocas sem contrapartida que somente a lógica da magia pode conceber e pelas quais cada uma das partes do universo espera não receber do outro senão o pleno mesmo lhe oferecendo apenas o vazio[13].

Mas um ou outro dos dois sistemas de oposições que definem a casa, seja em sua organização interna, seja em sua relação com o mundo exterior, encontra-se alçado ao primeiro plano conforme se considere a casa do ponto de vista masculino ou do ponto de vista feminino: enquanto que, para o homem, a casa é menos um lugar onde se entra do que um lugar de onde se sai, a mulher não pode senão atribuir a esses dois deslocamentos, e às definições diferentes da casa que são solidárias, uma importância e uma significação inversas, uma vez que o movimento para fora consiste para ela principalmente em atos de expulsão e que o movimento para dentro, isto é, do limiar para o fogão, incumbe-lhe por natureza. A significação do movimento para fora não é jamais tão bem visto quanto no rito que a mãe realiza, no sétimo dia do nascimento, "para que seu filho seja corajoso": passando por cima do limiar, ela coloca o pé direito sobre o pente de cardar e simula um combate com o primeiro rapaz que ela encontra. A saída é o movimento propriamente masculino, que conduz aos outros homens, e também aos perigos e às provas que ele deve *enfrentar*, como homem tão enrugado, quando se trata de honra, quanto as pontas do pente de cardar[14]. O homem que se respeita deve sair da casa assim que o dia amanhece, a saída da casa, de manhã, sendo um nascimento: por isso a importância das coisas encontradas que aumentam durante toda a jornada, de forma que mais vale, em caso de um mau encontro (ferreiro, mulher carregando um

---

13. Na porta são suspensos diferentes objetos que têm em comum manifestar a dupla função do limiar, barreira seletiva, encarregada de impedir o vazio e o mal, deixando entrar ao mesmo tempo o pleno e o bem.

14. Enquanto que no nascimento a menina é envolta em um lenço de seda, suave e flexível, o menino é enfaixado com tiras secas e rugosas que servem para amarrar os feixes ceifados.

odre vazio, gritos ou disputas, ser disforme), "refazer sua manhã" ou "sua saída".

Compreende-se logo a importância que é atribuída à orientação da casa: a fachada da casa principal, aquela que abriga o chefe de família e que comporta o estábulo, está quase sempre orientada para o leste, a porta principal – em oposição à porta estreita e baixa, reservada às mulheres, que se abre para a horta, atrás da casa – sendo comumente chamada a porta do leste (*thabburth thacherqith*) ou ainda a porta da rua, a porta do alto, a grande porta[15]. Uma vez que a exposição dos vilarejos e da posição inferior do estábulo, a parte alta da casa, com o fogão, encontra-se ao norte, o estábulo ao sul e a parede do tear a oeste. Tem-se que o deslocamento pelo qual se dirige para a casa para ali entrar está orientado de leste para oeste, em oposição ao movimento pelo qual se sai, conforme a orientação por excelência, para o leste, isto é, para o alto, para a luz, para o bom e para o bem: o lavrador orienta seus bois para o leste no momento de atrelá-los e de desatrelá-los e começa a lavrar do oeste para o leste; da mesma forma, os ceifadores se dispõem de frente para o leste, e é de frente para o leste que é degolado o boi do sacrifício; não teria fim a enumeração das ações que se realizam de acordo com a orientação cardeal, isto é, todas as ações importantes, que engajam a fecundidade e a prosperidade do grupo[16].

---

15. É evidente que uma orientação inversa (aquela que se percebe quando se olha a transparência da planta da casa) é possível, ainda que raro. Diz-se explicitamente que tudo o que vem do oeste traz infortúnio e uma porta voltada para essa direção não pode receber senão a escuridão e a esterilidade. De fato, se a planta inversa da planta "ideal" é rara, é primeiro porque as casas secundárias, quando estão dispostas em ângulo reto em torno do pátio, são muitas vezes simples cômodos de estadia, desprovidos de cozinha e de estábulo, e que o pátio é muitas vezes fechado, do lado oposto à fachada da casa principal, pela parte de trás da casa vizinha, ela mesma voltada para o leste.

16. Sabe-se que os dois *s'uff*, ligas políticas e guerreiras que se mobilizam assim que um incidente venha a estourar (e que mantêm relações variáveis, indo da sobreposição à dissociação completa, com as unidades sociais fundadas no parentesco) eram chamadas *s'uff* do alto (*ufella*) e *s'uff* do baixo (*buadda*) ou *s'uff* de direita (*ayafus*) e *s'uff* de esquerda (*azelmadh*), ou ainda *s'uff* do leste (*acherqi*) e *s'uff* do oeste (*aghurbi*) esta última denominação, menos usual, sendo conservada para designar os campos dos jogos rituais (cujos combates tradicionais entre os *s'uff* mantinham sua lógica) e sobrevivendo hoje no vocabulário dos jogos infantis.

Voltando agora à organização interior da casa, observa-se que sua orientação é exatamente o inverso daquela do espaço exterior, como se tivesse sido obtida por uma semirrotação em torno da parede da fachada ou do limiar tomado como eixo. A parede do tear, à qual se fica de frente, assim que se ultrapassa o limiar, e que é iluminada diretamente pelo sol da manhã, é a luz do dentro (como a mulher é a lamparina do dentro), isto é, o leste do dentro, simétrica ao leste exterior, de onde empresta sua claridade (é do lado do tear, como foi visto, que o senhor recebe seu hóspede). A face interna e escura da parede da fachada representa o oeste da casa, lugar de repouso, que se deixa atrás de si assim que se avança da porta para o *kanun*, a porta que corresponde simbolicamente à "porta do ano", início da estação úmida e do ano agrário. E, da mesma maneira, as duas paredes de empena, a parede do estábulo e a do fogão, recebem dois sentidos opostos conforme se considere uma ou outra de suas faces: ao norte exterior corresponde o sul (e o verão) do interior; isto é, o lado da casa que se tem diante de si e à sua direita quando se entra ficando de frente para o tear; ao sul exterior corresponde o norte (e o inverno) interior, isto é, o estábulo, situado atrás e à esquerda quando se dirige da porta para o fogão. A divisão da casa em uma parte escura (lados oeste e norte) e em uma parte luminosa (lados leste e sul), corresponde à divisão do ano em uma estação úmida e em uma estação seca. Em resumo, para cada face externa da parede (*essur*) corresponde uma região do espaço interior (o que se designa por *tharkunt*, isto é, quase, o lado) que detém um sentido simétrico e inverso no sistema das oposições internas; cada um dos dois espaços pode, portanto, ser obtido a partir do outro por uma semirrotação que toma o limiar como eixo. Não se compreenderia completamente o peso e o valor simbólico que são atribuídos ao limiar no sistema se não se percebesse que ele deve sua função de fronteira mágica ao fato de que é o lugar de uma reunião dos contrários e também de uma inversão lógica e que, como ponto de passagem de encontro obrigatório entre os dois espaços, definidos em relação aos *movimentos do corpo e aos trajetos socialmente qualificados*[17], ele é o lugar em que o mundo se inverte[18].

Assim, cada um dos universos tem seu oriente e os dois deslocamentos mais carregados de significações e de consequências mágicas, o deslocamento do limiar para o fogão, que deve trazer a plenitude e cuja efetuação ou controle ritual incumbe à mulher, e o deslocamento do limiar para o mundo exterior que, por seu valor inaugural, encerra tudo o que será o porvir e em particular o porvir do trabalho agrário, podem se realizar em conformidade com a orientação benéfica, isto é, do oeste em leste[19]. A dupla orientação do espaço da casa faz com que se possa ao mesmo tempo entrar e sair com o pé direito, no sentido literal e no sentido figurado, com todo o benefício mágico vinculado a essa observância, sem que seja jamais rompida a relação que une a direita ao alto, à luz, e ao bem. A semirrotação do espaço em torno do limiar garante, portanto, caso se permita a expressão, a maximização do benefício mágico, uma vez que o movimento centrípeto e o movimento centrífugo se realizam em um espaço assim organizado quer se entre ali de frente para luz e que se saia de frente para a luz[20].

---

17. Em algumas regiões da Cabila, esses dois personagens em situação *liminar* que são a recém-casada e um menino circuncidado na ocasião da mesma festa devem se cruzar no limiar.

18. Compreende-se dessa maneira que o limiar esteja associado, direta ou indiretamente, aos ritos destinados a determinar uma inversão do curso das coisas ao operar uma inversão das oposições fundamentais, os ritos destinados a obter a chuva ou o bom tempo, por exemplo, ou aqueles que são praticados nos *limiares entre os períodos* (por exemplo, a noite anterior *En-nayer*, primeiro dia do ano solar, em que se enterram os amuletos no limiar da porta).

19. A correspondência entre os quatro cantos da casa e os quatro pontos cardeais se expressa claramente em alguns ritos propiciatórios observados em Aurès: por ocasião da renovação das pedras do fogão, no primeiro dia do ano, a mulher chaouïa cozinha bolinhos, divide o primeiro cozido em quatro pedaços, que ela lança em direção dos quatro cantos da casa. Ela faz a mesma coisa com o prato ritual do primeiro dia da primavera (GAUDRY, p. 58-59).

20. Para fazer ver que se trata aqui de uma atitude bem geral da lógica mágica, bastará um outro exemplo, muito semelhante: os árabes do Magrebe tinham como um bom sinal, relata Bem Cheneb, que um cavalo tenha a pata traseira direita e a pata posterior esquerda de cor branca; o senhor desse cavalo não pode deixar de ser feliz, uma vez que ele monta em direção ao branco e também desce em direção ao branco – sabe-se que os cavaleiros árabes montam à direita e descem à esquerda (BEM CHENEB, p. 312).

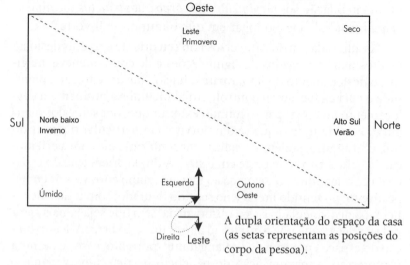

A dupla orientação do espaço da casa (as setas representam as posições do corpo da pessoa).

Esses dois espaços simétricos e inversos não são intercambiáveis, mas hierarquizados. A orientação da casa é primordialmente definida do exterior, do ponto de vista dos homens e, caso se possa dizer, pelos homens e para os homens, como o lugar de onde saem os homens ("Os homens, como se diz, olham as coisas para o lado de fora da porta; as mulheres as coisas para o lado de dentro da porta"; "Uma casa prospera pela mulher; seu exterior é belo pelo homem"). A casa é um império em um império, mas que sempre permanece subordinado porque, ainda que encerre todas as propriedades e todas as relações que definem o mundo arquetipal, ele permanece um mundo do avesso, um reflexo invertido. "O homem é a lamparina do fora, a mulher a lamparina do dentro." A aparência de simetria não deve enganar: a lamparina do dia é apenas aparentemente definida em relação à lamparina da noite; de fato, a luz noturna, masculino feminino, permanece ordenada e subordinada à luz diurna, à lamparina do dia, isto é, no dia a dia. "O homem espera em Deus, a mulher espera tudo do homem" "A mulher, dizem ainda, é torta como uma foice"; por isso a mais direita dessas naturezas esquerdas está apenas endireitada. A mulher casada também encontra o seu oriente, no interior da casa do homem, mas que não é senão a inversão de um ocidente. Não dizem: "A moça é o ocidente"? O privilégio concedido ao movimento para fora, pelo qual o homem se afirma como homem ao dar as costas à casa para enfrentar os homens ao escolher o caminho do oriente do mundo, não é senão uma forma de recusa categórica da natureza, origem inevitável do movimento para dela se distanciar.

Bibliografia

1 Trabalhos de etnografia, de etnologia e de linguística sobre a Cabília

ANÔNIMO (1964). "Valeur du sang, rites et pratiques à intention sacrificielle". *Fichier de Documentation Berbère (F.D.B.)*, vol. IV, n. 84. Fort-National.

_____ (1954). "L'immolation". *Fichier de Documentation Berbère (F.D.B.)*. Fort-National.

_____ (1934). "L'Aid S'Ghir em Kabylie". *Bulletin de l'Enseignement des Indigènes (B.E.I.)*, jan.-dez.

_____ (s.d.). "Démarches matrimoniales". *Fichier de Documentation Berbère (F.D.B.)*. Fort-National.

BALFET, H. (1955). "La poterie des Aïd Smaïl du Djurdjura: éléments d'étude esthétique". *Revue Africaine*, XCIX, 3° e 4° trim., p. 289-340.

BASSAGANA, R. & SAYAD, A. (1974). *Habitat traditionnel et structures familiales en Kabylie*. Argel: Mémoires du Crape.

BOULIFA, S. (1913). *Méthode de langue kabyle* – Études linguistique et sociologique sur la Kabylie du Djurdjura. Argel: Jourdan [Texto zouaoua seguido de um glossário – Curso de 2° ano].

CALVET, L. (1957). "Rites agraires en Kabylie". *Algéria*, 51, out., p. 18-23. Argel. [Nova série].

CHATRÉAUX, G. (1942). "Le tissage sur métier du haute-lisse à Aït Hichem et dans le Haut-Sebaou". *Revue Africaine*, LXXXVI, p. 261-313.

_____ (1941). "Le tissage sur métier du haute-lisse à Aït Hichem et dans le Haut-Sebaou". *Revue Africaine*, LXXXV, p. 78-116, 212-229.

DALLET, J.-M. (1953). "Le verbe Kabyle". *Fichier de Documentation Berbère (F.D.B.)*. Fort-National.

_____ (1949). "Les i'assassen". *Fichier de Documentation Berbère (F.D.B.)*. Fort-National.

DEVAUX, C. (1859). *Les Kébaïles du Djerdjera* – Études nouvelles sur les pays vulgairement appelés la Grande Kabylies. Marselha/Camion/Paris: Challamel.

DEVULDER, M. (1957). "Rituel magique des femmes kabyles, tribu des Ouadhias". *Revue Africaine*, vol. CI, n. 452-453, 3º e 4º trim., p. 299-362.

_____ (1951). "Peintures murales et pratiques magiques dans la tribu des Ouadhias". *Revue Africaine*, vol. XCV, p. 63-102.

GENOVOIS, H. (1972). "La terre pour le Kabyle: ses bienfaits, ses mystères". *Fichier de Documentation Berbère (F.D.B.)*. Fort-National.

_____ (1969). "La femme kabyle: les travaux et les jours". *Fichier de Documentation Berbère (F.D.B.)*. Fort-National.

_____ (1968). "Superstition, Recours des femmes kabyles". *Fichier de Documentation Berbère (F.D.B.)*. vol. I, n. 97; vol. II, n. 100. Fort-National.

_____ (1967). "Sut-Tadut, la laine et le rituel des tisseuses". *Fichier de Documentation Berbère (F.D.B.)*. Fort-National.

_____ (1963). "Trois cent cinquante énigmes kabyles". *Fichier de Documentation Berbère (F.D.B.)*. Fort-National.

_____ (1962). "Tawrit n'At Mangellat". *Fichier de Documentation Berbère (F.D.B.)*. Fort-National.

_____ (1955a) "L'Habitation Kabylie". *Fichier de Documentation Berbère (F.D.B.)*, 46. Fort-National.

_____ (1955b). "Ayt-Embarek – Notes d'enquête linguistique sur un village des Beni-Smaïl de Kerrata". *Fichier de Documentation Berbère (F.D.B.)*, 49. Fort-National.

HANOTEAU, A. (1867). *Poésies populaires de la Kabylie du Djurdjura*. Paris: Impériale.

HANOTEAU, A. & LETOUTNEUX, A. (1873). *La Kabylie et les coutumes kabyles*. Paris: Nationale.

HASSLER, A. (1942). "Calendrier agricole". *Fichier de Documentation Berbère (F.D.B.)*. Fort-National.

HÉNINE (1942). "Préjuges locaux et coutumes agricoles locales". *L'Éducation Algérienne*, III, fev., p. 19-26.

LACOSTE, C. (1962). *Bibliographie ethnologique de la Grande Kabylie*. Paris/La Haye: Mouton.

LACOSTE-DUJARDIN, C. (1970). *Le conte Kabyle*. Paris: Maspero.

LANFRY, J. (1947a). "Dialogues entre l'homme et l'hiver". *Fichier de Documentation Berbère (F.D.B.)*. Fort-National.

_____ (1947b). "La vie feminine en Kabylie, *lembarba*, abandon par l'épouse du domicile conjugal". *Fichier de Documentation Berbère (F.D.B.)*. Fort-National.

LEFÉBURE, C. (1978). "Linguistique et technologie culturelle, l'exemple du métier à tisser vertical berbère". *Techniques et culture*, 3, p. 84-148 [Boletim da equipe de investigação, 191].

MARCHAND, H.-F. (1939). "Masques carnavalesques et carnaval em Kabylie". *4º Congrès de la Fédération des Societés Savantes de l'Afrique du Nord*. Rabat, 1938. Argel, p. 805-814.

MAUNIER, R. (1930). *Mélanges de sociologie nord-africaine*. Paris: Alcan.

_____ (1926). "La construction collective de la Maison em Kabylie – Étude de coopération économique chez le Berbères du Djurdjura". *Travaux et Mémoires de l'Institut d'Ethnologie*, III. Paris.

MAURY, M. (1939). "Coutumes et croyances se rapportant à la vie agricole à Makouda, commune mixte de la Mizrana". *Bulletin de l'Enseignement des Indigènes (B.E.I.)*, p. 37-47.

OUAKLI, S. (1935). "Aïn-Sla (légende kabyle)". *Bulletin de l'Enseignement des Indigènes (B.E.I.)*, p. 14-16.

_____ (1933a). "Légendes kabyles sur le temps et les saison". *Bulletin de l'Enseignement des Indigènes (B.E.I.)*, p. 112-114.

_____ (1933b). "Le calendrier agricole en Kabylie". *Bulletin de l'Enseignement des Indigènes (B.E.I.)*, p. 25-28.

PICARD, A. (1968). *Textes berbéres dans les parler des Irjen*. Argel: Typolitho.

RAHMANI, S. (1949). "Le tir à la cible et le nif en Kabylie". *Revue Africaine*, XCIII, 1° e 2° trim., p. 126-132.

_____ (1939a). L'enfant chez les Kabyles jusqu'à la circoncision". 4e *Congrès de la Féderation des Societés Savantes d'Afrique du Nord*. Rabat, 1938. Argel, p. 815-842.

_____ (1939b). "Coutumes kabyles du Cap Aokas". *Revue Africaine*, 1° trim.

_____ (1938). "La grossesse et la naissance au Cap Aokas". 3e *Congrès de la Féderation des Societés Savantes d'Afrique du Nord*. Constantine, 1937. Argel, p. 217-246.

_____ (1936). "Rites relatifs à la vache et au lait". 2e *Congrès de la Féderation des Societés Savantes d'Afrique du Nord*. Tlemcen, 1936. Argel, p. 791-809 [*Revue Africaine*, 2° e 3° trim., p. 791-809].

_____ (1935). "Les mois de mai chez les Kabyles". *Revue Africaine*, LXXVI, p. 361-366.

_____ (1933). "Les trois premiers jours de labours chez les Beni Amrous". *Bulletin de l'Enseignement des Indigènes (B.E.I.)*, jun-dez., n. 292.

ROLLAND, C. (1912). "L'enseignement indigène et son orientation vers l'agriculture". *Bulletin de l'Enseignement des Indigènes (B.E.I.)*, abr.

SAINT-FRANÇOIS & VINCENNES, L. (1952). "Politesse féminine kabyle". *Fichier de Documentation Berbère (F.D.B.)*. Fort-National, abr.

SCHOEN, P. (1960). "Les travaux et les jours du paysan kabyle". *Liens*, 12, 1° trim., p. 1-63.

SERVIER, J. (1964). *L'homme et l'invisible*. Paris: Lafont.

_____ (1962). *Les portes de l'année*. Paris: Lafont.

VAN GENNEP, A. (1911). "Études d'ethnologie algérienne". *Revue d'Ethnologie et de Sociologie*, p. 1-103.

VINCENNES, L. (1953). "Les At Mengellat". *Fichier de Documentation Berbère (F.D.B.).* Fort-National.

_____ (s.d.). "Les quatre saisons". *Fichier de Documentation Berbère (F.D.B.).* Fort-National.

YAMINA (Aït Amar ou Said) (1953). "Le mariage en Kabylie". *C.E.B.F.,* 25, fev. 1º parte; 3. Trim., 2º parte. Fort-National [reed., 1960].

_____ (1952). "Tarurirt Uzal (chez les Aït Mangellet)". *Fichier de Documentation Berbère (F.D.B.).* Fort-National.

ZELLAL, B. (1964). "Le roman de chacal, contes d'animaux". *Fichier de Documentation Berbère (F.D.B.),* 81. Fort-National.

2 Para a comparação, consultou-se principalmente

BASSET, A. (1963). *Textes berbères du Maroc* – Parler des Aït Sadden. Paris: Nationale.

BASSET, H. (1922). "Les rites du travail de la laine à Rabat". *Hesperi,* II, p. 139-160.

BEM CHENEB, M. (1905-1907). *Proverbes arabes d'Alger et du Maghreb.* Paris: Leroux.

BIARNAY, S. (1924). *Notes d'ethnographie et de linguistique nord-africaine.* Paris: Leroux.

_____ (1915). "Notes sur les chants populaires du Rif". *Archives Berbères,* I, 1, p. 23ss.

_____ (1909). *Études sur le dialecte berbère d'Ouargla.* Paris: [s.e.].

BOURILLY, J. (1932). *Eléments d'ethnographie marocaine.* Paris: Larose.

DESTAING, E. (1911). *Études sur le dialecte berbère des Beni Snous.* Paris: Leroux.

_____ (1007). *Fêtes et coutumes saisonnières chez les Beni Snous.* Argel: Jourdan.

_____ (s.d.). "Interdictions de vocabulaires en berbére". *Mélanges René Basset,* II.

DOUTTÉ (org.) (1909). *Magie et religion dans l'Afrique du Nord*. Argel.

GALAND-PERNET, P. (1969). "Un 'schème-grille' de la poésie berbère – Étude du motif des métamorphoses dans les poèmes chleuhs". *Word*, XXV, I-3, p. 120-130.

_____ (1958). "La vieille et la légende des jours d'emprunt au Maroc". *Hesperis*, 1º e 2º trim., p. 29-94.

GAUDRY, M. (1929). "La femme chaouia de l'Aurès". *Études de sociologie berbère*. Paris: Geuthner.

LAOUST, E. (1921). "Noms et ceremonies des feux de joie chez les Berbères du Haut et de l'"Anti-Atlas". *Hesperis*.

_____ (1920). *Mots et choses berbères*: notes de linguistique et d'etnographie. Paris: Challamel.

_____ (1918a). "Le nom de la charrue et de ses accessoires chez les Berbères". *Archives Berbères*, vol. 3, fasc. I, p. 1-30.

_____ (1918b). *Étude sur le dialecte berbère des Ntifa*. Paris: [s.e.].

LEVI-PROVENÇAL, E. (1918). "Pratiques agricoles et fêtes saissonnières des tribus Djebalah de la vallée moyenne de l'Ouargla". *Archives Berbères*, vol. 3.

MARCAIS, W. & GUIGA, A. (1925). *Textes arabes de Takrouna*. Paris: Leroux.

MENOUILLARD (1910). "Pratiques pour solliciter la pluie". *Revue Tunisienne*.

MONCHICOURT, C. (1915). "Moeurs indigènes: les rogations pour la pluie (Thlob en nô). *Revue Tunisienne*, p. 65-81.

TILLION, G. (1938). "Les societés berbères de l'Aurès Méridional". *Africa*.

WESTERMARCK, E. (1926). *Ritual and belief in Marocco*. Londres: Mac Millan.

_____ (1911). "The popular rituals of the great feasts in Marocco". *Folklore*.

Índice remissivo

Academismo 172-173
Acumulação (de capital) 33, 216, 218, 225
Alianças 166, 191
Alimento 408-412
Alquimia (simbólica e social) 185, 190, 210, 218
  cf. tb.Denegação, Troca de dons,Magia, Desconhecimento
Ambiguidade 424-429
  cf. tb. Polissemia
Analogia, transferência analógica 145-153, 156, 204, 210, 329, 343, 421-422
Andamento 126, 135, 177-179
Antecipação 101-102, 106, 108
  cf. tb. Habitus
Arbitrário 79, 110, 114, 116, 120[10], 122, 126[20], 127, 329, 344, 365, 434
  legitimação de 204, 221, 223-224
Aristóteles 43
Arrow, K.J 127[23]
Arte 123, 127[23], 224, 225, 233, 236, 351
  de viver 123, 211
  história da 55[6], 56
  obra de 29, 39, 52
Attneave, F. 103[17]

Bachelard, G. 156
Bakhtine, N. 53
Balfet, H. 332[4]
Bally, C. 55
Barth, F. 268-269
Bassagana, R. (e Sayad, A.) 35[24], 297[21], 439
Basset, A. 407
Basset, H. 26, 332, 384, 405, 407

Bateson, G. 59[10]
Becker, G. 195
Ben Cheneb, M. 332[4], 455[20]
Benet, F. 206
Benveniste, E. 189, 195, 212, 215
Berelson, B. (e Steiner, G.A.) 122
Bergson 120[11]
Berque, J. 11
Biarnay, S. 332[4], 370, 374
Blefe 246
  estratégias de 232, 256
Bologna, F. 56[6]
Boudon. R. 79[22]
Boulifa, S. 332[4], 346, 385[36], 401, 410
Bourrilly, J. 332[4], 367, 382, 383
Bousquet, G.H. 293[20]
Bouveresse, J. 54
Brunswik, E. 103[17]

Calendário 16, 21, 24, 138-139, 140, 141,178
  crítica do 329-334
Calvet, L. 332[4], 389[40]
Campo 10, 12, 38, 84, 85, 92, 95, 108, 109, 110-112, 125, 128, 218, 220, 294, 296, 327, 329, 333, 420-421
Capital 69, 93-94, 105, 178, 225
  cultural 208-209, 218, 222, 224
  econômico 196-198, 204, 218, 220, 225
  simbólico 32, 111,187, 193, 196, 199, 201-206, 215-219, 221-225, 228, 230, 234
  simbólico como capital econômico, denegado ou reconvertido 195-196, 204-205, 216, 225
  cf. tb. Troca de dons, Economia

da boa-fé, Honra, Interesse, Desconhecimento, Modo de dominação
Casa (cabila) 116-122, 125, 143, 144, 155, 170, 341, 344, 349, 413, 437-457
Casamento (matrimonial) 17, 21, 24-33, 63-64, 162, 166, 171, 187, 193, 198-202, 214, 266-328
estratégias de 241-270, 308, 323
Cassirer, E. 156
Censura 186, 211, 221, 417
cf. tb. Eufemização, Forma
Centrífuga/centrípeta 128, 306-307
Chantréaux, G. 17, 28[20], 332[4], 397, 405, 406, 430
Chastaing, M. 109, 137
Chelhod, J. 304, 318
Chomsky, N. 63
Classe (social) 72-73, 97-100, 119-120, 226-236
dominante 222-225, 232, 233
Classificação (classificado, classificante); 25, 116, 117, 123, 157, 222, 230, 233, 427-428
cf. tb. Gosto, Habitus
Codificação (objetivação) 305, 329
Coletivos (personificação dos) 62, 101, 105, 183, 208, 246, 308, 330, 391
cf. tb. Objetivismo
Competência 96
cultural 208
cf. tb. Poder, Título
Compreensão 18, 26, 29, 35, 36
Competição 281, 290, 313
cf. tb. Luta
Conjuntura 90, 97
Consciência 44, 63, 64, 67, 70, 76, 84, 96, 97, 231, 435
coletiva, tomada de 62, 68, 70, 75, 97, 130, 236, 435
Conto 295, 326, 345, 368, 390, 395

Contradição (específica) 264, 316
Cornford, F.M. 14[5], 423
Corpo 86, 90, 93, 95-98, 108-131, 148, 150, 155-158, 241, 243, 252, 358, 437[1], 455
como operador prático 155
como lembrete 112, 113
de classe 119
e *mimesis* 120
esquema corporal 23,154
linguagem corporal 121
masculino e corpo feminino 118,121, 128, 129
cf. tb. Crença, Dominação, Esquema, Trabalho (divisão entre os sexos)
Cournot, A. 92[5], 138
Crença 81-84, 95, 108-131, 180, 186, 202, 236, 344, 381, 388, 392, 423
cf. tb. Doxa, Illusio, Jogo
Crédito 200, 201, 205, 235
Crise 152[11], 172, 183, 186, 196, 258, 264, 314, 318
Cuisenier, J. 270, 272-273

Dallet, J.M. 16, 332[4], 346, 376, 384
Darbel, A. 13
Denegação (denegar) 40, 80, 180-185, 186, 196, 210, 215, 225, 263, 275, 277, 347, 381-384, 387, 388, 403-407
Delegação 184, 216, 217, 301, 385, 398
Dermenghem, E. 12
Desafio 123, 136, 166-174, 176, 202, 311-312, 328, 385, 428
Descartes 44[1], 72, 75, 79[21], 138
Desconhecimento 111, 177, 185, 187, 189, 196, 202, 204, 224, 226, 228, 235, 236, 263
Desinteresse 84[30], 102, 203, 225
Destaing, E. 332[4], 369
Devaux, C. 347, 369[25]
Devulder, M. 17, 19[12], 332[4], 356, 397, 432

Diacrisis (di-visão) 242, 345-346
cf. tb. Distinção
Dialética 62, 93, 94, 98, 119, 122, 133, 167, 174, 179, 181
 das estruturas objetivas e das 68-69
 do desafio e da resposta 174
 entre a condição de classe e o "senso de classe" 234
Diferença 19, 175, 232, 233, 242, 340, 343, 344
Dilthey, W. 37, 96
Direito 172, 183, 190, 214, 220, 221, 223, 231
 usos e costumes 169-170, 181
Disposições 70, 73, 84, 86-88, 89, 90, 93, 95, 97-101, 105, 106, 112, 117, 122, 161, 165
cf. tb. Habitus
Distância 30-34, 45, 52, 56, 57, 167, 175, 241, 242
Distinção 63, 82, 95, 221, 225, 228, 230, 231, 232, 233, 235, 239, 252, 267, 306, 336, 346, 387, 388, 391
 renda de 228, 233
Distintivo 227, 233, 244
Dom 164-167, 174, 177, 178, 180, 187, 188, 190, 195, 210, 211, 212, 213
 e contradom 167, 174, 176, 177, 180, 187, 188
Dominação (modos de) 203, 219
cf. tb. Capital simbólico, Economia
Domínio prático 37, 108, 121, 123, 125, 150, 163, 172, 308, 431, 435
Douta ignorância 37, 172
Doxa (experiência dóxica) 44, 45, 51, 60, 108, 111, 112, 144[6]
Dubin, R. e E. 130[28]
Duby, G. 153[13], 221, 318[36]
Duhem, P. 20
Dumont, L. 268[4], 276[13]
Duração 126[20], 135, 139, 176, 220
Durkheim, E. 15, 56, 66, 67, 73, 74, 140, 159, 219, 226, 283, 343

Economia 108, 142-148, 159, 174, 181, 188, 189, 190, 191, 197, 204-205, 210-212, 215, 220, 221-223, 225
 arcaica 189, 196
 da boa-fé 190, 191, 198, 206
 das práticas 84-85, 203, 210
 feminina 313-314
Economismo 78-80, 84-85, 104-105, 133, 188-190, 199, 201, 227, 235
cf. tb. Objetivismo
Educação 172-174
Eliade, M. 14[5]
Elster, J. 78[19], 79[21], 80
Emmerich, W. 130
Emoção 71, 106[21], 117, 154, 417
 de instituição 417
Encenação 113, 381, 386, 400, 424
Erikson, E.H. 128[24], 129, 131
Escrita 25, 35, 120-121, 122[13], 138, 208-209, 435[61]
Espaço 117, 125, 127
 da casa 21-22, 28[21], 30, 128, 437-457
 masculino e espaço feminino 127, 389[40]
Espinosa 111[2]
Espontaneísmo 228
Esquemas (de pensamento, de percepção, de apreciação e de ação; classificatórios; geradores;incorporados) 23, 68, 88, 89, 90, 91, 99, 101, 112, 118, 119, 120, 123, 124, 126-127, 143-144, 146, 154, 156-158, 171, 181, 234, 264, 317, 401, 411-418, 432-435, 440
Essencialismo 11, 53-54, 68-69, 76, 91, 159
Estilo 29, 91-92, 100, 160, 171, 235, 246-247
Estimulação (condicional) 88
Estratégia 31, 32, 53, 59, 70, 85, 90, 101, 102, 124, 158, 167,

177-179, 182, 183, 187, 206, 211, 213, 218, 256, 308, 323
de fecundidade 202, 255
de oficialização 183, 184
de reprodução 32, 212, 244-265
Estruturalismo 13, 24[17], 30, 45, 50, 54, 67, 363
cf. tb. Objetivismo
Etnocentrismo 11 35, 154, 188-189
Etnometodologia 45, 157
Eufemização (eufemismo) 185, 211, 215, 218, 224, 293, 354-356, 364, 381, 386, 416, 425, 428
Evans-Pritchard, E.E. 275
Excelência 76, 112, 116, 172, 180, 182[19]
Execução 45, 54-55, 86, 182[19], 212[14]
Exploração (branda) 263-264
cf. tb. Dominação, Violência
Extraordinário/ordinário 166, 277, 294, 297-306, 323, 384-385,391

Família 259, 299, 323
Familiaridade 31, 39, 44,193, 243, 284, 435[60]
Favret, J. 140-141
Fecundidade 19, 21, 202, 206
Fenomenologia 43, 45, 46, 164, 227, 234
cf. tb Subjetivismo Finalidade (finalismo) Finley, M.
Finalidade (finalismo) 66, 68, 77, 85, 102-103, 133
Finley, M. 205, 212
Física social. 43, 46, 203-204, 227, 228[3], 234
cf. tb. Objetivismo
Forma (dar ou colocar em) 120[10], 221, 416
cf. tb. Eufemização
Fórmula geradora 343, 435
cf. tb. Habitus
Frazer, J.G. 382
Freud, S. 118 [8], 347

Fronteiras 227, 232, 275, 276, 277, 280, 349, 391
manipulação das 283-284
cf. tb. Instituição

Gable, R.W. 225[28]
Galand-Pernet, P. 17-18, 330[1], 332[11], 367
Garfinkel, H. 45
Gaster, T.H. 14[5]
Gaudry, M. 332[4], 455[19]
Geertz, C. 208[7]
Genealogia 25, 31, 32, 58[9], 139, 275-284
Genevois, H. 16, 332[4], 345[7], 356, 365[22], 375, 378, 388, 393, 395, 396, 400, 405, 407, 429-430, 438[2], 444
Geração 103[16], 259, 265, 294
trocas entre 263, 264, 286, 320
Glukman, M. 87[1]
Goffman, E. 234[8]
Goody, J. 25, 37[26], 209[8]
Gosto 29, 38, 79, 146[9], 225, 236, 264
Gourou, P. 38[28]
Gramática 52-54, 61, 110, 124, 150, 172, 181, 182[19], 186
Granet, M. 146[8], 422[56]
Granqvist, H. 269[6]
Greene, W.C. 209[9]
Griaule, M. 160[24]
Grupo 97[9], 141, 231, 235, 250, 251, 267, 270-273, 274, 275, 344, 385-386
e genealogia 271-276
cf. tb. Fronteira
Gurvitch, G. 218[20]

Habitus 75, 84[29], 86-91, 92-96, 128, 131, 150, 218
cultivado 182[19]
de classe e *habitus* individual 99
dialética das estruturas e dos 68, 87, 93-94
e história 90-91
e práticas 91-92, 94-96
e "regra" 172, 271

individual e trajetória social 99-100
orquestração dos 97, 184
cf. tb. Campo, Dialética,Fórmula, Geradora, História
Hanoteau, A. (e Letourneux, A.) 140-141, 170, 289[19], 316[34]
Harris, M. 102[14]
Harrison, J. 14[5]
Hartley, R.E. 130[27]
Hartmann, N 94
Hassler, A. 330[1], 332[4], 359, 367, 412
Havelock, E.A. 120, 121[12], 209[9]
Hegel 13, 61, 88, 100, 151, 219
Heidegger 72[4], 154[14], 160[24]
Hénine 322[4], 402
Hermenêutica 52, 56, 61, 134, 156, 159
Hesíodo 194
Hexis (corporal) 114, 121
cf. tb. Corpo
Histerese (efeito de) 98, 103-104
História 61-62, 67-69, 73, 74, 75, 79, 86, 90, 93, 94, 96, 98, 141, 151, 230, 435[60]
  e estrutura 61
  incorporada e história objetivada 94-95, 108
  inconsciente e 93
Hocart, A.M. 61
Honra 21, 22, 33, 34 115, 122, 124, 125, 128, 168-174, 182[20], 186[23], 192, 196, 198, 199, 200-202, 213-214, 305, 311-313, 434, 440-443
Humboldt, W. Von 156
Husserl, E. 37, 88, 138

Idade (limites de) 317
Identificação 76, 120, 208
Illusio 84[30], 108-109, 136, 175, 180
cf. tb. Campo, Jogo
Impensável 16, 89, 182, 267, 287
Improvisação 94, 165, 180, 187, 299, 390-391, 402, 416

Inconsciente 50, 62, 64-68, 76, 93, 96, 103, 241, 242
cf. tb. História
Incorporação 94, 95, 119, 122, 130, 233, 252
Institucionalização 172, 188, 221, 231, 233, 391
Intuicionismo 18, 30, 344, 363, 435
Instituição (mágica) 344, 353, 391
  de parentesco 283
  do herdeiro 252
Intelectualismo 49, 55, 57, 65, 154
Intelectuais 7, 32, 242
Interacionismo 232
cf. tb. Marginalismo
Interesse 33, 58, 80[24], 84, 108-110, 111, 182-184, 190, 191, 196, 311-312, 314-316, 319, 320
  econômico 84
Intervalo de tempo 177
Investimento (superinvestimento) 84[30], 111-112, 119, 120, 137, 162, 202, 215, 230, 263
Isotomia (igualdade em honra) 167-168

Jakobson, R. 167
Jogo 55, 84[30], 108, 109, 112, 122[13], 134, 135, 136, 147, 154, 165, 168, 173, 175, 398, 410, 453
  espaço de 108-109
  regras do 108
  senso do 108, 109, 134, 136, 173
  teoria do 134
cf. tb. Campo, Crença, *Illusio*
Joyce, J. 9
Julien, C.A. 12
Juridismo 66-67, 183, 241, 244[2], 245, 250, 304, 330
cf. tb. Regra

Kairos (momento oportuno) 53[5]
Kant, E. 56, 99, 110, 243
Karady, V. 16[7]
Klein, M. 129
Kohlberg, L. 130[28]

Kundstadter, K. 271[9]

Lacoste-Dujardin, C. 18, 361
Lanfry, J. 33[24]
Laoust, E. 17, 304[29], 329, 330[1], 332[4], 376, 392[41], 425
Lawrence, T.E. 137
Le Ny, J.F. 88[3]
Le Play, F. 262
Leach, E.R. 87[1]
Lee, R.W. 55[6]
Lefebure, C. 429
Lefevre, L. 293[20]
Legitimação 224[26], 233, 279, 317, 320
Leibniz 13, 49, 97, 98, 99, 112, 113[5], 219[21], 344
Leiris, M. 159[21]
Levi-Provençal, E. 330[1]
Lévi-Strauss, C. 10, 11, 15, 23, 24[17], 61, 68, 154[14], 156, 158[19], 159, 164, 177, 266, 268[4], 269, 271[9], 272
Lévy-Bruhl, L. 154
Limiar (liminar) 344, 345[7], 370, 371, 375, 379, 383, 395, 400, 413, 416, 450, 454
Língua (e fala) 54-55
Lógica prática, cf. Prática
Logos (vs. praxis) 52, 81, 153, 155
Lord, A.B. 123
Lowie, R.H. 157[17]
Lukacs, G. 188
Luta 33, 35[23], 76, 85, 231, 236-237, 370, 373, 391
   de concorrência e luta de classes 231

Mac Kean, D. 225[28]
Magia 381, 389, 392, 420, 433, 452
   Feminina 391
   cf. tb. Instituição
Malinowsky, B. 210, 268
Mammeri, M. 35, 161[26], 175[16], 266
Marcais, A. (e Guiga, A.) 332[4], 441[5]
Marchand, H.F. 332[4]

Marcy, G. 167[5], 293[20]
Marginalismo social 227, 228, 235
   cf. tb. Subjetivismo
Marx, K. 29, 34, 51, 68, 81, 86, 95, 103, 107, 188, 195, 197[10], 205, 210, 241, 244, 252, 275, 357
Matheron, A. 111[2]
Maunier, R. 216[18], 438[2], 443, 448, 451
Maury, M. 332[4], 393
Mauss, M. 15, 88, 164, 190
Mead, G.H. 134
Menouillard 332[4]
Mercado 101, 104, 192, 195, 198, 199, 200, 206, 214, 288, 289, 298
   Autorregulado 133, 219, 220
Merleau-Ponty, M. 60
Metáfora (vs. Transferência analógica) 64, 113, 118, 128, 146, 153, 423
Mimesis (mimético) 56, 120, 152-153, 173, 403, 408, 424
   cf. tb. Corpo, Rito
Modelo 49, 54, 57, 63-68, 78, 80, 104, 121, 133, 164, 167, 169, 173, 175, 177, 179, 180, 435
Modus operandi (vs opus operatum) 27, 56, 87, 94, 121, 150, 155, 172
Moeda 196, 199, 222, 298, 320
Monchicourt, C. 332[4]
Mott, M. 130[27]
Multifuncionalidade (do ritual, do rito), cf. Rito
Murphy, R. (e Kasdan, L.) 268-269, 270[7], 273[11]

Naturalização (natureza) 67, 93, 113, 114, 116, 117, 128, 233
Needham, R. 267
Neutralidade (neutralização) 52, 57, 83[28], 106, 133, 137, 142, 316

cf. tb. Distância
Neymen, J. 103[17]
Nicod, J. 145, 155
Nicolet, C. 222[24]

Nietzsche 47-48, 56, 73, 80
Nome 281-283, 310
Nomos (nomotética) 344, 353, 381, 386
cf. tb. Diacrisis, Fronteira
Norma 62-63, 172, 181
Notopoulos, J.A. 209[9]
Nouschi, A. 12
Numerus clausus 231-233

Objetivação (instrumento de) 23, 121-122, 127, 138, 172, 180[18], 181, 182[19], 208
Objetivismo (vs. subjetivismo) 25, 30, 43-46, 55, 76, 86, 96[8]
Oficial (oficialização) 58[9], 183-188, 221, 226, 231, 272, 274, 277-278, 293-294, 298, 299, 306, 320, 321, 325, 386, 391
e oficioso 58, 185[22], 279, 308, 330, 391
Operações lógicas (e movimento do corpo) 23, 152, 155
Oral (transmissão), *cf.* Escrita
Ouakli, S. 332[4], 367

Panofsky, E. 50[2], 158[18]
Parentesco 22, 33, 34, 36, 57-58, 64, 124, 139, 140, 181, 187
oficial e parentesco prático 57-58, 277-284, 294, 295, 299, 319, 328
categorias de 236, 267, 280, 283, 309
funções do 266-328
Parfit, D. 80
Pascal 80
Paternalismo 263
Patrimônio 244-251, 310-313
Performativo (força ilocucionária) 53, 116, 159, 391-395
cf. tb. Instituição, Magia
Peters, E.L. 273
Piaget, J. 148
Picard, A. 17, 332[4], 353[17], 372, 377[29]
Platão 38, 47, 120, 377, 423

Poder 100, 105, 107, 131, 179-180, 185, 203, 210-211, 219, 220-221, 232-235, 237
doméstico 245-246, 308, 316, 322
Poincaré, H. 57
Polanyi, K. 204, 206, 219-220
Polissemia (bom uso da) 421, 431
cf. tb. Multifuncionalidade
Política 40, 114[6], 128, 131, 183-184, 220[22], 221, 259, 268, 280, 283, 289, 292, 295, 296, 386-387
Autoridade 203
Populismo 56, 96, 133[1], 159[12]
Possíveis (universo dos) 105-107
Potencialidades objetivas 75, 88, 92
Prática 92
lógica da 17, 25, 26, 34, 37, 142-146, 151-154, 167-169, 175, 423-426
estrutura temporal da 128, 131, 132, 135, 136, 180
tempo da prática e tempo da ciência 134
universo da 143-146
Prazo 177
Preston, M.G. (e Baratta, P.) 103[17]
Prima paralela 171[13], 266-326
probabilidades
objetivas(aspirações subjetivas) 89, 92[5], 99, 105-107, 135
Procedimento 113-115, 123
Proust, M. 114, 229, 234
Público/privado, *cf.*
Oficial/oficioso

Quine, W.V. 66

Radcliffe-Brown, A.R. 268[4]
Rahmani, S. 17, 332[4], 346[9], 378, 379, 395, 398, 430
Reconhecimento 111, 114[6], 165-167, 168, 183[21], 210, 212, 231-232, 234-236
Redistribuição 204, 210, 218, 220[23], 225

Regra 23, 27, 33, 34, 66-69, 87, 89, 109, 170-175, 180, 182, 183, 186, 241, 245, 267, 268, 271, 288, 294
colocar-se em 183
cf. tb. Oficial
Relações 136-138, 187-192, 198, 204
Representação 46, 81, 86, 108, 109, 113, 119-121, 131, 153, 171, 181-184, 185, 197, 210, 214, 216, 228, 234, 236, 263, 272, 273, 279, 280-285, 303, 308,319
Recalque (social) 210,216
Reprodução social 90[4], 187, 218, 221-265, 308-324
modo de 255, 310
estratégia de 244-265, 307-326
cf. tb. Casamento, Estratégia
Ritmos 221-225
Rito (ritual) 14[3], 17, 19, 20 23, 25, 35, 56, 59, 110, 111[2], 137, 149-161, 300, 304, 329-435
grau de oficialização dos 388-390
multifuncionalidade do 387, 400, 448, 451
Ritualização (função social de) 178, 196, 296, 299, 416-420
Rolland, C. 332[4]
Rosenfield 269[6]
Russell, B. 203[1]
Ruyer, R. 94[7]

Sacrifício 159[20], 216, 347, 387-389, 392, 402-406
Sagrado 106, 127, 153, 306-312, 345, 349, 365, 444
Sahlins, M.D. 204, 205
Samuelson, P.A. 48[6]
Sapir, E. 50[1]
Sartre, J.P. 10, 44[1], 70-77, 83[28], 88
Saussure, F. de 18,50-52, 88
Sayad, A. 19[12], 24, 31, 35[24], 266[1]
Schelling 51
Schoen, P. 332[4]
Schütz, A. 45, 115-116

Segredo (e intimidade) 115, 130, 149, 285, 317, 356, 358, 362, 373, 389, 442, 445, 446
Senso 48, 60, 92, 95, 108-113, 124, 133, 134, 136, 148, 152-153, 159, 171, 175, 180, 184
analógico 146, 344
comum 48, 60, 92, 95, 113, 159
da língua 94, 123
da orientação social 57
de classe 233-234
de honra 167, 173, 184
do jogo 46, 108, 109, 136, 173
prático e senso objetivado 94-95
cf. tb. Habitus
Servier, J. 16, 17[9], 19[12], 332[4], 347, 374[26], 377[29], 383-384, 397[44], 400, 405, 407
Sexualidade 442
relação masculina e relação feminina com a 128
Significar (dizer com autoridade) 158, 395-396, 426
cf. tb. Instituição, Magia, Performativo
Simon, H. 174[15]
Situação 48, 52, 87[1], 90[4], 137, 150, 151[10], 152[11], 175, 432
Skholè 47,52
Sucessão (modo de) 245,

Tempo 126-128, 130, 134-136, 138, 139, 164-166, 169, 174[15], 177, 179-180, 218, 222
atitudes em relação ao 195[8]
Tillion, G. 332[4], 388[39]
Título 210, 221, 229, 231, 281
de nobreza 231, 234, 238
de propriedade 226, 234, 251
e cargo 223
e posição 221, 222
escolar 222, 231
Totalização 136-137, 142, 154, 180
Trabalho 185, 187, 189, 190, 193, 219, 221, 223
divisão do trabalho entre sexos

22, 116, 119, 130, 242-246, 303, 317, 352-358, 443
divisão do trabalho sexual 116, 125, 128, 242
e pena 194-199
tempo de trabalho e tempo de produção 195, 243, 356-357, 388
Trajetória social 99, 100[13]
Transgressão 344-348, 349, 367, 368, 380-407
Troca 86, 111[2], 121, 133, 159[20], 165, 168, 176, 192-193, 207, 216, 260, 266, 269, 270, 278, 289, 291, 295, 297, 328
entre gerações 275
cf. tb. Dom, Honra, Instituição, Casamento
Turner, H.A. 225[28]
Turner, V. 60[11]

Valéry, P. 53

Van Gennep, A. 161[26], 345-388
Van Velsen, J. 87[1]
Vernant, J.P. 15[6], 383[34]
Vincennes, L. 16, 332[4]
Violência 163, 211-213, 348, 358, 387-392, 431
branda ou simbólica 210, 213-214

Weber, M. 7, 34, 104, 121, 135, 233, 236, 346, 359, 389
Weiszäcker, C.C. von 79
Westermarck, E. 332[4], 369[24], 384, 394
White, L. 50[1]
Whiting, J.M.W. 127[22]
Williams, B.A.O. 82[27]
Wittgenstein, L. 21-23, 43, 62, 65
Wolf, E. 220[23]
Woolf, V. 109

Ziff, P. 66

Coleção Sociologia

- *A educação moral*
  Émile Durkheim
- *A pesquisa qualitativa*
  VV.AA.
- *Sociologia ambiental*
  John Hannigan
- *O poder em movimento*
  Sidney Tarrow
- *Quatro tradições sociológicas*
  Randall Collins
- *Introdução à Teoria dos Sistemas*
  Niklas Luhmann
- *Sociologia clássica – Marx, Durkheim, Weber*
  Carlos Eduardo Sell
- *O senso prático*
  Pierre Bourdieu
- *Comportamento em lugares públicos*
  Erving Goffman
- *A estrutura da ação social* – Vols. I e II
  Talcott Parsons
- *Ritual de interação*
  Erving Goffman
- *A negociação da intimidade*
  Viviana A. Zelizer
- *Sobre fenomenologia e relações sociais*
  Alfred Schutz
- *Os quadros da experiência social*
  Erving Goffman
- *Democracia*
  Charles Tilly
- *A representação do Eu na vida cotidiana*
  Erving Goffman
- *Sociologia da comunicação*
  Gabriel Cohn
- *A pesquisa sociológica*
  Serge Paugam (coord.)
- *Sentido da dialética – Marx: lógica e política* - Tomo I
  Ruy Fausto
- *Ética econômica das religiões mundiais* - Vol. I
  Max Weber
- *A emergência da teoria sociológica*
  Jonathan H. Turner, Leonard Beeghley e Charles H. Powers
- *Análise de classe – Abordagens*
  Erik Olin Wright
- *Símbolos, selves e realidade social*
  Kent L. Sandstrom, Daniel D. Martin e Gary Alan Fine
- *Sistemas sociais*
  Niklas Luhmann
- *O caos totalmente normal do amor*
  Ulrich Beck e Elisabeth Beck-Gernsheim
- *Lógicas da história*
  William H. Sewell Jr.
- *Manual de pesquisa qualitativa*
  Mario Cardano
- *Teoria social – Vinte lições introdutórias*
  Hans Joas e Wolfang Knöbl
- *A teoria das seleções cultural e social*
  W.G. Runciman
- *Teoria dos sistemas na prática* – Vol. I
- *Estrutura social e semântica*
  Niklas Luhmann
- *Problemas centrais em teoria social*
  Anthony Giddens
- *A construção significativa do mundo social*
  Alfred Schütz